北京大学"双一流"建设成果
方李邦琴北京大学人文学科文库出版基金赞助

北京大学人文学科文库 | 北大人文跨学科研究丛书

国家、文明与世界宗教研究

A Study on Nations, Civilizations and World Religions

张志刚 等 著

北京大学出版社　宗教文化出版社

图书在版编目(CIP)数据

国家、文明与世界宗教研究 / 张志刚等著. —北京：宗教文化出版社，2024.1

（北京大学人文学科文库·北大人文跨学科研究丛书）

ISBN 978-7-5188-1477-0

Ⅰ.①国… Ⅱ.①张… Ⅲ.①宗教-概况-世界 Ⅳ.①B928.1

中国国家版本馆CIP数据核字（2023）第244506号

书　　　名	国家、文明与世界宗教研究 GUOJIA WENMING YU SHIJIE ZONGJIAO YANJIU
著作责任者	张志刚　等著
责任编辑	田　炜　马嫣含
标准书号	ISBN 978-7-5188-1477-0
出版发行	北京大学出版社　宗教文化出版社
地　　　址	北京市海淀区成府路205号　100871
网　　　址	http://www.pup.cn　　新浪微博:@北京大学出版社
电子邮箱	wsz@pup.cn　　zpup@pup.cn
电　　　话	邮购部 010-62752015　发行部 010-62750672 编辑部 010-62752022
印　刷　者	北京中科印刷有限公司
经　销　者	新华书店 720毫米×1020毫米　16开本　26印张　460千字 2024年1月第1版　2024年1月第1次印刷
定　　　价	108.00元

未经许可，不得以任何方式复制或抄袭本书之部分或全部内容。

版权所有，侵权必究

举报电话：010-62752024　电子邮箱：fd@pup.cn

图书如有印装质量问题，请与出版部联系，电话：010-62756370

总 序
袁行霈

人文学科是北京大学的传统优势学科。早在京师大学堂建立之初，就设立了经学科、文学科，预科学生必须在5种外语中选修一种。京师大学堂于1912年改为现名。1917年，蔡元培先生出任北京大学校长，他"循思想自由原则，取兼容并包主义"，促进了思想解放和学术繁荣。1921年北大成立了四个全校性的研究所，下设自然科学、社会科学、国学和外国文学四门，人文学科仍然居于重要地位，广受社会的关注。这个传统一直沿袭下来，中华人民共和国成立后，1952年北京大学与清华大学、燕京大学三校的文、理科合并为现在的北京大学，大师云集，人文荟萃，成果斐然。改革开放后，北京大学的历史翻开了新的一页。

近十几年来，人文学科在学科建设、人才培养、师资队伍建设、教学科研等各方面改善了条件，取得了显著成绩。北大的人文学科门类齐全，在国内整体上居于优势地位，在世界上也占有引人瞩目的地位，相继出版了《中华文明史》《世界文明史》《世界现代化历程》《中国儒学史》《中国美学通史》《欧洲文学史》等高水平的著作，并主持了许多重大的考古项目，这些成果发挥着引领学术前进的作用。目前北大还承担着《儒藏》《中华文明探源》《北京大学藏西汉竹书》的整理与研究工作,以及《新编新注十三经》等重要项目。

与此同时,我们也清醒地看到,北大人文学科整体的绝对优势正在减弱,有的学科只具备相对优势了;有的成果规模优势明显,高度优势还有待提升。北大出了许多成果,但还要出思想,要产生影响人类命运和前途的思想理论。我们距离理想的目标还有相当长的距离,需要人文学科的老师和同学们加倍努力。

我曾经说过:与自然科学或社会科学相比,人文学科的成果,难以直接转化为生产力,给社会带来财富,人们或以为无用。其实,人文学科力求揭示人生的意义和价值,塑造理想的人格,指点人生趋向完美的境地。它能丰富人的精神,美化人的心灵,提升人的品德,协调人和自然的关系以及人和人的关系,促使人把自己掌握的知识和技术用到造福于人类的正道上来,这是人文无用之大用!试想,如果我们的心灵中没有诗意,我们的记忆中没有历史,我们的思考中没有哲理,我们的生活将成为什么样子?国家的强盛与否,将来不仅要看经济实力、国防实力,也要看国民的精神世界是否丰富,活得充实不充实,愉快不愉快,自在不自在,美不美。

一个民族,如果从根本上丧失了对人文学科的热情,丧失了对人文精神的追求和坚守,这个民族就丧失了进步的精神源泉。文化是一个民族的标志,是一个民族的根,在经济全球化的大趋势中,拥有几千年文化传统的中华民族,必须自觉维护自己的根,并以开放的态度吸取世界上其他民族的优秀文化,以跟上世界的潮流。站在这样的高度看待人文学科,我们深感责任之重大与紧迫。

北大人文学科的老师们蕴藏着巨大的潜力和创造性。我相信,只要使老师们的潜力充分发挥出来,北大人文学科便能克服种种障碍,在国内外开辟出一片新天地。

人文学科的研究主要是著书立说,以个体撰写著作为一大特点。除了需要协同研究的集体大项目外,我们还希望为教师独立探索,撰写、出版专著搭建平台，形成既具个体思想，又汇聚集体智慧的系列研究成果。为此，北京大学人文学部决定编辑出版"北京大学人文学科文库"，旨在汇集新时代北大人文学科的优秀成果，弘扬北大人文学科的学术传统，展示北大人文学科的整体实力和研究特色，为推动北大世界一流大学建设、促进人文学术发展作出贡献。

我们需要努力营造宽松的学术环境、浓厚的研究气氛。既要提倡教师根据国家的需要选择研究课题，集中人力物力进行研究，也鼓励教师按照自己的兴趣自由地选择课题。鼓励自由选题是"北京大学人文学科文库"的一个特点。

我们不可满足于泛泛的议论，也不可追求热闹，而应沉潜下来，认真钻研，将切实的成果贡献给社会。学术质量是"北京大学人文学科文库"的一大追求。文库的撰稿者会力求通过自己潜心研究、多年积累而成的优秀成果，来展示自己的学术水平。

我们要保持优良的学风，进一步突出北大的个性与特色。北大人要有大志气、大眼光、大手笔、大格局、大气象，做一些符合北大地位的事，做一些开风气之先的事。北大不能随波逐流，不能甘于平庸，不能跟在别人后面小打小闹。北大的学者要有与北大相称的气质、气节、气派、气势、气宇、气度、气韵和气象。北大的学者要致力于弘扬民族精神和时代精神，以提升国民的人文素质为己任。而承担这样的使命，首先要有谦逊的态度，向人民群众学习，向兄弟院校学习。切不可妄自尊大，目空一切。这也是"北京大学人文学科文库"力求展现的北大的人文素质。

这个文库目前有以下17套丛书：
"北大中国文学研究丛书"　　　　　　（陈平原 主编）
"北大中国语言学研究丛书"　　　　　（王洪君、郭锐 主编）
"北大比较文学与世界文学研究丛书"（张辉 主编）
"北大中国史研究丛书"　　　　　　　（荣新江、张帆 主编）

"北大世界史研究丛书"	（高毅 主编）
"北大考古学研究丛书"	（赵辉 主编）
"北大马克思主义哲学研究丛书"	（丰子义 主编）
"北大中国哲学研究丛书"	（王博 主编）
"北大外国哲学研究丛书"	（韩水法 主编）
"北大东方文学研究丛书"	（王邦维 主编）
"北大欧美文学研究丛书"	（申丹 主编）
"北大外国语言学研究丛书"	（宁琦、高一虹 主编）
"北大艺术学研究丛书"	（彭锋 主编）
"北大对外汉语研究丛书"	（赵杨 主编）
"北大古典学研究丛书"	（李四龙、彭小瑜、廖可斌 主编）
"北大人文学古今融通研究丛书"	（陈晓明、彭锋 主编）
"北大人文跨学科研究丛书"	（申丹、李四龙、王奇生、廖可斌 主编）[1]

这17套丛书仅收入学术新作，涵盖了北大人文学科的多个领域，它们的推出有利于读者整体了解当下北大人文学者的科研动态、学术实力和研究特色。这一文库将持续编辑出版，我们相信通过老中青学者的不断努力，其影响会越来越大，并将对北大人文学科的建设和北大创建世界一流大学起到积极作用，进而引起国际学术界的瞩目。

2020年3月修订

---

[1] 本文库中获得国家社科基金后期资助或入选国家社科基金成果文库的专著，因出版设计另有要求，因此加星号标注，在文库中存目。

"北大人文跨学科研究丛书"序言

申丹、李四龙、王奇生、廖可斌

五四新文化运动以来,北京大学一直是中国人文精神的引领者,并已成为举世闻名的人文精神家园。历代学者蕴蓄深厚,宁静致远,薪火相传。

人文学聚焦于人类的精神世界,着眼于文化的传承与创新,深入分析和深刻反思古今中外各领域精神文化的实质与特性,通常以学者独立思考、著书立说为特征。"北京大学人文学科文库"以近二十套丛书的形式,将众多学者的个人专著聚集到一起,成规模地推出,从不同的学科视角,整体展示北大人文学者的学术思考和研究成果,也从一个侧面展现这个时代的人文关怀和思想格局。

然而,当代人文学科与自然科学、社会科学一样,越来越注重跨学科研究和多学科综合研究,倡导打通界限,搭建平台,给不同学科的学者提供互相交流碰撞的机会,以求迸发出新的思想火花,发现新的研究视角。"周虽旧邦,其命维新。"人文学科传统深厚,但开辟新的研究领域,创新研究思路和研究方法,勇立潮头,这样的决心须臾不可离。学科的交叉整合,是推进人文学科整体发展的重要方法。

在这一背景下,北京大学人文学部借助"双一流"建设的契机,着力构建跨学科平台，积极推动相关院系的交流协作。围绕当前国内外人文学界关注的重要话题，首批组织了十五个跨人文院系（有的还跨社科学部和经管学部）的课题组。这是北京大学人文学领域首次较大规模地打破学术壁垒，从不同角度整合跨学科研究的力量，力图建立从人文学科整体视野出发研究问题的新范式。这些课题组通过近几年的合作研究，将陆续完成合著的撰写，纳入"北大人文跨学科研究丛书"出版。未来北京大学人文学部的跨学科合著也将在本套丛书中推出。

这些著作不同于以往单一领域、单一向度的研究成果，是具有不同学术背景的老中青学者交流探讨的结晶，具有新的研究框架，体现出多种角度和思路的交汇。我们相信这套丛书会在学术界产生较大影响，在突破人文学术藩篱、推动跨学科的研究方面起到重要引领作用。

2020 年 5 月于燕园

目 录

序 言 ·· 1

上篇　全球宗教格局观察

第一章　宗教何以成为全球问题 ·· 5
　一、三次高潮、五个特点 ·· 5
　二、宗教问题与国际政治 ·· 7
　三、宗教冲突与世界和平 ·· 10
　四、宗教学已成必备知识 ·· 12

第二章　世界宗教统计数据种种 ·· 17
　一、大英百科的相关数据 ·· 17
　二、盖洛普的调研数据 ··· 19
　三、皮尤中心的统计数据 ·· 21
　四、数据资料的潜在问题 ·· 23

第三章　全球宗教格局态势分析 ·· 28
　一、世界诸宗教的错综复杂性 ·· 29
　二、主要信仰群体的地缘分布 ·· 31
　三、"多元化与两极性"格局 ··· 35

  四、"Fundamentalism"复兴 ······ 44

第四章　重新认识"宗教与国家" ······ 50
  一、重温"宗教的社会性" ······ 50
  二、伊斯兰国家的宗教因素 ······ 58
  三、美国宗教与美利坚认同 ······ 62
  四、欧洲世俗化与宗教传统 ······ 73

第五章　深刻反思"文明与宗教" ······ 84
  一、世界文明史与宗教文化观 ······ 84
  二、宗教与文化传统比较反思 ······ 91
  三、中国宗教文化的基本特点 ······ 101
  四、中华文明传统的精神理念 ······ 110

中篇　宗教文化传统钩沉

第六章　印度宗教与社会国家 ······ 117
  一、印度宗教的历史渊源 ······ 117
  二、印度宗教与印度社会 ······ 127
  三、印度宗教与民族主义 ······ 135
  四、印度宗教与民族国家 ······ 144
  五、印穆冲突的文化因素 ······ 148
  六、宗教资源与文化战略 ······ 155

第七章　印度文化中的两大史诗传承 ······ 167
  一、"史诗"概念的辨析 ······ 167
  二、印度有"历史"吗？ ······ 172
  三、《摩诃婆罗多》：百科全书 ······ 177
  四、《罗摩衍那》：最初的诗 ······ 183
  五、史诗的今天：活着的传统 ······ 188

第八章　印度宗教的传统文化基因 192
一、引子：普迦作为一个文化切面 192
二、吠陀祭祀：宗教仪典的形式母体 195
三、解脱之道：宗教义务的终极目的 201
四、虔信主义：地方信仰的生成机制 209
五、结语：印度宗教的公共性与个人性 218

第九章　阿曼苏丹国的伊巴德派 221
一、伊巴德派形成的历史背景 221
二、伊巴德派温和的信仰观念 233
三、伊巴德派独特的伊玛目制度 235
四、结语：教派与身份认同构建 240

第十章　伊、叙的国家文化安全问题 242
一、文化遗产破坏所引发的新问题 242
二、近东文明遗产的三次角色转换 244
三、党派世俗化宗教观的两次蜕变 250
四、文化遗产与伊叙国家文化安全 258

下篇　政教关系问题研究

第十一章　当代土耳其的政教关系 263
一、从描述性研究到规范性研究 264
二、社会世俗化与伊斯兰政治化 274
三、正发党挑动的世俗主义争议 280
四、政治伊斯兰化的宗教事务部 286
五、"已被驯化的土耳其军队"？ 290
六、余论：伊斯兰主义的新挑战 294

第十二章　黎巴嫩的教派政治体制 ……………………………… 301
　　一、黎巴嫩教派政治体制的形成过程 ……………………… 302
　　二、法国委任统治与教派政治体制 ………………………… 305
　　三、黎巴嫩教派政治体制调整阶段 ………………………… 308
　　四、黎巴嫩教派政治体制的新格局 ………………………… 312

第十三章　美国的宗教自由与宗教宽容 ……………………… 316
　　一、新大陆上的宗教自由 …………………………………… 316
　　二、信仰宗教的自然权利 …………………………………… 320
　　三、弗吉尼亚的宗教自由 …………………………………… 324
　　四、美国宪法第一修正案 …………………………………… 328
　　五、宗教自由的实践例证 …………………………………… 332
　　六、弱小群体的宗教活动 …………………………………… 336
　　七、信仰自由与宗教宽容 …………………………………… 340

第十四章　伊斯兰国家的政教关系类型 ……………………… 344
　　一、社会学视野中的政教关系 ……………………………… 344
　　二、政教关系的三种主要类型 ……………………………… 346
　　三、神权模式：伊朗、沙特 ………………………………… 348
　　四、国教模式：马来西亚、印度尼西亚 …………………… 352
　　五、世俗模式：埃及、土耳其 ……………………………… 356
　　六、扼要讨论：倾向神权抑或世俗 ………………………… 360

第十五章　政教分离的两种模式比较 ………………………… 363
　　一、"宗教的美国、世俗的欧洲"？ ………………………… 363
　　二、法国模式：让国家免受宗教影响 ……………………… 365
　　三、美国模式：让宗教免受国家干涉 ……………………… 369
　　四、简要结论：理解往往能决定事实 ……………………… 373

主要参考文献 ………………………………………………… 375
著者简介 ……………………………………………………… 403

序 言

"国家、文明与世界宗教"是北京大学人文学部为建设"现当代外国研究平台"而设立的一项跨学科、交叉性的研究课题,主要由哲学系、宗教学系、历史学系、社会学系、外国语学院、国际关系学院的十几位学者协力承担。读者眼前的这本专著,便是这一重大课题的初步探索成果。

为什么要致力此项专题研究呢?要而言之,随着全球化时代的到来,"经济一体化、政治多极化、文化多元化"三者之间的差异与张力日渐凸显,部分国家地区的矛盾与冲突日趋激化甚至愈演愈烈,宗教问题已成为"一个全球问题",世界宗教知识也随之成为人们观察与判断国际政治、经济与文化局势,特别是诸多国际热点问题、重大地区冲突的"必备知识之一"。因而,"国家、文明与世界宗教"这一研究课题,既有重要的理论价值,更有重大的现实意义。

有鉴于此,本书上篇"全球宗教格局观察",着眼于全球化时代的学术视野,从国际理论界所关注的重大现实问题出发,通过综合分析世界宗教人口数据与全球宗教格局态势,旨在从总体上重新认识"国家、文明与世界宗教"的复杂关系,并深刻反思错综复杂的宗教背景、宗教因素、宗教问题在全球化时代对不同的社会、国家、文明的重要影响。本书中篇题为"宗教文化传统钩沉",因为跨文化与跨学科的研究成果表明,现存各大宗教不仅与诸种文明形态的形成演变有着不解之缘,且在诸多国家或地区主要作为宗教文化传统，潜移默化地影响着现代社会生活的方方面面，这方面的研究任务可谓相当艰巨，该篇试从几个主要视角展开初步探讨。本书下篇所专注的"政教关系问题"，堪称当代世界宗教、国际政治、国际关系、国家安全、社会治理等研究领域的焦点话题，本篇试图以几类典型及其比较，揭示世界宗教对不同的文明、国家与社会的深层次复杂影响。

  这本专著是北大多院系十几位老师结合各自专长、基于以往研究，又经三四年深入研讨而合作完成的。全书写作分工如下：第一章至第五章，北京大学哲学系、宗教学系、北京大学宗教文化研究院张志刚教授；第六章，清华大学国际与地区研究院姜景奎教授（原任北京大学外国语学院南亚学系教授）；第七章，北京大学外国语学院南亚学系范晶晶长聘副教授；第八章，北京大学哲学系、宗教学系、北京大学宗教文化研究院赵悠助理教授；第九章，北京大学外国语学院阿拉伯语系袁琳讲师；第十章，北京大学外国语学院阿拉伯语系李海鹏助理教授；第十一章，北京大学历史学系、区域与国别研究院昝涛教授；第十二章，北京大学外国语学院阿拉伯语系吴冰冰副教授；第十三章，北京大学哲学系、宗教学系、北京大学宗教文化研究院吴飞教授；第十四章，北京大学社会学系蓝姗绫博士；第十五章，北京大学社会学系、北京大学宗教文化研究院卢云峰教授。本课题组的主要成员，北京大学外国语学院阿拉伯语系付志明教授，北京大学国际关系学院、区域与国别研究院王锁劳副教授，全程参与研讨，也为本专著写作作出了重要贡献。全书由张志刚教授负责通稿，刘清一博士和杨培艺博士做了大量协助工作。

张志刚
2022 年 9 月 15 日，北大人文学苑

上 篇
全球宗教格局观察

第一章　宗教何以成为全球问题

2000年5月26日，在北京大学国际关系学院建院5周年暨国际政治系建立40周年纪念大会上，中共中央政治局委员、国务院副总理、原外交部长、北京大学国际关系学院院长钱其琛做了一场重要报告，题为《当前国际关系研究中的若干重要问题》，其中令人耳目一新且深思不已的重要问题，尤数"宗教问题对国际关系的影响"。

一、三次高潮、五个特点

为什么要重视宗教对国际关系的影响呢？钱其琛把听众的目光引向"冷战结束"这一时间节点，通过回顾世界史，勾勒了"国际关系深受宗教影响的三次高潮"，以及"冷战后宗教问题的五个特点"。

他首先指出，冷战后，宗教、民族问题在国际政治舞台上突出起来了。许多国际热点问题都与宗教、民族问题分不开。其实，宗教、民族问题古已有之，只是当前又"热"起来了。宗教对国际关系的影响，在历史上出现过两次高潮。第一次高潮在中世纪，伊斯兰教兴起时期大力向外传播，经常发生"圣战"；然后基督教多次组织"十字军东征"，从欧洲一直打到西亚。这次高潮持续了很长时间，造成了国家间关系的动荡与战乱。第二次高潮是近代亚非国家的反殖民主义斗争，借助本土宗教反抗"西方传教的殖民主义者"。而目前是第三次高潮，波黑冲突在某种意义上是"东正教与伊斯兰教的斗争"；科索沃危机的根源在于"信东正教的塞族与穆斯林阿族的斗争"；其他诸多冲突，如车臣问题、东帝汶问题、斯里兰卡僧伽罗人与泰米尔人的内战、中东问题、北爱尔兰问题等等，都有相关的宗教背景。所以，美国学者亨廷顿提出"文明冲突论"，认为世界上注定会发生"基督教、伊斯兰教、儒教"三大宗教、三大文明的冲突。当然，我们难以同意这种观点。事实上，宗教问题、文明差异，如果处理得法是可以妥善解决的。但无论如何，目前"宗教对国际关系的影响"这一问题，值得我们关注。

钱其琛接着分析，冷战后爆发的宗教问题有下述五个特点：（1）宗教经常与民族问题联系在一起；（2）宗教自由经常与人权问题联系在一起；（3）宗教经常与原教旨主义、恐怖主义联系在一起；（4）宗教经常与国家的政局、民族的分裂或统一联系在一起；（5）宗教的认同往往跨越了国家和民族的界限。由此可见，宗教对国际关系、国际政治的影响是"各方面的"。从国际关系史来看，每当世界局势发生重大变化，宗教矛盾、民族矛盾往往会使"原先得以处理、控制或解决的问题重新爆发"，并使宗教问题、民族问题"突然变得重要、敏感起来"。但宗教问题就像"潘多拉盒子"，打开容易，关上很难，没有一段很长的时间是无法解决的。再加上有的国家以"宗教自由、人权问题"等为口号来干涉别国内政，则使矛盾更加激化。在许多国家，经济贫困、政局不稳等因素，也可能成为"宗教矛盾的温床"。应该说，宗教是人类社会的一种必然现象。现在人们常讲"2000年到来了，下一个千年开始了"，这就是从宗教概念上说的。当然，人类社会的历史远远不止两千年，世界上的一切事物都会变化，都要经历"一个发生、生长、扩展、灭亡的过程"。但是，相对国家而言，宗教的历史应该说是更长的。所以，我们必须注意研究宗教问题。[1]

---

[1] 以上提炼性的文献概述，详见钱其琛：《当前国际关系研究中的若干重点问题》，载《世界经济与政治》2000年第9期。这里值得一提的是，中国社会改革开放后，北京大学于1982年创办了中国高校的第一个宗教学专业，1989年成立了北京大学宗教研究所，1995年创建了中国高校的第一个宗教学系，2009年又组建了北京大学宗教文化研究院。回想起来，钱其琛副总理在北大所做的这场重要报告，的确对北京大学跨学科、交叉性、前沿性的宗教学研究具有启发意义与推动作用。

就这里提出的问题而论，如果留意钱其琛副总理的上述观点恰好发表于"9·11"事件的前一年，其超前性或预判性的理论参考价值便一目了然了。震惊世界的"9·11"事件发生后，全球宗教问题的复杂性、重要性和严峻性，可谓顿然引起国际理论界的深切关注，促使国内外专家学者回顾冷战前后国际局势的剧烈动荡与演变过程，重新认识宗教背景、宗教因素、宗教问题对国际关系、国际政治、国家安全，尤其是诸多国际热点问题及重大地区冲突的广泛影响。让我们接着来看国内外专家学者在"9·11"事件发生后所做出的大量分析判断。

二、宗教问题与国际政治

《世界宗教问题大聚焦》（2003），是我国专家学者在"9·11"事件后较早探讨世界宗教问题的一部论文集，主要从"理论、地区、热点"三篇，较为全面地考察分析了"宗教问题在国际舞台上所扮演的重要角色"。中国现代国际关系研究院院长、国际问题研究专家陆忠伟作序指出：在国际政治与经济发展中，"宗教影响"已成为重要因素。例如，20世纪中后期，欧亚大陆爆发了一系列足以改变地缘政治格局的"宗教革命"。1979年，伊朗宗教领袖霍梅尼领导"伊斯兰革命"，建立伊斯兰共和国；1981年，阿富汗游击队发动"反苏圣战"；同年，伊斯兰极端分子暗杀埃及总统萨达特，严重威胁该国世俗政权；1989年，苏联从阿富汗撤军，该国陷入内战，塔利班乘势而起，1996年夺取政权；20世纪90年代初，伊斯兰政党"繁荣党"在土耳其迅猛发展，对该国的政治经济体系"凯末尔主义"构成严重挑战，1998年被判违宪而解散。又如，在印度的1996年、1998年、1999年大选中，"人民党"接连获胜，该党具有浓厚的印度教派色彩，主要通过"复兴印度教文化传统"来赢得民众支持。再如，波黑冲突、北爱尔兰问题、印尼马鲁古群岛与亚齐问题、克什米尔纷争等一系列政治、经济和军事冲突，无不深受越来越复杂且强烈的宗教背景或宗教因素的广泛影响。

因而，可以说，国际形势瞬息万变，万变不离其"宗"。宗教、民族问题是"9·11"事件后驱动国际政治的一股重要动力，并引起了国际局势的痉挛性波动。从"9·11"事件美国纽约世贸大楼到印尼巴厘岛的大爆炸，以及莫斯科的歌剧院人质事件所代表的两轮国际恐怖浪潮，一方面显示出国际政治舞台角色的交替、国际安全面临威胁的变化，以及相应的战争形态的变换；另一方面，又推动了国际关系的重新组合、地区安全局势的不断演变，以及大国国家战略的再次调整。[1]

浏览近20年的相关专业文献可以发现，世界宗教与国际政治、国际关系、国家安全等的关系问题，已成为国内外学界的一个热门理论话题、一个重大研究课题、一个学术前沿领域。关于这方面的学术背景，由英、美、德、意、丹麦等多国学者合作的论文集《国际关系中的宗教——流放归来》（*Religion in International Relations: The Return from Exile*, 2003），可为读者提供一条基本的理解线索。该论文集给人留下的强烈学术印象之一就是，旨在反省与弥补西方学界在国际关系、国际政治研究领域中的一大理论缺陷，即长期忽视"宗教在国际关系、国际政治中所扮演的重要角色"。为凸显这一研究缺陷，该论文集的副标题和《导言》均题为"流放归来"。何言"流放归来"呢？这要从近代欧洲的国际关系及其结构的形成说起。

近代欧洲的国际关系结构是其特定历史的产物，主要是根据《威斯特伐利亚和约》（*Treaty of Westphalia*, 1648）建立起来的，而这一和约就是为了终结"长达三十年的欧洲宗教战争"（1618—1648）。根据这一和约，

---

[1] 以上概述与引文，详见陆忠伟：《国际冲突中的宗教因素》（序），中国现代国际关系研究所民族与宗教研究中心：《世界宗教问题大聚焦》，时事出版社2003年版，第1—3页。关于宗教因素或宗教背景对国际热点问题、重大地区冲突的复杂影响及其具体分析，有兴趣的读者可参考我国学者的下列论著：《周边地区民族宗教问题透视》（中国现代国际关系研究所民族与宗教研究中心著，时事出版社2002年版），《中南亚的民族宗教冲突》（潘志平主编，新疆人民出版社2003年版），《当代世界宗教问题》第五章"宗教是当今世界的一个热点问题"（国家宗教事务局宗教研究中心编写，宗教文化出版社2007年版），《全球化时代的民族宗教问题》上篇"现象综述"（曹兴著，中国政法大学出版社2011年版），教育部人文社会科学重大课题攻关项目成果《当代宗教冲突与对话研究》第一编"当代宗教冲突研究"（张志刚等著，经济科学出版社2011年版）等。

欧洲诸国重新划分领地，确立了"国家主权、互不干涉、教随国定"等一系列国际关系原则，并把"神权政治"视为国家安全、国际秩序的根本威胁，将"宗教影响"清除出新建立的"威斯特伐利亚秩序"（Westphalian order）。[1]

正是着眼于上述历史背景，《国际关系中的宗教——流放归来》的两位主编形象且深刻地指出：有史料为证，"拒斥宗教"自签订《威斯特伐利亚和约》之初就"被刻写在西方国际关系学科的基因密码里了"；而眼前的现实却表明，"意外幸存的诸种宗教"从"威斯特伐利亚的长期流放"中重返世界政治舞台，且已成为"国际关系、全球共存所不可忽视的影响因素"。如何回应此种"全球宗教复兴现象"？世界诸宗教将何去何从？它们将维护"世界和平"，还是像亨廷顿等人那样，认为"文明冲突"将导致"全球战争"，且抱以"新冷战思维模式"，把全球宗教复兴现象与"原教旨主义政治"，甚至"全球恐怖主义行径"等密切联系起来，或把全球宗教复兴与国际事务中的"那些异常的、无序的状态"普遍联系起来？面对如此种种疑问，只是批评亨廷顿等人"夸大前述联系"的简单化观点，显然不能解决问题；而是需要通过具体考察"世界范围的宗教传统"，在国际政治理论上有所突破、有所创新，以求重新认识"世界宗教与国际政治的相互作用"。[2]

近些年来，世界宗教与国际政治、国际关系、国家安全的关系问题，也日渐深受我国学界的关注。多年潜心这一问题研究的徐以骅教授指出，从国际关系学科在西方诞生以来，宗教研究就一直被该学科所长期忽视，被置于"无足轻重的边缘化地位"，甚至作为"国际关系的放逐对象"。然而，近几十年来"全球宗教复兴"与"世界非世俗化"趋势，尤其是

---

[1] 上述历史背景，综合参见舒佩尔、特里合著：《世界历史上的宗教》，李腾译，商务印书馆2015年版，第148页；史蒂文森主编：《欧洲史——从古代文明到第三千年黎明》，第20章"专制主义与国际关系"，李幼萍等译，南方日报出版社2018年版；霍尔斯蒂：《和平与战争——1648—1989年的武装冲突与国际秩序》，第二章"1648年的闵斯特和奥斯纳布鲁克：渐进的和平"，王浦勋等译，北京大学出版社2005年版。
[2] 以上文献概述与理论分析，详见佩蒂多·哈兹波罗编：《国际关系中的宗教》，张新樟等译，浙江大学出版社2009年版，第1—5页。这里值得一提的是，该论文集的两位主编据以批评亨廷顿等人观点的主要文献，除了亨廷顿的英文名著《文明的冲突与世界秩序的重建》，还有美国著名社会学家、宗教学家、宗教暴力与冲突研究专家Mark Juergensmeyer的两本英文专著，*The New Cold War: Religious Nationalism Confronts Secular State*（1993），*Terror in the Mind of God: The Global Rise of Religious Violence*（2000）。

"9·11"事件的发生，已在很大程度上改变了人们对"世界宗教与国际问题"的看法，使宗教从"威斯特伐利亚的放逐"回归"国际关系舞台的中心"。在有的国际关系学者看来，全球宗教复兴对于国际关系研究的挑战，堪比当初"全球化或冷战结束"所引起的挑战。[1]

从纷纭复杂的局部冲突到"9·11"事件的爆发，越来越多的事实表明：在后冷战的世界里，文化、宗教和社会性因素在国际政治中的作用正在提升。国家之间最重要的区别不再仅仅是政治的或经济的，而且包括文化和文明的区别……宗教作为人类历史中最古老、最普遍的社会、文化和历史现象之一，一直被看作国家安全和战争的诸多相关因素之一。尽管自威斯特伐利亚体系以来，宗教一直被西方国际关系学界边缘化，但是，当下"宗教的全球复兴"和"世界性非世俗化"趋势，正在迅速使宗教"回归"国际关系研究。甚至有学者断言，若不了解"以信仰为基础的运动"，就根本无法理解当今的国际关系。[2]

三、宗教冲突与世界和平

关于宗教问题之所以成为一大"全球问题"的复杂原因，美国著名天主教学者尼特（Paul Knitter）的分析视野显得更为开阔，即从"后9·11世界"的地缘政治事态，一直深究"宗教冲突""文明冲突"，乃至"世界宗教对话"与"人类文明对话"。他尖锐地指出，在"后9·11世界"的地缘－政治事态发展中，恐怖导致愤怒，愤怒导致暴力，这在一些民族

---

[1] 参见徐以骅：《全球化时代的宗教与国际关系》，载《世界经济与政治》2011年第9期。
[2] 徐以骅等著：《宗教与中国国家安全研究》，时事出版社2016年版，第22—23页。我国学者研讨宗教与国际政治、国际关系、国家安全的近期著作，还可参见张战、李海君：《国际政治关系中的宗教问题研究》（中国社会科学出版社2009年版）；周展等编著：《文明冲突、恐怖主义与宗教关系》（东方出版社2009年版）；徐以骅等著：《宗教与当代国际关系》（上海人民出版社2012年版）；刘义：《全球化背景下的宗教与政治》（上海大学出版社2013年版）；金宜久：《伊斯兰与国际政治》（中国社会科学出版社2013年版）；李勃：《民族宗教问题与国家安全》（时事出版社2013年版）等。

和国家愈演愈烈。在许多人看来，亨廷顿的忧郁论点已被证实，"文明的冲突"越来越严重。但更令人担忧、更有威胁的是，"文明的冲突"看似由于"宗教的冲突"而"火上浇油"了。所谓的"恐怖主义分子"和"帝国主义者"都巧借他们的宗教信仰来为各自的邪恶行为辩护，他们把对方称为"邪恶的"，就等于说自己是"善良的、正义的"，这是一种"宗教宣称"，即意味着"真主或上帝与我同在，让我来惩罚你"。

在上述分析评论中，有一点显得尤为中肯，即尼特客观地指出，"恐怖主义分子"和"帝国主义者"都在歪曲利用"各自的宗教信仰"来挑起不同文明的冲突，这一事实可让人意识到"后9·11世界"的全球宗教问题的复杂性与严峻性。在《新恐怖与新战争》（*New Terror, New Wars*, 2003）一书中，英国道德哲学教授吉尔伯特（Paul Gilbert）开篇就比较了"旧式战争与新式战争"。他指出，比较一下"两场战争"，1982年英国与阿根廷的"马岛战争"和2001年"9·11"事件之后美国主导的所谓"反恐战争"，前者是一场典型的"旧式战争"，是两个国家为争夺领土而战，而所谓的"反恐战争"则是"国家或国家同盟"对"非国家行为体"宣战，即美国及其盟国声言"要为价值观而战"，这里所指的价值观，毫无偏见地说，就是"西方的自由、民主和文明"。[1] 在连出两版、引起强烈关注与争议的《恐怖之后》（*After the Terror*, 2002, 2003）一书中，英国著名哲学家洪德里奇（T. Honderich）更尖锐地指出："9·11"事件向全世界敲响了"道德警钟"，"几乎没有人知道美国在过去四分之一世纪的所作所为已经到了何种境地；它再也合适不过地符合一般的国家恐怖主义的定义。另外，对于我们的民主制度和资本主义的本质，人们基本上也处于无知状态"。[2] 关于上述全球宗教问题的复杂性与严峻性，我们将在后文的"重新认识'宗教与国家'"部分结合例证加以分析。这里让我们接着来看尼特所引述的一位著名犹太拉比的说法。

正如萨克斯（Jonathan Sacks）所言：到21世纪，诸种宗教竟能成为"全球范围的关键力量"，这是所有人都始料未及的。或许，不同的宗教并

---

[1] 详见吉尔伯特：《新恐怖与新战争》，王易、傅强、刘鑫铭译，中国人民大学出版社2010年版，第1—7页。
[2] 详见洪德里奇：《恐怖之后》（增订版），王洪章、吴猛译，上海人民出版社2005年版，第153—166页。

不是不同的文明、民族或群体相冲突的根源，但"冲突之火"越燃越烈，宗教无疑具有"助燃作用"。因而，身为犹太拉比的萨克斯呼吁全球宗教人士：当有人以"上帝或神"的名义来杀戮无辜时，绝不能袖手旁观；当有人利用"宗教教义"来为冲突辩护时，绝不能沉默无语；当有人企图给暴力或战争披上"神圣外衣"时，绝不能交出"圣洁的长袍"……

尼特接着分析指出，在当今世界，诸种宗教正被某些人用来助长文明的冲突，这正是宗教成为一个全球性问题的部分原因。然而，真正的宗教信仰不但可以，而且应当转化为"文明冲突的解决办法"，因为世界上的各类宗教人士，若能信守其创始人和经典的教诲，必将相信他们所信奉的"上帝、真理或觉悟"，就是要让"文明合作"而非"文明冲突"。要想达成此种共识，世界诸宗教就必须相互交流，彼此学习，和平对话。[1]

综上所述，正是由于宗教问题、宗教因素或宗教背景对全球化时代的国际政治、国际关系、国家安全等具有这么广泛且重要的影响，宗教冲突、宗教对话、世界宗教研究，以及这项研究与文明对话、世界和平、人类命运共同体的重要联系，便成为国际理论界的热门话题、前沿领域。

四、宗教学已成必备知识

霍普费（Lewis M. Hopfe）、伍德沃德（Mark R. Woodward）等编著的《世界宗教》（*Religions of the World*），可谓"版次最多、最有影响的英文版世界宗教史教科书之一"，自1979年首版，到2016年已出第13版。伍德沃德在该书第11版（2009）的"序言"里回顾，20世纪80年代中期，他在美国高校讲授"世界宗教"时，和这门课的许多老师一样，首先要向同学们解释一通"世界宗教研究的必要性与重要性"，诸如各大宗教在世界文化中的重要地位，世界上不同信仰者相互理解、和睦相处的必要性和迫切性，等等。但在2001年9月11日之后，已没有人对世界宗教研究的必要性和重要性提出疑问了，美国政界、学界和民众都猛然认识到，宗教

---

[1] 参见尼特：《宗教对话模式》，王志成译，中国人民大学出版社2004年版，"作者致中国读者"，第1—3页。

已取代经济,成为冷战后"最强大的意识形态力量"。诸种宗教既蕴含"和平的种子",也潜含"暴力的可能"。因此,若要避免"因少数人的暴力行为而误解某种宗教的所有信众",即使某个人没有任何宗教信仰,也要具备"世界宗教知识"——这不仅是指知晓"本民族或国家的宗教",而且也要了解"其他民族或国家的宗教"。所以,该教材第11版的内容力图将"世界宗教研究"带入"后9·11时代",且使"世界宗教知识"能够反映各国家或地区的宗教演变进程。[1]

关于世界宗教研究与世界宗教知识的必要性与重要性,该教材的第13版进一步论证道:世界宗教研究可使人获益匪浅,因为"一部世界史深受诸种宗教信仰的影响"。从全球范围来看,诸种宗教有史以来就是人们生活中最重要的组成部分,其信仰内容涵盖人们的宇宙观、自然观、人生观、社会观、伦理观等"终极意义问题"(questions of ultimate meaning and concern);而到现代,世界上的诸种宗教信仰仍然对个人、家庭乃至整个社会具有不可忽视的广泛影响。"学术性的宗教研究"(the academic study of religion)是跨学科或交叉性的,广泛汲取了哲学、心理学、历史学、人类学、社会学、比较文献学(comparative literature)等学科或领域的概念、理论与方法,可以使人得到"批判性思维"(critical thinking)和"跨文化理解"(cross-cultural understanding)的学术训练。

对21世纪的公民来说,具备"世界宗教知识"(knowledge of world religions)的最大教益,或许就在于理解"世界政治"。宗教在国内和国际的政治冲突中一向扮演着重要角色。在当代美国,关于民权、堕胎、性别关系等诸多争论,根本分歧均在于宗教信仰差异。在当今世界,天主教徒与新教徒的争斗,印度教徒与穆斯林的冲突,佛教徒与印度教徒的战争,穆斯林与基督徒的争论,犹太人与穆斯林的斗争,以及世俗主义者与宗教信仰者在诸多公共政策问题上总是各执己见等等,如此种种冲突虽有其他方面的复杂原因,但宗教信仰差异的重要影响是显而易见的。因此,若想透彻地理解这些冲突,我们必

---

[1] 参见霍普费、伍德沃德:《世界宗教》(第11版),辛岩译,北京联合出版公司2018年版,"序言"第7页。

须了解穆斯林、基督教徒、犹太教徒、印度教徒、佛教徒等在哲学观念上的基本差异，同时必须知道宗教信仰既可引发彼此冲突，又能促成相互理解。一旦正视这些冲突的严重性，政界领袖、民间精英和社会大众都要意识到，宗教对世界政治的影响具有双重性——既能加剧又能缓和地区冲突、全球冲突。[1]

为什么"诸种宗教冲突"可能引发诸多社会冲突、国内冲突、地区冲突，甚至全球冲突，而要透彻理解如此种种冲突，又不能不深刻了解诸种宗教在哲学观念上的基本差异呢？著名宗教哲学家希克（John H. Hick）发人深省地指出：直到最近，世界上现存的任何一种宗教几乎都是在不了解其他宗教的情况下传播与发展的。[2] 当然，历史上有过几次大规模的宗教扩张运动，使不同的宗教相遇。例如，公元前后佛教的扩张，7—8世纪伊斯兰教的扩张，19世纪基督教[3]（广义的基督教，包括天主教、东正教、新教）的扩张等。但在上述扩张运动里，不同的信仰者相遇的结果，大多是"冲突"而不是"对话"，这显然不能使各宗教彼此认识或相互理解。只是这一百多年来，关于宗教的学术研究才为如实地理解"他人的信仰"（other's faith）提供了知识可能性。[4] 当代宗教学的比较研究成果，促使越来越多的人意识到一个事实：各大宗教传统无不"自称为真"——自以为只有"我的传统"才是"唯一的真理"。可问题在于，所有这些宗教传统关于真理的说法，不仅是不同的而且是冲突的。这样一来，如何解释各种

---

[1] See Lewis M. Hopfe, Mark R. Woodward, Brett Hendrickson, *Religions of the World*, 13th edition, Pearson Education, Inc., 2016, p.2.

[2] 希克是在其名著《宗教哲学》（*Philosophy of Religion*）里提出此观点的，"直到最近"的英文原词为"until recently"；到底有多近呢？该书首版于1963年，后印1973、1983、1990年等多版，在第3版里希克仍用"until recently"。

[3] 这里讲的"基督教"（Christianity）是广义的，即包括"天主教、东正教、新教"三大主要分支；而国内学界则已习惯把"新教"（Protestantism）译为"基督教"。本书上篇里的"基督教"均为"广义的用法"。

[4] 宗教研究可谓由来已久，但国际学界一般认为，学术性或专业化宗教研究（the academic study of religion, the scientific study of religion，或称 comparative religion, religious studies）是一门新兴的、交叉性的人文社会科学；若从麦克斯·缪勒（Friedrich Max Müller）的名著《关于宗教的科学研究导论》（*Introduction to the Science of Religion*, 1873. 该书中译本作《宗教学导论》，但书名不够准确，故此处不采用）开始，专业化宗教学的探索历程尚不到二百年。所以，希克在此言称"只是这一百多年来……"。关于这门新学科的方法论理念，可参见张志刚：《宗教学是什么》，北京大学出版社2016年第2版，"引论：只知其一，一无所知"。

宗教在真理问题上诸多相冲突或相矛盾的教义或信念，便成为全球化时代背景下诸种宗教相遇、交往与对话所不可回避的根本问题。[1]

关于世界宗教对话的重大现实意义，著名天主教神哲学家、《全球伦理宣言》起草人汉斯·昆（Hans Küng，又译孔汉思）自20世纪80年代末就四处呼吁：没有宗教之间的和平，就没有民族、国家乃至文明之间的和平；没有宗教之间的对话，就没有宗教之间的和平；没有宗教研究，就没有宗教之间的对话。[2] 在笔者看来，这三句话构成了"一个论证世界宗教对话之重要性的三段式"，其令人深思之处主要有二：第一，按照它的推论，全球化时代的世界宗教对话显然太重要了，不但事关宗教之间的和平，而且关乎民族、国家乃至文明之间的和平。回到20世纪80年代末，如果说那时还有人怀疑这个"三段式"是否把世界宗教对话的重要意义"无限上纲"了，不过20年，随着冷战后全球宗教问题的日渐突出，民族间、国家间和文明间等形式的矛盾与冲突的不断发生甚至愈演愈烈，这种关于世界宗教对话之重要性的判断，已成为全球政要、宗教领袖，尤其是宗教学家的基本共识了。第二，就这个"三段式"的逻辑结构而言，它的大前提旨在强调世界宗教研究及其知识的必要性，即面对全球宗教问题，若不开展世界宗教研究、若不普及世界宗教知识，各界人士便无法意识到"宗教对话之于宗教和平"（小前提）乃至"宗教和平之于民族、国家与文明和平"（结论）的重大现实意义。正因为世界宗教研究及其知识普及这么关键，已过花甲的汉斯·昆全程参与了大型纪录片《世界宗教寻踪》的拍摄过程（1993—1999），从脚本撰写一直到剪辑完成。他在根据脚本写成的专著"前言"里告诉读者：该书叙说的所有内容是每个当代人

---

[1] See John H. Hick, *Philosophy of Religion*, Englewood Cliffs, N.Y.: Prentice-Hall, Inc., 4th Edition, 1990, pp.108-109.

[2] 这三句话整合了汉斯·昆在不同的时间和地点的多种说法。据汉斯·昆回忆，1989年，他应邀在联合国教科文组织举办的一次学术研讨会上演讲，首次提出"没有宗教之间的和平，就没有国家之间的和平"的说法（参见韩松：《孔汉思教授访谈录》，载《基督教文化学刊》第4辑，人民日报出版社2000年版）。此后，他在多场演讲、多本论著里不断补充完善上述说法，如在世界经济论坛上的讲演（1990）、在世界宗教议会上的讲演（1993）、在北京大学及哈佛大学的讲演（1995、1998）等。他于1999年在中国人民大学讲演里的提法为："没有各宗教之间的和平，就没有各文明之间的和平；没有各宗教之间的对话，就没有各宗教之间的和平；没有一种全球伦理，就不会有一种新的全球秩序。"（参见汉斯·昆：《全球伦理与中国传统文化》，《基督教文化学刊》第4辑）

都应该了解的,因为要想议论国际时事、评判世界局势,不仅需要经济、政治、社会、文化等多方面的知识,而且不可缺少"世界宗教问题的基本素养"。[1]

随着改革开放的不断深化拓展,中华民族与世界各国的交往合作越来越密切。因此,对当代中国学者来说,既要具备世界宗教知识,还要了解中国宗教与宗教政策。在2016年4月22—23日的全国宗教工作会议上,习近平总书记强调:宗教问题始终是我们党治国理政必须处理好的重大问题,宗教工作在党和国家工作全局中具有特殊重要性,关系中国特色社会主义事业发展,关系党同人民群众的血肉联系,关系社会和谐、民族团结,关系国家安全和祖国统一。正确认识与处理宗教问题,要坚持和发展中国特色社会主义宗教理论,要坚持我国宗教的中国化方向,要提高法治化管理水平,要积极引导我国宗教与社会主义社会相适应,最大限度地发挥积极作用,最大限度地抑制消极作用。这段重要论述里所强调的"四个关系"和"两个最大限度",充分表达了中国执政党和政府对国内外宗教问题的高度重视。在紧接着召开的全国哲学社会科学工作座谈会(2016年5月17日)上,习近平总书记又就我国宗教学研究做出重要指示,即首次把宗教学列为"加快完善对我国哲学社会科学具有支撑作用的11个重要学科之一"。这一重要指示,显然对我们深入开展世界宗教研究、普及世界宗教知识与中国宗教政策具有指导意义。

---

[1] 参见汉斯·昆:《世界宗教寻踪》,杨煦生、李雪涛等译,生活·读书·新知三联书店2007年版,"前言"。

第二章 世界宗教统计数据种种

若要全面地认识全球宗教问题，当然不能把目光仅仅盯在国际政治领域的热点问题或重大冲突，还须充分地意识到世界宗教现象的普遍性与复杂性。关于世界宗教现象的普遍性，下列数种世界宗教人口及其分布数据，可兹佐证。

一、大英百科的相关数据

《大英百科全书》（*Encyclopedia Britannica*），又译《不列颠百科全书》，被公认为国际上最知名、最权威的百科工具书。这里主要关注其2003年版提供的三方面数据：

1. 世界宗教人口数据及其预测（1990—2050）

基督教（包括天主教、新教、东正教等）是世界第一大教，1990年的信教人口为17.47亿，2050年预计30.52亿。伊斯兰教位居第二，1990年的信教人口为9.62亿，2050年预计22.29亿。其他主要宗教的信教人口及其预测如下：印度教徒，将从6.86亿增至11.75亿；佛教徒，将从3.23亿增至4.25亿；犹太教徒，将从1320万增至1670万。

2. 世界主要信众的人口比例（2002）

2002年主要宗教占世界人口的比例依次排列如下：基督徒约占32.9%，穆斯林约占19.8%，印度教徒约占13.3%，佛教徒约占5.9%，犹太教徒约占0.2%，其他宗教信仰者约占13%。此外，不可知论者约占12.5%，无神论者约占2.4%。

总体情况和具体数据详见表2-1、2-2。

表2-1 世界宗教人口数据及其预测（1990—2050）（单位：亿）

信仰群体	基督徒	伊斯兰教	印度教徒	佛教徒	犹太教徒
1990年	17.47	9.62	6.86	3.23	0.132
2050年	30.52	22.29	11.75	4.25	0.167

表2-2 世界主要信众的人口比例（2002）（单位：%）

信仰群体	基督徒	伊斯兰教	印度教徒	佛教徒	犹太教徒	其他宗教信仰者	不可知论者	无神论者
2002年	32.9	19.8	13.3	5.9	0.2	13	12.5	2.4

3. 世界三大宗教的分布状况[1]（2002）

（1）基督教三大分支的分布状况：（a）天主教占优势的国家主要有欧洲的法国、比利时、爱尔兰、西班牙、葡萄牙、意大利、奥地利、波兰、斯洛伐克等国，拉丁美洲的墨西哥、委内瑞拉、哥伦比亚、秘鲁、玻利维亚、智利、阿根廷、巴西、巴拉圭、乌拉圭等国，以及亚洲的菲律宾等国。（b）新教诸教派占优势的国家主要有欧洲的英国、德国、荷兰、瑞士、丹麦、挪威、瑞典、芬兰、冰岛等国，大洋洲的澳大利亚、新西兰、巴布亚新几内亚等国，非洲的南非、加蓬、纳米比亚等国。（c）东正教占优势的国

---

[1] 在晚近的世界宗教研究中，各大宗教的传播与分布状况越来越受重视。目前，国际学界一般把基督教、伊斯兰教、佛教视为"三大世界性宗教"。按现行统计方法，虽然印度教信众远远超过佛教徒，但印度教传播范围有限，其影响主要在印度、尼泊尔等地。

家主要有俄罗斯、希腊、罗马尼亚、塞尔维亚、格鲁吉亚、亚美尼亚等国。

（2）伊斯兰教的主要分布状况：（a）在所有的阿拉伯国家均占绝对优势，这 22 个阿拉伯国家聚集于西亚和非洲，即西亚的巴勒斯坦、约旦、叙利亚、黎巴嫩、沙特阿拉伯、伊拉克、也门、科威特、阿联酋、卡塔尔、巴林、阿曼，非洲的阿尔及利亚、摩洛哥、突尼斯、利比亚、苏丹、埃及、毛里塔尼亚、吉布提、索马里、科摩罗。（b）在亚洲的土耳其、伊朗、巴基斯坦、孟加拉国、印度尼西亚、马来西亚、阿富汗、乌兹别克斯坦、土库曼斯坦、吉尔吉斯斯坦、塔吉克斯坦等国，以及非洲的马里、乍得等国也占明显优势。

（3）佛教的主要分布状况：斯里兰卡、缅甸、泰国、老挝、越南、柬埔寨、蒙古国、日本、韩国、中国等。

二、盖洛普的调研数据

盖洛普国际调查联盟（WIN-Gallup International）是国际上影响较大的民意调研机构，其分支分布于 70 多个国家。2012 年和 2014 年，该机构策划组织了两次"全球宗教信仰虔诚度与无神论指数"（Global Index of Religiosity and Atheism）调查。调研范围：2012 年，五大洲的 57 个国家，5 万多人（2012 年报告里的提法是 more than 50000 men and women）；2014 年，65 个国家，63898 人。采访问题：不管是否去过某种崇拜场所，你认为"自己是信教者、不信教者，还是坚定的无神论者"？这里主要来看下列两方面的统计结果：

1. 全球人口信仰状况

据 2012 年报告：（1）无神论者约占 13%；（2）信教者约占 59%；（3）不信教者约占 23%；（4）无答案者约占 5%。

据 2014 年报告：（1）无神论者约占 11%；（2）信教者约占 63%；（3）不信教者约占 22%；（4）无答案者约占 4%。

2. 各地区或主要国家的信教人口比例

据 2012 年报告：（1）各地区信教人口比例的排序为：非洲 89%、拉美 84%、南亚 83%、阿拉伯国家 77%、东欧 66%、西亚 64%、北美 57%、西欧 51%、东亚 39%、北亚 17%；（2）信教人口比例较高的国家：加纳 96%、尼日利亚 93%、亚美尼亚 92%、斐济 92%、马其顿 90%、罗马尼亚 89%、伊拉克 88%、肯尼亚 88%、秘鲁 86%、巴西 85%；（3）信教人口比例较低的地区或国家：中国大陆 14%（中国香港 38%）、日本 16%、捷克 20%、土耳其 23%、瑞典 29%、越南 30%、澳大利亚 37%、法国 37%、奥地利 42%。

据 2014 年报告：（1）信教人口比例较高的国家：泰国 94%、亚美尼亚 93%、孟加拉国 93%、格鲁吉亚 93%、摩洛哥 93%；（2）信教人口比例较低的地区或国家：中国 7%、日本 13%、瑞典 19%、捷克 23%、荷兰 26%、英国 30%。

总体情况和具体数据详见表 2-3，2-4，2-5。

表 2-3 全球人口信仰状况（单位：亿）

	无神论者	信教者	不信教者	无答案者
2012 年	17.47	9.62	6.86	3.23
2014 年	30.52	22.29	11.75	4.25

表 2-4 各地区或主要国家的信教人口比例（2012）

各地区信教人口比例	非洲 89%	拉美 84%	南亚 83%	阿拉伯国家 77%	东欧 66%	西亚 64%	北美 57%	西欧 51%	东亚 39%	北亚 17%
信教人口比例较高的国家	加纳 96%	尼日利亚 93%	亚美尼亚 92%	斐济 92%	马其顿 90%	罗马尼亚 89%	伊拉克 88%	肯尼亚 88%	秘鲁 86%	巴西 85%
信教人口比例较低的地区或国家	中国大陆 14%	中国香港 38%	日本 16%	捷克 20%	土耳其 23%	瑞典 29%	越南 30%	澳大利亚 37%	法国 37%	奥地利 42%

表 2-5 各地区或主要国家的信教人口比例（2014）

信教人口比例较高的国家	泰国 94%	亚美尼亚 93%	孟加拉国 93%	格鲁吉亚 93%	摩洛哥 93%
信教人口比例较低的地区或国家	中国大陆 7%	日本 13%	瑞典 19%	捷克 23%	荷兰 26%	英国 30%

三、皮尤中心的统计数据

美国皮尤研究中心（Pew Research Centre）设有"宗教与公众生活论坛"（The Pew Forum on Religion & Public Life），该论坛近些年发布的多种世界宗教数据资料，颇受国际宗教学界的关注与争议。这里摘录该机构 2012 和 2017 年发布的两份报告里的相关统计数据。

1. 世界主要宗教群体的规模与分布状况（2010）

据皮尤研究中心 2012 年公开发表的《全球宗教景观：世界主要宗教群体的规模与分布状况报告》（*The Global Religious Landscape: A Report on the Size and Distribution of the World's Major Religious Groups as of 2010*），世界八大信仰群体的人数及其分布状况大致如下：

（1）基督教徒约 22 亿，其中，天主教徒约占 50%，新教徒约占 37%，东正教徒约占 12%，摩门教、耶和华见证会等新兴教派人数约占 1%。基督教徒总数约占 2010 年世界人口（69 亿）32%，其主要分布状况为，美洲的基督徒约占 37%，欧洲的基督徒约占 26%，撒哈拉以南非洲地区的基督徒约占 24%，三者合计为基督教徒总数的 87%。

（2）伊斯兰教徒约 16 亿，其中，逊尼派约占 87.9%—90%，什叶派约占 10%—13%。全球穆斯林约占 2010 年世界人口 23%，其主要分布状况为，亚洲和太平洋地区的穆斯林约占 62%，中东和北非地区的穆斯林约占 20%，撒哈拉以南非洲地区的穆斯林约占 16%，三者合计为穆斯林总数的 98%。

（3）印度教徒约 10.2 亿，约占世界人口 15%，99% 生活在亚洲和太平洋地区。

（4）佛教徒约 5 亿，约占世界人口 7%，99% 生活在亚洲和太平洋地区。

（5）犹太教徒约 1400 万，约占世界人口 0.2%。

（6）民间或传统宗教信徒，主要包括中国民间信仰、非洲传统宗教、美洲原住民宗教、澳大利亚原住民宗教等,约4亿,约占世界人口6%,90%生活在亚洲和太平洋地区。

(7)其他宗教信徒,主要包括巴哈伊教、耆那教、锡克教、神道教、道教、天理教、拜火教等,约5800万,约占世界人口0.8%,89%生活在亚洲和太平洋地区。

(8)不信教者,包括无神论者、不可知论者,以及那些不认同任何特定宗教的人,约11亿,约占世界人口16%,76%生活在亚洲和太平洋地区。

表2-6 全球宗教信众总数量:58亿(世界总人口69亿)(单位:亿)

信仰群体	基督徒	穆斯林	印度教徒	佛教徒	犹太教徒	民间或传统宗教信徒	其他宗教信徒	无宗教隶属者
数量	22	16	10.2	5	0.14	4	0.58	11

表2-7 世界主要信仰群体区域分布概况(单位:亿)

信仰群体	基督徒	穆斯林	印度教徒	佛教徒	犹太教徒	民间或传统宗教信徒	其他宗教信徒	无宗教隶属者
亚太	2.87	9.85	10	4.81	0.002	3.65	0.52	8.58
撒哈拉以南非洲	5.17	2.48	0.017	0.001	0.001	0.27	0.019	0.26
欧洲	5.58	0.43	0.01	0.01	0.01	0.01	0.009	1.35
拉丁美洲	5.31	0.008	0.007	0.004	0.005	0.1	0.01	0.45
北美	2.67	0.035	0.02	0.04	0.06	0.01	0.02	0.59
中东-北非	0.13	3.17	0.02	0.005	0.06	0.01	0.002	0.02

2. 全球宗教人口预测:2015年至2060年

2017年,皮尤研究中心又发表一份"全球宗教景观"报告,依据2015年的统计数据,预测2060年世界八个主要信仰群体的规模及其占世界人口的比例。这里我们主要关注全球宗教人口与四大宗教群体的格局变化。

(1)2015年,全球人口约73亿,各类信教人口约62亿,约占全球人口85%。其中,基督徒人数最多,约23亿,占全球人口32%;穆斯林位居第二，约 18 亿，占全球人口 25%；印度教徒位居第三，约 11 亿，占全球人口 15%；佛教徒约 5 亿，占全球人口 7%。

（2）2060 年，全球人口预计增加 32%，约 96 亿，各类信教人口将超过 84 亿，约占全球人口的 87%。其中，位于前四位的依次为：基督徒预计增加 34%，约 30 亿，约占全球人口的 31.3%；穆斯林预计增加 70%，近 30 亿，约占全球人口的 31.1%；印度教徒预计增加 26.7%，近 14 亿，约占全球人口的 14.5%；佛教徒预计减少 7.5%，约 4.6 亿，约占全球人口的 4.8%。[1]

总体情况和具体数据详见表 2-8。

表 2-8 世界八个主要信仰群体的人口规模及预计增长情况（2015—2060）

	2015年人口（亿）	占全球人口比重（%）	2060年人口（亿）	占全球人口比重（%）	2015—2060增长人数（亿）	2015—2060增长速度（%）
基督教	22.7625	31.2	30.5446	31.8	7.7821	34.2
穆斯林	17.5262	24.1	29.8739	31.1	12.3477	70.5
无宗教信仰者	11.6502	16.0	12.023	12.5	0.3728	3.2
印度教徒	10.9911	15.1	13.929	14.5	2.9379	26.7
佛教徒	4.9938	6.9	4.6198	4.8	−0.374	−7.5
民间信仰信众	4.1828	5.7	4.4095	4.6	0.2267	5.4
其他宗教信众	0.5971	0.8	0.5941	0.6	−0.003	−0.5
犹太教徒	0.1427	0.2	0.1637	0.2	0.021	15.0
全球人口	72.8464	100.0	96.1576	100.0	23.3112	32.0

四、数据资料的潜在问题

如同其他人文社会学科，宗教学也越来越注重实证性的调研数据与理论分析。前述诸种国际上较有影响的调研统计数据，不但可使人们大体了解世界宗教现状，而且有助于分析全球宗教格局及其演变态势。但在有选择、有

---

[1] 以上数据与图表，详见皮尤研究中心：《不断变化的全球宗教格局》，黄伟婕译，载《宗教与世界》2018 年第 2 期。

重点地参考这些数据资料之前,不能不意识到它们可能存在的三类问题。

第一,现有的世界宗教人口统计数据可能存在的误差性。例如,从各类信教人数占全球人口比例来看,盖洛普国际调查联盟2014年的统计数据为63%,美国皮尤研究中心2015年的统计数据则高达85%,时间仅隔1年,二者相差22个百分点。又如,基督教、伊斯兰教和佛教,一般被视为世界三大宗教,但与前两者相比,佛教徒的统计数据显得很低,据美国皮尤研究中心的抽样统计,2015年全球佛教徒约5亿,还不到同年印度教徒的一半(约11亿);而按2003年版《大不列颠百科全书》里的分析预测,到2050年全球佛教徒仅为4.25亿。再如,皮尤研究中心所界定的"世界八大信仰群体"里,所谓的"民间或传统宗教信徒"和"其他宗教信徒",不但外延过于泛化,而且内涵十分含混。

评论者大多认为,凡此种种可能出现的统计数据误差,主要是因为不同的调研机构所用的民调方式或统计方法不同,但在此类表象的背后,其实还深含世界宗教研究面临的基础理论难题,尤其是"宗教定义或概念问题"。目前,国际上较有影响的宗教学概念、理论和方法,大多是由欧美学者在西方历史、文化和宗教背景下提出来的,这便使世界宗教研究中现行的定义或概念深受"亚伯拉罕一神教传统",尤其是"西方基督教的一神论宗教观"的影响。[1]因而,就世界宗教人口的抽样调查及其统计方法而言,有关基督徒、穆斯林、犹太教徒等一神教信众的统计数据是比较可靠的,像印度教这样相对单一的民族性或国家性宗教的人口统计也是出入不大的。[2]然而,对于"非一神教的",甚至被有些学者视为"无神论的"

---

[1] 这里所指的"亚伯拉罕一神教传统",在历史上主要由犹太教、基督教、伊斯兰教构成。关于"西方基督教的一神论宗教观"的主要特征及其影响,可参见张志刚:《"外来宗教概念暨宗教观"反思》,载《世界宗教评论》第二辑,张志刚、金勋主编,宗教文化出版社2017年版。

[2] 关于"谁是印度教徒",如下分析或有理论启发:去乌灵达班神庙的是印度人。世界上10亿印度人中有9.8亿多居住在印度本土,其中约80%是印度教徒(Hindus)。起初(公元前326年,跟随亚历山大大帝远征的希腊人进入印度河谷地的时候),"印度教徒"和"印度人"(Inder)是同一个词,但在今天二者是被划分的,19世纪以来,"印度教"(Hinduismus)被看成"印度的宗教";可实际上,这一看法是"集体概念",涵盖众多迥异的宗教成分,却又很难与印度人的文化、世界观、生活方式等严格区分。换一种说法——谁不是印度教徒?或许更易于区分:在印度,那些不是穆斯林(约占印度人口11%)、不是基督徒(约占2.4%)、不是犹太教徒(具体数字不详),也不是锡克教徒(约占2%)、耆那教徒(约占0.5%)、佛教徒(约占0.7%)的大多数人,他们占印度人口的五分之四(参见汉斯·昆:《世界宗教寻踪》,第59—60页)。

佛教信众，却不能照搬西方模式的宗教定义及其统计方法。譬如，在人口众多、地域广袤的中国社会，佛教较之基督教、伊斯兰教有更大的影响，且有"汉传佛教、藏传佛教、南传佛教（上座部佛教）"三大分支，后二者的信众主要生活在西藏和云南少数民族地区，比较易于抽样统计；而对汉族生活地区影响最大、业已融入"儒释道三教合一"文化传统的"中国化佛教"，如何抽样统计其成分复杂的信众，便成为一个难题，假若只估算"法师和居士"的数量，显然不足以反映"佛教文化圈的影响范围"。至于前述皮尤研究中心所划分的"民间或传统宗教信徒"和"其他宗教信徒"，只要从宗教概念上推敲其外延与内涵的双重不严谨性，这两大部分信众人数的抽样统计数据，恐怕更要打上问号了。

第二，现有的世界宗教人口统计数据可能存在的倾向性。晚近的宗教研究，尤其是宗教社会学、宗教人类学、宗教心理学越来越重视"量化研究"，以增强某项专题研究的实证性与科学性，这无疑是一种学术进步；但与此同时，在某些"只限于或偏执于量化研究"的学者那里，也形成了一种简单化的方法论倾向，这就是"盲目迷信数据资料的客观性"。

其实，数据资料的采集、分析与解释等环节，无不潜含调研者的倾向性，这在现有的世界宗教人口统计数据中均有不同程度的反映，其表现形式主要有三：（1）数据资料采集的倾向性。如刚才分析过的美国皮尤研究中心所划分的"世界八大信仰群体"，其着重采集的是诸种一神论宗教的信众数据，而对其他多个信仰群体的人口统计，则显得或"粗具梗概"或"笼而统之"。（2）数据资料分析与解释的倾向性。不少研究者以为，总部设在瑞士苏黎世的盖洛普国际调查联盟是比较中立的，它所提供的"全球人口信仰状况数据"也是比较客观的。然而，该机构所做的分析与解释却未必如此。例如，盖洛普2012年报告首页的下述描述，显然带有倾向性：只有13%的被采访者认为，自己是无神论者，他（她）们主要集中于东亚地区，其中，中国人约占47%，日本人约占31%，西欧人约占14%；其他地区的大多数被采访者认为，自己是"信教者"，约占全球人口的59%。关于2014年报告里的此类统计数据，其项目主管勒格尔（Jean-Marc Leger）接受英国《每日电讯报》（2015年4月13日）采访时说：宗教仍将主宰我们（西方人）的日常生活，因为信教者在受访者中仍占较高比例；与此同时，全球信教人口的发展趋势是年轻人越来越多，据此可以说，世界上的信教人数只会继续增加。（3）调研机构与数据资料的"非学术倾向性"。例如，美国《国际传教研究公报》近20年多次（1991、1996、2009年等）发布全球信教人口统计数据，并被国内外研究者频繁引用，但由于该机构所提供的数据资料具有传教背景，学术研究不宜采纳。

第三，宗教问题民意调查的历史尚短、尚未成熟。专业化的宗教问题民意调研始于何年何月，这还有待具体考证。据美国资深宗教学家威尔逊（John F. Wilson）的说法，美国最早的专业化民意测验机构，是由数学家、抽样调查方法创始人盖洛普（George Gallup）在1935年创建的，早期的民意测验主要用于市场销售、美国大选等，而把抽样调查方法用于美国社会的宗教问题测验，起初是由小盖洛普（George Gallup Jr.）的个人兴趣所致，且调研成效有限。小盖洛普因其强烈的个人兴趣，认为宗教对人类社会具有广泛的重要影响。他所推动的早期宗教问题民意测验，主要关注"信仰的划分"，如是否信仰"某位神"、是否相信"耶稣是救世主"、是否相信"死后有生命"等，此类问题显然反映了美国社会占主流的新教的特征。后来，小盖洛普也致力于"跨国的、跨文化的宗教信仰"评估，但这就遇到了"三不同的挑战"，即"不同的调查对象"所处的"不同的社会背景"所嵌入的"不同的评估参照系"。就此而言，甚至因"宗教"（religion）一词具有特定的西方社会含义，能否将其用于亚洲社会，也会引起诸多分歧，这便使小盖洛普所尝试的不同国家、不同社会的宗教问题民意测验结果被指责为"美国的观点"。[1] 如前述第一点指出的"宗教定义或概念问题"，目前国际上较有影响的世界宗教现状调研统计数据，显然仍未彻底摆脱"小盖洛普的民调困境"。所以，以上历史背景梳理，有助于我们意识到前述两方面可能存在的问题。

尽管本章所汇集的数据资料潜含这样或那样的问题，但若能避免以往研究中存在的诸种简单化倾向，像盲信统计数字、偏执某家数据、照搬各

---

[1] 参见威尔逊：《当代美国的宗教》，徐以骅等译，上海人民出版社2013年版，第8—10页。

类数据等,而是加以综合比较、客观判断、理性甄别等,前述三类较为典型、较有影响的数据资料,足以使我们大体上感知到世界宗教现象的普遍性、多样性、复杂性及其广泛影响。在接下来的章节中,我们便有选择地利用这些数据资料,并添加或充实其他相关的调研数据,进而从整体上把握全球宗教格局及其演变态势,然后深入反思世界宗教对社会、国家与文明的重要影响。

第三章　全球宗教格局态势分析

这里所要分析的"全球宗教格局"，相对以往的世界宗教研究而论，可谓一种新观念、新思路。我们之所以要将这一新观念、新思路引入世界宗教现状研究，主要理由即在于，随着全球化时代的到来，世界诸宗教的相互联系空前密切，它们之间的互动作用，如对立、冲突、交流、对话、合作等，对整个国际局势的影响也愈益增强，这就客观地要求研究者转变观念、拓宽视野，放眼于"全球宗教格局"来认识世界宗教领域出现的新情况、新问题。

那么，何谓"全球宗教格局"呢？我们可以借鉴国际政治、国家关系研究领域所重视的"格局"概念，做出这样的理论假设："全球宗教格局"就是指，世界诸宗教在全球化背景下所呈现的"错综复杂的关系结构"，这种格局主要由"三变量"构成，即在国际舞台上扮演"行为主体"的世界诸宗教、它们的"地缘分布"以及它们的"软、硬实力对比"。着重分析这三者的结构关系、互动作用、演变态势，或许能使我们更全面、更深入地认识到宗教因素、宗教问题在全球化背景下何以能对国际政治、经济和文化等领域产生广泛且重要的影响。下面，我们便对如此定义的"全球宗教格局"试做分析。

一、世界诸宗教的错综复杂性

若要分析全球宗教格局,首先面临的一大难题,就是世界诸宗教的错综复杂性。这里说的"错综复杂性",不仅是指世界宗教现象是复杂多样的,而且强调各大宗教传统内部也是错综复杂的。诚如比较宗教学家、宗教现象学家斯马特(Ninian Smart)在《世界宗教》的"导言"里指出,一旦我们遨游于世界宗教,便不能狭隘地理解或界定宗教,而应当秉持跨文化交流的探索精神。当我们具体地考察诸多宗教传统时,像基督教、佛教和伊斯兰教等,切莫忘记它们的多样性或多元化。以基督教为例,尽管我们用"一个标签"来指称这种宗教传统,可事实上,基督教是形形色色的,只要列举其部分宗派便可以印证这一点:东正教、天主教、科普特教派、聂斯脱利教派、阿明尼乌教派、马拉巴教派、路德宗、加尔文宗、循道宗、浸礼宗、一位论派、门诺派、公理会,以及许多新出现的、有争议的宗派,像耶稣基督末世圣徒教派、基督教科学派、统一教派和祖鲁锡安派,等等。[1] 世界第一大教——基督教内部是复杂多样的,其他宗教传统内部也是如此。

关于世界宗教现象的复杂多样性,上一章所汇集的统计数据资料已给我们留下初步的印象。然而,世界上到底有多少种宗教?据现有资料,没有人做出过准确的回答,这不但因为世界上的宗教现象数不胜数,还在理论上涉及宗教定义问题,即面对世界宗教现象的复杂多样性,国际学界至今尚无统一的或公认的宗教定义。因而,论及世界宗教的复杂多样性,目前较有影响的教材或论著大多采用"分类描述方法",或按宗教源流分类,或按地区国家分类,但往往二者并用。

例如,霍普费主编的《世界宗教》第13版,将世界上现存的诸宗教源流大体分为四类:(1)源于非洲和美洲的诸宗教,这部分内容是指该地区数以百计,甚至千计的"本土宗教"(native religions),可谓此版教材的新尝试、新突破,旨在弥补以往世界宗教研究的一处不足或缺陷,即因

---

[1] 详见斯马特:《世界宗教》(第二版),高师宁、金泽、朱明忠等译,北京大学出版社2004年版,"导言",第1—5页。

多方面因素的偏颇影响，像欧洲殖民主义统治、基督教和伊斯兰教的强势传入、西方学界的进化论宗教观等，而把该地区诸多部落或民族的宗教传统边缘化，将其信仰仪式和生活习俗等视为"原始人的迷信残余"，该版教材则尝试从共性入手，力求揭示该地区本土宗教传统的丰富多样性，它们的现存影响，以及它们与外来的基督教、伊斯兰教之间的张力关系；[1]（2）源于印度的诸宗教，即印度教、耆那教、锡克教和佛教，如今前三种宗教主要活跃于印度，佛教则广泛传入中国、日本、韩国、越南、缅甸、泰国、柬埔寨等国家；（3）源于中国和日本的诸宗教，主要包括道教、儒教、神道教等；（4）源于中东的诸宗教，主要包括犹太教、基督教、伊斯兰教和巴哈伊教，这些宗教都信奉"一位最高的造物主"，基督教和伊斯兰教历来就是世界上的两大传教性宗教，目前它们的信徒遍布全球，多达数十亿。[2]

汉斯·昆的晚年著作《世界宗教寻踪》（*Spurensuche: Die Weltreligionen auf dem Weg*），也灵活并用"宗教源流"与"地区国家"两种分类描述方法。该书"前言"指出，在人类生活的星球上，可以分辨"三大宗教河系"：（1）源于印度的宗教传统，主要是印度教和佛教；（2）源于中国的宗教传统，主要是儒教和道教；（3）源于近东的宗教传统，主要包括犹太教、基督教和伊斯兰教。但在概述世界宗教的历史与现状时，汉斯·昆首先强调：请不要再轻言"原始文化"！因而，他着笔于大洋洲与非洲的诸种"部落宗教"（Stammesreligionen），通过考察其原住民的"源初伦理"（Ur-Ethos）、西方帝国主义的殖民化、基督教会的非洲化等，既展现了该地区宗教现状的复杂形成过程，又力图揭示"黑非洲宗教文化传统"的生命力及其对"人类共同伦理"可能发挥的重要作用。又如，在论述中

---

[1] 这里有必要说明两点：一是，这种新尝试也是该教材的"自我反省与自我突破"，在其第 11 版里，这部分内容被称为"基本的宗教"（basic religion），又可译为"初级的或最简单的宗教"，意指"那些没有文字记载的、但其简单的信念与仪式仍残存于当地人生活中的宗教传统"，如万物有灵、图腾崇拜、多神崇拜、祖先崇拜等（关于这一点，可参见该教材第 11 版中译本，《世界宗教》，辛岩译，北京联合出版公司 2018 年版）；二是，如上理解显然含有贬义，类似人们现今所讲的"原始人的迷信"，而该版教材第 13 版试以非洲和美洲地区为例来探讨诸多"原生态的本土信仰"，对于我们重新认识世界上现存的大量民间性或民族性的信仰形态有一定的理论启发。

[2] See Lewis M. Hopfe, *Religions of the World*, 13th edition, revised by Mark R. Woodward and Brett Hendrickson, Pearson Education, Inc. 2016, pp.6-7.

国宗教文化传统及其广泛影响时，汉斯·昆着笔于"狮城新加坡"的社会现代化、不同宗教与不同族群的和谐共存，接着阐释"中国宗教观的核心内容"——祖先崇拜，中国民间信仰的宗教性，儒家价值观与儒教，道家与道教，佛教、天主教、基督教等外来宗教的本土化或中国化等；再如，鉴于"近东宗教传统"的错综复杂性，汉斯·昆将"犹太教、基督教与伊斯兰教"分而论之，以充分描述它们的经典教义、传播范围及其深远影响等。[1] 如上多种灵活的描述方式，均有助于我们从源流上来分析全球宗教格局的复杂结构、地缘分布、主要特征等。

二、主要信仰群体的地缘分布

1. 世界宗教的传统格局

斯马特所撰《世界宗教》大体分两部分，即"近代史之前的世界宗教"（约公元前3000年至公元1400年）与"近代史以来的世界宗教"（约公元1500年至1998年）。在第一部分，斯马特主要是从"区域性的宗教源头"来展开叙述的，这部分内容可使我们大致了解如下"世界宗教的传统格局"：

（1）南亚宗教，主要包括婆罗门教、上座部佛教、大乘佛教、秘密佛教、伊斯兰教等；（2）中国宗教，主要包括儒教、道教、外来的佛教诸宗派、本土创立的佛教诸宗派、外来的基督教、外来的伊斯兰教，以及诸多少数民族宗教等；（3）日本宗教，主要包括神道教、外来的佛教诸宗派和本土创立的佛教诸宗派、外来的基督教等；（4）东南亚宗教，主要包括伊斯兰教、南传佛教，以及诸多本土宗教等；（5）太平洋地区宗教，主要包括波利尼西亚宗教、美拉尼西亚宗教、密克罗尼西亚宗教等；（6）美洲宗教，主要包括印加宗教，南美洲、加勒比地区、中美洲、北美等地区的

---

[1] 以上概述详见汉斯·昆：《世界宗教寻踪》，杨煦生、李雪涛等译，生活·读书·新知三联书店2007年版，"前言""部落宗教""中国宗教""犹太教""基督教""伊斯兰教"等章节。

诸多土著或民间宗教等；（7）近东宗教，主要包括美索不达米亚宗教、古埃及宗教、迦南宗教、以色列宗教等；（8）波斯与中亚宗教，主要包括琐罗亚斯德教、摩尼教、萨满教等；（9）希腊与罗马宗教，主要包括希腊宗教、罗马宗教、外来的诸种巴勒斯坦宗教等。[1]

现把上述基本情况汇总为表3-1。

表3-1 世界宗教的传统格局

区域宗教	具体宗教种类
南亚宗教	婆罗门教、上座部佛教、大乘佛教、秘密佛教、伊斯兰教等
中国宗教	儒教、道教、外来的及本土创立的佛教诸宗派、外来的基督教、外来的伊斯兰教、诸多少数民族宗教等
日本宗教	神道教、外来的及本土创立的佛教诸宗派、外来的基督教等
东南亚宗教	伊斯兰教、南传佛教、诸多本土宗教等
太平洋地区宗教	波利尼西亚宗教、美拉尼西亚宗教、密克罗尼西亚宗教等
美洲宗教	印加宗教，南美洲、加勒比地区、中美洲、北美等地区的诸多土著或民间宗教等
近东宗教	美索不达米亚宗教、古埃及宗教、迦南宗教、以色列宗教等
波斯与中亚宗教	琐罗亚斯德教、摩尼教、萨满教等
希腊与罗马宗教	希腊宗教、罗马宗教、外来的诸种巴勒斯坦宗教等

在晚近的世界宗教研究中，各大宗教的传播范围，尤其是世界三大宗教[2]——基督教、伊斯兰教、佛教的地缘分布状况越来越受重视。关于当今的全球宗教格局，现有下列两种较为详细的调研统计数据。

2.《大英百科全书》：世界三大宗教的地缘分布状况（2002）

（1）基督教。1990年的信教人口为17.47亿，2050年预计30.52亿，其三大分支的分布状况：（a）天主教占优势的国家主要有欧洲的法国、比利时、爱尔兰、西班牙、葡萄牙、意大利、奥地利、波兰、斯洛伐克等国，

---

[1] 综合参见斯马特：《世界宗教》，"第二版前言""世界宗教大事年表一""世界宗教大事年表二"以及第二至十章等。

[2] 目前，国际学界一般把基督教、伊斯兰教、佛教视为"三大世界性宗教"。如前所见，按现有统计数据，虽然印度教信众远远超过佛教徒，但其传播范围有限，尚属"民族性宗教"。

拉丁美洲的墨西哥、委内瑞拉、哥伦比亚、秘鲁、玻利维亚、智利、阿根廷、巴西、巴拉圭、乌拉圭等国，以及亚洲的菲律宾等国；（b）新教诸教派占优势的国家主要在欧洲的英国、德国、荷兰、瑞士、丹麦、挪威、瑞典、芬兰、冰岛等国，大洋洲的澳大利亚、新西兰、巴布亚新几内亚等国，非洲的南非、加蓬、纳米比亚等国；（c）东正教主要在俄罗斯、希腊、罗马尼亚、塞尔维亚、格鲁吉亚、亚美尼亚等国占优势。

（2）伊斯兰教。1990年的信教人口为9.62亿，2050年预计22.29亿，主要分布状况：（a）在22个阿拉伯国家均占绝对优势，这些国家聚集于西亚和非洲，即西亚的巴勒斯坦、约旦、叙利亚、黎巴嫩、沙特阿拉伯、伊拉克、也门、科威特、阿联酋、卡塔尔、巴林、阿曼，非洲的阿尔及利亚、摩洛哥、突尼斯、利比亚、苏丹、埃及、毛里塔尼亚、吉布提、索马里、科摩罗；（b）在亚洲的土耳其、伊朗、巴基斯坦、孟加拉国、印度尼西亚、马来西亚、阿富汗、乌兹别克斯坦、土库曼斯坦、吉尔吉斯斯坦、塔吉克斯坦等国，以及非洲的马里、乍得等国也占明显优势。

（3）佛教。1990年的信教人口为3.23亿，2050年预计4.25亿，主要分布状况：斯里兰卡、缅甸、泰国、老挝、越南、柬埔寨、蒙古国、日本、韩国、中国等。

现把上述基本情况汇总为表3-2。

表3-2 世界三大宗教的地缘分布状况

宗教种类	1990年信教人口（亿）	2050年预估信人口（亿）	地缘分布状况
基督教	17.47	30.52	（a）天主教：欧洲的法国、比利时、爱尔兰、西班牙、葡萄牙、意大利、奥地利、波兰、斯洛伐克等国，拉丁美洲的墨西哥、委内瑞拉、哥伦比亚、秘鲁、玻利维亚、智利、阿根廷、巴西、巴拉圭、乌拉圭等国，亚洲的菲律宾 （b）新教诸教派：欧洲的英国、德国、荷兰、瑞士、丹麦、挪威、瑞典、芬兰、冰岛等国，大洋洲的澳大利亚、新西兰、巴布亚新几内亚等国，非洲的南非、加蓬、纳米比亚等国 （c）东正教：俄罗斯、希腊、罗马尼亚、塞尔维亚、格鲁吉亚、亚美尼亚等国

（续表）

宗教种类	1990年信教人口（亿）	2050年预估信人口（亿）	地缘分布状况
伊斯兰教	9.62	22.29	（a）阿拉伯国家：西亚的巴勒斯坦、约旦、叙利亚、黎巴嫩、沙特阿拉伯、伊拉克、也门、科威特、阿联酋、卡塔尔、巴林、阿曼，非洲的阿尔及利亚、摩洛哥、突尼斯、利比亚、苏丹、埃及、毛里塔尼亚、吉布提、索马里、科摩罗 （b）非阿拉伯国家：土耳其、伊朗、巴基斯坦、孟加拉国、印度尼西亚、马来西亚、阿富汗、乌兹别克斯坦、土库曼斯坦、吉尔吉斯斯坦、塔吉克斯坦等国，以及非洲的马里、乍得等国
佛教	3.23	4.25	斯里兰卡、缅甸、泰国、老挝、越南、柬埔寨、蒙古国、日本、韩国、中国等

3. 美国皮尤研究中心：世界八大信仰群体的地缘分布状况（2010）

（1）基督教徒约22亿，主要分布状况：美洲的基督徒约占37%，欧洲的基督徒约占26%，撒哈拉以南非洲地区的基督徒约占24%，三者合计为基督教徒总数的87%。

（2）伊斯兰教徒约16亿，主要分布状况：亚洲和太平洋地区的穆斯林约占62%，中东和北非地区的穆斯林约占20%，撒哈拉以南非洲地区的穆斯林约占16%，三者合计为穆斯林总数的98%。

（3）印度教徒约10.2亿，99%生活在亚洲和太平洋地区。

（4）佛教徒约5亿，99%生活在亚洲和太平洋地区。

（5）犹太教徒约1400万，主要生活在以色列、美国、西欧国家。

（6）民间或传统宗教信徒，主要包括中国民间信仰、非洲传统宗教、美洲原住民宗教、澳大利亚原住民宗教等，约4亿，90%生活在亚洲和太平洋地区。

（7）其他宗教信徒，主要包括巴哈伊教、耆那教、锡克教、神道教、道教、天理教、拜火教等，约5800万，89%生活在亚洲和太平洋地区。

（8）不信教者，包括无神论者、不可知论者，以及那些不认同任何特定宗教的人，约 11 亿，76% 生活在亚洲和太平洋地区。[1]

现把上述主要数据汇总为表 3-3，3-4。

表 3-3 全球宗教信众总数量：58 亿（世界总人口 69 亿）（单位：亿）

信仰群体	基督徒	穆斯林	印度教徒	佛教徒	犹太教徒	民间或传统宗教信徒	其他宗教信徒	无宗教隶属者
数量	22	16	10.2	5	0.14	4	0.58	11

表 3-4 世界主要信仰群体区域分布概况（单位：亿）

信仰群体	基督徒	穆斯林	印度教徒	佛教徒	犹太教徒	民间或传统宗教信徒	其他宗教信徒	无宗教隶属者
亚太	2.87	9.85	10	4.81	0.002	3.65	0.52	8.58
撒哈拉以南非洲	5.17	2.48	0.017	0.001	0.001	0.27	0.019	0.26
欧洲	5.58	0.43	0.01	0.01	0.01	0.01	0.009	1.35
拉丁美洲	5.31	0.008	0.007	0.004	0.005	0.1	0.01	0.45
北美	2.67	0.035	0.02	0.04	0.06	0.01	0.02	0.59
中东－北非	0.13	3.17	0.02	0.005	0.06	0.01	0.002	0.02

三、"多元化与两极性"格局

在这一小节，我们试用两组概念来进一步分析全球宗教格局，这就是将其"基本特征"概括为"多元化"，将其"显著特点"聚焦于"两极性"，下面依次展开分析。

1. 多元化：全球宗教格局的基本特征

首先，我们应该意识到，所谓的"全球宗教格局"并非"上天安排"，而是人类社会全球化进程的现实反映。若从整体上考察，国际理论界现已认识到，全球化进程对人类社会生活的影响主要表现为"充满张力或矛盾的三化"，即"经济一体化、政治多极化与文化多元化"。由此可以推断，

---

[1] See *The Global Religious Landscape: A Report on the Size and Distribution of the World's Major Religious Groups as of 2010.*

如果说全球宗教格局的基本特征主要是相应于"文化多元化"而形成的，那么，它所反映的便主要是多元化的人类文化传统所深含的不同信仰之间的张力或矛盾。从哲学观点来看，人类文化传统本来就是有差异、多元化的，不同文化背景下的诸多宗教信仰也是如此；但目前需要加强研究的关键问题在于，为什么"宗教多元化"的张力或矛盾力会在全球化背景下凸显出来，且强烈地"反作用于看似世俗的人类社会生活"，甚至影响整个世界政治格局呢？面对上述全球化背景下所浮现的新问题，国际上有越来越多的学者将眼光转向历史，以期让"历史老人"回答：现存问题的根由何在，我们应当如何应对？下引一段近年译著的研究成果，或许能在思路上带来些许启发：

通过考察世界历史，我们可以认识到，宗教在人类社会和诸种文化里扮演着多重角色。在这个日趋全球化的时代里，人类社会亟待解决的一大难题，就是不同文化之间的冲突。同一国家内部不同教派之间的冲突，仍将是许多国家和民族在很长一段时间所面临的严峻问题。宗教冲突并非最近才出现的。回首往事，佛教在亚洲的传播、基督教在欧洲的传播、伊斯兰教在中东等地的传播，它们所引发的文化交融，皆已成为世界史的大事记。人们因有不同的宗教信仰，且战且爱，生死离别，最终却为了共存，各个宗教都有所改变或有所更新。而现在不同于过去之处即在于，各宗教的传播速度之快、宗教间交流程度之强，都远远超过历史上的任何时期。第二次世界大战后，随着移民潮的到来、互联网的发展，某些过去只有一种宗教的国家或地区，现已涌入其他诸种宗教。全球化已成为我们日常生活中的不争事实，这便使各种宗教自然而然相遇了。就世界宗教现状而言，人类若想和平相处，无论一个人是否信教，都应对不同的宗教信仰者有所认知，尝试理解他们各自的教义及其价值观，甚至有人为信仰而舍弃生命。[1]

2. 两极性：全球宗教格局的显著特点

从目前的全球宗教格局来看，首数基督教和伊斯兰教的信众最多、传

---

[1] 以上概述详见舒佩尔、特里：《世界历史上的宗教》，李腾译，商务印书馆 2015 年版，第十一章"作为序言的过去"，该章是此书的"结语"。

播最广、影响最大。这两大世界性宗教的地缘分布、势力对比、矛盾冲突等，对冷战后的全球局势、世界秩序，特别是国际政治、国际关系有什么重要影响，已成为国际理论界普遍关注的一大现实问题。

关于上述问题的全局分析及其论证，最早见于亨廷顿所著《文明的冲突与世界秩序的重建》(1996)。该书第九章"多文明的全球政治"里专列一节"伊斯兰与西方"。亨廷顿一下笔就指出，有些西方人，包括克林顿总统，一直持论，西方国家与伊斯兰国家的关系是没有问题的，问题仅在于那些施暴的伊斯兰主义极端分子。然而，过去1400多年的历史却证明并非如此。伊斯兰教与基督教（无论东正教派，还是西方教派）的关系时常犹如风暴，彼此视为异己。与这二者持续且深重的冲突关系相比，20世纪所发生的自由民主制度与马克思列宁主义的冲突，只不过是一种短暂的历史表象。通过回顾二者的历史冲突，亨廷顿接着指出，在当今世界，伊斯兰国家与西方国家再起冲突的原因即在于，"权力与文化的根本问题"：谁统治谁？谁来统治？谁被统治？只要"伊斯兰国家仍是伊斯兰的"（这毫无疑问）而"西方国家仍是西方的"（这令人疑虑），这两个伟大文明、两种生活方式的根本冲突，仍将界定二者的关系，甚至一如过去的1400多年。近些年来的诸多重大争端表明，二者所持有的不同立场及冲突观点，已使伊斯兰国家与西方国家的关系进一步恶化。"领土问题"这一历史上的主要争端，现在已变得相对次要了。20世纪90年代中期，穆斯林与非穆斯林发生过28次"断层线冲突"（fault line conflicts），其中19次是与基督徒的冲突。这19次冲突又分三种背景：（1）11次是与东正教徒的冲突；（2）7次是与非洲、东南亚国家基督徒的冲突，因为他们是"西方基督教的追随者"；（3）只有1次是直接沿着西方国家与伊斯兰国家的断层线发生的，即克罗地亚与波斯尼亚的冲突。由此可见，西方国家与伊斯兰国家的矛盾冲突，现已聚焦于"文明间争端"（intercivilizational issues），诸如武器扩散、人权民主、石油控制、移民问题、恐怖主义、西方国家干涉等。[1]

---

[1] See Samuel P. Huntington, *The Clash of Civilizations and the Remaking of World Order*, New York, NY: Simon & Schuster Inc., 1996, pp.209-212.

亨廷顿此论一出，旋即在国际学界引起广泛关注与激烈论争。在近些年的研讨中，有两种动向值得注意。第一，当代宗教冲突，特别是世界两大宗教——基督教与伊斯兰教的冲突，越来越受国际学界关注，且已成为重要课题。例如，有学者引用统计数据表明，与冷战期间（1945—1989）相比，20世纪90年代以来"宗教冲突"（不仅是不同宗教之间的，而且包括同一宗教内部不同教派的冲突）的绝对数量明显增加。表3-5中的统计数据[1]，可令人觉察三点：（1）在这些冲突里，基督教内部和伊斯兰教内部的少数派与多数派的争斗，历来就占多数；（2）在各类宗教冲突中，基督教与伊斯兰教之间的纷争又一直占多数；（3）上述两类情况，自20世纪90年代初期均有明显增加，在2000年的统计数据里显得尤为突出。由此可见，继而加强这一课题的实证研究，有助于具体理解全球宗教格局的两极性及其对国际局势的复杂影响。但与此同时，我们理应警惕下述国际上，尤其是在欧美学界较为流行的偏颇认识倾向。

表 3-5　冷战前后宗教冲突统计数据（单位：起）

时间段	少数派宗教	多数派宗教		
		基督教	伊斯兰教	其他宗教
1945—1989年	基督教	90	10	6
	伊斯兰教	24	30	10
	其他宗教	19	14	22
20世纪90年代初期	基督教	114	23	5
	伊斯兰教	27	38	9
	其他宗教	20	13	26
2000年	基督教	115	23	5
	伊斯兰教	29	40	10
	其他宗教	22	14	27

数据来源：Minority at Risk dataset

---

[1] 该表转自徐以骅：《宗教与当代国际关系》，上海人民出版社2012年版，第202页，这里根据原图，对大小标题略有修改。该表的统计数字，原引自 Jonathan Fox, *Religion, Civilization, and Civil War: 1945 through the New Millennium*, New York: Lexington Books, 2004, pp.60-61。

第二，冷战结束后，特别是"9·11恐怖袭击""巴黎恐怖袭击""奥兰多恐怖袭击"等一连串恶性事件发生后，欧美学界"抹黑穆斯林的现象"日渐蔓延，甚至愈演愈烈。前面提到，早在"9·11"事件前，以亨廷顿等人为代表的欧美右翼鹰派国际政治学家，不但用"文明冲突论"来解释冷战后的国际政治格局，且认为世界上各大文明体系之间的宗教冲突，尤其是西方基督教文明与东方伊斯兰教文明之间的冲突，将取代冷战时期的政治意识形态冲突，成为21世纪人类冲突的主要形式。巴黎恐怖袭击事件发生后，有法国学者在电视上发表偏激评论：从"《查理周刊》事件"到"巴黎恐怖袭击"，这一连串恐怖行为所反映的就是"伊斯兰教所代表的中世纪愚昧信仰"与"西方现代文明社会"的尖锐冲突。再如，美国政界和学界都有人认为，"奥兰多恐怖袭击"就是"伊斯兰恐怖主义"对美国社会的又一次攻击，美国必须调整移民政策，严控穆斯林移民……

毫无疑问，国际社会一致认为，任何恐怖主义行径都要受到严厉谴责与坚决打击；但上述"抹黑现象"的一再出现，也应引起国际学界的深刻反思，因为它所表露的是"一种偏颇的思维方式"，这就是极为偏颇且简单地在"恐怖主义现象"与某种宗教、某个文明、某些国家或地区之间画等号。持有这种思维方式的人，是否太欠缺"世界宗教常识"了？据现有统计数字，全球穆斯林约13亿，占世界人口18%，分布172个国家和地区；法国、德国、美国等国的穆斯林人口均有数百万，据2016年统计数据，法国约有570万穆斯林，约占全国人口的8.8%，德国约有500万穆斯林，约占全国人口的6.1%。仅凭这几点统计数据，我们就不能不断定，上述偏颇的思维方式不但无助于世界宗教研究，而且影响恶劣、非常有害。

其实，上述偏颇的思维方式，深含着"宗教认知偏见"。关于这一点，汉斯·昆的如下评论可谓发人深省：西方媒体谈到伊斯兰教，总是喜爱表现那些"负面的、敌对的形象"，如狂热的、留着胡子的宗教领袖，狂暴不羁的武力恐怖主义者，因石油而暴富的酋长们，用面纱掩面的穆斯林妇女等。在欧洲人的眼中，伊斯兰教意味着"僵化与落后"——对内不能宽容其他信仰，对外好战。而在欧洲生活的无数爱和平、宽容、愿意接受新事物的穆斯林，正在忍受这种固定模式带给他们的痛苦。因此，西方基督徒应以"自我批评的态度"思考如下问题：难道一定要把"伊斯兰教的负面形象"与"基督教的理想形象"相比较吗？难道西方、基督教本身就不存在霸道、好战和落后；反之，在伊斯兰教那里就没有宽容、爱好和平以及进步吗？难道一定要用"朋友－敌人"这种思维模式，诋毁和驱逐与自己不同的信仰者？难道就不存在"一个真实的伊斯兰教形象"？[1]

3. 谁第一：全球宗教格局的最大变数

在未来的几十年，全球穆斯林人口的高增长率，能否使伊斯兰教与基督教旗鼓相当，甚至超过基督教，一跃而成世界上影响最大的宗教？这是近些年世界宗教研究中颇有争议的一大热点问题，也可以说是"全球宗教格局两极性的最大变数"。

前文提到，2003 年版《大英百科全书》做过如下预测：1990 年，基督教的信教人口为 17.47 亿，伊斯兰教的信教人口为 9.62 亿；到 2050 年，前者预计 30.52 亿，后者预计 22.29 亿，二者相差 8 亿多，基督教依然稳坐"世界第一大教"。时隔不到 20 年，新近的统计预测数据几乎颠覆了上述权威预测，其主要依据就是全球穆斯林人口的高增长率。

据皮尤研究中心《全球宗教景观报告》（2017），近些年已有迹象表明，伊斯兰教将成为全球增长最快的世界性宗教。2010 年至 2015 年，穆斯林母亲所生婴儿约占全球新生儿的 31%，明显超过穆斯林占世界总人口的比重 24%；同期相比，虽然全球基督徒的数量仍在增长，但相对平缓，2015 年基督徒母亲所生婴儿约占全球新生儿的 33%，略高于基督徒占世界总人口的比重 31%。尽管现有数据表明，撒哈拉以南非洲地区的基督徒比较年轻化，可在未来几十年保持较高的生育率，但其他地区的基督徒并非如此，如在欧洲各国，基督徒相对老龄化，死亡率居高不下，且已远超其出生率。仅以德国为例，2010 年至 2015 年间，基督徒的死亡人数超出其出生人口 140 多万。欧洲大部分国家的基督教也面临类似的情形，估计不会在未来几十年有根本

---

[1] 参见汉斯·昆：《世界宗教寻踪》，杨煦生、李雪涛等译，生活·读书·新知三联书店 2007 年版，第 332—333 页。

改观。总之,从全球范围来看,穆斯林人口相对年轻化且生育率较高,预计 2030 年至 2035 年间,穆斯林母亲所生婴儿数量约为 2.25 亿,基督徒母亲所生婴儿数量约为 2.24 亿,前者将略多于后者;而 2055 年至 2060 年间,预计穆斯林母亲所生婴儿数量约为 2.32 亿,基督徒母亲所生婴儿数量约为 2.26 亿,前者将明显超过后者。据以上分析可做出预测:(1)到 2060 年,全球穆斯林人口约为 30 亿,占世界总人口的 31%;基督徒人数约为 31 亿,占世界总人口的 32%;(2)到 2070 年,穆斯林人口将与基督徒人数持平;(3)到 2075 年,穆斯林人口将超过基督徒人数;(4)到 2100 年,穆斯林将占世界总人口的 34.9%,基督徒则占 33.8%。[1]

4. 恐伊症:全球宗教变局的西方反应

全球穆斯林人口的高增长率,加之前述第二次世界大战后涌入欧美的移民潮、"9·11"事件以来频发的恐怖事件等因素,致使欧美社会普遍流行"恐伊症"(Fear of Islam, or Fear of Moslem)。这一症状的过激反应,首数欧洲诸国纷纷出台的"蒙面罩袍禁令",如法国政府颁布"禁止女性在公共场所穿着波尔卡罩袍法令"(2010)、比利时政府通过"禁止公众场合穿着蒙面罩袍法案"(2010)、意大利众议院通过"禁止本国境内穿戴穆斯林女性蒙面罩袍议案"(2011)、荷兰内阁批准"公共场所穿戴蒙面罩袍禁令"(2015)、瑞士提切诺州规定"全面禁止公共场合穿戴蒙面罩袍,包括外国游客"(2016)等。前面提到,按 2016 年的统计数字,法国约有 570 多万穆斯林,堪称欧洲穆斯林群体最大的国家。萨科齐总统辩称:在我们国家,不能容忍女性成为"幕后俘虏",被剥夺个性,与社会生活隔绝;罩袍并非"宗教标志",而是"奴性标志",它在法兰西共和国土地上不受欢迎。但据英国《卫报》(2010 年 1 月 25 日)报道,法国自当日开始推行的这一禁令,早已遭到多种质疑声,如是否导致社会分歧、是否难以实施、是否没有约束力等。据法国官方统计,目前只有不到 2000

---

[1] 以上数据摘自皮尤研究中心:《不断变化的全球宗教格局》,黄伟婕译,载《宗教与世界》2018 年第 2 期;英文原文可参见皮尤研究中心网站"宗教与公共生活"栏目,http://www.pewforum.org/2017/04/05/the-changing-global-religious-landscape/。(访问日期 2022 年 9 月 14 日)

名法国穆斯林妇女穿着波尔卡罩袍。因而，许多民众关注，在法国这样一个的政教分离、重视个性的自由社会，穆斯林妇女在公共场合穿着罩袍，能否被解读为"宗教倾向的过度展示"？

如果说"蒙面罩袍禁令"只是一个侧面、一种表征，那么，皮尤研究中心"关于美国公众对穆斯林、伊斯兰教态度"的民调，或能更全面、更深刻地反映"恐伊症"。皮尤研究中心的民调报告中，如下几点特别值得一提：（1）总体态度，美国公众"对穆斯林的热情度"有所提升，从2014年的40%升至2017年的48%；与此相应，认为伊斯兰教比其他宗教更有可能鼓动暴力的人数有所下降，从2014年的50%降至2016年的41%。（2）党派态度，在伊斯兰教与暴力的关系问题上，美国两大党派的态度分歧越来越大，2002年，共和党与民主党的态度差距为11个百分点，但到2016年底，二者的差距拉大至44个百分点，70%的共和党人认为伊斯兰教比其他宗教更有可能在其追随者中鼓动暴力，而民主党人的比例为26%。（3）极端主义问题，54%的成年人表态，美国穆斯林公民很少或不支持极端主义，比2011年的45%上升9个百分点；但仍有35%的人认为，"许多或相当数量的"穆斯林支持极端主义。（4）社会地位问题，50%的成年人否认，"伊斯兰教是美国主流社会的一部分"，43%选择"是"，另有7%表示"不知道"；甚至有25%的受访者认为，美国的穆斯林大多是"反美的"，另有24%表示有些美国穆斯林公民是"反美的"。（5）主要成见群体，美国社会对穆斯林和伊斯兰教成见最深的群体，主要有共和党人、白人福音派基督徒和学历较低者，如68%的共和党人认为"伊斯兰教不是美国主流社会的一部分"，65%的共和党人认为"伊斯兰教与民主原则存在天然冲突"。（6）宗教认可程度，近年来美国公众"对宗教群体的热情度"有所上升，认可程度的排次为犹太教徒、天主教徒、主流派新教徒、福音派基督徒、佛教徒、印度教徒、摩门教徒，穆斯林排倒数第一。[1]

说到欧美社会流行的"恐伊症"，不能不提2016年底轰动国际网络的一篇预测报告，该报告可比作"恐伊症的Ⅰ级响应"，它就是捷克政治伊

---

[1] 以上统计数据与分析，参见周少青：《美国公众如何看待穆斯林和伊斯兰教》，载《中国民族报·宗教周刊》2017年9月5日。

斯兰研究中心（CSPI）发表的《伊斯兰饱和临界点》。该报告运用数学建模方法，把历史数据带入公式，以计算"某国穆斯林的饱和临界点"，求证下述警示性结论：一旦某国的穆斯林人口超过10%，将不可避免地"被伊斯兰化"！这里略去非常专业化的数据编组、数学建模、函数分析等步骤，直接观其主要结论：（1）所有伊斯兰教占统治地位的国家，均超过穆斯林人口10%的饱和临界点，如伊朗、埃及等；（2）历史上曾被伊斯兰化的国家，若要逆转其趋势，难免发生暴力冲突，如西班牙等；（3）目前，诸多西方国家的穆斯林人口已接近10%，如德国等，甚至超过这一临界点，如法国，且呈2.3倍增势；（4）据现有穆斯林人口数据，可以预测，欧洲多国达到"被伊斯兰化临界点"的时间依次为：比利时2013年、德国2014年、荷兰2015年、瑞典2019年、英国2033年，法国则为"负6年"，即早在2010年已达临界点。[1]

上述预测结果之所以能在国际网络上引起强烈反响，被网民大量转帖或跟帖赞为"权威报告"，主要原因即在于，其上述结论对一般读者来说可谓"叹为观止、铁板钉钉"——是用高度专业化的"数学建模"（Mathematical Modeling）推算出来的！[2] 世界宗教现象及其问题异常复杂，迫切需要多学科的方法来加强交叉性研究。该报告将数学建模的精确方法，引入欧洲穆斯林人口与伊斯兰教现状研究，这一点不但无可非议，而且值得赞赏。然而，对世界宗教研究来说，再精确的数学方法与数据计算也不过是工具或手段，而任何工具或手段的合理运用，无疑首先取决于其"理论预设"（theoretical presupposition），尤其是"逻辑起点"（logical starting point）。就此而论，该报告的立论部分的确存在诸多"堪忧之处"。例如，其"引言"称：本研究专注于"伊斯兰教的政治方面"，因该教教义中51%的内容，显然主张的是"政治伊斯兰"，而并非"个人的信仰"；我们假设读者对"政治伊斯兰"有基本认知，对此概念不做详细解释；我

---

[1] 详见捷克政治伊斯兰研究中心：《伊斯兰饱和临界点》，朱剑虹译，载《宗教与世界》2018年第5期。
[2] 这里的评论语调一点儿也不夸张，该报告的"方法论"一节所陈述的是"数学建模过程"，但第一句话就讲："如果您想跳过这部分，可以直接阅读结果和结论部分。"参见《宗教与世界》2018年第5期，第45页。此话除了表明作者对其数学建模方法的高度自信，是否还易让绝大多数读者感到"没必要读，读也读不懂"呢？

们主要研究"政治伊斯兰",对社会学因素不予关注[1];我们对穆斯林的宗教派别和个别群体不做区分,尽管其内部存在冲突,但他们都信奉《古兰经》和圣训;一旦某种观念的"高忠诚度群体"达到总人口的10%,它终将成为整个群体的主流观念……该报告"引言"的中译文不足2000字,仅从以上摘要的近300字里,便可察觉这样一连串的"等式":首先,把伊斯兰教等同于"政治伊斯兰";接着,把作者自己对"政治伊斯兰"的理解等同于所有读者的认知;随后,把"政治伊斯兰"等同于所有的伊斯兰教派别和穆斯林群体;再接着,把所有的穆斯林等同于"政治穆斯林的高忠诚度群体";最后,把所谓的饱和临界点——"10%的穆斯林人口"等同于某国全部国民不得不屈从的"主流观念的制造者"。由这一连串"等式"所构成的理论假设,特别是其逻辑出发点——"伊斯兰教＝政治伊斯兰",是否显得"过于简单化",甚至"极具偏颇性"呢?对这种思维方式的逻辑质疑,便是我们把该报告喻为"恐伊症的Ⅰ级响应"的主要理由。然而,上述质疑的主要目的并不在于推翻该报告,而是为了以其"简单化、偏颇性思维方式"为戒,促使我们更全面、更深刻地分析全球宗教格局,特别是其"两极性"对冷战后的国际局势、国际政治、地区冲突、国家安全等的影响。

四、"Fundamentalism"复兴

冷战结束后,特别是"9·11"事件后,"Fundamentalism"强势亮相于国际政治舞台。那么,何谓"Fundamentalism"?谁是"Fundamentalism"?"Fundamentalism"何以能对国际局势、地区冲突、国家安全等产生严重影响呢?这一系列问题不仅深受国内外理论界关注,而且存在不同的观点甚至激烈的论争。前文刚分析过的"恐伊症"便是一种偏颇观点的典型反映,所以有必要先来澄清"Fundamentalism"一词。

---

[1] 关于这里所说的"社会学因素",可参见该报告"方法论"一节的如下表述:"我们有意排除复杂的人口因素、群体内部皈依伊斯兰教的现象,也不考虑来自伊斯兰国家的大量移民。"参见《宗教与世界》2018年第5期,第46页。

1. Fundamentalism 的概念由来

美国学者艾蒙德、艾波比、西坊在合著的《强势宗教：宗教基要主义已展现全球格局》（*Strong Religion: The Rise of Fundamentalisms around the World*, 2003）里，做出如下词源考释："Fundamentalism"一词，最早出现于 1920 年出版的美国北方浸信会（Northern Baptist）期刊《观察家》（*The Watchman-Examiner*），该刊主编把自己和保守的新教徒比作军队，公然表述愿意发动殊死战来捍卫基督教信仰的"基本要理"（Fundamentals）。[1] 该书的中译者把"Fundamentalism"译为"基本教义主义"，同时注明该词简称"基要主义"，又译"原教旨主义"。这三种译法比较起来，显然前者更贴合"Fundamentalism"的本义，不过该书的中译者还是参照华语学界的通行译法，将其称为"宗教基要主义"。

关于基要主义在美国兴起与发展的过程，我国学者张慧玲参考大量英文文献，做过专门研究。1896—1990 年间，美国新教保守派召开了一系列《圣经》研讨会议，旨在坚持《圣经》的传统观点，基要主义由此发轫。这些会议中最有影响的是纽约州尼加拉会议（1985），宣告了基要主义的五大观点：《圣经》的绝对正确性；耶稣基督是神灵感孕而生；耶稣基督的神性；耶稣代死救赎；耶稣肉体的复活。这一新教保守派号称"基要主义者"（Fundamentalist），他们在基本教义上既反对现代主义，也反对改革理论。20 世纪 60 年代后，因美国社会世俗化加深，许多人原有的传统宗教观念淡薄，被享乐主义、性解放主义等思潮所取代，导致家庭破裂、非法同居、同性恋、色情书刊、吸毒犯罪等现象泛滥。正是在这种社会背景下，美国宗教界开始"自我反省"，而美国民众或是疏远宗教传统，或是皈依保守教派，其结果便是美国基督教右翼的崛起、基要主义的抬头，大量信教者被改造为基要主义者，信徒人数激增的"保守宗教团体"主要有美南浸信会、摩门教、基督复临安息日会等。20 世纪 70 年代后期，基要主义的复兴势头更为显著，据 1981 年初的一份调查，过去十年间新英格兰地区新建 350—450 个教会，几乎全是福音派或基要派的，而该地区

---

[1] 参见艾蒙德、艾波比、西坊：《强势宗教：宗教基要主义已展现全球格局》，徐美琪译，立绪文化事业有限公司 2007 年版，第 8—9 页。

8000多个教会中，约有一半属于基要派或福音派。这里所指的基要主义，萌发于福音派教会，或称为"福音主义右翼"。[1]

在中文文献里，"原教旨主义"似已成为"伊斯兰教的专用词"，其实该词不但译自"Fundamentalism"，它的"政治伊斯兰"含义也来自西方政界和学界。我国伊斯兰教研究资深专家金宜久指出，20世纪70年代末，"伊斯兰革命"的胜利，使波斯湾地区出现了一个由宗教领袖主政的伊斯兰政府，其潜在的政治含义引起西方大国，尤其是美国的高度重视。从20世纪80年代初到90年代的十年间，美国和西方的政治学家、宗教学者和新闻媒体，为研究、预测、报道伊斯兰复兴运动及其走势，倾注了巨大的精力，其主要关注三大问题：（1）当代伊斯兰复兴运动的历史与现实根源，它对所在国的政治、社会和文化可能产生的影响；（2）它对地区政治，特别是中东政治格局可能产生的影响；（3）它对西方，特别是美国在中东和全球的战略利益可能产生的影响。最初，西方学界曾用"伊斯兰原教旨主义""革命的伊斯兰""战斗的伊斯兰"等词来指称伊斯兰复兴运动；后来的指称则越来越倾向于一些带有政治含义的概念，最常用的有"原教旨主义""伊斯兰主义""政治的伊斯兰"。"原教旨主义"一词，源自英文"Fundamentalism"，该词作为一个专称，系指近代西方的一个反科学、反理性、保守的基督教基要派的教义主张，即基要主义。引入中国文化语境时，尽管该词被译为"原教旨主义"而非"基要主义"，但人们联想其英文专称的贬义，仍易于引起误解。事实上，国外一些穆斯林学者正是据此与西方学者打笔墨官司，指责西方学者把"Fundamentalism"这一包含"基督教基要主义幽灵"的词语强加于伊斯兰教，"必将使西方人民和决策者对伊斯兰复兴的真正性质产生严重的误解"。[2]

---

[1] 详见张慧玲：《新基督教右翼与当代美国政治》，上海人民出版社2017年版，"前言"第3—4页；第二、三两章"美国新基督教右翼运动的兴起""美国新基督教右翼运动的发展"。

[2] 以上概念辨析，详见金宜久、吴云贵：《伊斯兰与国际热点》，东方出版社2001年版，第五章"当代伊斯兰教与国际政治关系的理论"，第91—108页。

2. Fundamentalism 的全球影响

以上概念辨析表明，所谓的"原教旨主义"和"基要主义"，原本是"Fundamentalism"的不同译法，这种固守基本教义、潜含政治主张且有社会影响的信仰主义思潮，在世界两大教——基督教和伊斯兰教里均有明显的表现。然而，从全球范围来看，"Fundamentalism"现象恐怕并非如此简单。

美国学者舒佩尔（John C. Super）和特里（Briane K. Turley）指出，"基要主义"（Fundamentalism）一词最早被用于描述"基督教内部的特殊信仰形式"，而今已被广泛用来描述各种宗教里的同类信仰思潮。基要主义的兴起，是对现当代学者轻视甚至漠视"宗教之于人类历史影响"的讽刺。但目前的研究状况有所改变，近二十年有几部学术著作已触及"问题的核心"。如阿姆斯特朗（Karen Armstrong）所著《为神而战——基要主义的历史》（The Battle for God: A History of Fundamentalism, 2001）指出，回顾"世界宗教史上的某些片段"不难发现，各宗教内部都不乏一种力量，面对外界的冲击或挑战，重新反省"自我与他者"，即通过重新定义"自己的信仰"而寻求对策与出路，这在各宗教那里通常被看作"基本教义的再发现"。那么，20世纪的基要主义有什么新特点呢？舒佩尔和特里认为，这主要体现为"全球化维度"。20世纪下半叶以来的交通与信息革命，大大加剧了不同文化及其宗教传统之间的冲突，致使"基要主义的烈火"在印度、中东、非洲、欧洲、美国等国家和地区熊熊燃烧。[1]

关于基要主义在全球范围的广泛影响，《强势宗教》一书具体地描述道，宗教基要主义已成为"我们这个时代最显著的政治现象之一"。自伊朗革命后，基要主义运动已在五个国家占据最高权力阶层：1979年在伊朗，1993年在苏丹，1996年在土耳其、阿富汗、印度，1998、1999年再次发生在印度。在约旦、以色列、埃及、摩洛哥、巴基斯坦、美国等国的国会、议会和政党中，基要主义运动的渗透日渐加剧。与此同时，其他多种被迫转为地下的基要派运动已形成强大的武力组织，如巴勒斯坦伊斯兰反抗运

---

[1] 详见舒佩尔、特里：《世界历史上的宗教》，李腾译，商务印书馆2015年版，"世俗化"与"基要主义"两节，第16—19页。

动（哈马斯，Hamas），本·拉登领导的基地组织，以武力对抗锡克教温和派和印度世俗政府的锡克教激进分子，暗杀阿拉伯裔市长的犹太地下组织（Jewish Underground），策划摧毁耶路撒冷教堂山上清真寺的犹太团体，为报复政府而滥杀平民的阿尔及利亚伊斯兰武装游击队，为脱离苏联而战的车臣、达吉斯坦的伊斯兰革命分子，阻挠女权主义且枪杀堕胎手术医生的美国基督教激进主义分子，等等。由此可见，宗教基要主义已呈现"全球化格局"，其惊人的力量已无法否认，无论各国高层决策者，还是以往惯于用"世俗化"来诠释宗教的社会学家，都不能再小觑这股强势力量。[1]

3. Fundamentalism 与国际政治

从基要主义或原教旨主义的研究现状来看，近些年国内外学者大多考察伊斯兰文化圈里的原教旨主义现象，而不够重视基要主义对国际政治、国际关系等领域的霸权主义、单边主义的深重影响。这里举个实例，以表明这一课题研究的必要性与重要性。2006 年，笔者正在法兰克福大学任教，德国前总理施罗德的回忆录一出版，便在欧美政界与学界引起热议，书中最受关注且最有争议的内容，就数"9·11 事件及其后果"一章，因为作者在这一章里强烈地批评了美国总统小布什的外交决策过程。

例如，施罗德尖锐地指出：布什总统 2002 年 1 月 29 日的讲话"令我们大吃一惊"，他几乎是用"《圣经》的语言"宣告伊拉克、伊朗和朝鲜是"邪恶轴心国"，它们将成为下一个军事打击目标。我们在德国内阁会议上很快形成一致意见，布什总统的这种表态是在向全世界宣告"另一种规模的冲突"，它已不同于打击"以宗教原教旨主义为根基的恐怖主义活动"。在我们的多次会谈，包括两人密谈中，布什总统一再自称"信仰虔诚"，他只服从最高的权威——"上帝的旨意"。施罗德评论道，一个很虔诚的人在其个人生活中奉行"上帝的旨意"，这是可以理解的；但如果他宣称，自己的政治决策是通过祷告"与上帝交流"而来的，这就很成问题了，因为一旦这样获取"政治决策的合法性"，就不能允许任何批评，更

---

[1] 参见艾蒙德、艾波比、西坊：《强势宗教：宗教基要主义已展现全球格局》，徐美琪译，立绪文化事业有限公司 2007 年版，"绪论"，第 8—16 页。

不可能与别人协商而有所更改,否则就是违抗"上帝的旨意"。

因而,施罗德坦言,无论在会谈中还是演说里,他接触的都是这样一位绝对信奉上帝旨意的美国总统,这令他增添了政治疑虑;尽管他对美国和其总统怀有好感,布什总统在宗教与政治上属于保守派,他也没发觉其鼓吹"新保守主义",但有些人对布什总统个人的妖魔化,使人们未能批判地研究"美国国内的某个政治集团",即美国新保守主义知识分子与基督教基要主义者结成的政治联盟,它对美国政治、美国总统都有巨大的影响力,这对美国、对世界都是一个严肃的问题。"政教分离"是人类文明的一大进步。虽然西方批评伊斯兰国家政教不分有些道理,但他们却不太愿意承认,美国的基督教基要主义者对《圣经》的解释具有同样的政治倾向。假如双方都自以为拥有"唯一的绝对真理",和平解决纠纷的空间岂不所剩无几![1]

上述批评意见,不仅可使人们察觉基要主义对霸权主义、单边主义的严重影响,也有助于深究"Fundamentalism"的强势复兴对全球宗教格局的两极性、处于两极关系中的世界两大教、国际政治、国际关系、国家地区安全等的广泛影响,而且可促使我们重新认识世界宗教对社会、国家和文明的深层影响。

---

[1] 详见施罗德:《抉择:我的政治生涯》,徐静华、李越译,译林出版社2007年版,第四章"9·11事件及其后果",该书第85—113页。关于小布什的宗教信仰,可参见艾克敏:《布什总统的信仰历程》,姚敏、王青山译,社会科学文献出版社2006年版。

第四章　重新认识"宗教与国家"

若想重新认识宗教对国家的影响，首先要突破西方学界流行已久的一种理论观点，即把现代社会的宗教现象主要看成"个人的或私人的信仰选择"，可将此观点称为"宗教私人化理论"。这种观点现已成为研讨"宗教与社会、宗教与国家、宗教与文明"等一系列问题的"理论瓶颈"。不言而喻，假如诸种宗教在现代社会背景下已沦落为"私人的事务"或主要变成"个人的事情"，谈论宗教对国家或文明的影响，便无多大意义了。因此，我们不得不花些笔墨，通过回顾学术史来重温"宗教的社会性"。

一、重温"宗教的社会性"

1."宗教私人化"理论质疑

英国学者托玛斯（Scott M. Thomas）就"全球宗教复兴与国际社会转型"问题指出，由西方所建立的国际社会秩序，是根植于其现代性文化的，它在国际关系领域正遭到全球宗教复兴和文化多元主义的挑战。目前的全球宗教复兴现象，实际上是国际范围的"现代性危机的一部分"，这种现象所反映的就是人们普遍"对现代性后果失望"。因而，一旦正视全球宗教复兴和文化多元主义的挑战，就不能不反省"《威斯特伐利亚和约》的西方社会现代性基础",即把宗教假想为"私人的信仰"。这就要求我们重新理解"宗教的社会性",重新认识宗教之于社会和国家的现实存在及其重要影响,并把全球宗教复兴视为"后威斯特伐利亚国际秩序的构成因素"。[1]

上述学术见解,的确挑明了西方现代国家与国际关系理论的一大纰漏。然而,若要重新理解"宗教与国家"的关系问题,只着眼于"威斯特伐利亚背景"恐怕是远远不够的,尚需从"比较宗教学"[2]的基础理论上来深究其研究对象"是什么"。现实存在于社会和国家的宗教现象,其主要属性何在——主要是"私人的、个体性的"还是"集体的、社会性的"?在比较宗教学的主要理论分支里,首推宗教社会学最注重"宗教与社会"的关系问题。所以,让我们先来反思20世纪曾在欧美宗教社会学界盛行数十年且颇有国际影响的"宗教世俗化理论"。

欧美学界主流浸染于"社会世俗化理论"久矣,而一批宗教社会学家乃是推波助澜者,即主要从"宗教世俗化"这一视角来纷纷展开实证研究、添加理论观点。据欧美学界"宗教世俗化"理论权威伯格(Peter Berger,又译贝格尔)回顾,虽然"世俗化理论"这一术语源于20世纪50年代和60年代的西方学界,但其理论的关键概念可追溯至欧洲启蒙运动。所谓的"世俗化"概念十分简单:现代化必然导致宗教在社会生活和个人心灵中同样衰退。[3]美国学者席纳尔(Larry Shiner)综合诸家论点,较为全面地归纳了"宗教世俗化"的六种含义:(1)宗教的衰退,即宗教思想、宗教行为、宗教组织等已失去其社会重要性;(2)宗教团体的价值取向已从"彼世"转向"此世",即在内容与形式上变得越来越适应现代社会的市场经济;(3)宗教与社会的分离,即宗教已失去其公共性与社会功

---

[1] 同时参见佩蒂多、哈兹波罗编:《国际关系中的宗教》,"导言:流放归来",第6—7页;第一章"严肃对待宗教和文化多元主义:全球宗教复兴与国际社会转型",第30—33页。

[2] 这里讲的"比较宗教学"(Comparative Religion)是指现代专业化、学术性、交叉性的宗教研究,也就是其奠基人缪勒(1823—1900)所倡导的"the Science of Religion, or the Academic Study of Religion"。缪勒有句名言:"只知其一,一无所知"(He who knows one, knows none),言简意赅地表明了比较宗教学的方法论原则。关于这一原则的阐释,可参见张志刚:《宗教学是什么》(第二版),北京大学出版社2016年版,"引论:只知其一,一无所知"。

[3] 彼得·伯格等:《世界的非世俗化:复兴的宗教及全球政治》,李骏康译,上海古籍出版社2005年版,第3页。

能,变成"私人的事情";(4)社会信仰与社会行为的转变,即在现代化过程中,各种"主义"已替代宗教团体的职能,成为"宗教的代理者";(5)世界的"祛神圣性",即"超自然的、神秘性力量"的社会影响日趋减退;(6)以往的"神圣社会"正转变为"世俗社会"。[1]

通过上述概念释义可见,无论是伯格的概括,还是在席纳尔归纳的六种含义里,"宗教的社会性衰退"或"宗教的社会功能丧失",堪称连贯"社会世俗化理论"与"宗教世俗化理论"的关键词,或不如说,"宗教世俗化"既是"社会世俗化"的逻辑前提,又是其历史根由,即在欧美学者的笔下,意指"作为西方社会主流信仰之源头的宗教文化传统衰落了"。这里涉及的问题异常复杂,主要疑点与难点有三:其一,从比较观点来看,西方社会的宗教传统衰落了,能否做出"全称判断"——其他社会、国家或地区的宗教传统无不如此?其二,假如说文化传统乃是一个社会、民族或国家的"根与魂",而西方曾号称"基督教世界",那么,言称"基督教世界的世俗化",是否意味着"西方的质变",是否要把西方重新定性为"现代化的非西方社会"?其三,现代社会与文化传统,或称"现代性与传统性"的关系问题,是国际学界近百年来持续研讨的一大难题,毋庸讳言,"现代社会与文化传统"或"现代性与传统性",二者均有精华也有糟粕,若将二者一刀两断,这种只强调"历史的断裂性"而忽视"历史的连续性"的思维方式,是否显得偏执一端呢?这里提出的疑点或难点问题留待后文相关部分探讨,接下来略述"社会世俗化"暨"宗教世俗化"在欧美学界的理论近况,以进而发觉尚待反思的问题。

面对全球宗教复兴现象,特别是冷战后的世界宗教格局,欧美学界的宗教世俗化理论旗手伯格等人,近20来年不断对其早期观点有所反省、有所更正,如伯格与多位学者合作,撰写出版了《世界的非世俗化》(*The Desecularization of the World*, 1999)、《宗教美国,世俗欧洲?》(*Religious America, Secular Europe*? 2008)等。伯格在前一本论文集里就承认:"我们现已生活在一个世俗化的世界",这一理论假设是错误的。当今世界

---

[1] 参见高师宁:《宗教社会学》,张志刚主编:《宗教研究指要》(修订版),北京大学出版社2013年版,第300页。

上的宗教狂热一如往昔，在有些地区甚至变本加厉。这显然证实，过去四五十年间"贴有世俗化标签"的所有论著，实际上都有理论失误。他的早期著作力推宗教世俗化理论，大部分宗教社会学家也持类似观点，虽然那时的论证具有相当的理由，部分论著仍不失参考价值，但他告诉自己的学生，与哲学家或神学家相比，作为一个社会学家的好处即在于，当你的理论观点被否定之时，你所拥有的乐趣如同它们被证实之时。[1]

或许出于巧合，就在伯格坦率且幽默地承认"世俗化理论的谬误"之时，加拿大著名哲学家泰勒（Charles Talor）却在爱丁堡大学发表题为"生活在世俗时代"的"吉福德系列讲演"（Gifford Lectures, 1999年春季学期）。此后，泰勒又经七八年的写作修改，正式出版近900页的《世俗时代》（*A Secular Age*, 2007）。在这部大作里，泰勒力图辨析"西方社会世俗性"的三层含义，且尤为注重第三种含义的论证：（1）西方社会公共空间的世俗化；（2）西方社会宗教信仰及其实践的衰落；（3）西方社会"信仰语境"的世俗化，其主要特征与关键变化就是，人们对道德与精神的追寻，已从"传统的拉丁基督教信仰立场"转向"无求于外的人文主义"（exclusive humanism）。[2]

从伯格的早期观点到泰勒的新近论证可以明显地看到，他们对"宗教与社会、宗教与国家"关系问题的看法越来越远离现代社会学，特别是宗教社会学的理论初衷，即通过研讨"宗教与社会"的关系问题，深究"宗教的社会本性"与"宗教的社会功能"，以揭示悠久且普遍的宗教现象之于社会、国家、民族、地域、文明等的广泛影响。所以，为深刻反思"世俗化理论"的得失利弊，我们有必要回顾现代社会学与宗教社会学的学术史，重温其奠基人与开拓者的问题意识——为什么要探究"宗教的社会本性与社会功能"？

---

[1] 伯格：《世界的非世俗化：一个全球的概观》，该文列为《世界的非世俗化》首篇，以上概述详见该文"世俗化的谬误"一节，第2—5页。
[2] 详见泰勒：《世俗时代》，张荣南等译，上海三联书店2016年版，"导论"第3—28页。

2. 社会学开拓者的问题意识

国际学术界公认，马克思（Karl Marx）、涂尔干（Émile Durkheim，又译杜尔凯姆）、韦伯（Max Weber）是社会学的三大奠基人。这三位思想家在"宗教与社会、国家、文明"关系问题的研究上均有杰出贡献。[1] 为了紧扣我们所要追究的问题意识，这里仅以涂尔干为例，因为"宗教社会学"的学科概念最早就是由他提出来的。

作为社会学的开创者之一，涂尔干认为，若不探究古往今来的宗教现象，便不可能理解人类社会生活。所以，他集其一生的研究心得，推出了晚年力作《宗教生活的基本形式》（1912）。在这部社会学、宗教学名著里，涂尔干从最原始、最单纯的宗教现象——图腾体系入手，通过深析其信念与实践的社会根源，有力地论证了"宗教研究的社会本体论思路"：社会是本原、起因或原型，宗教则属于表象、产物或变体，因为对人类社会生活具有重要功能的宗教信仰及其实践，绝不可能是"超自然或超社会的"，而只能根源于"客观具体的社会实在"，即以崇高的或神化的形式来反映既定的社会生活，特别是社会性的道德力量、思想观念、经验情感等。在《宗教生活的基本形式》"导言"里，涂尔干强调指出，如同各门实证科学，社会学的研究目的不只在于了解"过去的文明"，更要解释"现实"（actual reality）；这里所说的"现实"，就是指我们身边的，且能影响人们的观念与行为的"社会事实"。那么，作为社会事实的宗教现象，又如何影响其信奉者的观念与行为呢？涂尔干回答："任何一种宗教，就是一个具有统一性的体系，它把与神圣事物相关的信念和实践统一起来了，这里所说的神圣事物是被划分出来的、赋予禁忌性的，而信念与实践则使所有的信奉者团结起来，形成了一个可称为'教会'（a Church）的道德团体。"[2]

这就是涂尔干所提出的"社会本体论的宗教定义"。在此定义里，有两个基本概念需要解释：一是，"实践"（practice）在涂尔干的笔下，当

---

[1] 关于这三位思想家在此问题研究上的主要贡献，可参见拙著里的下列章节：《"宗教中国化"义理研究》里的"马克思主义宗教观的方法论意义"一节；《宗教学是什么》里的"杜尔凯姆"和"韦伯"两节。

[2] See Emile Durkheim, *The Elementary Forms of the Religious Life*, The Free Press, 1965, "Introduction: Subject of Our Study: Religious Sociology and the Theory of Knowledge," pp.13-33.

然是指"社会性的"而非"私人化的",即宗教信众的社会行为;二是,涂尔干所用的"教会"(a Church)一词,显然仍受西方宗教、社会和学术等背景的局限,我们应将其含义一般地理解为"某种宗教的社会性组织",或比较宗教学的常用概念"宗教组织"。基于以上概念解释,我们便能感悟该定义的学术创见了。涂尔干提示读者:这个定义里有两个要素——"宗教观念"和"教会观念"(即指宗教组织),后者绝不比前者次要,因为它表明了一个基本事实:"宗教观念"与"教会观念"(宗教组织)是不可分的,宗教显然应该理解为"一种群体的暨社会的现象"。这样一来,宗教的社会性、宗教与社会的互动关系、宗教的社会功能等,就成了宗教社会学家的理论切入点。下面,我们接着来看"社会功能论的宗教定义",是如何推进宗教社会学研究的。

欧美社会学和宗教学界一般认为,关于"宗教的功能性定义"(functional definition of religion)的专门论证,最早见于美国社会学家英格(J. Milton Yinger)所著《宗教的科学研究》(*The Scientific Study of Religion*, 1970)。英格开宗明义:此书的任务,就是力求回答一个问题——宗教在人类社会活动中究竟具有什么功能?[1] 随着人类社会的不断变迁,各种宗教也处于变化过程,这就使我们越来越难以在一般的意义上确定"宗教是什么";作为一种新的理论尝试,"功能性定义"便这样应运而生,它所要探讨的是:"宗教在实际上发挥什么作用?"(What religion actually does?)这里不可能详介该书近600页的论证环节,我们直接来看英格的简要表述:"宗教可以定义为一种信念与实践的体系,是某个社群的人们用来与人类生活中的那些终极问题相抗争的。"[2] 显而易见,这个定义是"接着涂尔干说的",不仅头一句话显然如此,而且第二句话愈发凸显"宗教的社会功能"。因为英格认为,作为社会学的开创者,涂尔干最重要的学术贡献,不在于阐释了"宗教的社会根源",而在于把研究者们的注意力引向了"宗教的社会作用",他所创立的宗教社会学主要是一种社会功

---

[1] See J. Milton Yinger, *The Scientific Study of Religion*, The Macmillan Company, 1970, p.6.
[2] Ibid., p.7.

能分析理论。[1]

3. "长时段历史观"的学理启发

上述学术史回顾可使我们认识到，社会学，包括宗教社会学从其创建之初，便不仅具有强烈的现实感，而且带有深邃的历史感。其奠基人涂尔干通过考察现存最古老的宗教生活形式而发现"宗教的社会本质"，其继承者英格则经过观察人类社会与各种宗教的历史变化来阐释"宗教的社会功能"。因而，若要认识"宗教与社会"的实存关系，历史感与现实感并重，二者缺一不可，这可以说是涂尔干和英格在宗教社会学方法论上留下的重要启发。据此学术启发反观"宗教世俗化理论"，我们不难看出，欠缺足够的历史感正是该理论在方法论上的主要失误之一。关于这一点，我们可以借鉴法国历史学家、年鉴学派代表人物布罗代尔（Fernand Braudel）所提出的"长时段理论"，进一步做些学理分析。

"长时段"（La longue durée）概念，是布罗代尔最有影响的学术贡献。这一概念旨在强调"时间观"之于历史研究的重要性，布罗代尔把历史研究的"时间概念"分为三类："短时段、中时段、长时段"。所谓的"短时段"，是指传统史学的时间观，这种时间观所关注的主要是"短促的、剧变的事件"，如政治、军事、外交事件等；"中时段"的时间观则主要着眼于"相对缓慢的历史变迁"，如社会、经济、人口等方面的变化；"长时段"的历史观则潜心于"缓慢流逝的历史运动"，如社会结构、文化结构、生态环境、人与自然关系的变化等。布罗代尔发人深省地指出，"短时段的时间观"主要是囿于"个体生命的自然界限"来感知与衡量历史的，尽管对这段历史的亲历者来说，诸多事件中充满了他们的理想追求、爱恨情仇等等，但这些激动人心的事件犹如大海的浪花，或许只是历史的表象；而"长时段"虽然看似"几乎不动的历史时间"，但这种历史观却能使人们观察到"人类历史演进的深层结构及其运动"。[2]

---

[1] See J. Milton Yinger, *The Scientific Study of Religion*, p.86.
[2] 参见姚蒙：《法国年鉴学派》第五部分 "年鉴派范型的演进"，何兆武、陈启能主编：《当代西方史学理论》第十三章，中国社会科学出版社 1996 年版，第 516—527 页。

假如布罗代尔的上述学术创见之于世界宗教研究也是有启发的,"宗教世俗化理论"在方法论上的主要不足,是否即在于欠缺"长时段的宗教史观"呢?"宗教世俗化理论"之所以一度盛行且有国际影响,就是因为它曾拥有"不争的事实"——西方社会的宗教传统在现代化浪潮的强烈冲击下明显衰退了,这就是前文里伯格提到的"我们曾有相当的理由来支持世俗化理论"。然而,面对目前愈来愈强劲的全球宗教复兴现象,伯格等人敢于承认错误,其主要原因即在于,相对于悠久的世界宗教史,西方社会现代化的三四百年间呈现的宗教现象,最多算作布罗代尔所指的"中时段";至于泰勒所倾力论证的西方社会世俗化的"化简故事"之主要情节——从"涂尔干式的社会形式"经"新涂尔干式的社会形式"到"后涂尔干式的社会形式"[1],其赖以立论的事实、证据或理由等,恐怕仅能划归布罗代尔所讲的"短时段"了。

其实,以上学理分析不必那么复杂。只要回首学术史,重温宗教社会学的原创性,能像涂尔干等人那样兼备"历史感"与"现实感",我们便能在"宗教与社会"关系问题上做出如下客观判断:世界宗教史研究早已表明,宗教堪称最古老、最普遍的人类社会现象之一,从远古到近代一直影响着不同的社会、国家、文明,使当今研究者不可小觑"宗教存在及其影响的长期性"。无论对目前的"宗教世俗化程度"或"全球宗教复兴现象"持有何种看法,前文所汇聚的诸种世界宗教现状调研统计数据,均从不同的侧面或角度传递着这样一组信息——在当今世界上,诸种宗教不但仍是大多数人的信仰选择,而且就是他们所奉行的生活方式;尽管诸种宗教的信念与实践看似都是"超验的、神圣的或神秘的",但各类宗教的信奉者都依据其信仰来解释"人生意义",且通过其实践来投身"社会生活";这便意味着,所谓的宗教信仰及其实践并非"远离尘世、只顾彼岸",而是注定弥漫于并左右着各类信徒的整个社会生活,无论是精神生活还是物质生活。如果上述信息所反映的是社会现实,那么,重新认识"宗教与国家",并进而深刻反思"宗教与文明",便成为全球化时代的世界宗教研究

---

[1] 详见泰勒:《世俗时代》,第四部分"世俗化的叙事",中译本,第481—606页。

不可回避的重要课题了。

二、伊斯兰国家的宗教因素

1. 何谓"伊斯兰国家"？

"伊斯兰国家"是指什么？在这一概念问题上，目前国内外研究者不仅缺乏共识，而且众说纷纭。例如，有人认为，"伊斯兰国家"就是指"穆斯林国家"，即大多数公民信奉伊斯兰教的国家；有人指出，就是以伊斯兰教为"国教或官方宗教"的国家；还有人强调，就是伊斯兰教原教旨主义者的建国主张，即主张重建以古代哈里发国家为原型的政教合一政体，在国际政治领域"重建真正的伊斯兰秩序"；也有人综合多家观点，把"伊斯兰国家"界定为拥有独立主权、实行政教合一制度，或以伊斯兰教为国教、穆斯林人口占大多数的国家。

以上数种不同的说法，不但反映出不同的立场、观点、理论倾向，难以全面或客观地界定研究对象，而且可使我们意识到，看似简单的"国家"概念在全球化时代也变得复杂了，人们对国家的理解已不再限于领土、民族、语言、政体等要素，而是更关注"国家认同问题"——既包括"研究对象的自我认同"，又内含"研究者是否认同被研究者的自我认同"，如前述几种观点中的"国教、政教合一、原教旨主义、古代哈里发国家"等提法，就直接或间接地表达了后一种价值判断。为避免这种"外在者的主观价值判断"倾向，我们不妨借鉴安德森（Benedict Anderson）提倡的方法与概念，尊重被研究者的意愿，把"国家"理解为"其行为主体所想象的共同体"。[1] 下面，我们主要参考"伊斯兰合作组织"的形成背景与基本共识，看看能否更切合实际地描述"伊斯兰国家"。

伊斯兰合作组织（Organization of Islamic Cooperation, OIC）是目前世

---

[1] 关于"想象的共同体"（imagined communities）概念，参见安德森：《想象的共同体——民族主义的起源与散布》，吴叡人译，上海人民出版社2005年版。

界上最大的伊斯兰国家合作机构,也是成员国数量仅次于联合国的第二大政府间协商合作组织,现有来自四大洲的 57 个成员国。其宗旨是:促进各成员国之间的团结,加强在经济、社会、文化、科学等方面的合作;努力消除种族隔离和种族歧视,反对一切形式的殖民主义;支持巴勒斯坦人民恢复其民族权利和重返家园的斗争;支持所有穆斯林人民保障尊严、独立和民族权利的斗争。伊斯兰合作组织的前身为"伊斯兰会议组织"(Organization of the Islamic Conference),其直接起因或称"导火索"就是阿克萨清真寺被焚事件。阿克萨清真寺位于耶路撒冷东区老城,是全球穆斯林心目中的"第三大圣寺",其神圣地位仅次于麦加圣寺和麦地那先知寺。1969 年 8 月 21 日,澳大利亚犹太裔极端分子洛汗(Denis Michael Rohan)纵火,致使阿克萨清真寺三分之一面积着火,大量文物古迹被毁。这一恶性事件立刻遭到全世界穆斯林的一致谴责;沙特国王和摩洛哥国王共同倡议,召开伊斯兰国家首脑峰会。1969 年 9 月 8—9 日,摩洛哥、沙特、伊朗、马来西亚、索马里、巴基斯坦、尼日尔等国代表在摩洛哥拉巴特举行预备会;同年 9 月 22—24 日,首次伊斯兰国家首脑峰会在拉巴特召开,共有 24 个国家代表参加,会议主题为"阿克萨清真寺和巴勒斯坦问题",并就成立伊斯兰会议组织达成初步协议。1970 年 3 月,首次伊斯兰国家外长会议在沙特阿拉伯吉达举行,筹组伊斯兰会议组织常设机构秘书处;同年 5 月 27 日,伊斯兰会议组织正式宣告成立。1971 年有 36 个成员国,1993 年增至 57 个。2011 年 6 月 28 日,伊斯兰会议组织第 38 届外长会议通过决议,宣布伊斯兰会议组织正式更名为"伊斯兰合作组织"。

该组织现有 57 个成员国如下:阿富汗、阿尔巴尼亚、阿尔及利亚、阿塞拜疆、巴林、孟加拉国、贝宁、文莱、布基纳法索、喀麦隆、乍得、科摩罗、科特迪瓦、吉布提、埃及、加蓬、冈比亚、几内亚、几内亚比绍、圭亚那、印度尼西亚、伊朗、伊拉克、约旦、哈萨克斯坦、科威特、吉尔吉斯斯坦、黎巴嫩、利比亚、马来西亚、马尔代夫、马里、毛里塔尼亚、摩洛哥、莫桑比克、尼日尔、尼日利亚、阿曼、巴基斯坦、巴勒斯坦、卡塔尔、沙特阿拉伯、塞内加尔、塞拉利昂、索马里、苏丹、苏里南、塔吉克斯坦、多哥、突尼斯、土耳其、土库曼斯坦、乌干达、阿联酋、乌兹别克斯坦、也门、叙利亚（暂停成员资格）。[1]

2. 伊斯兰教与伊斯兰国家

对以上57个伊斯兰合作组织成员国，可做这样几点归类分析：（1）这些成员国里有22个阿拉伯国家，17个非洲国家，15个亚洲国家，2个南美洲国家，1个欧洲国家。（2）在它们当中，部分国家的穆斯林人口不占大多数，如几内亚比绍、科特迪瓦、布基纳法索、多哥、贝宁、喀麦隆、加蓬、乌干达、莫桑比克、圭亚那、苏里南等。（3）这些成员国的政教关系并非完全相同，大致可分三种情况，即有些国家政教合一，实行伊斯兰教法；有些国家承认伊斯兰教的国教地位，但制定世俗宪法；有些国家的政治体制世俗化，不受伊斯兰教义制约。但在所有的伊斯兰国家，无论实行哪种政治体制，伊斯兰教对其政治、经济、文化、教育等均有不可忽视的重要影响，下面略举几类例证。

例如，沙特是"政教合一的君主制国家"典型，伊斯兰教法是该国的基本法，沙特家族联合欧莱玛（Ulama，又译乌里玛，意为宗教学者、教义权威等），根据《古兰经》和"圣训"治理国家，不断强化全体国民的伊斯兰教认同感。为此，沙特政府成立"伊斯兰教律诠释委员会"，每当遇到新情况或新问题，由该委员会负责解释教法，提出应对方法，使伊斯兰教法不断适应现实需要与时代要求。

又如，伊朗革命成功后，1979年12月，由公民投票通过新宪法，明确规定实行政教合一、神权至上的政治体制，最高宗教领袖霍梅尼是国家最高领导人。1973年4月，巴基斯坦颁布第三部宪法，明确宣布伊斯兰教为国教，"整个宇宙的最高权力只属于全能的真主，巴基斯坦人民在真主所规定的范围内行使权力是一种神圣的职责"，只有穆斯林才能担任国家的最高领导职务等。

再如，马来西亚、印度尼西亚等国虽然实行政教分离，但随着伊斯

---

[1] 关于伊斯兰合作组织的概况，综合参见中华人民共和国外交部官网（www.fmprc.gov.cn，访问日期2023年5月10日），国家和组织——伊斯兰合作组织；侯宇翔：《伊斯兰合作组织研究》，上海外国语大学博士学位论文（2017）。

兰教复兴运动，合法的穆斯林党派对社会、国家的影响越来越大。马来西亚伊斯兰教党（Malaysian Islamic Party）是该国最有影响的反对党之一，1951年由伊斯兰教职人员创建，骨干成员主要是马来族穆斯林，曾在1974—1977年加入"国民阵线"（National Front）成为执政党，后因政治分歧被国民阵线开除，该党主张以《古兰经》和伊斯兰教法为国家根本大法，建立伊斯兰共和国。印度尼西亚1945年独立后，推行政教分离政策，但自20世纪80年代后期以来，伊斯兰教日渐活跃于地方政府和基层社会，该国亚齐省多年坚持伊斯兰法制，推动高度自治的独立运动，迫使中央政府让步，双方达成和解协议；受此影响，布鲁昆巴等地开始创建伊斯兰化村庄、乡镇组织，全面推行伊斯兰化治理。[1]

3. "伊斯兰因素"的复杂影响

从现有研究成果来看，尽管还未见哪位国内外学者能够全面概述伊斯兰教对不同社会、诸多国家的复杂影响，但前述几类例证已足以证明这一课题研究的重要意义。如何深入探讨伊斯兰教何以能对社会、国家产生广泛影响呢？金宜久先生在多种论著里对"伊斯兰因素""宗教因素"所作的理论分析，或许能给此类课题研究带来深度启发。

金先生指出，"伊斯兰因素"是指伊斯兰教在社会不同领域的延伸、并得到相对独立发展的诸种社会现象，只要是在伊斯兰社会中体现"伊斯兰的宗教精神"的任何一种社会现象，都可以冠以"伊斯兰"的名目，构成"伊斯兰因素"。汉语所说"伊斯兰教"，即"伊斯兰"加"宗教"。"伊斯兰宗教"并不能包容其他所有的"伊斯兰因素"，其他伊斯兰因素也不等同于伊斯兰教。因此，"伊斯兰教的自我"只是伊斯兰因素之一。具体分析起来，除了作为伊斯兰因素之一的"伊斯兰教的自我"（只是人们通常不这样说罢了），应予列入伊斯兰因素的社会现象包括：伊斯兰意识形态，伊斯兰民族传统文化，伊斯兰社团组织，伊斯兰国家和伊斯兰世界，伊斯兰社会思潮和社会运动，伊斯兰圣地、圣寺、建筑、文物等。以上六

---

[1] 以上例证，主要参见国家宗教事务局宗教研究中心编写：《当代世界宗教问题》，第四章第二节"伊斯兰教在伊斯兰国家的影响"，宗教文化出版社2007年版。

方面社会现象,既与伊斯兰教密切相关,又与"伊斯兰教的自我"有所区别,它们都会对国家的、地区的、国际的政治产生影响,应予密切关注。[1]

关于"宗教因素",金宜久先生分析道,宗教在信仰人群中,既支配他们的精神生活,又约束他们的物质生活;能产生这种支配或约束力量的,有"宗教的自我",也有宗教在社会不同领域显现或延伸的多种因素、不同形式。由于宗教以不同的形式存在于现实社会,这些形式也就不可避免地具有其宗教精神的鲜明烙印;由于宗教对其信仰者的社会生活产生支配力或约束力,这些形式也就必然与社会不同领域有着某种联系,并获得相对独立发展,而这种联系和发展又受其宗教精神的制约或控制。一言以蔽之,只要能体现一定的宗教精神,并能相对独立存在和发展的任何一种社会形式,都可以称之为"宗教因素"。[2]

接下来,就让我们带着上述学术启发,转入后两节的研讨,即"美国宗教与美利坚认同"和"欧洲世俗化与宗教传统"。

三、美国宗教与美利坚认同

1. 为何深究"美利坚认同"?

近些年,美国宗教对其社会、国家的影响,颇受我国学者的关注,有大量专著、译著、论文等出版或发表。如果从这些文献里找到一个引用率最高的论点,恐怕非此莫属:美国是世界上最世俗的国家,也是宗教性最强的国家。这一论断出自美国新正统派的现实主义神学家尼布尔(Reinhold Niebuhr, 1892—1971),其背景主要是 20 世纪四五十年代美国社会的世俗

---

[1] 详见金宜久、吴云贵:《伊斯兰与国际热点问题》,"伊斯兰因素"一节,东方出版社 2001 年版,第 10—16 页。

[2] 综合参见金宜久:《国际政治中的"宗教因素"》,《世界经济与政治》2002 年第 9 期;金宜久:《冷战后的宗教发展与国际政治》,载中国现代国际关系研究所民族与宗教研究中心:《世界宗教问题大聚焦》,时事出版社 2003 年版,第 13 页。

化，特别是传统的基督教信仰及其价值观所遭到的冲击和挑战。[1] 但从美国学界的研究动向来看，尼布尔的上述论断，恐怕已失去时效性了；目前最有影响的观点，可用伯格一篇论文的基本思路与核心观点来概括：欧洲是世俗社会，美国是宗教社会；或简练地表述为"宗教的美国，世俗的欧洲"（Religious America, Secular Europe）[2]。显而易见，这种研究思路的特点即在于，以"欧洲社会的世俗化"作为比较对象，充分肯定美国社会的宗教本性，重新认识宗教对美国国家认同、主流社会、文化传统等的重要影响。上述重新认识美国本土宗教传统的研究动向，其实并非个别现象，而是深刻地反映了冷战后国际理论界所关注的一个重大现实问题，这就是面对全球化时代的机遇与挑战，本土文化传统、包括宗教文化传统之于社会认同、民族认同、国家认同等有何重要影响？因而，我们暂把伯格等人的比较研究成果按下不表，紧扣"美国宗教与美利坚认同"的关系问题，先来看看"文明冲突论"的理论代表亨廷顿是如何提出问题、给出答案的。

继《文明的冲突与世界秩序的重建》（1996）一版再版后，亨廷顿又经数年潜心研究，推出一部力作《我们是谁？美国国家认同所面临的挑战》（*WHO ARE WE? The Challenges to America's Identity*，2004，以下简称"《我们是谁》"）。[3] 但从国际学界的研讨情况来看，该书尚未得到充分的重视。为什么这么讲呢？因为这本专著犹如《文明的冲突与世界秩序的重建》

---

[1] 鉴于以往的引述者大多未注明文献出处，笔者特向冯小茫博士请教。尼布尔的原话为：American is "at one and the same time, one of the most religious and most secular of nations"，见于 Reinhold Niebuhr, Prayer and Politics, *Christianity and Crisis*, 1952, October, 27, pp.138-139；类似表述还见于 Reinhold Niebuhr, *Pious and Secular American*, 1958。关于尼布尔的新正统派现实主义神学思想，可参见其代表作《道德的人与不道德的社会》；另可参见冯小茫：《从人性到正义——莱茵霍尔德·尼布尔社会伦理思想研究》，北京大学博士学位论文（2013）。

[2] 伯格的这篇论文题为"宗教与西方"（Religion and West），刊于《国家利益》（*The National Interest*）；略做编辑后，易名"宗教的美国，世俗的欧洲？"（Religious America, Secular Europe? ），既作为他与两位英国学者合著《宗教美国，世俗欧洲？主题与变奏》（*Religious America, Secular Europe? A Theme and Variations*, 2008）的主标题，又是该文的"总论与立论之章"。

[3] 新华出版社2005年版的中译本，把副标题译为"美国国家特性面临的挑战"，主要考虑到"identity"在该书里的多重复杂含义，"国家特性"的译法有一定的合理性。但该出版社2010年版的中译本，连主标题与副标题一起换了，即《谁是美国人？美国国民特性面临的挑战》，这一改或许可以吸引中文读者，增大发行量，却不仅有悖于学术著作的翻译原则，而且流失了原著标题所要表达的学术问题意识及其重要理论价值。这一点是我们接下来所要分析的。

的"学术姐妹篇",亨廷顿在"前言"里坦言:他是以"一名爱国者"和"一名学者"双重身份来写作此书的。[1] 对此表白可以这样理解,如果说在前一本书(1996)里,作者站在美国国家利益的高度来诠释冷战后的国际政治格局,且以鹰派政治学家的观点来论证文明冲突论,那么,作者在后一本书(2004)里则以同样的学术立场与理论观点,进而探讨了美国国内在全球化时代所面临的根本挑战,即"国家与社会认同问题"。因此,若不读懂此书,便难以透彻理解亨廷顿所提出的文明冲突论;或从阅读逻辑上讲,不知作者的"国内立场",何以读懂他的"国际观点"?下面所梳理的该书要旨,或可令人茅塞顿开。

《我们是谁?》旨在论证,"盎格鲁-新教文化传统"对于美国公民的国家认同在历史上一直占中心地位。[2] 为什么要强调这一点呢?如其书名所示,亨廷顿就是想让当今美国国民重新反思:"我们"是谁?"美国的文化传统及其核心价值观"是什么?"我们"该如何回应新世纪的挑战。但无论读者是不是美国国民,都会对他如下的一连串回答留下深刻的印象:21世纪将是"一个宗教的世纪","国家认同危机"已成为"一种世界现象",人们主要是从"文化和宗教"的角度来重新界定自己的,[3] 所以文化,特别是宗教在当今世界将影响各国人民所认同的"敌我关系";重温美国历史的第一页——"五月花号船的故事",美国是作为一个"新教社会"而建立起来的,而且至今仍是一个"基督教国家",宗教一直是其国家认同、社会认同的最重要的因素;所以,对美国公民来说,无论其肤色如何,都不能不从根本上认同美国文化传统及其核心价值观;对于美国来说,"9·11"事件象征着"意识形态冲突世纪的结束"和"一个新时代的开始",美国当前的"实际敌人"是"伊斯兰的好斗分子","潜在敌

---

[1] 参见亨廷顿:《我们是谁?美国国家特性面临的挑战》,程克雄译,新华出版社2005年版,"前言"第3页。
[2] 同上书,第27页。
[3] 亨廷顿的这一说法并非新观点,而是充分借鉴了20世纪上半叶以来西方学界的世界文明史与文化史研究成果,即主要以"文化传统",特别是"宗教信仰"来划分不同的文明形态或文化类型,并据此解释不同的文明或文化的形成演变过程。亨廷顿的过人之处在于,他颇有新意地把这方面的文明史和文化史研究成果,引入了冷战后的国际政治、国际关系研究领域。关于亨廷顿的"借鉴与发挥",可着重参见其《文明的冲突与世界秩序的重建》第二章"历史上的文明和今天的文明",在这部分研讨内容中,他尤为重视引用汤因比、道森等人的观点。关于这两位著名学者的基本观点,我们将在第五章予以评述。

人"则是"非意识形态化的中国民族主义者",而"美国人怎么界定自己"将决定"美国在世界上的作用",这就使"美国国家认同"的核心组成部分——盎格鲁-新教文化具有了"新的意义"。[1]

与亨廷顿的前一本书相比,《我们是谁?》之所以更值得重视,其理由不仅在于,它有助于深入了解亨廷顿的国际政治立场;更重要的是,该书以敏锐的问题意识与鲜明的理论观点,让国际学术同行重新思考人类生存所要回答的一系列基本问题:我是谁?我从哪里来,要到哪里去?我为什么生活在这个世界上,为什么这个世界上"真善美"与"假恶丑"并存?人生究竟有无意义,到底有什么意义……借鉴德国著名哲学家雅斯贝尔斯(Karl Theodor Jaspers)的"世界历史轴心期"理论,我们可以说,上述一系列问题也正是不同文化背景下形成的各大哲学和宗教传统所要回答的根本问题。而这些基本的或根本的问题之所以重新浮现于国际政治论坛,就是因为冷战结束,尤其是全球化时代的到来,将整个人类又推到了一个重大的历史关头、"一个全球史的转折点",这便使不同的民族、国家、社会都不能不回溯各自的历史与文化传统,"重新认识自我",重新解答"我是谁"这一根本且永恒的哲学问题,正如一代代历史学家所重申的"不知道过去,就不了解现在,更无法走向未来"。

据此可以判断,"认同问题"现已成为"一个全球问题"。正是在此国际学术背景下,我国理论界近些年关于中华文化传统、中国特色社会主义道路、社会主义核心价值观、人类命运共同体的研讨,也充分表明了"文化认同、国家认同、社会认同"等理论问题的重大现实意义。学理分析至此,笔者有一点学术感触:亨廷顿确属"学术高手",他不但率先将"我是谁"这一根本问题引入国际政治研究领域,而且仅用简明的标题"我们是谁",便令读者意识到,这一根本问题并非像哲学教科书里刻画的那么抽象、晦涩或深奥,它原本就是具体的、历史的、现实的。言归正题,下面就让我们一起验证,亨廷顿的论证及其结论是否符合美国国情,能否真

---

[1] 以上概述由通读亨氏原著所得,考虑到笔者的理解和梳理或许难免"专业倾向"甚至有误,为便于读者核对,下面按引用顺序并对应"分号",注明主要的原著出处。《我们是谁?美国国家特性面临的挑战》,新华出版社2005年版中译本:第14页(同时参见第269页)、第12页、第282—283页、第19页(同时参见第305页);第53页(同时参见第54页)、第70页、第19页;第282—283页、第302页。

实地反映美国宗教对美利坚认同的根本影响。

2. "美利坚认同"的普遍印记

浏览中美学者的相关研究成果，常见这样一系列描述：美国国歌里，有"上帝保佑美国"等词；美国国旗效忠誓词（the Pledge of Allegiance）为，"我宣誓效忠国旗和它所代表的美利坚合众国，这个国家在上帝之下……"；美国入籍誓词的开头与结尾是，"我完全放弃我对以前所属任何外国亲王、君主、国家或主权之公民资格及忠诚……我在此自由宣誓，绝无任何心智障碍、借口或保留，请上帝保佑我"；美元背面印着"我们坚信上帝"；美国军队里，有牧师、神父等随军神职人员；美国国会参众两院，会前有国会牧师祈祷；美国总统就职，要手按《圣经》宣誓；美国建国以来，绝大多数总统都是基督徒……[1]

为了给后续讨论打下具体的资料基础，这里补充《美国总统全书》（*The Complete Book of U.S Presidents*, 2001）所提供的美国历任总统的宗教信仰背景信息（下列括号里的数字为任次）：（1）乔治·华盛顿，圣公会信徒；（2）约翰·亚当斯，公理会唯一神教派信徒；（3）托马斯·杰斐逊，生长于圣公会家庭，自青年时期倾向于自然神论；（4）詹姆斯·麦迪逊，圣公会信徒；（5）詹姆斯·门罗，圣公会信徒；（6）约翰·亚当斯，公理会唯一神教派信徒；（7）安德鲁·杰克逊，长老会信徒；（8）马丁·范布伦，公开场合讲自己不信教，也极少引用《圣经》，但经常参加礼拜，唱赞美诗时，他的声音总是高于旁边人，在华盛顿任职期间，参加圣约翰圣公会教堂的礼拜；（9）威廉·哈里森，圣公会信徒；（10）约翰·泰勒，圣公会信徒；（11）詹姆斯·波尔克，长老会和卫理公会信徒，早年是长老会信徒，38 岁开始信服卫理公会教

---

[1] 这方面的研究成果可参见下列论著，荣格：《宗教与美国现代社会》，江怡、伊杰译，今日中国出版社 1992 年版；哈切森：《白宫中的上帝》，段琦、晓镛译，中国社会科学出版社 1992 年版；段琦：《美国宗教嬗变论》，今日中国出版社 1994 年版；雷雨田：《上帝与美国人》，上海人民出版社 1994 年版；刘澎：《当代美国宗教》，社会科学文献出版社 2001 年版；董小川：《20 世纪美国宗教与政治》，人民出版社 2002 年版；郝茨克：《在华盛顿代表上帝》，徐以骅等译，上海人民出版社 2003 年版；于歌：《美国的本质》，当代中国出版社 2006 年版。

义，但为尊重家庭信仰传统，继续参加长老会的礼拜，而妻子不在场时，单独参加卫理公会的礼拜，临终前受洗为卫理公会信徒；（12）扎卡里·泰勒，圣公会信徒；（13）米勒德·菲尔莫尔，公理会唯一神教派信徒；（14）富兰克林·皮尔斯，圣公会公理会信徒；（15）詹姆斯·布坎南，长老会信徒；（16）亚伯拉罕·林肯，父亲和继母是浸信会信徒，但他参加长老会的礼拜；（17）安德鲁·约翰逊，基督徒，不属于任何教派，但经常和妻子参加卫理公会的礼拜；（18）尤利西斯·格兰特，卫理公会信徒；（19）拉瑟德福·海斯，婚前长老会信徒，婚后随夫人成为卫理公会信徒；（20）詹姆斯·加菲尔德，基督徒，教派不详，年轻时做过"业余传道人"；（21）切斯特·阿瑟，圣公会信徒；（22、24）格罗弗·克利夫兰，长老会信徒；（23）本杰明·哈里森，长老会信徒；（25）威廉·麦金利，卫理公会信徒；（26）西奥多·罗斯福，荷兰新教教会归正会信徒；（27）威廉·塔夫脱，公理会唯一神教派信徒；（28）伍德罗·威尔逊，长老会信徒；（29）沃伦·哈丁，浸信会信徒；（30）卡尔文·柯立芝，公理会信徒；（31）赫伯特·胡佛，教友派信徒；（32）富兰克林·罗斯福，圣公会主教派信徒；（33）哈里·杜鲁门，浸礼会信徒；（34）德怀特·艾森豪威尔，长老会信徒；（35）约翰·肯尼迪，罗马天主教徒；（36）林登·约翰逊，基督徒，教派不详，任总统期间到多种基督教堂参加礼拜；（37）理查德·尼克松，教友派信徒；（38）杰拉尔德·福特，圣公会信徒；（39）吉米·卡特，浸信会信徒；（40）罗纳德·里根，长老会信徒；（41）乔治·布什，圣公会信徒；（42）比尔·克林顿，南浸信会信徒；（43）乔治·小布什，循道宗信徒，童年随父母参加圣公会（父亲的教会）、长老会（母亲的教会）的礼拜，成年后主要参加长老会的礼拜，结婚后随妻子成为循道宗信徒。[1]近两任美国总统的信仰背景：（44）贝拉克·奥巴马，基督徒，虽从不公开表明与自己基督教信仰的关系，但在任期间，每逢生日都给牧师打电话，为其祈祷，每逢艰难时刻，

---

[1] 详见德格雷戈里奥：《美国总统全书》，周凯等译，社会科学文献出版社2007年版。

则会求助于著名宗教人士组成的祈祷团;[1]（45）唐纳德·特朗普，长老会信徒。[2]

3. 美国宗教的"深嵌性影响"

近三四十年间，本小节的研讨主题——美国宗教对其社会、国家的影响，在中美学界均呈升温趋势，有关研究成果不但数量可观，而且观点不一，这就使我们难以客观地一览全貌。在笔者研读的大量文献里，有一本专著可谓十分难得，或对克服这一难题有重要参考价值，它题为《当代美国的宗教》。说其十分难得，主要理由有二：一是，作者威尔逊（John F. Wilson）是美国宗教研究资深专家，曾任普林斯顿大学美国宗教研究中心主任、美国教会史学会会长等，潜心研究"宗教在美国社会中的地位与作用"长达50多年；二是，这本专著是基于在复旦大学的专题系列讲演而成书的，作者讲演时便许诺听众，他将对这一研究课题做出"一个全面的、总结性的归纳"。[3]下面择要介绍其基本观点与主要结论。

如何全面认识宗教在美国社会中的地位与作用呢？威尔逊认为，无论在历史上还是在现实中，宗教都是美国社会生活"一个非常重要的组成部分"。从美国历史来看，这一总体判断可以说是"无可争议的观察结论"。但就现实而言，尤其是20世纪下半叶，社会学家所提出的世俗化理论认为，宗教在美国社会已被边缘化，即失去了"早期的中心地位"。尽管在这一时间段里，美国宗教的社会地位确实有所转变，但远非像世俗化理论家断言的那样，宗教在美国社会的重要性及其影响正在下降，关于"美国宗教行为"的总体调研数据可资为证。[4]威尔逊力图从中选用"最佳事例"来展开论证。

"宗教是深嵌于美国社会结构的"，这一基本论点贯穿威尔逊的整个论证。为证实这一论点，威尔逊的笔触几近触及美国社会的方方面面，如

---

[1] 参见美联社2013年10月19日报道《奥巴马依赖宗教信仰引导生活》，参考消息网2013年10月21日。
[2] 关于特朗普的信仰背景及其影响，参见徐以骅：《特朗普当选与美国政教关系的走向》，《中国民族报·宗教周刊》2017年2月14日。
[3] 主要参见威尔逊：《当代美国的宗教》，徐以骅等译，上海人民出版社2013年版，"导论"，第3—5页。
[4] 综合参见威尔逊：《当代美国的宗教》，第一章"为何宗教在当代美国如此显著并且对理解美国有重要意义"，特别是第三章"造成宗教重要性不彰显的社会因素"开篇，关于第一章的概要，第43—44页。

移民、社区、社团、党派、法律、教育、医疗、慈善、畅销书、商业广告、职业体育、大众文化等等。这里先看几个侧面观点，随后再看他的考察重点。移民是美国社会的基本特征之一，威尔逊指出，从北美殖民地之初，宗教就与移民有直接联系，在组建社区的过程中发挥了关键作用，且对建国后的人口流动一直具有强烈影响；宗教团体在美国建国初期就致力于创办报刊，创建出版社，兴办学校、医院、慈善机构等，这可视为"宗教社会的显著特征"，只要留意美国现有的诸多著名医院、慈善机构的冠名，便可证实它们起初是由宗教团体创建或支持的；"公共教育"（public schooling）是美国19世纪的一项发明，但那时的公共学校大多具有"新教色彩"，曾遭到天主教社区的强烈抗拒。"宗教是美国社会生活的一部分，它从摇篮到坟墓一直伴随着人们，贯穿人们的生命历程，且持续到生命结束之后。"[1]

若想深入认识"宗教在美国社会中的地位与作用"，在威尔逊看来，最重要的考察角度就是，宗教在美国政治体制中所扮演的重要角色，他把这一课题称为其专著的"核心内容"。回顾美国制宪的复杂过程，可以得出这样的结论：美国宪法"第一修正案"所包括的"宗教条款"表明，宗教在美利坚民族的政治文化中是起作用的，但从美国历史之始，联邦法律就未能充分考虑"宗教参与政治的复杂性"。最起码的常识告诉我们，两党制一直是美国历史上的"基本政治现实"。但直到十年前，美国杰出社会学家李普塞特（Seymour Martin Lipset）提出的问题，才开始引起研究者的普遍重视，这一重要问题就是："宗教认同"是如何与美国两党制相互联系、相互作用的？

李普塞特早在半个世纪前的论著里就指出，美国建国初期，宗教认同在"国家认同"的塑造过程中发挥了非同寻常的作用。虽然美国早期形成的两个主要政党各有诸多构成要素，但两党均与宗教团体及其附属机构有重要联系。保守的联邦党所赢得的支持者主要是那些以往享有特权的南北

---

[1] 此类具体例证，详见威尔逊：《当代美国的宗教》，第一章"为何宗教在当代美国如此显要并且对理解美国有重要意义"；第二章"为何宗教在美国主要是私人的并且其影响未得到充分认识"；第五章"宗教在美国社会中的重要意义"。

方教会信徒；而其对立面民主党的拥护者则主要来自宗教团体的底层信众，他们愿为自己的权益地位而与激进的民主党一起奋争。李普塞特进而发现，随着19世纪中后期大规模的天主教移民潮，两党对峙局面依然持续，起初是辉格党人反对民主党，内战后共和党取代了辉格党，但两党的势力较量，日渐反映出两大宗教团体的分裂，即占美国人口大多数的新教徒与不断增长的天主教徒的分裂。当然，李普塞特并未认为，所有的美国新教徒都属于同一个政党，所有的天主教徒则都属于另一个政党，而是指出"宗教归属"（religious affiliation）与特定的政治目的、阶级利益、身份认同密切相关，至少在某些方面，以大体的"宗教归属"来描述美国的两党制，较之其他依据更为有效。

威尔逊接着指出，在过去的半个世纪里，虽然李普塞特描述的情形已大致结束，且被复杂的宗教团体与两党的重新组合所改观，但据此并不能轻易得出结论："宗教因素"在美国政治文化中不再起重要作用，"宗教选民群体"之间不断变化的政治结盟也已结束了。正如美国大选观察家指出，尽管在20世纪的最后岁月里，福音派新教徒和天主教徒都大力支持共和党，但对那些"良心出于信仰的宗教选民群体"来说，为了应对美国社会的现实挑战，完全有可能大规模地转向民主党。这就要求研究者决不可忽视"宗教利益团体与美国政治文化的互动关系"，且围绕这一问题展开更大范围的考察分析。[1] 为了论证这一"核心议题"的重要性，威尔逊枚举大量实证材料，限于篇幅，这里仅选典型两例。

典型例证（1）：从历届美国总统的正式讲演中，我们可以发现一个尖锐的问题：美国是否负有"某种来自上帝的神圣使命"？简而言之，每当美国面临外部威胁，诸位总统通常都会提及"美国民族主义的宗教信仰导向"。例如，第一次世界大战时，威尔逊总统用"十字军"之类的措辞来描述协约国军队抗击德军扩张、捍卫世界民主的神圣使命；第二次世界大战时，罗斯福总统用类似的言辞来论证美国参战的正当性；20世纪50年代、60年代朝鲜半岛战争、东南亚战争爆发时，美国总统也是用类似的宗

---

[1] 上述三段概述观点，详见威尔逊：《当代美国的宗教》，第七章"宗教与美国的政治动态"，主要参见第109—121页。

教词语来表明美国参战的神圣使命；21世纪初美军入侵伊拉克，小布什总统仍旧把这场战争称为"十字军式的神圣使命"。由此可见，在美国政治领域大行其道的"世界思维方式"，是"源自西方基督教的、十字军式的传道冲动"。纵观美国历史，这种宗教思维方式及其国家政治行为可谓由来已久，每当美利坚认同及其神圣使命受到威胁，宗教措辞便被用来解释美国军事行动的根本目的；而当此种威胁减弱或被消除时，美国宗教的这种功能便随之隐退了。

典型例证（2）：在美国总统大选时，每一位角逐者几乎都要设法表白，自己与某一重要的宗教团体有关，且认同该宗教团体的价值理念与奋斗目标，这样才能充分展现其候选人资格，因为"宗教选民"不仅在美国人口中占大多数，且被视为"价值观的投票人"（values voters），他们对候选人的竞选纲领的精神性支持尤为见效。近些年的民意测验证实，以"宗教右翼"（religious right）为主导的选民团体，已成为美国选举政治中"攸关成败的投票群体"。30多年前，"宗教右翼"一词在许多美国政治学者眼中还显得有些古怪，但眼下现实迥然不同了，主要原因之一就是，为了削弱民主党势力，共和党在美国乡村、边缘地区不懈地培育"政治保守选民"，这便使"宗教右翼"迅速亮相于尼克松、福特、里根总统任职年代的政治舞台。卡特的任期在尼克松与里根两位共和党总统的任期之间，他身为民主党人，却是自封为"重生派基督徒"入主白宫的。老布什总统似乎还与共和党内助长"宗教右翼"参政的倾向保持一定的距离；而作为民主党人的克林顿总统，则公开赞赏宗教价值观；只是到小布什总统任职时，"宗教右翼"的全部潜能才得以显现，且被喻为"美国政治的隐形基石"。[1]

基于上述论据，让我们一起来看威尔逊对美国宗教研究的两点总结性的方法论思考。

方法论思考（1）：假如忽视宗教因素在美国历史进程中的重要作用，我们就很难理解当今美国社会形态及其文化活力。当然，这一观点并非主

---

[1] 以上两个典型例证，详见威尔逊：《当代美国的宗教》，第一章"为何宗教在当代美国如此显要并且对理解美国有重要意义"，第七章"宗教与美国的政治动态"，第八章"宗教在美国民族主义中所扮演的角色"。前一个例证，主要参见第134—141页；后一例证主要参见第11—14、109—122页，特别是第11—14页。

张宗教是左右美国社会及其文化的唯一要素；而是认为，在美国社会及其文化的发展过程中有诸多因素扮演着重要角色，而任何一种因素，尤其是宗教因素，都是在与其他因素的复杂联系中发挥作用的，或在其他因素之中，或在其他因素背后，或与其他因素共同运作，如此等等，不一而足。总而言之，宗教在美国社会及其文化中的地位与作用并非"孤立的"，而是与其他诸多因素相互联系、相互作用的。而以往的有些研究者之所以未能把宗教理解为"相互作用的诸多因素之一"，一见某种宗教因素没有明显表现，就以为它无关紧要甚至子虚乌有，是因为这种思维方式在很大程度上植根于西方宗教传统，尤其是"犹太教-基督教传统"，即把宗教视为"独立自在的思想与行为领域"，把"宗教世界"与"现世世界或日常世界"截然分离。这便在思维方式上导致"非圣即俗、非此即彼"，无意中贬低了宗教在美国社会和其他国家的重要地位与普遍影响。

方法论思考（2）：假如像世俗化理论那样，强调宗教在整体上衰落或被边缘化，而未能认识到某些特定的信仰及其行为与社会的其他方面一直存在互动关系，我们便无法理解宗教在美国社会的重要性。世俗化理论的问题在于，把宗教设想为人类社会生活中的"某种特殊因素"，认为宗教只不过是"一种因变量"。但文化人类学的研究思路却启发我们，只有对宗教有足够的长期观察，才能对其运作方式有所认知，才能切实了解宗教的经典、教义和仪式等，在营造一个社会的民众信仰、价值观念、心理状态等方面所长期扮演的重要角色。[1] 这便意味着，若不观察"宗教与其他社会因素的密切关联及其长期运作方式"，我们便无法"定位宗教"，并将其理解为"潜在的独立因素"。这也就是说，在某些情况下，宗教的社会影响是短期内显而易见的；而在其他情况下，宗教的社会影响则可能需要长期观察，因为"作为独立变量的宗教"，其社会影响或在"事实发生期间"，又很可能在"事实发生之后"。

威尔逊指出，就研究现状而言，宗教在美国社会所扮演的特殊文化角色，对社会和文化的持续重要影响，尚未被研究者普遍认识到，这在当今

---

[1] 提及文化人类学的研究思路，威尔逊特别赞赏格尔茨（Clifford Geertz）"文化意义深描理论"的学术启发，参见威尔逊：《当代美国的宗教》，徐以骅等译，上海人民出版社2013年版，第155页。

美国学术圈尤其明显。所以，他建议在研究观念上有所突破，即把"宗教"理解为"社会与文化的一部分"，看成是"文化的产物"，是赋予信仰者"生活意义"的世界观。[1] 上述方法论思考，可使我们的讨论承上启下，不仅有助于深思前文所讨论的"宗教的社会本性""长时段的宗教观""世俗化理论的短视症"等，又可支持后续的研讨，即从"宗教传统与欧洲社会"到"深刻反思宗教与文明"。

四、欧洲世俗化与宗教传统

在着手这一节的讨论之前，先有必要明确研讨立意。本节题为"欧洲世俗化与宗教传统"，但其本意并非泛泛描述二者的因果关联，像许多欧美学者断言的那样，欧洲世俗化必然导致其宗教传统衰落；与此思路相反，我们将尝试一种"反向思维"，即着眼于欧洲宗教传统的深远影响，从理论与方法上反思欧洲世俗化观点的得失利弊。鉴于"欧洲世俗化"在欧美学界似已成为"定论"，我们不妨先来看看其"权威论证版本"，前面提到两本代表作，泰勒的《世俗时代》和伯格等合著的《宗教美国，世俗欧洲？》，笔者以为后者更值得重视，因为该书不但具有比较研究视野，而且旨在追究一个耐人寻味的重大现实问题：美国和欧洲均可谓"高度现代化、经济发达的社会或社会群"，为什么二者在宗教方面有巨大差别呢？[2]

1."宗教美国，世俗欧洲"？

在伯格的笔下，"欧洲世俗性"（Eurosecularity）这一专用新词，显然意味着"欧洲社会暨宗教世俗化"已一锤定音。他指出，"美国是宗教社会，欧洲是世俗社会"，这一看法在某种程度上已成为老生常谈，且被

---

[1] 上述方法论的总结性思考，详见《当代美国的宗教》，第十章"对宗教美国的总结性思考"，第161—171页。
[2] 参见伯格、戴维、霍卡斯：《宗教美国，世俗欧洲？主题与变奏》，曹义昆译，商务印书馆2015年版，第2页。

近年来大西洋两岸所发生的相关事态所证实,如在2000年、2004年两次美国总统大选中,美国宗教大显神威,而《欧洲宪法》草案一公布,则围绕"能否提及宗教"引发争执。这种老生常谈的确反映了大西洋两岸的社会与宗教现实,然而仔细考察便会发现,现实往往比表象复杂得多。如何解释"欧洲世俗性",特别是与美国国情相比较,这可以说是"当代宗教研究最引人入胜的课题之一"。为此,伯格做出了下述"八点可能性解释"。

(1) 教会与国家的分离。在历史上,欧洲的主要教会皆由国家设为"国教",如路德宗曾是德国和斯堪的纳维亚地区的国教,加尔文宗在荷兰、苏格兰、瑞士的多个州也一度享有如此待遇。"梵二会议"的召开,才使欧洲诸国的国教地位有重大变化。相比之下,早在美国的殖民时代,教会与国家即被分离,《美国宪法第一修正案》使"教会与国家分离原则"成为美利坚合众国的奠基石之一。

(2) 多元主义的竞争。在欧洲,即使国家与教会的联结纽带遭到法国大革命的严重削弱之后,人们仍把教会视为"公共事业"。相比之下,美国的教会,无论最初情愿与否,统统都是"自愿社团"。"自愿结社"是最适应多元主义竞争环境的宗教组织形式,如当今美国的福音派新教组织,处处展示"宗教企业家"的雄心抱负。

(3) 两种版本的启蒙运动。法国启蒙运动具有"反教权"性质,矛头对准基督教,如伏尔泰高呼"消灭臭名昭著者"——天主教会。虽然法国大革命的闯将们失败了,但换来的是百余年的"法国定位之争",一方是"保守的、天主教的"势力,另一方则是"进步的、反教权的"力量,直到1905年才实行"教会与国家分离",使法兰西成为"一个世俗性的、彻底清除宗教象征的国家"。这种世俗性理念对整个欧洲大陆以及拉美地区的民主实践都有重要影响。美国的启蒙运动则大异其趣,并非"反教权的"(美国实际上也没有教权)、"反基督教的",而是"自由主义政治思想"的理念表达。

(4) 两种类型的知识分子。知识分子是启蒙精神的传承者,由于前一点差异,欧洲知识分子大多"被世俗化"了,而美国知识分子并未如此。这便使前者比后者具有更强大的社会影响力。"法国是知识分子的天堂，美国是他们的地狱"，尽管阿隆（Raymond Aron）的这句话未免言过其实，但美国起初就是"一个实用主义的商业社会"，并未赋予"名嘴阶层"话语特权，美国有句俗语奚落：假如你足够聪明，为啥不能富起来？

（5）两种类型的"上层文化"（high culture）。由于上述原因，欧洲知识分子创造了"世俗性的上层文化"，使其他阶层接受"精神暗示"，成为"自我实现的预言"，为紧跟时代而越来越世俗化。美国知识界几十年前尚未如此，20世纪60年代、70年代之才被"欧洲化"，现今知识分子可能涉足宗教，但只是浅尝辄止。

（6）启蒙力量传播的制度媒介。19世纪是欧洲世俗化的充分发展时期，这一时期，欧美两地知识分子对政治、法律等的影响不可同日而语。欧洲知识分子主要借助两种制度媒介发挥重要影响，即中央政府所把控的国民教育体制以及诸种"世俗性党派和工会"所操纵的"左派意识形态"。而在美国，此类功能的制度媒介付诸阙如。

最后两种适合美国的解释因素（7与8），在欧洲并未出现，即"作为阶级身份标志的教会""作为移民融入机构的教会"。兹不赘述。[1]

2. 长时段视野下的欧洲宗教传统

虽然伯格所做的上述八点比较与解释，看似显得较为全面，也有一定的事实根据，但若从前述"长时段的历史观"来看，其比较研究的理论视野，恐怕还不够深远。为什么这么说呢？这里只点出一个基本的历史事实足矣，即相对于漫长的欧洲史而言，如公元前8—前6世纪古希腊城邦的出现，公元前509年罗马共和国的建立等，美国自《独立宣言》（1777年7月4日）发表至今，其历史不到250年。因而，若像伯格等人那样，仅以美国200多年的"社会与宗教关系史"（或称"国家与教会关系史"，更适于表达欧美主流宗教传统的社会影响）为坐标，便一口断言"欧洲世俗性"，显然还有诸多商榷余地。

---

[1] 以上概括的八点解释，详见伯格：《宗教美国，世俗欧洲？主题与变奏》第二章，该章标题重复书名，旨在凸显原刊于《国家利益》的此文是全书的"主题"。

例如，若不全面考察欧洲宗教传统——基督教的重要地位及其影响，如"基督教的国教地位"始于罗马帝国，基督教在长达千年的西方中世纪"一统欧洲社会的方方面面"，路德所倡导的宗教改革运动旨在抗争教会特权，欧洲启蒙运动的基本精神在于"高扬理性、解放人性"……何以能理解伯格所做的数点解释呢？换言之，若不深究上述重大历史事件对欧洲国家与社会的深远影响，伯格所强辩的（1—5）恐怕便是无从理解的，如为什么欧洲教会与国家的关系不同于美国？为什么欧洲启蒙运动要强烈"反教权"？若无欧洲的启蒙运动、宗教改革，何谈美国启蒙运动、"无教权可反""自由主义政治思想"等？

即使退一步讲，伯格所论证的八点或许可以"解释美国"，但肯定不足以"理解欧洲"。这便需要尝试"双重意义上的反向思维"，即一反伯格等人用"美国的宗教性"来丈量"欧洲的世俗性"，而是"从欧洲的宗教传统"来反思"欧洲的世俗化"。当然，这是一个巨大的复杂课题，不但在此言之不尽，更是笔者力所不逮的。好在"发现与提出值得研讨的理论难题"，也是一种学术奉献。为论证这一难题，我们先来列举"欧洲史上的一起重大事件"，随后再看"一批欧洲学者提供的资料及其观点"。

（1）不可忘却的宗教战争

世纪之交新版的历史教科书特别值得一读，因为处于此时此刻的编著者，若是优秀的历史学家，总会邀请读者一起沉思"我是谁？"这一永恒的哲学问题。由英国著名历史学家、牛津大学教授史蒂文森（John Stevenson）主编的《欧洲史——从古代文明到第三千年的黎明》（*The History of Europe: From Ancient Civilizations to the Dawn of Third Millennium*, 2002）便是这样开头的：欧洲是什么？它从哪里来，将向何处去？作者简介"欧洲的定义"之后，紧接着就叙述"宗教在欧洲历史上所扮演的关键角色"——从早期基督教势力与伊斯兰势力之争、西方"野蛮王国"皈依基督教、各诸侯国承认罗马教皇的最高地位、十字军东征、希腊语东正教会与拉丁语基督教世界的分裂、16世纪新教改革导致"中世纪基督教世界"的分裂、"新教主义"与"反宗教改革运动"将整个欧洲拖进宗教纷争与宗教战争的泥潭，一直到欧洲"单一民族国家"从宗教战火中纷纷诞生。[1]说到这里，"三十年宗教战争"（1618—1648）之于"欧洲人历史记忆"的重要性便凸显出来了。

前文多次提及，《威斯特伐利亚和约》（1648）不仅终止了欧洲"三十年宗教战争"，划分了欧洲大陆国家的领土，而且孕育了诸多现代国际关系原则，如"国家主权、互不干涉、教随国定"等。然而，正如近些年部分学者形容的那样，该和约一签订，"宗教便被放逐了"，以致后来的国际关系、国际政治研究者只复述"和约的现代意义"，而将其"残酷的历史背景"抛诸脑后。其实，此类短浅的认知倾向也长期流行于其他人文社科研究领域，前面评析的世俗化理论即是典型一例。所以，时至今日仍有必要以"这场欧洲现代化前夕的残酷战争"为例，重新认识宗教对国家与社会的深重影响。

关于欧洲三十年宗教战争的具体过程及其复杂原因，历史学家已有大量探讨，我们在此主要来看其惨重后果。"战争几乎是欧洲17世纪的永恒主题"，1600年至1720年，欧洲大陆只度过约五年的和平时期；而这期间的"三十年战争"不仅是"天主教徒与新教徒之间的全面战争"，且将所有的欧洲战事合为一体，史称"首次欧洲大陆之战"。这场战争之所以能够结束，并非取决参战方的胜败，更不是"抽象的和平义务"，而是因为参战方均已"耗尽各自的财富"。[2]

德国不幸成为"三十年宗教战争"的主要战场。德国著名诗人、学者席勒（Friedrich Schiller）在专著《三十年战争史》里指出，除了较早的宗教改革，从三十年宗教战争的爆发（1618）到《明斯特和约》的签订（1648）[3]，欧洲政治世界中几乎不曾发生其他的重大事件。在此期间，欧洲所发生的一切都与宗教改革所引起的"信仰者改宗"有关，其影响遍及欧洲诸国，无论国家大小，只不过受其影响或多或少、或直接或间接而

---

[1] 详见史蒂文森主编：《欧洲史——从古代文明到第三千年黎明》，李幼萍等译，南方日报出版社2018年版，第一卷，"前言"以及"绪论"的前两节"定义欧洲""宗教的角色"。

[2] 综合参见史蒂文森主编：《欧洲史》，第二卷，第383—386页；霍尔斯蒂：《和平与战争——1648—1989年的武装冲突与国际秩序》，王浦劬等译，北京大学出版社2005年版，第24—27页。

[3] 《明斯特和约》是《威斯特伐利亚和约》的一部分，按此和约，西班牙国王菲利普四世正式承认荷兰为主权国家。1568年，因反抗西班牙国王的中央集权及其对北方省新教加尔文派信徒的残酷迫害，爆发了反抗西班牙统治的"八十年战争"。因此，该和约又被视为"八十年战争结束的里程碑"。

已。例如，信奉天主教的西班牙王室利用其强权所做的一切，几乎都是针对宗教改革所形成的新教教义及其信仰者的。宗教改革所点燃的"阋墙之战"，从根本上动摇了法国政府带有浓厚天主教色彩的政治统治，招致外国军队进入（德意志兰）王国腹地，使之沦为战场达半个世纪之久，惨遭最严重的破坏。宗教改革唤醒了尼德兰人的民族愿望，奋起反抗西班牙强权的长期奴役。菲利普二世之所以报复伊丽莎白女王，就是因为这位英国女王不仅庇护新教臣民，而且亲任教派首领。宗教改革所导致的教会分裂，致使德国政治分裂，陷入百余年乱局。欧洲北部的丹麦、瑞典等强国率先加入欧洲国家体系，多半是由宗教改革所致，从而形成强大的"新教国家联盟"。正如欧洲各国的市民关系、臣民关系，由于宗教改革、教会分裂而改变，各国的地位及其国际关系也随之发生变化。这种历史变局所导致的第一个可怕的后果，就是一场持续三十年的毁灭性战争——这场战火从波希米亚内部燃烧至舍尔德河河口，从波河沿岸蔓延至波罗的海沿岸，这些地区和国家的村舍农田被毁，城镇变为废墟，无数士兵阵亡，百姓人口锐减，文化活动窒息，社会道德沦丧……所有这一切皆因宗教引起。[1]

关于欧洲"三十年宗教战争"的惨重后果，恩格斯在多处做过重要评论，这里节选两段："在整整一个时代里，德意志为历史上空前未有的最无纪律的暴兵反复地蹂躏。到处是焚烧、抢掠、鞭打、强奸、屠杀。大军之外，还有小股的义勇军，其实，倒不如干脆把他们叫做土匪，他们随随便便，自由行动——凡属有这样匪军出现的地方，农民是最倒霉了。物质的破坏，人口的凋零，是无穷无尽的。当和平到来的时候，德国已经不可救药了，已经被踏碎、被撕破，遍身流血，躺倒地下了；最可怜的，当然还是农民们。""这是一堆正在腐朽和解体的讨厌的东西。没有一个人感到舒服。国内的手工业、商业、工业和农业极端凋敝。农民、手工业者和企业主遭到双重的苦难——政府的搜刮，商业的不景气。贵族和王公都感到，尽管他们榨尽了臣民的膏血，他们的收入还是弥补不了他们的日益庞大的支出。一切都很糟糕，不满情绪笼罩了全国。没有教育，没有影响群

---

[1] 详见席勒：《三十年战争史》，沈国琴、丁建弘译，商务印书馆2009年版，第1—2页。

众意识的工具,没有出版自由,没有社会舆论,甚至连比较大宗的对外贸易也没有,除了卑鄙和自私就什么也没有;一种卑鄙的、奴颜婢膝的、可怜的商人习气渗透了全体人民。一切都烂透了,动摇了,眼看就要坍塌了。简直没有一线好转的希望,因为这个民族连清除已经死亡了的制度的腐烂尸骸的力量都没有。"[1]

3. 欧盟国家的宗教事实

以上颇有代表性的记载与评论,可令当今研究者沉思:如此长期惨痛的宗教战争后果,怎能不深嵌于欧洲人的历史记忆?怎能不有意识或潜意识地影响此后的欧洲政教关系、启蒙运动、精英文化、国民教育等等呢?或许有人觉得,笔者"把历史扯得太远了","欧洲的世俗性"是指社会现实!那么,就让我们一起来看看另一项欧洲学者的集体研究成果,它就是由德国著名法学家、曾任欧洲政教关系研究联席会主席的罗伯斯(Gerhard Robbers)教授主编,25位欧盟各国专家合著的《欧盟的国家与教会》(*State and Church in the European Union*,第2版,2005)。

罗伯斯在简短的"前言"里指出,欧盟在其宪法里承诺,保障宗教自由,尊重宗教多元化,并与教会、宗教团体、非宗教组织保持对话;欧盟已经意识到宗教的重要性,且从"欧洲的宗教传统"中汲取灵感;该书第2版回应了欧盟成员国在国家宗教事务立法方面所取得的积极进展,各章采取类似的结构,这样便于比较欧盟各国不同的立法体系。法学家要比社会学家更重视"证据",该书各章(除最后一章的整体总结)的第一部分均采用相似的标题,如"社会事实、社会现状、社会概况或社会情况"。这里不可能全面摘录25个欧盟国家的"社会事实",仅选如下6例。

(1)比利时的社会事实

要准确描述比利时的宗教信仰状况非常困难,因为比利时不再进行全国人口普查,即便是过去的普查,询问宗教问题也被视为"违反宗教自

---

[1] 以上两段评论,依次参见恩格斯:《德国古代的历史和语言》,刘潇然译,人民出版社1957年版,第150—151页;恩格斯:《德国状况》(写于1845年10月15日),《马克思恩格斯全集》第2卷,人民出版社1957年版,第633—634页。

由"。但是，还可查到如下统计数据：比利时现有总人口1000多万，其中，约70%的人属于天主教会，比20年前减少10%；新教徒人数约在7—10万，不足总人口的1%；20世纪60年代才有穆斯林移民，约占总人口的4%；其他宗教团体的规模更小，约有2.1万圣公会教徒，4万犹太教徒，6万东正教徒；无宗教信仰者的数量存在争议，据其运动代言人估计，约有150万人，占总人口的15%，但据政府统计，只有35万人。在很多专家看来，比利时的社会世俗化程度高于荷兰和德国。尽管如此，宗教仍是一种相当重要的社会现象。由于当前比利时社会的"伊斯兰教问题"凸显，作为"新比利时人"的穆斯林尚待融入社会，宗教问题比以前更易于成为"政治议题"。

（2）德国的社会现状

德国有两大教会，二者旗鼓相当。德国总人口约8250万，其中天主教徒约2650万，新教徒约2620万，穆斯林约320万，东正教徒约120万，犹太教徒约10万。其他较小的宗教团体，或历史悠久，或成立不久，估计有160万人。另据估计，约有2200万人自称无宗教信仰。德国的宗教状况至今仍受1517年宗教改革的强烈影响。

（3）希腊的社会事实

希腊人口中的95%，也就是绝大多数，是受过洗礼的东正教徒。其他教派按人数多少排列：穆斯林、罗马天主教徒、新教徒、耶和华见证会信徒、亚美尼亚人基督教会信徒、犹太教徒。因而，希腊的政教关系主要表现为东正教与国家的关系。

（4）西班牙的社会情况

西班牙宪法第16条第2款规定，任何人都不得被迫说明他或她的宗教信仰或意识形态倾向。因而，有关数据只能来自社会科学研究机构的调研报告。据西班牙社会学调查中心《第2474号调查报告》（2002年12月），80.3%的西班牙人自认为天主教徒，其他各类宗教信徒约占1.9%，非信徒约占10.6%，无神论者约占5.2%，未予回答者约占2.1%。这些数据清楚表明，只有罗马天主教具有广泛的社会基础。然而，这一说法或许有夸大的成分。原因在于，一是"自称天主教徒"的人数在逐年下降；二是近一半的天主教徒表示几乎不去弥撒，五分之一的天主教徒则表示几乎每个礼拜天都去弥撒。总的来看，的确可以肯定，在西班牙唯一具有广泛社会基础的宗教是天主教，但在日渐世俗化的社会背景下，信徒的行为标准不能由任何"官方宗教"决定。

（5）法国的社会事实

法兰西是一个天主教传统国家，尽管信天主教已不像过去那样盛行，礼拜天坚持参加弥撒的人数很少，但天主教仍是第一大宗教，约有80%的法国人自认为天主教徒。伊斯兰教现已成为法国第二大宗教，穆斯林约600万，其中80%是底层劳工，2002年4月才由各清真寺选举成立"穆斯林信仰委员会"，但严格按建筑意义来说，全国只有8座清真寺。其他4个较大宗教的基本情况如下：新教徒约75万，两个最大的新教教会组织是"归正宗教会"和"奥格斯堡宣言诸教会"，前者设有全国和地方宗教会议，后者设有"督导牧师团""高等宗教法院"；犹太教徒约65万，设有"中央宗教法庭"作为法兰西犹太教的代表机关，负责与国家当局交涉，并选举法兰西首席拉比；东正教徒约20万，以族群为基础建立教区，并设有"跨教区委员会"负责协调，由代表君士坦丁堡普世牧首的"都主教"（the Metropolitan）主管；佛教徒人数不详，设有"法国佛教徒联合会"，其成员包括80%的寺院或佛教团体。

（6）意大利的社会概况

意大利是一个天主教占统治地位的国家。然而，究竟有多少意大利人信天主教，现有统计数据不仅差别很大，而且可信度值得商榷。意大利公立学校90%以上的学生要上天主教教育课程；全国纳税人约40%的收入税，是捐赠天主教各宗派或隶属教会的国家福利机构的；天主教婚礼约占全国婚礼总数的70%。尽管相当多的意大利人受过天主教洗礼，但定期参加礼弥撒的人数不到总人口的30%。然而，无论宗教信仰人数的统计数据如何，罗马教宗定居意大利，便足以使天主教在意大利的政治、社会生活中具有很大的影响力。[1]

---

[1] 以上六国的"社会事实"或"社会情况"，依次详见罗伯斯主编：《欧盟的国家与教会》，危文高等译，法律出版社2015年版，第1、53、81、100—101、113—114、154页。

接着让我们来看该书主编所做的总结性分析。罗伯斯指出,"国家的宗教立法"(civil ecclesiastical law)[1]深受其历史经验、民众情感和基本信念的直接影响,这是任何其他领域的立法都没法相比的。欧盟宗教立法体制的多样性,也反映了其成员国的民族文化与国家认同的多样性。但若追根溯源,这些不同的宗教立法体制又有其"共同的历史经验",这就是它们都植根于"基督教的共同背景"。因此,从整体来看,欧洲大陆法系根源于基督教,有关宗教的法律法规也是如此。然而,在肯定这一点的同时,我们不能忽视伊斯兰教、犹太教对欧洲文化传统的贡献。目前,这两大宗教仍是大多数欧盟成员国的重要社会因素,宗教立法必须充分考量这二者的影响。此外,欧盟各国还有许多小型宗教团体,但它们与世界其他国家或地方的主要宗教团体有密切关联,它们也是宗教立法不可忽视的社会因素。

欧盟各国现有的宗教立法体制之所以存在差异,其主要原因有二:一是"宗教改革的不同结果";二是16世纪至17世纪的"宗教战争"。尽管有些欧洲国家,如西班牙和葡萄牙,未受这两大历史事件的重要影响,但宗教改革在其他国家可谓相当彻底,如有些国家只允许"国教"存在,而在那些多教派共存且势力相当的国家,特别是德国和荷兰,宗教改革的后果及其影响又不尽相同。但总的来看,17世纪至18世纪,欧洲大陆国家大都经历了"专制主义的国家教会统治"。很多欧盟成员国在不同程度上参与了19世纪末的"文化斗争",其后果在现今法国尤为明显。近些年,穆斯林移民引发了整个欧洲的宗教立法问题。

---

[1] 该书中译本把"civil ecclesiastical law"译为"政教法",虽有一定道理,但不够全面准确。经向彭小瑜教授请教,笔者采用这里的译法,以表明"civil ecclesiastical law"在现代法学语境下,不仅仅涉及政教关系,而且全面包括某个国家关于宗教事务的法律法规。顺便指出,"ecclesiastical law"在欧洲历史上曾特指"基督教的教会法",而该书的主编和作者群采用"ecclesiastical"一词,除了在专业术语上约定俗成,不知是否还有意强调欧盟的宗教事务立法仍深受其宗教文化传统——基督教律法思想传统的影响?笔者在此提出这一问题,因为西方两大法律体系——"大陆法系"与"英美法系"在其形成过程中,确实深受基督教经典和教义的影响,如"律法的绝对性""契约的神圣性""对神圣而绝对的立法者的敬畏感""法律面前人人平等"等思想观念。关于这方面的研究成果,可参见《教会法研究——历史与理论》(彭小瑜著,商务印书馆2003年版)、《法律与革命》(伯尔曼著,贺卫方等译,中国大百科出版社1993年版)、《法律创世记:从圣经故事寻找法律的起源》(德肖维茨著,林为正译,法律出版社2011年版)、《美国宪法的基督教背景:开国先父的信仰与选择》(艾兹摩尔著,李婉玲等译,中央编译出版社2011年版)。后述该书主编的总结性观点,即可印证这一问题。

《欧洲联盟条约》第 6 条第 3 款，要求欧盟尊重各成员国的民族认同。这主要是因为欧洲历史上成熟的宗教传统，是由民族、国家和地区的生存环境、情感纽带、历史经验等共同决定的，各成员国的宗教背景及其法律法规的多样性表明，教会在民族认同、国家认同的形成过程中曾有重大影响，而各成员国的历史、文化和传统也一直深受宗教立法体制的影响。

《欧洲共同体条约》第 151 条，要求欧共体承担保护文化多样性的责任。宗教法律法规是欧洲文化的一部分。因而，该条款强调的是"欧洲的共同文化遗产"，特别是"欧洲的宗教根源及其传统"。

《欧洲宪法（草案）》全面涉及宗教问题。草案"序言"里指出，欧洲的宗教遗产与政教关系问题不直接相关，但欧洲将继续沿着文明化的道路前行。由此可见，这部宪法隐含地指出了宗教团体在欧洲文明中的重要作用，关于这一点，该宪法草案第Ⅰ—52 条里有多款具体规定。

罗伯斯最后总结道，正在推进的欧洲一体化进程，"启航之锚"必不可少，若想将其定位于历史、文化、传统之中，安稳地驶向未来，就不能不依赖教会及其文化传统。欧共体法规既不能垄断宗教团体，也不能消除它们的差异，因为任何引起宗教团体反对的事情，都将威胁欧洲一体化进程，道理即在于，内部纷争将导致社会动荡，而引领这一进程的"经济一体化"无力克服社会动荡所产生的毁灭力量。[1]

由此可见，上述欧盟学者的集体研究成果堪称一个学术范例，他们汇集的"欧洲社会现实"，他们认同的"欧洲主流文化传统"，他们围绕"国家宗教事务立法"而为欧洲一体化进程寻求"启航之锚"，足以让人们认识到"深刻反思文明与宗教"这一重大课题的理论价值与现实意义。这也正是我们接下来要讨论的主题。

---

[1] 上述总结性分析，详见罗伯斯主编：《欧盟的国家与教会》，危文高等译，法律出版社 2015 年版，第 442—450 页。

第五章　深刻反思"文明与宗教"

承接前文的研讨思路,我们在总论部分的最后一章仍将注重"问题、理论与方法"的思考,主要探讨四方面的内容:首先,扼要评述"世界文明史与宗教文化观"研究的学术启发;其次,试对中西方宗教与文化传统进行比较反思;再次,综合阐发中国宗教文化的基本特点与优良传统;最后,总结提炼中华文明传统的精神理念。

一、世界文明史与宗教文化观

如果深度梳理近百年的"世界文明史或文化史"的研究状况,可以发现这样一种方法论动向:诸多来自不同学科的一流学者,聚焦于"宗教与文化、文明的关系问题",越来越注重在"比较研究的学术视野"下,深究世界宗教现象之于不同的文化传统、文明形态的意义。我们不妨借用文化人类学家格尔茨的说法,将这种方法论动向称为"深描文化或文明的意义"。下面,选取研究范例,加以学理分析。

1. 汤因比的宗教与文明史研究

汤因比(Arnold Joseph Toynbee)是 20 世纪最有影响的历史学家、历史哲学家之一,他以鸿篇巨制《历史研究》(*A Study of History*, 12 卷,

1934—1954）有力地推动了世界文明史比较研究。在《历史研究》绪论里，汤因比深刻地反省了以往历史研究的下述理论缺陷。近几百年，独立自主、自给自足的"民族主权国家"登上了世界舞台，这便诱使历史学家的目光停留于历史表象，把一个个民族国家当作"历史研究的基本范围"。就欧洲而言，其实没有一个民族国家能独立地说明它自身的历史问题。无论近代国家的典型——英国，还是古代国家的典型——古希腊城邦，均可证实如下判断：

> 历史发展中的诸种动力并非民族性的，而是出于更广泛的原因，这些动力作用于每个部分，除非综合考察它们对整个社会的作用，我们便无从理解它们的局部作用。所以，为了理解各个部分，我们首先必须着眼于整体，因为只有这个整体才是一种可独立说明问题的研究范围。[1]

那么，这种"可独立说明问题的研究范围"暨"历史研究的单位"（unit）是什么呢？汤因比回答：是"文明社会"。文明社会主要有如下规定性：（1）在历史研究中，只有两个可独立说明问题的范围，"原始社会"与"文明社会"；（2）一个文明社会就是"一个历史整体"，它并非某个民族国家或指整个人类，而是某个具有一定时空联系的群体，一般由数个同类型的国家构成；（3）就结构而言，文明社会主要由"政治、经济和文化"三个剖面组成，其中政治和经济是次要的，而文化是精髓。所以，要想识别不同的文明形态，当以文化作为主要根据。[2]

根据上述规定，汤因比广征博引东西方史料，通过比较近六千年来的人类文明史，划分了26个文明社会。第一代文明社会包括：埃及社会、苏美尔社会、米诺斯社会、古代中国社会、安第斯社会、玛雅社会；第一代文明所派生的亲属社会包括：赫梯社会、巴比伦社会、古代印度社会、

---

[1] Arnold Joseph Toynbee, *A Study of History*, Abridgement of Volumes I-VI, Oxford University Press, 1946, p.5.

[2] 关于文明社会的上述几个规定性，依次参见 Arnold Joseph Toynbee, *A Study of History*, Abridgement of Volumes Ⅰ-Ⅵ, pp.35, 5-11, 3, 7, 408。

希腊社会、伊朗社会、叙利亚社会、阿拉伯社会、中国社会、印度社会、朝鲜社会、西方社会、拜占庭社会、俄罗斯社会、墨西哥社会、育加丹社会。此外还有5个"停滞的文明社会",波利尼西亚社会、爱斯基摩社会、游牧社会、斯巴达社会和奥斯曼社会。

这里有一个值得细究的问题,"文化"概念在汤因比那里主要指什么呢?汤因比广泛吸取人类学、社会学、心理学等学科的晚近成果,用文化范畴来总括某个文明社会所特有的精神活动;在他看来,人类精神活动以价值体系为标志,价值体系则主要以宗教信仰为根基;因此,以宗教信仰为根基的价值体系,不但制约精神活动,而且决定着一个文明社会的经济、政治乃至全部活动。这样一来,汤因比便把"宗教信仰与文化传统、文明社会"关联起来了。通读《历史研究》可发现,他所潜心的历史解释思路就是,深究"作为文化传统的宗教信仰"与文明社会形态的关系问题。但需要留意的是,汤因比的宗教观并非"传统的信仰主义",而是一种当代流行的"泛宗教论",即把"宗教"视同为"人生根本态度",泛指古往今来的一切人生信仰。关于这一理论缺陷所导致的"宗教决定文化论",我们留待后文分析。[1]

2. 道森的宗教与文化史研究

道森(Christopher Dawson)是20世纪著名的历史哲学家、宗教哲学家和文化史学家,他主要致力西方中世纪与现代文化史研究,以求揭示文化变迁如何跟宗教信仰形影相随,又如何以宗教传统为精神动因。因而,通过探究宗教与文化的历史联系,构建一种"整体性的文化史观",便成了道森一生的学术追求。

道森认为:"真正的文明实质上是一种精神秩序,因而其准则并非物质财富,而是精神洞见。"[2] 例如,中国文明的最高境界在于,对宇宙规律的洞见和儒家的伦理观;这种境界在印度文明那里表现为,对绝对存在

---

[1] 关于汤因比历史哲学思想的整体评述,可参见张志刚:《宗教文化学导论》,第五章"汤因比的历史哲学",人民出版社1993年版。

[2] Christopher Dawson, *Essays in Order*, Image Books, 1939, p.239.

的洞见和圣人的道德观;希伯来文明的最高境界则在于,对理智世界的洞见和哲学的伦理观。由此可见,凡有生机的文化皆有精神的动力。一般而言,这种动力来自宗教传统。

> 宗教与文化的问题,好比一张复杂而广泛的关系网,它把社会生活方式跟精神信念、价值观念联系起来了,这些精神信念和价值观念被视为社会生活的最高法则,以及个人和社会行为的最高准则;要想研究上述关系,只能从具体的背景入手,也就是如此种种关系所归属的整个历史实在。[1]

英国历史学家阿克顿(Lord Acton)有句名言:"宗教是历史的钥匙。"道森一生都把此话作为研究准则。他在早期著作里就强调,"宗教与文化"是一种至关重要的历史关系,但在以往的研究中,社会学家常常低估了宗教的社会功能,宗教学家则偏重于宗教的心理作用或伦理意义。假如凡在文化上有生气的社会必有某种宗教信仰,宗教信仰又在很大程度上决定着该社会的文化形式,那么,有关人类社会发展的全部问题,就必须从宗教与文化的内在关系入手来重新加以探讨了。[2]

相比之下,道森的后期观点显得严谨多了。他指出,虽然宗教信仰看似远离社会生活,但它却为社会生活注入了精神因素,引导着人们迈向更高的实在境界。所以,无论对人类历史还是对个体经验,宗教信仰均有潜移默化的重要影响。如果把某种文化看作一个整体,我们就会发现,宗教信仰与社会成就具有内在关系,"甚至连一种特别注重来世、看似全盘否定人类社会的价值与规范的宗教,也会对文化产生能动作用,并为社会变革运动提供动力"。[3]

以上两个例证,堪称典型地展现了国际学术界的宗教研究所开拓的世界文明史或文化史比较视野。尽管类似的研究例证多见于文化人类学、宗

---

[1] Christopher Dawson, *Religion and the Rise of Western Culture*, Image Books, 1958, p.12.

[2] See Christopher Dawson, *Progress and Religion*, Image Books, 1960, Preface.

[3] See Christopher Dawson, *Religion and the Rise of Western Culture*, pp.14-15. 关于道森的文化史观的整体评述,可参见张志刚:《宗教文化学导论》,第四章"道森的文化史学"。

教社会学、宗教心理学、文化交流史、文化神学、文化哲学等交叉性研究领域,但为集思广益,我们结合下述"宗教－文化观"的讨论,再来参酌其他著名学者的相关论点。

3. 众学者的"宗教－文化观"

从国际学术界的"宗教与文化"研究来看,最值得圈点的学术突破在于,来自诸多交叉学科的著名学者,以世界文明史或文化史的比较研究视野,共同推进这样一种新的方法论观念:一改西方启蒙运动以来把"世俗文化"与"宗教传统"割裂开来、"单就宗教而论宗教",甚至"全盘否定宗教"的简单化学术倾向,重新认识"宗教与文化"的复杂关系,深刻反省诸种宗教传统对于不同的文化类型、文明形态的久远影响。

这里所要提炼的新方法论观念,在不同学科的倡导者那里有不同的说法,且在目前的中外文文献里没有统一的表述,笔者将其概括并命名为"宗教－文化观"。因为这种新观念的探索精神即在于,广泛借助世界文明史或文化史的比较研究成果,特别是对"宗教"与"文化"两个基本范畴的重新诠释,着意强调"二者的关系"之于世界宗教研究的关键意义。就逻辑思路而言,这也就是把"宗教与文化的关系问题"置于首位或出发点,作为整个研究过程得以起始、展开与回归的"元问题"或"基本关系"。在这一"元问题"或"基本关系"里,所谓的"文化"与"宗教"均在很大程度上涵括且统摄了以往众说纷纭的杂多含义,重新获得了其最基本的或称"可达成基本共识的规定性":前者所涵盖的是两大类"人类历史活动的整体及其过程",即"人类文明社会及其过程"(广义的文化概念),或指"人类精神活动及其过程"(狭义的文化概念);[1] 后者则意指"一种悠久的历史现象、精神活动和文化传统"。从二者外延来看,作为"整体的文化范畴",无论广义的还是狭义的,无疑大于"作为部分的宗教概念"。因而,所谓的"宗教－文化观"就是在学理上力主"还原整体与部

---

[1] 笔者在此用"狭义的文化"与"广义的文化"来概括国际学术界对"文化"概念的两种主要的界定倾向,一是把"文明"与"文化"相对区分开来,认为前者是指人类文明社会的整个历史实事,后者则指人类文明社会的精神活动及其成果,如前面列举的汤因比、道森等人的观点;二是把"文化"概念视同于"文明"范畴,如后文列举的马林诺夫斯基、卡西尔等人的观点。

分的内在关系",把"宗教"置回"文化"之中,重新认识二者的互动作用及其重要影响。这样一来,"宗教与文化"便构成了一对相互依存的"关系范畴",既为整个宗教研究奠定了一个新的"逻辑起点",又开拓了一个观念更新、视野开阔的"诠释意域"。为具体理解上述学术进展,我们归纳一下几位著名学者对"文化"与"宗教"范畴,以及"二者关系问题"的深入思索。

文化人类学家、功能学派奠基者马林诺夫斯基(Bronislaw Malinowski)认为:"文化实质上是由两大部分构成的——物质的和精神的,即业已形成的环境和业已改变的人类机体。文化的实在就存在于这两方面的关系之中,正如我们所见,片面强调其中的任何一方都势必导致社会学上的形而上学,即陷入无聊的臆想。"[1] 这种理解显然属于"广义的文化观"。马林诺夫斯基指出,在"作为一个历史实在整体的文化"中,"文化要素、文化功能和文化制度"三者存在不可忽视的有机联系。若要规定任何一种文化要素,惟有将其置于作为一种制度的文化背景中,阐明它所处的地位,揭示它所起的功能,因为文化功能就是"文化要素的特性"和"文化需要的反映"。正是本着这样一种功能分析原则,马林诺夫斯基主张,要想切实理解原始宗教,先应将其看作一种基本的文化要素,然后把它纳入整个原始文化的现实生活过程来加以具体的考察分析。他针对泰勒、缪勒、涂尔干等人的观点指出,所谓的"宗教"并非某种超越于整个人类文化结构的抽象观念,而是一种相伴于"生命过程"、有其特定文化功能的人类基本需要;此种需要既是"生理的"又是"心理的",既是"个体的"又是"社会的",归根到底是"文化的"。

社会学家暨宗教社会学家的开创者韦伯对"文化"与"宗教"的理解,与前述道森的观点大体一致,因为他们都关注同一个问题——现代西方文化的起因问题。[2] 韦伯与道森都把西方社会作为一个"文化整体"来加以历史考察,同时把宗教理解为"一种基本的文化特性或历史传统",致力

---

[1] Bronislaw Kasper Malinowski, *Culture*, Typewritten Manuscript, 北京大学图书馆藏, pp.130-131。
[2] 韦伯关于这一问题研究的代表作首推《新教伦理与资本主义精神》,笔者将其研究思路归结为文化史的问题意识,且潜心探究"宗教与文化"的历史关联,具体分析可参见拙著《宗教学是什么》里的"韦伯"一节。

于揭示宗教传统在现代文化形成过程中的深层影响。但相比之下，道森的研究规划要比韦伯复杂得多。韦伯谨慎地反复验证"宗教伦理与经济伦理"的历史联系，而道森则尽可能地勾画"一张错综复杂的历史关系网"——"宗教与文化"的历史全景。通过考察基督教的教义、仪式和制度对政治、经济、学术、艺术等领域的广泛影响，道森强调，宗教信仰作为一种文化氛围，对社会下层或平民百姓的习俗性影响尤为值得重视，因为这种潜移默化的影响可使我们触及历史的积淀过程。尽管以往的研究因偏重政治、经济和文化等领域的宏观叙述而轻视这方面的史料积累，但道森的敏锐思路无疑向后来的学者展现了一个颇有价值、极富潜力的探索领域，即作为文化习俗的宗教传统与民间信仰及其生活状况研究。如果综合来看韦伯与道森的研究成果，我们可以说，这两位著名学者携手论证了一个重要课题——宗教传统与现代文化的关系问题。

著名文化哲学家卡西尔（Ernst Cassirer）对"文化"与"宗教"的重新理解，可让我们深思"宗教-文化观"的方法论立意。卡西尔是一位注重文化批判意识的人本主义哲学家。在他看来，"本义的文化"就是一种符号创造活动、一个人性自我创造与人类自我解放的过程。人是文化的主体，是一种"符号的动物"。因此，所谓的"文化哲学"实质上就是"人学"。

> 文化哲学始于如下假设：人类文化世界并非零散事实的简单总和。它试图把这些事实作为一个系统、一个有机整体来加以理解。在此，我们感兴趣的是人类生活的广度，我们专注的是特殊现象的丰富性与多样性，我们欣赏的是以"多彩画法"或"复调音乐"表现出来的人性。[1]

卡西尔所建构的文化哲学体系——"符号形式哲学"（The Philosophy of Symbolic Forms）内容丰富，广泛涉猎语言、神话、宗教、艺术、科学、政治等，试对人类文化现象展开哲学面面观。其中，"神话-宗教研究"[2]

---

[1] Ernst Cassirer, *An Essay on Man*, Yale University Press, 1944, p.222.
[2] 这是卡西尔的专用提法。他认为，神话和宗教并无本质区别，二者属于同一种符号形式、思维方式，即"神话的思维方式"。

处于显要地位。他的名著《人论——人类文化哲学导论》，开篇考察的就是"神话-宗教"，因为由此入手可以表明，人类文化的全部内容"是如何以原始精神活动为先决条件的"。[1] 总的来看，此项研究具有两方面的重要意义，先从横向来看，"神话-宗教研究"可以展现人类文化创造活动的丰富多样性。卡西尔认为，"神话-宗教"应该看作一种基本的文化活动、符号形式或思维方式。它跟语言、艺术、科学等相辅相成，共同构成了文化整体。"在所有的人类活动和人类文化形式中，我们所发现的是'多种功能的统一'。艺术给予我们直观的统一；科学给予我们思维的统一；宗教和神话则给予我们情感的统一。艺术为我们敞开了'生活形式'的世界；科学为我们揭示了规律与原则的世界；宗教和神话则起始于，人类意识到生命的普遍存在和根本同一。"[2]

再从纵向来看，"神话-宗教研究"可以揭示人类文化塑造人性、创造自由的历史进程。就整个人类文化活动而言，"神话-宗教"可谓最古老、最复杂，也最难认识的一种形式、符号或思维方式。如果说作为一个整体的文化规定了"人性的圆圈"，展现了"人类自我解放的历程"，那么，"神话-宗教"则可比作"最早形成的一个人性扇面""人类走向自我解放的第一站"。正因如此，"神话-宗教研究"便成了卡西尔展开"人类符号思维形式探源"或简称"人性寻根"的出发点。

二、宗教与文化传统比较反思

1. 宗教-文化观的学术启发

如前所释，宗教-文化观的方法论思路即在于，广泛借助世界文明史或文化史的比较研究成果，特别是对"宗教"与"文化"两个范畴的重新理解，力主将"错综复杂的宗教现象"置于"文化整体及其历史演变"之

---

[1] See Ernst Cassirer, *The Philosophy of Symbolic Forms*, Vol.1, Yale University Press, 1944, p.80.
[2] Ernst Cassirer, *The Myth of the State*, Yale University Press, 1946, p.37.

中，把"宗教与文化的关系问题"作为整个研究过程的"逻辑起点"或"诠释意域"。这种新的方法论对于我们重新认识"宗教与文化传统"，并推进中国宗教与文化研究，至少可带来下述三方面的学术启发。

首先，若以宗教与文化的关系问题作为"逻辑起点"或"诠释意域"，可使我们在现有哲学、人文和社会科学的认识水平上，更充分地认识宗教现象的丰富文化意蕴。与传统观念相比，所谓的"宗教"在"宗教与文化"这个新的诠释意域中不再简单地表现为"抽象的精神信仰"或"其他某种单一的特质"，其诸多层面的文化底蕴得以呈现出来，像历史或文化传统层面的、文化或民族习俗层面的、民族或社会心理层面的、群体和个体情感层面的、政治和经济层面的、文学和艺术层面的、哲学和道德层面的、生活方式或人生价值层面的等。跨学科或交叉性的大量成果表明，宗教现象所固有的上述诸多层面的文化底蕴，的确有待全面考察并深入探讨。

其次，若以宗教与文化的关系问题作为"逻辑起点"或"诠释意域"，并意识到宗教现象的多重文化意蕴，那么，以往讨论的宗教信仰与人类生存形式及其主要活动方式的诸多关系，像宗教与文化、宗教与民族、宗教与社会、宗教与政治、宗教与经济、宗教与法律、宗教与伦理、宗教与哲学、宗教与科学、宗教与文学、宗教与艺术等，便不能孤立地或片面地予以考察，而应一并纳入"宗教与文化"这张错综复杂的历史关系之网来重新加以全面认识了。这样一种整体性研究观念，尤为值得我们借鉴。

最后，若把宗教与文化的关系问题作为"逻辑起点"或"诠释意域"，一系列深层次的理论问题，像宗教与文化或文明类型、宗教与文化或文明传统、宗教与文化心理或文化潜意识、宗教与文化传播、宗教与文化或文明互鉴、宗教与文化或文明冲突、宗教与文化或文明对话等，也将进入我们的宗教研究视野。关于这些重要课题的研讨，其理论价值和现实意义已不仅仅限于探讨宗教现象及其问题的错综复杂性，而是将世界宗教研究与当代哲学、人文和社会科学研究领域的热点或难点问题、学术交叉点与突破点等相对接了。

2. 中国理论界的宗教文化研究

改革开放 40 多年,堪称中国宗教研究迅速恢复并蓬勃发展的"黄金时期"。这一时期的历史见证者大多对"一段思想往事"记忆犹新,这就是 20 世纪 80 年代初至 90 年代,中国理论界经历了一场"观念转变"——从"宗教鸦片论之争"转向"宗教文化研究"。从史料来看,这场"宗教研究观念转变",主要始于时任全国政协副主席、中国佛教协会会长赵朴初关于"佛教与中国文化"关系问题的重新思考。

赵朴初最早是从"佛教与中国文化的融合"来阐明"佛教是文化"的。他指出,佛教是世界三大宗教中最古老的,中国文化是人类三大文化中灿烂的一支。佛教自公元 1 世纪传入中国,在长达两千年里,两者的结合产生了丰富多彩的成果,促进了中华民族文化的发展与繁荣。譬如,藏语系佛教与藏族文化融为一体,一方面在教义上保持了印度佛教传统,另一方面在形式上吸收了汉地文化与印度文化之长,创造了光彩夺目的西藏佛教文化。巴利语系佛教基本上保持了南传上座部佛教传统,在云南地区成为傣族文化主体。佛教传入汉地,时间最长,发展变化最多,影响也最广远,这一历史经验很值得深入研究。大体说来,佛教与汉民族文化的结合是沿着三方面进行的,即佛教的学术化、艺术化和社会化。

> 大乘佛教传入中国后,和中国文化相结合,发展是多方面的。一方面是与中国的思辨哲学相结合,而向学术化发展,对教义愈研愈精,由此引起各宗派的成立,使佛教本身达到高度的繁荣。一方面是与中国的精美工艺相结合而向艺术化发展,使佛教成为绚丽多彩的艺术宝库。一方面与中国的人生理想相结合而向社会化发展,使佛教与中国社会密切联系。这三方面都使佛教成为中国文化不可分割的一部分。自大乘佛教提出菩萨应以五明为修学的主要内容以来,佛教已由避世潜修的宗教信仰和思辨哲学转而向世间的学术、文艺、理论科学、生产工艺的领域迈进。我们一千多年的历史经验证明,佛教在中国大地上吸取中国文化的营养,沿着这一人间佛教的方向发展,取得极其巨

大的成功。[1]

在随后发表的一系列文章或讲话里，赵朴初反复强调一个核心论点，"不懂得佛学，就无法研究中国文化史"。这个论点来自历史学家范文澜的晚年治学心得。《赵朴初文集》里至少八九次提到下述往事。"文革"结束后，周作人两次写信并与他面谈，要注意佛教研究。据周作人回忆，他曾和范文澜做邻居，范老告诉他：我正在补课——读佛教文献，研究佛学；佛教传来中国有这么悠久的历史，对中国文化有重大影响；不懂佛学，无法研究中国文化史。赵朴初感慨，范老是一位著名的马克思主义历史学家，他这样注意佛学，对我们启发很大；我们应当充分认识佛教的学术价值，充分估计佛教在中国文化史上的地位；为继承祖国文化遗产，继续深入研究佛学。[2]

赵朴初关于"宗教是文化"的直接说法，最早见于1988年底在中国宗教学会年会上的讲话，次年9月他又在中国佛教协会负责人会上的讲话里，对这一命题做出了具体的解释。综合这两份文献可见，赵朴初主要是从加强宗教理论研究的角度来提出这一论点的，并援引了两个有力的例证。一是，毛泽东的勤务员李银桥在回忆录里提到，有一天他陪毛主席在延安散步，毛主席说：我们去看看佛教寺庙，好不好？他回答：那有什么看头？都是一些迷信。毛主席又说：片面，片面，那是文化，你懂吗？二是，钱学森对赵朴初说，宗教的崇高思想，可以而且应该为今天的精神文明建设发挥作用，请对这个问题进行研究。钱学森又给他写信，主要谈了如下观点：根本的问题是在我国社会主义初级阶段怎么正确认识宗教，我跟您说过"宗教是文化"，《中国大百科全书·宗教卷》开篇也说："在人类的文化知识活动领域中，宗教一直是重要的组成部分"；社会主义精神文明建设分两部分，思想建设和文化建设，我以为至少在社会主义初级阶段，文化建设还应包括宗教，"宗教是文化事业"；这是观念转变，观念不

---

[1] 赵朴初：《佛教和中国文化》，载《赵朴初文集》（上卷），华文出版社2007年版，第702页。
[2] 以上回忆参见赵朴初：《学问无止境》，载《赵朴初文集》（上卷），第704—705页。在整个文集里，多次提及如上往事的页码如下：下卷，第756—757、807、906、925、934、959、1050、1216等页。

转变，宗教政策难以落实。赵朴初接着指出，宗教是什么？是不是像有些人说的是"封建迷信"？当前我国社会上有许多问题影响人民的安定团结，宗教问题是其中之一；根本原因在于，不少人对宗教无知，不要说宗教学，甚至缺乏起码的宗教常识。[1]

1995 年 7 月，年近九旬的赵朴初在《中国宗教》创刊新闻发布会上提出的观点，可谓更成熟、更全面、更深刻了，其中不但论及中国宗教的基本特征、当今中国宗教的独具特点，而且包含他经过十年思考所收获的一项理论创见，即在以往的"五性"认识基础上又添加"一性"——整个中国宗教所彰显的文化性。

> 中国宗教是一个内涵深邃的科学命题。揭示中国宗教的特点和规律，是一门大学问。中国宗教涉及群众关系、民族关系、国际关系、文化关系（包括中外文化交流关系），情况错综复杂，具有悠久的历史，并将长期存在，这些是中国宗教的基本特征。过去把这些特征概括为"五性"，即群众性、民族性、国际性、复杂性和长期性，我个人加了一性，即文化性。其他国家的宗教在一定程度上也具有这些特征。那么，当今中国宗教独具的特点又是什么呢？我认为，当今中国宗教从整体上、从主流上来说，是一种保持稳定的重要因素，是深化改革、促进发展的一支重要力量，是扩大开放的重要渠道，正日益成为与社会主义社会相适应的上层建筑。这是当今中国宗教独具的特色，也是有中国特色的社会主义事业的重要内容。我认为，上述当今中国宗教的基本状况，是一种客观存在的事实，问题是我们对当今中国宗教是不是作如是观，能不能作如是行。[2]

赵朴初提出上述重要观点之时，宗教研究在中国理论界尚处于恢复与重建阶段，所以宗教文化论的提出，可谓产生了广泛且重要的影响。正如

---

[1] 以上概述主要参见赵朴初：《宗教学的研究应当受到全社会的重视》《中国佛协要加强理论研究工作》，载《赵朴初文集》（下卷），第 906—908、957—961 页。这里顺便注明，赵朴初在整个文集里多次引用毛泽东和钱学森的前述说法，除上述两处，还见第 1051、1155、1157、1280、1383、1421—1422 等页。

[2] 赵朴初：《在〈中国宗教〉杂志创刊新闻发布会上的讲话》，载《赵朴初文集》（下卷），第 1318—1319 页。

牟钟鉴先生回顾的那样,宗教文化论所带来的是一场"理论观念突破":

> 宗教是文化——这已经成为改革开放以来宗教学界、宗教管理部门、宗教界的新的共识,它开阔了人们的眼界,使人们能从人类文化发展的高度看待宗教,从而避免了认识上的片面性与狭隘性,使宗教研究进入一个广大的天地。[1]

概览我国学界的主要研究成果,牟先生把宗教文化论的主要内涵概括为六点:(1)宗教是人类精神文化中的高层文化;(2)宗教是原始文化"包罗万象的纲领"(马克思语),是孕育后来各种精神文化门类,如哲学、道德、文学、艺术、科学等的最初母胎;(3)宗教是大多数民族和民族国家的精神支柱和文化的精神方向;(4)宗教在经济全球化迅猛发展、科技高度发达、人文主义空前显扬的当代世界,其文化功能仍展示出巨大的特殊作用;(5)宗教在民族文化中的地位和作用有不同的类型;(6)宗教的文化性与宗教的特质紧密相连。关于宗教文化论的理论价值与现实意义,牟先生认为,它在理论上深化了人们对宗教的本质、结构和社会功能的认识,推动了宗教文化学研究,丰富了宗教史和文化史的内容;在实践上为引导宗教与社会主义社会相适应开辟了更广阔的空间,有助于宗教的健康发展,有益于民族团结和边疆发展。[2]

3. 宗教文化决定论的理论得失

以上学术史梳理表明,中国理论界自改革开放以来兴起的"宗教文化论",不但是与国际学术界的"宗教与文化史、文明史研究"相接轨的,而且结合中国国情,取得了明显的学术突破,其显著表现就是,不再把"宗教问题"简单地政治化或意识形态化,而是让其回归文化现象,重新理解宗教现象所内含的文化属性、文化功能或社会影响等。但我们同时也

---

[1] 牟钟鉴:《探索宗教——一个研究者的心迹》,载《探索宗教》,宗教文化出版社2008年版,第64页。
[2] 以上概述详见,牟钟鉴:《当代中国特色宗教理论探讨》,第二章"宗教文化论",甘肃民族出版社2013年版,第29—42页。

要认识到，中国理论界对宗教文化论的认识，在很大程度上仍停留于"泛泛而论宗教的文化性、特别是与诸种狭义的文化形式的多重联系及其相互影响"，而尚未从学理上深究这样几个基本问题：能否一概而论"宗教是文化"？"宗教与文化"的关系问题在不同的文明或社会背景下是否具有不同的性质？就整体而言，"中国宗教与中国文化"的根本联系究竟何在？

关于上述问题，我国著名宗教学家吕大吉做过深入思考。他尖锐地指出，当所谓"宗教是文化"的呼声如雷贯耳的时候，我们需要从宗教与文化的根本性质入手，进一步思考为什么"宗教就是文化"？当所谓"一个民族的宗教构成其民族文化的核心""传统宗教是传统文化的基础和根本精神""民族宗教构成一个民族的价值标准、行为规范和民族特性"之类论断铺天盖地的时候，我们需要静心沉思，事情的本来面貌是否果真如此？一切民族，特别是我们中华民族，其民族文化、民族精神、价值体系，是否均无例外地以宗教为根基，为宗教所塑造？我们究竟能在什么范围内、何种程度上承认上述论断的合理性？为解答这些难题，吕大吉在《中国宗教与中国文化》第一卷的上篇"泛论宗教与文化的关系"，用上百页篇幅展开了相当细致的理论分析，通过辨析"文化的真义"，比较"宗教诸要素对社会文化的影响"，驳难西方学者的"宗教决定文化论"，援引考古学、人类学、"轴心文化理论"的发现、证据和观点，阐明"中国传统文化的特质"等，得出了如下结论：

> 百年历史告诉我们，无论是中国文化，还是西方文化，它们的主体与核心都不是宗教，而是与人的现实生活直接相关的人文精神。宗教当然也是非常重要的文化形式，对各种人文性的文化一直发生着重大的影响，这也是历史真实。宗教学者和文化学者任何时候都不能忘记这个事实。但它并不是在任何时代和任何国度都是一切文化的核心或内在精神，这个论断并不是放之四海而皆准的普遍法则。在有些民族和国家可能是适用的，但在有些民族和国家可能就不那么适用，甚至完全不适用。雅斯贝尔斯已举出了轴心时代三大轴心文化的例子。而以儒家为主体和核心的中国文化一直继承和发扬了先秦轴心时代的

轴心文化，文艺复兴时期之后的西方文化也继承和发扬了作为轴心文化的古代希腊文化，只有古代印度的佛陀为代表的印度轴心文化才演变而成为宗教。在当代世界中，中国文化和西方文化已成为两种不同人文精神的主要代表者，它们的关系将对未来世界文化的发展发生重大的影响，在一定程度上将决定世界文化的命运，以致人类的命运。无论是回顾历史，还是展望未来，我们都不要忘记宗教的作用，但却应以更多的注意去关注人文主义的精神和文化。从根本上说，我们应以文化去说明宗教，而不应以宗教来说明文化。在探讨宗教与文化的关系时，我们提出的这一原则与方法是否有普遍的适用性，是可以继续讨论的问题，但我相信，它至少适合于中国文化与中国宗教的历史和现实。[1]

笔者基本上同意吕先生的上述分析，尤为赞同他为破解前述理论难题而提出的基本论点或主要判断：从根本上说，我们应"以文化去说明宗教"，而不应"以宗教来说明文化"；只有在说明文化的性质和意义的基础上，才能说明宗教为什么是一种文化；在国际学术领域，以汤因比、道森等为代表的"宗教决定文化论"究竟有多少合理性？在理论上是否健全？在历史上是否符合实际？尤其重要的是，是否适合于中国宗教与中国文化的性质、特点和历史事实？这是需要认真讨论的重要问题。在中国文化史上，宗教与文化的关系有大不同于西方的特殊性；中国传统文化的特质在于，以儒家伦理为准则而不是宗教信仰；儒家宗法伦理思想乃是中国文化的主根或核心；我们在关注传统的宗法伦理性宗教、道教、佛教和其他宗教的文化影响的同时，更应把轴心时代以孔子儒家为主体的诸子文化作为中国文化的主流和中心，由此来研究中国各种宗教与主流文化的关系，以及诸种宗教在中国文化史上的地位和作用。[2] 但对这些基本论点或主要判断，笔者还想从方法论上做出几点补充、修正或完善，以助更全面、更深

---

[1] 以上概述与引文详见余敦康、吕大吉、牟钟鉴、张践合著：《中国宗教与中国文化》（四卷），第一卷，吕大吉、牟钟鉴：《概说中国宗教与传统文化》，中国社会科学出版社2005年版，第3—106页。
[2] 上述基本论点，依次参见吕大吉、牟钟鉴：《概说中国宗教与传统文化》，第37、63、6、97、101、91—92页等。

入地认识中国宗教与中国文化的根本关系，尤其是中华文明所拥有的优良文化传统对整个中国宗教的历史、现状与未来的影响。

第一，若要全面且深入地研讨中国宗教与中国文化的关系问题，我们理应充分借鉴国际学术界晚近萌发的"整体性的宗教－文化观"。如前所释，这种新的方法论观念之所以具有鲜明的整体性，首先在于它为整个宗教研究所开拓的世界文明史或文化史视野，即把"古往今来的宗教现象"纳入"人类文明社会（或广义的文化形态）的源流过程"，重新思考二者的历史互动关系。从思维观念上讲，这也就是将"文明社会（或广义的文化形态）的源流过程"视为"解释宗教问题的整个历史实在"。假如这种学理判断原则上能成立，我们便不能不反省百余年来流行的诸种宗教理论了，例如，新文化运动以来中国学者提出的"科学取代宗教论""美学取代宗教论""道德取代宗教论""哲学取代宗教论"等；又如，在国际理论界流行的"宗教衰亡论""政教分离论""宗教私人化理论""宗教世俗化理论"等。毋庸置疑，上面列举的这些理论均有一定的历史合理性，皆对推动近现代的宗教研究做出过不可忽视的重要贡献，但学术探索是"一个辩证的扬弃过程"，我们需要基于前人的理论进而反思：究竟应该具备多么宽广且深远的历史观，才能真正认识由来已久、纷繁复杂、变化不已的世界宗教现象及其问题？能否仅凭观察近百年或几百年（所谓的现代化社会形成以来）的宗教现象，便对古今中外的宗教问题做出普遍的判断？人类历史犹如源流不绝的长河，宗教现象在这漫漫的历史长河中可谓时处浪头时落低谷，甚至成为潜流或暗流，能否仅靠某段历史、某些国家、某些教派的实证研究，便对世界宗教问题得出一般的定论？因此，一旦着眼"文明（或广义的文化）的源流全程"，不但可以发现宗教研究的深厚潜力，认识到宗教问题的广泛性、长期性与复杂性等，而且能使我们系统地考察中国宗教与中国文化的关系问题。在笔者看来，这或许是我们应从"整体性的宗教－文化观"得到的基本启发。

第二，若要全面且深入地研讨中国宗教与中国文化的关系问题，我们还应批判地借鉴西方知名学者所倡导的"比较性的宗教－文化观"。如前所见，横跨文明、文化与宗教的比较视野，深究宗教与文化的根本联系,这是诸多交叉学科的西方著名学者所共有的方法论意识。从研讨状况来看,我们应当承认,目前有国际影响的理论观点大多是由西方学者提出来的,但他们的学术立场、理论倾向及其主要结论等,又难免带有西方文化、历史、社会等方面的局限性,这尤为明显地反映为前述"宗教决定文化论"。这就要求我们秉持"批判性的借鉴原则"。如果加以客观的辩证分析,诸多西方著名学者所提出的"宗教决定文化论"显然无法合理地解释"中国宗教与中国文化";但我们也不能一口断定,这种理论观点不合乎西方社会的主流宗教与文化传统。因为总的来看,西方文化传统主要有两大源流,即"以哲学理性为特征的古希腊文化"和"以宗教信仰为特征的古希伯来文化",整个西方社会的历史进程实乃这两大文化源流互为张力、矛盾与作用的结果[1]。问题在于,西方多数学者自启蒙运动,特别是社会现代化以来却"偏执前者而否定后者",而前述诸位著名学者所提倡的"宗教-文化观",是否意图纠正这一偏颇的理论倾向?他们所主张的"宗教决定文化论",是否对阐释西方宗教与西方文化的关系问题有一定的说服力?这是需要我们慎重评价的。然而,笔者在此更想指出的是,不论"西方宗教决定西方文化论"是否完全正确,这些著名学者在方法论上所建构的"整体性的比较研究观念",即通过世界文明史或文化史的比较研究,从"整个源流"来追究宗教与文化的关系问题,才是真正值得我们借鉴的学术启发。

第三,若要全面且深入地研讨中国宗教与中国文化的关系问题,我们尚需扎根中华文明的土壤,立足中国文化传统,创建"中国化的宗教-文化观"。这是接着前述两点来推理的。若能批判地借鉴国际学界的宗教与文化研究成果,那么我们所要树立的"中国化的宗教-文化观",无疑也要具有前述意义上的"整体性"与"比较性"。先就"比较性"而言,我们应该着重探讨的是,中西方文明、文化与宗教在"源流上的差异性"而并非"近现代的相似性",因为这样才能从根本上阐明"宗教与文化的中国国情"。再就"整体性"而论,笔者主要提出两点看法,旨在拓展与深

---

[1] 关于这一问题的详细讨论,可参考张志刚:《宗教哲学研究——当代观念、关键环节及其方法论批判》,中国人民大学出版社2009年增订版,第六章"信仰与理性的关系问题"。

化"中国宗教与中国文化"研究。显然，我们所要研讨的"中国宗教"与"中国文化"都是"整体性概念"。因此，我们首先需要加强"中国宗教的整体研究"。中外学者在中国宗教研究的诸多领域已取得了丰硕的成果，如中国宗教通史、各宗教或教派史、诸种宗教现状、中外宗教比较，以及其他大量专题研究等，但在宗教与文化的关系问题上，现有的研究成果大多分而论之，即主要侧重于某种宗教、某个专题或某些角度的研究，这就需要我们在此基础上进一步探究"整个中国宗教现象"（包括"本土的宗教"与"外来的宗教"）与"整个中国文化传统"的根本关系，因为从方法论上讲，若不把握"整体"，难以深悟"局部"，我们对"中国宗教文化现象"的研究如此，对"中国宗教与中国文化、中华文明"关系问题的研究也是这样。

三、中国宗教文化的基本特点

1. 中西相遇的学术难题

自明末清初中西方文化相遇以来，如何认识中国宗教传统及其特点一直是个学术难题。在其名著《世界宗教》里，比较宗教学家、宗教现象学家斯马特介绍中国宗教概况时，首先提到的就是西方宗教观念的下述影响：西方人往往对中国宗教现象深感困惑，他们以为中国人的宗教信仰和哲学思想是可以按照西方的方式来划分的，他们不仅没有认识到"儒、释、道"三教在中国人那里并非"单一功能体系的组成部分"，甚至对这三教的名称也会产生误解。

  "儒家"会不会是指孔子开创的哲学思想流派？道家是否为老子的教诲？如果是这样，儒、道所指称的宗教就应该与他们所教诲的"哲学"有很大的区别，尽管它们兼指宗教和哲学……当然，中国也有"民间宗教"，即通常所说的具有地方特色的宗教或勉强也可以称之为儒教的、夹杂着道教、佛教及国家宗教的某些特征的思想和行为。从西方人的观点来看，中国宗教实在是一个大杂烩。[1]

为什么竟会这样呢？我们可从杨庆堃（C. K. Yang）的《中国社会中的宗教》里找到下述几条相互交织、耐人深思的线索。首先，起因于早期来华传教士的发现。明末清初来华的传教士们最早发现了一种与西方基督教迥异的情形：中国人的信仰是"迷信"，从此这种观点便在西方流行了一个多世纪。另一种令传教士迷惑的现象是，在中国历史的大部分时间里，没有出现很有势力、很有组织的宗教，也没有发生长期的、无休止的政教（国家与教会）之争，因而在社会、政治等领域占主导地位的并非教义和神权，而是具有世俗倾向与不可知论色彩的儒家传统。这就使儒家伦理思想支配着社会价值体系，从而在很大程度上取代了基督教在西方社会所具有的宗教伦理功能。

其次，来自早期西方汉学家的观点。上述传教士关于中西方宗教与社会的看法，对早期西方汉学家有直接影响。像理雅各（James Legge）、翟里斯（Herbert A. Giles）等西方汉学的开创者，在论及中国宗教问题时都强调，儒家思想具有不可知论特征。尽管后来的西方学者通过研究中国经典，并在中国学者的帮助下，对中国文化日渐了解，但他们仍受理雅各、翟里斯等人观点的影响，依旧认为宗教在中国社会和中国文化中并不占有重要的地位，因而，中国社会或中国文化是"非宗教性的"。

最后，来自近现代中国学者的理论发挥。由于深受上述西方观点的影响，有些中国学者发挥了"中国社会是非宗教的"这一论点。这种倾向在中国学界始于20世纪初，其早期理论代表人物是梁启超，他在谈论中国历史研究方法时强调，"中国土产里没有宗教"，在中国有无可能写宗教史是个问题。胡适在20世纪20年代、30年代的中英文论著里提到，近些年来多位学者的研究表明，"中国是个没有宗教的国家，中国人是个不迷信宗教的民族"；中国知识分子是独立于宗教的。政治学家钱端升则在20世纪50年代著书论证道，中国人是"非宗教的"，中国没有"伟大的宗教"，

---

[1] 斯马特：《世界宗教》，第113页。

中国人或许有"迷信思想"等。[1]

这里之所以提及以上复杂的学术背景，就是为了凸显下述研究进展的参考价值。

2. 中国宗教文化的主要特点

为了消除长期以来"西方观点"对于中国宗教研究的偏颇影响，楼宇烈先生近些年来多次阐明了中国宗教文化传统的十个特点。

（1）中国历史上从未出现过神权凌驾于王权的现象。自夏、商、周三代，"溥天之下，莫非王土，率土之滨，莫非王臣"的观念一直占主导地位，所以神权总是从属王权的。而在西方长达千年的中世纪，神权是高于王权的。

（2）中国历史上从未出现过"一神信仰"，而一向是"多神信仰"。虽然中国宗教中有多种名称的至上神，像"帝、上帝、天、太一"等，但它们并非"绝对化的信仰观"。中国民间没有"只能信这个神而不能信那个神"一说，老百姓往往是见庙就烧香，见神就磕头。这完全不同于西方基督教"只能拜上帝"的信仰观。

（3）祖先崇拜。中国的神常常是祖先，如在甲骨文里，"帝、上帝"等主要是指"部落祖先"或本部落的英雄人物，他们死后会保佑子孙。这可以说是"英雄崇拜、圣贤崇拜"。但到周代，即使这种观念也开始变化了，"祖先神或圣贤神"并非盲目地保佑子孙，而是要看他们是否"有德"。例如，周代出现了"皇天无亲，为德是辅"的思想；春秋时进一步讲"天听自我民听，天视自我民视""民，神之主也"。因而，西周以后，逐渐形成了"以人为本、人文精神"的文化传统。

（4）在人神关系上，不唯神命为听，不相信神有绝对权力，而是如同处理人际关系。孔子说："未能事人，焉能事鬼？""务民之义，敬鬼神而远之，可谓知矣。"梁启超指出，西方宗教可称为"神道的宗教"，中国宗教则可称为"人道的宗教"。这就是说，在中国文化中，对人伦关

---

[1] 详见杨庆堃：《中国社会中的宗教——宗教的现代社会功能与其历史因素之研究》（修订版），范丽珠译，四川人民出版社2016年，第5页。

系的关注远过于神人关系。

（5）中国人的宗教信仰具有很强的现世性和功利性，而缺乏神圣性。譬如，《坛经》里说："佛法在世间，不离世间觉，离世觅菩提，恰如求兔角。"费孝通先生讲过，我们中国人对鬼神是非常实际的，供奉他们为的是风调雨顺，免灾逃祸；我们的祭祀很有点像请客、疏通、贿赂；鬼神对我们是权力，不是理想，是财源，不是公道。

（6）中国人的宗教信仰带有浓厚的理性色彩，而不是完全情感化的。近代以来，有人说中国佛教是宗教，有人说是哲学，有人说既是宗教也是哲学，还有人说既不是宗教也不是哲学，而是一种方法——佛法。人们之所以争论不休，就是因为佛教里有相当丰富的理性成分。从另一个角度来讲，佛教又是一种"无神的宗教"，以其"缘起""业报"等理论而否定"神创造世界和生命"的说法，主张从事物内部找根本原因，讲"自作自受"。

（7）中国的宗教信仰强调"个人内在的自我超越"。以儒家思想为主导的中国文化，可以说是一种"修身的文化"，即通过"修身"来提升自我，超越自我。在这样的文化氛围中，中国佛教最重要的一个宗派——禅宗，就充分张扬了佛教自我解脱的人文精神，强调自性自度、明心见性、见性成佛。这种注重伦理的心性修养是中国宗教的特色。道教以道家思想为主要依据，道家尊重自然，主张自然无为，归根结底，就是尊重人的主体性，要最大限度地发挥个体的能动性。

（8）中国的宗教缺乏强烈的传教精神。这跟中国传统文化有很大关系。儒家就是典型，《礼记》中说："礼闻来学，不闻往教。"可谓姜太公钓鱼——愿者上钩。佛教、道教也是如此。佛教并不强求别人信，而是佛度有缘人。西方传教士哪有这种现象？西方宗教的传教具有进攻性，而中国宗教则具有保守性。

（9）在中国历史上王权对于宗教是比较宽容的，允许不同宗教并存。由于王权在中国一直占主导地位，从整体上讲，王权采取了一种比较宽容、调和与利用的态度，让各种宗教互相竞争，以稳固政权。这便使中国诸种宗教在教义和仪式上频繁交流，形成了你中有我、我中有你的局面，但同时又你是你，我是我，保持了各自特色。

（10）中国是一个多民族国家，所以有大量的民族宗教问题。民族宗教与前述宗教有共同之处，也有很多差异。比如，同样是佛教，藏传佛教、南传佛教就跟汉地佛教不一样，前两者跟当地的民族文化相结合，甚至成为其民族文化的象征。[1]

牟钟鉴先生在《中国宗教通史》（两卷本，2000）的最后一章，专用一节归纳了中国宗教的五个特点：（1）原生型宗教的连续存在和发展；（2）皇权始终支配教权；（3）多样性与包容性；（4）人文化和世俗化；（5）三重结构的衔接与脱节。若把牟先生关于这五个特点的具体解释与楼先生指出的十个特点相比，我们可得到下述三方面的理论启发。第一，两位先生的看法具有一致性。这明显地表现为，牟先生讲的特点（2）就是楼先生首先强调的，"在中国历史上从未出现过神权凌驾于王权的现象"，或者说"皇权始终支配教权"。第二，牟先生所讲的特点（1）（3）和（4）比楼先生的讲法更有概括性。譬如，牟先生就特点（1）指出，与中国历史上长期存在的宗法等级社会相适应，自然崇拜、鬼神崇拜、祖先崇拜等原生型宗教信仰，不但没有像希腊、埃及、波斯和印度等文明古国发生的情况那样，到中世纪便被创生型宗教取代了，反而被完整地保存下来，并得以发展和强化，以致天神崇拜、皇祖崇拜、社稷崇拜与皇权紧密结合，形成了宗法性国家宗教。这种解释既包含了楼先生所讲的第（2）（3）两点的意思，又能使我们理解其历史原因。又如，关于特点（3），即"多样性与包容性"，牟先生是着眼于中国传统文化的多元一体结构、儒家哲学"和而不同"的包容理念和中国社会的宗教宽容氛围来做出解释的，这就把楼先生所讲的第（2）（9）和（10）几个特点统合起来了；再如，牟先生所讲的特点（4），即"人文化和世俗化"，不但包括了楼先生讲的第（4）（5）和（6）等几重意思，而且解释要点大多一致，像中国宗教文化传统具有鲜明的伦理性、现世性、功利性、人性或理性等。第三，两位先生的有些观点虽不相同，但各有见地，可使我们互为参照，更为全面地认识中

---

[1] 详见楼宇烈：《探求合乎东亚文化传统的宗教学研究理论》，载《世界宗教评论》第一辑，张志刚、金勋主编，宗教文化出版社2014年版。

国宗教文化传统的整体特征及其复杂性。譬如，楼先生所指出的特点（7）和（8），即"中国宗教信仰强调个人内在的超越性"和"中国宗教传统缺乏强烈的传教性"。又如，牟先生所阐述的特点（5），即中国人的信仰结构主要是由"官方信仰""学者信仰"和"民间信仰"形成的，这三大群体的信仰状态既彼此贯通，又相对独立，甚至有所脱节，所以不应用一个简单的判断来概括中国人的信仰特征。

汉斯·昆曾中肯地讲，"西方汉学家眼中的中国"与"中国人眼中的中国"是大相径庭的。[1] 从上述中国宗教史研究成果来看，我们可以说，中国宗教文化传统在"以前的中国学者眼中"与"现今的中国学者眼中"也是截然不同的。下面就让我们接着看看，前辈学者如何基于晚近研究成果来总结中国宗教文化传统的优良传统。

3. 中国宗教文化的优良传统

牟钟鉴先生据其数十年的中国宗教通史研究，将中国宗教文化的优良传统概括为下述五点：

（1）多样性与和谐性，即和而不同，多元一体。中国是一个多宗教的国家，历史上有祭天祭祖祭社稷的国家民族宗教，有土生土长的道教，有诸多民间信仰和民族传统宗教，有外来的佛教、基督教和伊斯兰教，还传入过犹太教、摩尼教、琐罗亚斯德教等。可以说，中国犹如一个"宗教百花苑"，从原始宗教到世界宗教都能在这片大地上共同生存、和平相处。"这样的文明大国在世界上是罕见的。时至今日，中国五大合法宗教中，竟有四种是在不同历史阶段从国外传入的，其中佛教是从印度请来的，与中国传统文化相交融，成为世界上异质文化互动与对话的典范。于此可见中国文化兼容并蓄的博大气度"。

（2）重视行善积德和道德教化，把"去恶为善"置于首位，作为宗教的主要精神方向。例如，佛教讲慈悲，怜悯一切有情众生，不仅要自利利他，且要忍辱负重，以慈悲大愿化解仇恨，绝不赞成冤冤相报。道教受

---

[1] 参见汉斯·昆：《世界宗教寻踪》，第129页。

老子"尊道贵德、报怨以德"的思想影响,重视道德善行在修道中的关键作用,主张功德成神、积善成仙,"当以忠孝和顺仁信为本"。南北朝时期有"儒、佛、道"三教之争,最后达成共识,同归于劝善。所谓"三教",实质是指三种道德教化之道。所以,中国传统宗教,其本质特征是"道德宗教",所谓"神道设教",目的在于淳厚社会道德风气。这种道德宗教传统也影响到中国的伊斯兰教、天主教和基督教,使其教义中的道德内涵逐渐得到充实和凸显,从而强化了它们的社会道德教化功能。因此,"在中国,各种宗教必须具有良好的道德形象,才能生存和发展;提倡仇杀和诱人为恶的教门被视为邪教,是无法在光天化日之下流行的。这种深厚的道德性传统使中国宗教不容易产生极端主义,而拥有较多的道义上的力量"。

(3)善于把爱教与爱国统一起来。鸦片战争后,中国饱受西方列强的压榨欺凌;日本帝国主义侵略,中国人面临着亡国灭种的危险。在争取民族独立和解放的斗争中,我国各大宗教人士的主流是爱国的,并积极投身抗外侮、救国家的社会运动。佛教有"庄严国土,利乐有情"的教义,弘一法师提出"念佛不忘救国"的号召,动员僧人奋起抵抗日寇侵略。道教大师陈撄宁主张,"信仰道教,即所以保身;弘扬道教,即所以救国"。伊斯兰教界成立"中国回民救国协会",著名经学家虎嵩山发出了"国家兴亡,穆民有责"的呼声。由此可见,"在中国,爱教必须与爱国相结合,不爱国的教徒无法立足。帮助帝国主义欺负中国的教徒不齿于人群……同时中国宗教界主流又不是狭隘的民族主义者,他们努力争取的是国家的复兴和民族的平等,反对的是以强凌弱,以暴欺善,他们愿意与世界上一切民族和宗教平等往来,友好相处,消解仇恨,反对战争,保卫世界和平与安宁"。

(4)与时俱进,勇于改革。譬如,佛教传入中国后不断创新,形成了中国特色的禅宗,到现代又开启"人间佛教",为净化人心、改良社会作出了重要贡献。道教同样如此,从外丹道的肉体长生说、全真内丹学的性命双修说,再到陈撄宁大师的"新仙学",均为适应社会而不断开拓理论。中国伊斯兰教在教义与教法上也不断有所创新,强化"和平、仁慈"

精神,与中华文化相融合,开辟了中国穆斯林的新境界。天主教和基督教传入中国后,一直面临本土化问题。明末清初,利玛窦等传教士采取"尊礼俗、融儒学"的方针,得到中国人好评;而多明我会、方济各会传教士,欲用教皇神权来限禁中国教民的传统礼俗,最后遭到驱逐。民国年间发生"非基督教运动",中国基督徒开始创建"本色化教会",其宗旨为"一方面求使中国信徒担负责任,一方面发扬东方固有的文明,使基督教消除洋教的丑号"。20世纪50年代以来的"三自"爱国运动,90年代以来的神学思想建设,也是中国基督教不断改革创新的表现。

(5)注重自身人文素质的提高,为繁荣社会文化多作贡献。以佛、道二教为例,它们各有博大丰厚的文化体系,对中国的哲学、道德、文学、艺术、科技、民俗、中外文化交流等产生了广泛而深远的影响,成为中国优秀文化的组成部分。在哲学上,佛教的体悟智慧和道教的性命之学各有特色,对中国哲学宇宙论的扩展、本体论的深化、心性论的开拓、人生论的提升、认识论的推进、修养论的丰富等,都起过重要作用。在道德上,佛教的三报论、众生论和五戒十善论,道教的清静论、重生论和苦己利人论,都充实并丰富了儒家所弘扬的传统道德。在文学上,唐诗、宋词、元曲、明清小说,深受佛、道二教的影响。在艺术上,佛、道二教对于中国的建筑、雕塑、绘画、书法、音乐等也起过巨大的推动作用。此外,佛教对中印、中韩日的文化交流,道教对中医药学和养生文化的发展,都发挥了积极而重要的推动作用。[1]

又如,方立天先生在阐述中国宗教对于构建和谐社会的重要作用时,把中国宗教的优良传统概括为如下四点:

(1)宗教间互相包容的传统。中国宗教史表明,各宗教之间虽有对立的一面,但也有融合的一面,如佛教与道教就由冲突走向融合,道教与民间宗教也长期处于融合的状态。中国宗教并没有因为信仰价值的差异而导致长期冲突,更没有宗教之间的战争,相反是在长期的和睦共处中各得其所。

---

[1] 以上五点概述和具体引文,详见牟钟鉴:《继承和发扬中国宗教文化的优良传统》,载《探索宗教》,宗教文化出版社2008年版。

（2）爱人利他的传统。如佛教的平等慈悲，容忍布施的理念；道教的"齐同慈爱，异骨成亲"思想；基督教和伊斯兰教的爱人仁慈、慈善公益的主张，都有助于人与他人、人与社会的和谐。

（3）爱国爱教的传统。历史与现实都表明，中国宗教都主张把爱教与爱国统一起来，积极维护国家的主权、独立、荣誉和根本利益。如佛教提倡的"庄严国土，利乐有情"；道教的"弘扬道教，即所以救国"；伊斯兰教的"国家兴亡，穆民有责"等主张，都体现了中国宗教的爱国、护国的崇高精神。

（4）关爱自然的传统。宗教普遍认为，宇宙是一个整体，人与自然也是一个整体。如佛教的缘起共生论，认为人与自然万物都是由各种原因、条件而相待相成的；道教视天、地、人为一个统一的整体，都十分尊重自然，主张善待万物，提倡人与自然的和谐。[1]

比较牟先生和方先生所做的概括总结，可得出两方面的深刻印象：一方面，虽然两位先生各把中国宗教的优良传统总结为五点或四点，但显而易见，他们关于前三点的概括与论证是基本一致的，综合他们的提法，我们可把这三点优良传统称为"提倡兼容并包""注重道德伦理"和"力主爱国爱教"；另一方面，尽管两位先生分别讲的其他三点有所不同，但它们因视角不同而各有道理，互为补充，可使我们更全面地认识与阐发中国宗教文化的优良传统。关于此项研究工作的重大现实意义，牟先生有如下解释：

> 用跨文化的眼光和比较宗教学的视野来回顾和观察中国宗教文化的历程，我们就会发现，中国宗教文化有着与西方宗教文化很不相同的轨迹和特点，它的传统在许多方面都是很可贵的。尤其是在当今国际上民族宗教冲突日益加剧，以基督教为背景的美国与以伊斯兰教为背景的阿拉伯国家之间的对抗日趋激烈，中国宗教文化的优良传统更显示出它特有的价值和长处，既值得我们自豪，更需要我们认真去继承发扬，这对于推动中国社会的稳定和繁荣，对于促进世界的和平与

---

[1] 以上四点概括，详见方立天：《和谐社会的构建与宗教的作用》，《中国宗教》2005年第7期。

发展，都是非常重要的。[1]

以上考察分析表明，中国宗教文化的基本特点与优良传统，实际上是与整个中国文化传统，特别是中华文明的精神理念相适应、相融合的。最后，就让我们一起探讨这种"适应与融合"的互联关系。

四、中华文明传统的精神理念

自中国社会改革开放以来，国际学术界越来越关注中华文明史研究，这不仅仅是因为改革开放以来中国社会所取得的巨大经济成就，更重要的是越来越多的海内外学者认识到，重新崛起的中华民族是一个拥有五千多年历史的文明古国，而这一悠久且深厚的文明传统，又可以说是整个世界文明史上"唯一没有中断或分裂过的"。因而，如果把"文化认同"看作任何一个文明社会的"根本认同"或"最高认同"，那么，深入研讨中国文化的基本精神，总结提炼中华文明的生存理念，便具有格外重要的理论价值与现实意义了。

世界上的各个民族、各个国家，对于各自文化传统的认识都是与时俱进、不断深化的，我们国家也是如此。改革开放初期，庞朴先生较早地反思了我国学界对中国文化传统的认识过程。他指出，中国文化传统的精神是什么？我国学者对此重大问题的认识大体经历了三个阶段。（1）早期的认识，如宋代理学家提出的"道统说"，即著名的"十六字心传"："人心惟危，道心惟微，惟精惟一，允执厥中。"用现在的话，所谓的"道统"就是"核心精神"，"十六字心传"就是"中"的思想。儒家认为，这种道统从尧传给舜、舜传给禹，一直传到"五四"时代前夕。（2）"五四"时期的不同看法。在这一时期发生的中西文化之争中，许多学者提出了不同的观点，如"东方人主静，西方人主动"；"东方人是内向的，西方人是外向的"；"东方人重道德，西方人重科学"等。（3）改革开放初期的

---

[1] 牟钟鉴：《继承和发扬中国宗教文化的优良传统》，载《探索宗教》，第86页。

重新理解，主要有三种说法：一是"礼"；二是"中庸"；三是认为，包括"中庸""刚健有为""崇德利用"和"天人协调"。庞朴先生认为，以上诸种说法都有某些道理，但若把它们加以比较与综合，可以提出一种更精炼的说法：中国文化传统的精神就是"人文主义"，就是"以人为本"；因为中国文化从孔子开始，或更早一些的春秋时期，就非常重视"人的问题"了。[1]

浏览近些年的论著，最注重阐发"中国文化与人文精神"的前辈学者，首推楼宇烈先生。他在论述"中国文化的品格"时，首先提到的就是"中国传统文化的人文精神"。楼先生指出，如果从整体上来把握中国传统文化，我们可以说，它的最鲜明、最重要的特征就是"人文精神"，此种精神的核心就是"以人为本"。早在西周，中国典籍里就有"人为万物之最灵最贵者"的思想。《尚书》说："惟天地万物之母，惟人万物之灵。"荀子讲："人有气有生有知，亦且有义，故最为天下贵也。"在中国传统文化中，人与天、地并列为三，称为"天地人三才"。所以，中国古典哲学思想把"人的道德情操的自我提升"置于首位，特别注重"人的伦理精神的养成"，这一点也正是"中国人文精神之精华所在"。对照中国典籍里对"人文"的解释，可以清楚地看到这一点。《周易》里有如下释义："刚柔交错，天文也。文明以止，人文也。观乎天文，以察时变；观乎人文，以化成天下。"魏晋时期王弼对此解释："止物不以威武，而以文明，人之文也。"唐代孔颖达又解释："观乎人文以化成天下者，言圣人观察人文，则诗书礼乐之谓，当法此教而化成天下也。"以上释义表明，所谓的"人文"就是要以文明的办法——诗书礼乐来教化人民，建立一个"人伦有序的理想社会"。[2]

我们可以看到，楼宇烈新近所做的阐释不仅更倾力发掘"经典的根据"，即中国文化典籍、古典哲学范畴、早期思想家等关于"以人为本"的经典性解释，而且用更地道的汉语概念，把"人文精神"称作中国传统

---

[1] 详见庞朴：《中国文化传统的继承和发扬问题》，载中国文化书院讲演录编委会编：《论中国传统文化》，生活·读书·新知三联书店1988年版。

[2] 详见楼宇烈：《中国的品格——楼宇烈讲中国文化》，当代中国出版社2007年版，第39—45页。

文化的"最鲜明、最重要的特征"。楼先生明确地指出"中国人文精神的精华"即在于：尤为注重"人性的伦理教化或道德完善"。其实，楼先生对于"中国人文精神"的阐发，不但重视其哲学根据，而且倾注了他对中国宗教文化传统的重新思考。譬如，在总结中国宗教文化传统的诸多特点时，楼先生指出，中国人的宗教信仰带有比较浓厚的理性色彩，比较强调"入世的精神"和"个人内在的自我超越"，这便使中国宗教文化传统表现出强烈的"伦理与人道精神"。[1]

那么，以上关于中国文化的基本精神的探讨，对我们认识与提炼中华文明的生存理念具有什么重要意义呢？让我们来看北大学者在中华民族史、中华文明史研究领域所取得的两项标志性成果，一是费孝通先生关于"中华民族多元一体"的论证，二是袁行霈等先生主编的《中华文明史》（四卷本，2006）。

就整体而言，"中国文化传统"这个概念理应包括共同生活在中华大地上的56个民族千百年来所创造的一切优秀文化的历史结晶。这种多元一体的文化传统，又是基于整个中华民族和中华文明的多元一体格局而形成的。

关于"中华民族多元一体格局"的学理论证，最早出自费孝通先生1988年在香港中文大学发表的"泰纳讲演"（Tanner Lecture）——《中华民族的多元一体格局》，该讲演稿首发于《北京大学学报》1989年第4期。按照费孝通的最初论证，"中华民族"一词是指"现在中国疆域里具有民族认同的11亿人民"，它所包括的56个民族单位是"多元的"，中华民族是"一体的"。这里所讲的"中华民族"和"民族单位"，虽然都含有"民族"一词，但二者的层次不同，前者指的是"国家"。费孝通解释道：

> 中华民族作为一个自觉的民族实体，是近百年来中国和西方列强对抗中出现的，但作为一个自在的民族实体则是几千年的历史过程中形成的。我这篇论文将回溯中华民族多元一体格局的形成过程。它的主流是由许许多多分散孤立存在的民族单位，经过接触、混杂、联

---

[1] 参见楼宇烈：《探求合乎东亚文化传统的宗教学研究理论》，《世界宗教评论》第一辑，张志刚、金勋主编，宗教文化出版社2014年版。

结和融合，同时也有分裂和消亡，形成一个你来我去、我来你去，我中有你、你中有我，而又各具个性的多元统一体。这也许是世界各地民族形成的共同过程。中华民族这个多元一体格局的形成还有它的特色……[1]

这种具有特色的多元一体格局，形成于数千年的历史过程。距今约3000年前，黄河中游出现了一个由若干民族集团逐步汇集而融合的"核心"——华夏，它像滚雪球一样，把周围的异族包容进来；它在拥有黄河与长江中下游的东亚平原之后，被其他民族称为"汉族"。汉族不断吸收其他民族的成分而日益壮大，而且渗入其他民族的聚居区，这就构成了一大凝聚与联系的网络，奠定了这个疆域内许多民族联合成统一体的基础，成为一个自在的民族实体，并经过民族自觉而称为"中华民族"。为了展现这样一幅丰富多彩的历史长卷，费先生从"中华民族的生存空间""多元的起源""新石器文化多元交融和汇集""凝聚中心汉族的出现""地区性的多元统一""中原地区民族的大混杂、大融合""北方民族不断给汉族输入新的血液""汉族同样充实了其他民族""汉族的向南扩张""中国西部的民族流动""中华民族格局形成的几个特点"等11个方面进行了全面论证。[2]

由袁行霈、严文明、张传玺、楼宇烈四位先生主编的《中华文明史》又进一步论证道，在世界四大古老文明里，如果与古埃及文明、巴比伦文明和古印度文明相比，中华文明不能算是起源最早的，但可以说是唯一没有中断过的。今天生活在这片土地上的人们，就是那些创造这一古老文明的先民之后裔，在这片土地上是同一种文明按照其自身逻辑而演进发展，并延续至今。同时，中华文明在发展过程中显示了巨大的凝聚力……这种现象很值得研究。越来越多的考古资料证明，中华文明的发祥地，不只是黄河流域，还包括长江流域以及其他许多散布各地的文明遗址。中华文明的组成部分，既包括定居于黄河、长江流域的较早以农耕为主要生活来源

---

[1] 费孝通:《中华民族的多元一体格局》，载《北京大学学报（哲学社会科学版）》1989年第4期，第3页。
[2] 同上书，第4—21页。

的华夏文明，也包括若干以游牧为主要生活来源的少数民族文明。中华文明是多元的，但其演进过程并非多元文明相互灭绝，而是互相整合。中华文明的演进过程，在很大程度上可以视为不同地域的文明以及不同民族的文明在交往过程中整合为一体的过程。这一整合的模式是以中原华夏文明为核心，核心向周围扩散，周围向核心趋同，核心与周围互相补充、互相吸收、互相融合。这种多元一体的格局，最晚在西周就建立起来了。此后虽然历经战乱与动荡，不断有新的文明元素加入进来，但任何一个文明分支都没有分裂出去，这个大格局一向保持其完整性。在中华文明的演进过程中，有两个方面值得特别注意：首先是民族的融合；其次是外来文化的吸收。[1]

基于上述重要研究成果，笔者提出一个尚需研讨的问题：中华民族与中华文明的优良传统究竟是什么？这一问题之所以值得深入探讨，主要原因即在于，从整个世界文明史来看，既然唯有中华文明可以说是"没有中断过的"，而中华民族与中华文明的多元一体格局又是适应人类文明现状及其发展趋势的，那么，其中肯定有值得我们发掘，并从学理上加以总结与提炼的"精神理念"。整合前述关于中国文化的人文精神、中华民族的多元一体格局、中华文明史的巨大凝聚力等重要论点，我们可以尝试"一种总体性的学理概括"，即把中华文明生存发展的精神理念概括为"二十言"："以人为本，和而不同，兼容并包，海纳百川，有容乃大。"这种总体性学理概括的主要长处有二：一是，尽管以往的中外学者已惯于谈论"任何一种文化传统都既有精华又有糟粕"，但我们理应像前述诸位学界前辈那样，主要倾力于正面的、积极的、富有建设性的理论探索，因为继承与弘扬本民族的优良文化传统，乃是世界上所有国家的知识阶层所肩负的主要学术使命；二是，如上"二十言"的提炼与总结，不但足以阐释中国宗教文化与中国文化传统、中华文明精神理念的契合关系，而且有助于深化"全球视野下的国家、文明与世界宗教"研究，可为化解宗教矛盾、文明冲突，促进世界和平，营造人类命运共同体提供富有建设性的中国思想资源及价值理念。

---

[1] 详见袁行霈："中华文明史总绪论"，袁行霈、严文明、张传玺、楼宇烈主编：《中华文明史》（第一卷），北京大学出版社 2006 年版，第 4—14 页。

中 篇
宗教文化传统钩沉

第六章　印度宗教与社会国家

印度被誉为世界宗教博物馆，几乎拥有世界上所有宗教。就产生源头而言，印度宗教可以分为两类，其一是本土宗教，主要包括印度教、印度佛教、耆那教和锡克教等；其二是外来宗教，主要有伊斯兰教、基督教和琐罗亚斯德教等。本章主要讨论印度本土宗教，兼论外来宗教。根据印度2011年的人口普查，[1]印度教徒占其总人口的79.80%，穆斯林占14.23%，基督教徒占2.30%，锡克教徒占1.72%，佛教徒占0.70%，耆那教徒占0.37%，其他信徒占0.66%，没有确认宗教信仰者占0.24%。因此，印度几乎全民信教，具有明确宗教信仰者占其总人口的99.76%，可谓人人崇教个个拜神，宗教和神灵影响着印度社会的方方面面，是印度社会最显著的特色，是印度文明最根本的基础。

一、印度宗教的历史渊源

印度本土宗教共享同一源流，基本信仰同宗，历史发展交织，印度教可谓"干"，印度佛教、耆那教和锡克教可谓"支"，各宗教之间异中有同，同中有异，很难完全对立，以至于其信徒互不排斥，以同一信仰大家庭相互认同。

---

[1] 印度每十年进行一次人口普查，距现在最近的一次是2021年。

一般认为，印度本土宗教肇始于公元前1500年前后开始的吠陀文明时期[1]，这一时期的吠陀教是印度宗教的滥觞。但根据考古和印度宗教的实际情况看，我们不能无视公元前3000年前后开始的印度河文明时期。实际上，印度宗教特别是印度教中的诸多因素与印度河文明时期的文化表象有着不可忽视的渊源关系，而与吠陀文明牵扯不大。印度宗教史的上限应该是印度河文明时期，非吠陀文明时期。因此，笔者以为，将整个印度宗教史分为五个时期比较科学，即初期印度宗教（前3000年前后—前600年前后）、古代印度宗教（前600年前后—公元600年前后）、中世纪印度宗教（600年前后—1757）、近现代印度宗教（1757—1947）和当代印度宗教（1947年以后）。

第一个时期为"初期"，开始于印度河文明的上限时间，即公元前3000年前后，结束于印度列国时期，即佛教、耆那教产生的公元前600年前后。这一时期实际上是印度宗教特别是印度教的产生和前期发展阶段：首先，印度教的两大源头——印度河文明时期的宗教信仰即古印度教[2]和吠陀文明时期的吠陀教——都得到了相当大的发展，达到了各自相对成熟的阶段。其次，这两大信仰在公元前1000年前后开始由独立发展走上相互影响、相互融合的道路，从而形成早期婆罗门教，使印度次大陆上的宗教具有了某种"统一"的形式。[3]最后，在长时间的发展过程中，早期婆罗门教的"三大纲领"得到确立和强化，并逐渐走向反动，成为社会发展的障碍，为印度教发展成为婆罗门教和佛教、耆那教及其他思潮的产生和发展创造了条件和环境。由此，印度宗教的"初期阶段"又可以分为三个时期：古印度教时期（即印度河文明时期，前3000年前后—前1500年前后）、吠陀教时期（即前吠陀文明时期，前1500年前后—前1000年前后）和早期婆罗门教时期（即后吠陀文明时期，前1000年前后—前600年前后）。这一阶段的古印度教、吠陀教和早期婆罗门教共生并存，相互影响，

---

[1] 习惯上，吠陀文明时期又分为"前吠陀文明时期"（前1500年前后—前1000年前后）和"后吠陀文明时期"（前1000年前后—前600年前后），即ф文所说的吠陀教时期和早期婆罗门教时期。
[2] 笔者认为这时期的宗教信仰名为"古印度教"比较合适，相关信仰内容见后文。
[3] 需要指出的是，在前吠陀文明时期，吠陀教是显性信仰，古印度教继续存在，为潜性信仰；在后吠陀文明时期，早期婆罗门教是显性信仰，古印度教和吠陀教继续存在，为潜性信仰。

构成了后世印度宗教的共同遗产。

在印度河文明时期，古印度教产生并逐渐形成，其信仰主体是印度土著人，通常认为是现在居住在南印度的达罗毗荼人的祖先。虽然目前我们还不能十分清楚地描述出当时的宗教状况，但从考古发掘物和遗迹可以断定当时的宗教具有这样几方面的特色：其一，当时似乎盛行一种万物有灵论的原始宗教。人们崇拜石头、树木和兽类等，认为它们是善良的或邪恶的精灵的依附物，具有灵性和某种能力甚至神力。这充分表现在印度河印章上，印章上"反复出现的公牛形象和怪诞多头或身首相异的动物形象几乎可以肯定是宗教象征"。[1]在印度河印章上，牛的种类最多，有公牛、犁牛、水牛和野牛等，这说明牛在印度河文明时期就已有了不低的地位。后世印度教徒对牛特别眷顾、视牛为神的宗教习俗与这时期的信仰不无联系。其二，对"女神"的崇拜似乎很流行。在对遗址的考古发掘中，发现有大量的赤陶质"女神"像。这些造像臀部肥大，乳房饱满，戴有很多饰品。这是早期印度人理想中的女性美形象，并为后人甚至现代印度人所推崇。印度河印章上也有不少女人像，其中有个图像是从一个女人的肚子里长出一棵植物，很可能是崇拜象征丰产的大地女神。这种对"女神"崇拜的现象与后来印度教三大教派之一的帕克蒂教派[2]的信仰在基本概念上似乎是一致的，即相信女性的原动力是万物的本源。这很可能是帕克蒂教派的最早端倪。其三，与"女神"崇拜有某种对应性质的"林伽"（Linga，即男性生殖器）崇拜也是当时一种非常明显的宗教习俗。考古学家除在文明遗址中发现了不少酷似湿婆林伽的石头断片外，还发现了一个用石灰石雕刻的不完整的男性躯干像，其身体扭曲的姿势使人联想起印度教湿婆大神的造像。该雕像的两腿连接处有一个颇大的空洞，这说明它曾有过一个竖起的巨大的阴茎。这些发现表明，当时林伽崇拜已经存在，而且为后世的印度教所继承。其四，湿婆神崇拜已经存在。在一枚印度河印章上，一个男性修行者端坐中央，似乎正在修炼瑜伽或禅定，其形象具有后来印度教神像的风采。该修行者有一个正面和两个侧面的三面看得见的脸，头上

---

[1] 叶公贤、王迪民编著：《印度美术史》，云南人民出版社1991年版，第8页。
[2] 即通常所说的性力教派，该译名不确。

戴着硕大的牛角形头饰,给整个形象罩上了一层神秘的光彩,使人想起湿婆大神的瑜伽行者形象和三叉戟形标记。并且,该修行者的两腿处似有一根挺直的男根,与上面的林伽崇拜呼应。其宝座周围还环绕着不同的动物,这与湿婆大神的"百兽之王"或"兽主"的称号不谋而合。

因此,印度河文明时期的古印度教信仰已经比较成熟,可能已经形成了一定的体系。也因此,忽略这一时期而考察印度宗教是不合适的。

吠陀教的主人是从南俄欧亚草原上迁徙到南亚次大陆的雅利安人,史称印度雅利安人。在雅利安人大批进入印度次大陆之前,由于自然条件恶化、人口增多导致物质资源匮乏引起内乱等原因,印度河文明逐渐衰落;遭到雅利安人侵略后,这一文明更是一蹶不振,成了次大陆舞台上的配角。印度雅利安人文明即吠陀文明由此成为彼时印度文明的主旋律,古印度教也让位于吠陀教,成为非主流信仰即潜性信仰。吠陀教是雅利安人带入次大陆的信仰,有两大特点:第一,多神崇拜,泛神。从某种角度说,吠陀教的圣典《梨俱吠陀》实际上是一部颂神诗歌集。对雅利安人而言,几乎所有可见和不可见的东西都是神。这些神要么是自然现象的化身,如太阳神苏利耶、火神阿耆尼等,要么是社会现象的写照,如人间军事统帅神话化的战神兼雷神因陀罗、人间统治者神话化的神王伐楼那、人间暴君神话化的天国野猪楼陀罗、人类父母神话化的阴阳对偶神天空神提奥和大地女神普利提维等。与印度河文明时期的古印度教信仰相比,吠陀教的神灵信仰已经基本成熟,绝大多数神灵有了相对稳定的说法,他们的名称、职责以及优缺点等都很清楚,信徒们(印度雅利安人)也已知道向他们献什么和求什么。仅从对单个神灵的信仰上来说,这近乎一种现代的信仰模式。第二,盛行祭祀之风。有证据显示,雅利安人的祭祀之风由来已久,在进入次大陆之前就有此习俗。到次大陆以后,随着生产力的提高和物质的丰富,这一习俗得到发扬光大,祭神和献祭规模盛大,被用于多种活动中,如颂神献祭、财产再分配、部落首领/国王登基、生老病死及婚丧嫁娶等等。雅利安人把祭祀活动看作部落和国家繁荣昌盛的重要保证和标志,尤其是部落首领或国王可以通过祭祀活动向人们显示自己的重要性,进而得到人们的拥护和爱戴。对婆罗门祭司而言,他们在祭祀活动中"呼风唤雨""与神灵对话",由此获得所有人包括部落首领/国王、贵族等重要人物的肯定和仰视,并且得到"布施",成为富裕的有产者。

随着时间的流逝,古印度教信仰和吠陀教信仰逐渐合流,相互碰撞,相互融合,造就出了早期婆罗门教。从某种意义上说,"四吠陀"中的前"三吠陀"《梨俱吠陀》《娑摩吠陀》《夜柔吠陀》主要是吠陀教的,而第四吠陀《阿达婆吠陀》则主要是古印度教的。不过,在"梵书""森林书"和"奥义书"中,特别是在"奥义书"中,两者基本合而为一,构成了早期婆罗门教的核心经典。在这一时期,后世印度教的主要信仰如"梵我同一"论以及与佛教、耆那教共享的"业报轮回"论和"精神解脱"论等均已初步形成,种姓制度和人生四行期说也已相对成熟。随着种姓制度的进一步发展和加强,早期婆罗门教的核心内容三大纲领即"吠陀天启""祭祀万能"和"婆罗门至上"形成并成为当时最有影响力的社会规范和道德准则。根据三大纲领的规定,"吠陀"经典是最神圣的,是最高神赐予人世的启示和真言;但只有婆罗门种姓的人才能研究这些经典,也只有他们才有传授这些神启和真言的资格、能力和权利。"祭祀"是万能的,可以满足人们的各种愿望,但只有婆罗门种姓的人才有资格做祭司,主持祭祀仪式,他们通过祭祀仪式与神沟通,以实现举祭者的目的。在四种姓中,婆罗门种姓由大神的口生出,是最圣洁的种姓,"是人间的神"。[1]因此,就三大纲领的实质而论,"婆罗门至上"是核心,"吠陀天启"和"祭祀万能"是为"婆罗门至上"服务的。

印度宗教史的第二个时期"古代时期"开始于公元前 600 年前后,结束于公元 600 年前后,前后经历一千多年。这一时期包括印度历史上的"列国时期"(前6—前4世纪)、"孔雀王朝时期"(前4—前2世纪)、"诸国割据时期"(前2—公元4世纪)和"笈多王朝时期"(4—6世纪)。

列国时代是古代印度历史上一个伟大的转折时代。据佛教和耆那教文

---

[1] 《百道梵书》,引自季羡林主编:《印度古代文学史》,北京大学出版 1991 年版,第 34 页。

献记载,当时有十六大国,[1] 所以这个时期也被称为"十六国时期"。在这个时期,恒河流域逐渐取代印度河流域,成为印度次大陆政治、经济和文化的中心;社会经济发展迅猛,各大部落相继过渡到国家阶段,城市和国家普遍兴起。这一时期,早期婆罗门教的种姓制度和三大纲领走向腐败,成为社会发展的强大阻力,引发了社会思想领域的大变革。顺应这一潮流,佛教、耆那教和其他反对早期婆罗门教的思潮相继出现,类似于中国历史上的"百家争鸣"现象应运而生。与中国的"百家争鸣"相似,当时次大陆上的社会活动家和思想家怀着拯救社会拯救人类的宏图大志,积极进取,努力寻求正确的人生之路。不过,两者又有着质的差别,印度的"百家"大多是宗教性的、出世的,而中国的"百家"则大多是世俗性的、入世的。需要特别指出的是,由于身处第二第三种姓,刹帝利和吠舍两大种姓对这种变革抱着接受和欢迎的态度,也是这一变革的倡导者和实施者,这是早期婆罗门教失势和佛教、耆那教等得以发展壮大的重要条件。由此,早期婆罗门教开始自觉不自觉地进行自我调整或改良,进入到婆罗门教发展阶段。

公元前4世纪初期,孔雀王朝诞生。[2] 这是印度历史上第一个大一统王朝,其疆域辽阔,东起布拉马普特拉河,西至阿拉伯海,西北包括阿富汗的大部分地区,南抵佩内尔河。这对印度宗教、文化的传播起到了非常重要的作用,使印度次大陆在宗教、文化方面第一次实现了某种统一。在这一时期,婆罗门教、佛教、耆那教等迅速向南向西传播,与当地文化融合,扎下根来。孔雀王朝是印度佛教发展的黄金时期,其第三代皇帝阿育王重视佛教,推崇佛法。也正是在这一时期,佛教发生了分裂,进入部派佛教阶段。不过,统治者采取的是宗教兼容政策,在佛教得到庇护的同时,婆罗门教、耆那教等并没有受到排斥。由于过于偏重苦行,耆那教有所发展,但斩获不大。对婆罗门教来说,这是一个反思的时期,其重要经典两大史诗开始产生。在史诗中,婆罗门一改"婆罗门至上"的宣传手法,对

---

[1] 佛教和耆那教文献的记载不尽相同,后者提出的名单较晚;佛教不同经典中的名单也有出入。参见崔连仲:《从佛陀到阿育王》,辽宁大学出版社1991年版,第25—27页。
[2] 孔雀王朝建立的时间有公元前322年、前324年和前317年三种说法。

刹帝利种姓歌功颂德，希望以此获得国王、贵族等的支持，伺机复兴。另外，种姓制度也在发生变化，"瓦尔纳制"逐渐演化为"贾蒂制"，亚种姓大量出现，后世印度的"种姓制度"逐渐成熟。

孔雀王朝以后，印度次大陆步入诸国割据时代。在这一时期，诸国并起，王朝更迭频仍，巽加王朝、甘婆王朝、萨塔瓦哈纳王朝、羯陵伽王朝、西萨特拉普王朝和贵霜王朝等是次大陆上先后出现的比较强大的国家。这些国家有的信奉婆罗门教，如巽加王朝和萨塔瓦哈纳王朝，有的信奉佛教，如贵霜王朝。不过，绝大多数统治者采取的是宗教宽容政策，他们在偏重一教的同时并不排斥其他宗教。总体说来，婆罗门教在这一时期有所抬头，夺回了不少失地。其经典两大史诗最终形成，宗教法典《摩奴法论》等成书，正统六派哲学基本定型。婆罗门教由婆罗门种姓至上的宗教逐渐变成婆罗门和刹帝利两个高等种姓至上的宗教，精神、世俗两大势力的巧妙结合，使婆罗门教实力大增。佛教虽然失去了全国性的地位，但在南印度和西北印度等地区仍受到统治者推崇。在这一时期，受婆罗门教等印度本土思想的影响，印度佛教开始过渡到大乘佛教阶段，向"印度教化"迈出了最为重要的一步。

笈多王朝虽然主要位于次大陆北部，却是印度历史上第二个大一统的王朝，其统治者大多信奉婆罗门教。这一时期是婆罗门教复兴最为关键的时期，它为中世纪印度教的改革和发展创造了不可或缺的条件。佛教在这一时期继续自己的"印度教化"进程，为进一步"融入"和"回归"印度教做准备；同时，佛教还走上了学院式佛教和民间佛教相脱离的发展轨迹，一方面佛学水平越来越高，另一方面佛教学者和大和尚等越来越脱离普通信众。

印度的中世纪与欧洲的中世纪不尽相同，[1] 始于公元6世纪末，终于18世纪中期，[2] 也是印度宗教发展史上的第三个时期，即中世纪时期。在这一时期，南印度继续割据状态，由于笈多王朝灭亡，北印度也进入割据状态。就宗教而言，印度佛教消亡；锡克教产生；婆罗门教演变成为新婆罗门教即印度教，"往世书"形成，三大教派定型；伊斯兰教进入并成为

---

[1] 欧洲的中世纪指的是从公元5世纪罗马文明瓦解直至文艺复兴的一段时期。
[2] 1757年，印英之间爆发了著名的"普拉西战役"，英国由此正式开始了侵吞、殖民印度的过程。

南亚次大陆的重要宗教之一；基督教也迈入次大陆门槛。根据印度社会历史的实际情况，笔者把这一时期分成前中世纪和后中世纪两个时期，分界线是公元13世纪初（1206年），即伊斯兰教德里苏丹国成立的时间。

在前中世纪时期，印度次大陆实际上分成了两个部分：北方遭到信仰伊斯兰教民族的持续侵略，结果是伊斯兰教进入印度，由于其天然的军事、政治和经济优势，致使印度本土宗教印度教、佛教等面临危机。在南印度，印度教帕克蒂运动[1]兴起，运动由一些印度教吟游圣人、民间祭司等发起，得到了下层首陀罗种姓群体和上层婆罗门种姓及刹帝利种姓群体的响应，并由此一发而不可收，持续一千余年。该运动的三股力量各有自己的目的。首先，印度教吟游圣人和民间祭司等接受了北印度传过来的"四吠陀""两大史诗"等圣典，虔信印度教大神，反对佛教、耆那教势力。他们急切期望统治者改弦易辙，重视印度教，废止佛教、耆那教等"异"教。其次，自种姓制度和早期婆罗门教形成以来，下层首陀罗种姓就被剥夺了诸种宗教权利，与婆罗门、刹帝利和吠舍三个再生族种姓不一样，他们属于一生族，没有宗教再生权，也没有进神庙拜神的权利。因此，在宗教圣人虔爱思想和"神面前人人平等"等主张的感召下，他们孜孜以求，加入运动行列，以期获得宗教权利。再次，和北印度的婆罗门及刹帝利不一样，南印度婆罗门和刹帝利种姓并没有绝对的宗教和世俗权利，其时佛教、耆那教影响甚大，大土地所有者、大商贾等往往是佛教徒或耆那教徒，位居朝廷大员、军事首领等高级职位的佛教徒和耆那教徒也大有人在。由此，婆罗门、刹帝利种姓乃至印度教国王等也支持帕克蒂运动，矛头直指佛教徒和耆那教徒。由此，在这三种势力的共同努力下，佛教和耆那教节节败退，南印度逐渐为婆罗门教所占领。这段时期，婆罗门教出现了几个伟大的改革家，如商羯罗师徒和罗摩奴阇等，他们在吸收佛教和耆那教的某些内容后对婆罗门教进行了革新，使印度教由婆罗门教阶段正式过渡到印度教阶段。耆那教在北印度的影响本就不大，加之其倡导苦行离世等教条，没有遭到伊斯兰教的毁灭性打击。伊斯兰教产生并传播之前，佛教在

---

[1] 即通常所说的"虔诚运动"或"虔信运动"。

中亚、南亚等广大区域影响广泛。但到了这一时期，佛教不仅在中亚荡然无存，在北印度也遭到了伊斯兰教的沉重打击。此外，自7世纪始，印度佛教开始了密教化进程，与印度教的某些派别逐渐合流，印度教色彩更为浓厚；同时，佛学与普通佛教信众的距离也日渐扩大。这样，至公元13世纪初，印度佛教在自身缺失和伊斯兰教的双重压力下，在南亚次大陆销声匿迹，为印度教所吸纳，融入印度教，"回归"母体。

到了后中世纪时期，印度教和伊斯兰教成为南亚次大陆上最有影响的两大宗教。德里苏丹国及其后继者莫卧儿王朝都以伊斯兰教为国教，将所获所治领土伊斯兰化是其统治者的重要任务之一。在统治者以军政经等作为工具强力传播伊斯兰教的同时，伊斯兰教苏非派大师们也在不断精进，苏非运动于次大陆民间以和平手段在传播伊斯兰教方面作出了重大贡献，而且在一定程度上缓和了两种宗教之间的冲突，为双方的融合与和平相处做出了努力，并取得了成功。这时期印度教帕克蒂运动在整个南亚次大陆开展起来，出现了更多的宗教家，如摩陀伐、瓦拉帕、耆坦亚、罗摩难陀、苏尔达斯、格比尔达斯、杜勒西达斯等。与前中世纪时期不同的是，与伊斯兰教抗衡、保护印度教固有属地成为这一时期印度教帕克蒂运动的首要任务。这些印度教大师不仅使印度教成功地抗衡了伊斯兰教，还对印度教进行改革，使印度教具有了更为"现代"的内容，为印度教在近现代时期的发展做了奠基性准备。同是在这一时期，原为印度教帕克蒂运动派别之一的那纳克派脱颖而出，形成锡克教，那纳克成为其第一任祖师。自第六任祖师哈尔·哥宾德开始，迫于社会现实的压力，为适应自身生存和发展的需要，锡克教逐渐走上尚武之路。

17世纪初期，基督教被西方商人引入印度。100多年以后，即从18世纪中期开始，以1757年的英印普拉西战役为起点，西方文明开始了大规模的枪炮攻势，印度文明和印度宗教面临了新的威胁。自此直到1947年印度独立的近200年是印度宗教发展史上的第四个时期，即"近现代时期"。应该指出的是，经过数百年的斗争和融合，印度教和伊斯兰教基本上适应了共生共存的社会环境。再者，佛教早已消亡，耆那教不具威胁性，在这两百年中，印度教和伊斯兰教相互碰撞、相互融合，形成了近现代印度文化的另一个重要组成部分——颇具特色的印度伊斯兰教文化。由此，印度教文明和印度伊斯兰教文明共同面对来自西方的威胁，两教信徒在与西方的抗争中多次用一个声音说话，用一种姿态表达印度的不满。在1857年的印度民族大起义中，印度教徒和印度穆斯林并肩战斗，沉重地打击了英国殖民者的嚣张气焰。大起义失败以后，英国女王成为印度女皇，印度正式沦为英国殖民地。在这以后的近一百年时间里，印度诸宗教在共同争取印度独立的同时，实现了自身的现代化转型。印度教先后出现了罗姆·摩罕·罗易、达耶难陀·娑罗室伐底、罗摩克里希那、辨喜、提拉克、奥罗宾多·高士、甘地、泰戈尔等大师，他们与时俱进，对印度教进行了一次又一次改革，使之成为富有生命力的新时期的宗教。印度伊斯兰教同样出现了不少宗教哲学大师，莫卧儿王朝的皇帝阿克巴对伊斯兰教进行了大胆的改革尝试，之后又出现了赛义德·阿赫默德·汗和伊克巴尔等人，他们为伊斯兰教在南亚次大陆上的发展和现代化作出了重要贡献，使之获得了新生。从此，印度教和印度伊斯兰教与普通信徒的距离更为接近，与国家和社会的关系也更为密切。这一时期前半期，在兰吉特·辛格的领导下，政教合一的锡克教国家在旁遮普地区曾盛极一时。19世纪中期，英国占领旁遮普，锡克教国家灭亡。不过，作为一个有影响的宗教，锡克教继续发展，仍然是旁遮普地区最大的宗教。

　　1947年，印度获得完全独立，但印巴分治却给次大陆人民带来了永远的伤害。原来的印度宗教分布于印度、巴基斯坦和孟加拉国三个国家[1]；印度教和锡克教主要在印度发展；伊斯兰教在三个国家并行发展，但以巴基斯坦为中心。就地域层面来看，各种宗教的印度次大陆特色或南亚色彩丝毫不减，相互间如印度教和伊斯兰教之间、印度教和锡克教之间虽时有争斗，但各方都得到了长足发展，成功地与国家发展和民族振兴联系了起来，成为社会建设的原动力之一。

---

[1] 1947年，英属印度次大陆分裂为印度和巴基斯坦；1971年，巴基斯坦分裂，西巴基斯坦即今巴基斯坦，东巴基斯坦成为孟加拉国。

二、印度宗教与印度社会

经过几千年的发展，加之自身的绝对优势，印度教对印度社会的影响根深蒂固，这首先反映在印度主流社会[1]的"五民体制"方面，也就是印度教种姓制度。"五民"指印度教的四大种姓婆罗门、刹帝利、吠舍、首陀罗和不可接触者。千百年来，在宗教规范的制约下，这五类人相对封闭，很少往来，形成了迥然不同的五大族群，构成了印度社会的主流民众。由于印度佛教、耆那教和锡克教出于印度教，很多穆斯林也由印度教徒改宗而成，其信众原本各属某一"类"之列，所以，这些族群的"五民"观念也比较强，其内部的种姓、等级色彩毫不逊色于印度教。

印度教种姓制度与印度教同体共生，于吠陀教阶段发端，于早期婆罗门教阶段加强，于婆罗门教和印度教时期得以改良和进一步发展，至今不衰。印欧语系最早的诗歌总集《梨俱吠陀》[2]中关于种姓制度的萌芽有如下记载：

> 原人之神，微妙现身，千头千眼，又具千足；包摄大地，上下四维；巍然站立，十指以外。唯此原人，是诸一切：既属过去，亦为未来；唯此原人，不死之主，享受牺牲，升华物外。如此神奇，乃彼威力；更为胜妙，原人自身：一切众生，占其四一；天上不死，占其四三……原人之口，是婆罗门；彼之双臂，是刹帝利；彼之双腿，产生吠舍；彼之双足，出首陀罗。彼之胸部，生成月亮；彼之眼睛，显出太阳；口中吐出，雷神火天；气息呼出，伐由风神。脐生空界，头现天界，足生地界，再生方位，如是构成，此一世界。[3]

"此一世界"就是这样产生的，婆罗门、刹帝利、吠舍和首陀罗同时生成，成为"此一世界"的天然组成部分。也就是说，四大种姓是"天

---

[1] 指占印度人口80%的印度教社会。此外，耆那教、锡克教和印度佛教，乃至印度伊斯兰教也深受印度教社会的"五民体制"影响。

[2] 一部颂神诗歌集，公元前1500—公元前1000年形成，是吠陀教及后世印度教最重要的经典之一。

[3] 参见季羡林、刘安武选编：《印度古代诗选》，巫白慧译，漓江出版社1987年版，第20—23页。

然"的，由这四大种姓发展而成的"五民体制"也便是自然合理的。实际上，种姓制度源于瓦尔纳制度[1]，雅利安瓦尔纳为胜利者，是统治者族群，其内部有知识阶层（祭司、占卜师、歌功颂德者等）、国王武士阶层和普通劳动者阶层三类人，与虽然内部也有分层但仍被笼统视为失败者，即低等人的达罗毗荼瓦尔纳构成四大种姓。后来，随着战争和社会发展的需要，两大族群相互碰撞、融合，达罗毗荼瓦尔纳的不少上层人上移，进入高种姓群体；而其更为下层者或者不得意者下移，形成不可接触者群体。[2]在早期婆罗门教时期，种姓制度得到空前加强，种姓隔阂严重，"吠陀天启""祭司万能"和"婆罗门至上"三大纲领极力鼓吹种姓的神圣性，把婆罗门地位捧至无上，婆罗门成了"人间的神"。这一认知甚至阻碍了社会的进一步发展，遭到刹帝利和上层吠舍的反对，以致开启了婆罗门教时期。在婆罗门教时期，刹帝利和上层吠舍的地位得到认可，婆罗门、刹帝利和吠舍—文—武—经济，婆罗门是精神世界的领航者，刹帝利和上层吠舍是世俗世界的掌控者，这种结合乃至合作至今犹存。进入印度教时期[3]之后，由于帕克蒂运动的广泛影响，下层吠舍和上层首陀罗种姓的宗教地位得以提升，拥有了入庙祭祀、像前拜神的权利。不过，虽然在近现代时期有甘地、安贝德卡尔等人的努力，不可接触者的地位依然没有得到预期改善。直至今日，不可接触者仍是印度社会的最下层，在宗教和世俗两方面受到欺侮。

这种人为的制度有其渊源。吠陀文明时期，战争频仍，国王武士阶层一者忙于不断征战，无暇他顾，二者需要知识人士婆罗门阶层的支持[4]；而婆罗门趁机编订典籍，抬高自身形象，巩固宗教地位，"婆罗门至上"理念由此扎根，成为印度教中生命力最强的信条之一。鉴于天生的既不事农桑也不上战场的特性，婆罗门制定了巩固自身地位、排定各个族群秩序

---

[1] Varna, 意"肤色"。瓦尔纳制度是雅利安人进入南亚次大陆初期形成的一种相对的隔离制度，即白肤色的雅利安人构成一个族群组，黑肤色的当地人/达罗毗荼人构成一个族群组。

[2] 值得注意的是，雅利安瓦尔纳族群的人几乎很少下移。可以说，就种姓而言，其高种姓人中有黑肤色者，但不可接触者和首陀罗两个阶层中几无白肤色者。

[3] 公元6世纪前后，婆罗门教发展成为新婆罗门教即印度教。

[4] 根据《梨俱吠陀》，婆罗门在婚丧嫁娶、王侯登基、战前占卜吉凶、战时鼓舞士气、战后财产分配等事宜中均必不可少，是神圣性和权威性的重要保证。

的种姓法则：

首先，婆罗门与刹帝利"结盟"。对刹帝利来说，军、政、经等世俗权力最为重要，而婆罗门是知识分子，有谋有略，是潜在的权力争夺者。所以，两者相互承诺，互不"侵犯"，婆罗门永不觊觎刹帝利的世俗权力，刹帝利永不挑战婆罗门的宗教权威，互相支持，共同构成统治阶级。在现实世界中，这种结盟不仅牢不可破，而且神圣纯洁。婆罗门支持刹帝利的世俗统治，以宗教和神话宣扬其合法性；自己则提倡和践行人生四行期[1]，特别注重林栖期和遁世期。

其次，婆罗门积极推行种姓制度，以"再生族""种姓印度教徒"等理念神化种姓隔阂，成功完善并普及了由婆罗门、刹帝利、吠舍、首陀罗和不可接触者构成的"五民体制"。与刹帝利成功结盟之后，婆罗门将商人和地主等有产阶层拉入，声称宗教地位虽有高低之别，但婆罗门、刹帝利和吠舍三个种姓都是"再生族"，有宗教再生的资质和权利，属于高层次印度教徒，在祭祀和拜神方面有共同待遇；同时，再生族有学习"吠陀"和举行祭祀的权利，都可以遵守"四行期"，首陀罗和不可接触者则没有。由此，在统治阶层之外，婆罗门通过种姓制度成功地把吠舍从广大劳动者中分裂开来，使其成为在首陀罗和不可接触者面前具有宗教优越感的宗教信徒，甘心成为劳动人民中的上层，而不与首陀罗和不可接触者为伍。

最后，婆罗门进一步把首陀罗和不可接触者分离开来：声称首陀罗和婆罗门、刹帝利、吠舍三大种姓一样，由神之身体而出，受到神的眷顾，属于"种姓"印度教徒，虽然没有宗教再生资质，也没有举行祭祀和学习"吠陀"的能力，但在宗教层面是洁净的，是人，是种姓印度教徒。为了"团结"首陀罗，婆罗门阐明了不可接触者的属性：游离于印度教社会内部，没有种姓，没有任何宗教地位和权利，与神没有任何关系，不能举行祭祀，不能膜拜神灵，不能进入寺庙，不是宗教意义上的人；首陀罗可

---

[1] 即梵行期、家居期、林栖期和遁世期，为印度教再生族的四个理想生活阶段：梵行期，约25岁之前，专注于研习宗教经典，修炼各类本领；家居期，约25—50岁之间，娶妻生子，重视法（种姓法）、争取利（经济利益等）、满足欲（生理欲望等），尽责尽义，打理家事，助益社会；林栖期，约50岁之后，进入林中修行，逐渐放弃世俗羁绊，拜神向梵；遁世期，约70岁之后，抛弃一切世俗杂念，忘却家庭妻子，一心向梵，追求"梵我合一"。

以与婆罗门、刹帝利及吠舍具有某种层面的接触，比如做前者的仆佣、打扫屋内卫生、牵马遛狗等，但不可接触者则没有这类资质，他们处于社会最底层，只能从事最低贱和肮脏的工作，比如负责打扫粪便、值守火葬场等。种姓规则还声称，种姓印度教徒不能与不可接触者接触，哪怕接触到他们的身影，也会受到玷污。这样一来，首陀罗自然不愿意与这类"非人"接触，以免受到玷污。

千百年来，婆罗门编造发明的这套种姓理论一直盛行并得到实践，"五民"规范得到继承和发扬，不可接触者不得不过着非人的生活。印度在现代争取摆脱英国殖民统治的独立运动中，圣雄甘地和安贝德卡尔曾努力改变不可接触者的状况，可惜两人理念相异措施不一，都没有成功。事实表明，在两千余年的历史长河中，印度人的种姓观念很强，皆遵循"王侯将相有种"法则，几无非刹帝利种姓争夺王位的现象，他们相互隔离，职业不通，婚姻不往，不相往来。"五民体制"成为印度社会的最大特色之一。

信众相信"梵我同一"并追求"梵我合一"，是印度教对印度社会的第二大影响。印度教认为，"梵"是大我，是神，是至高的绝对存在，"我"是小我，是个体灵魂；"梵"是"我"的追求，是终极，"我"是"梵"的某种现象界显现，终会归于梵。"梵"和"我"在本质上是一样的，即如树和种子，是一而二、二而一的关系，"梵我同一"是"梵我合一"的前提和条件，"梵我合一"是人乃至世间万物的终极归宿，之于人就是解脱和涅槃，超越轮回，脱离苦海。不过，虽然"梵""我"本质同一，"梵我合一"却不易实现，这需要修行，有瑜伽修炼实践，有业报轮回过程。也就是说，小我要想与大我合一，必须经历漫长过程，个我必须通过业报轮回的考验，经由瑜伽修炼，不断精进加持。就如种子要想成为大树，必须经过发芽、成长的过程，必须接受泥土、水、风和阳光的滋润，同时经受住风吹日晒和寒冬酷暑的考验，否则，种子成为大树只能停留在理论层面。这里的瑜伽修持包括两个方面，一是身心修持，比如对瑜伽八式的练习，即身心方面的苦行；二是精神加持，比如对神灵的虔信和认知。实际上，对普通信众而言，毫无保留地热爱顶礼印度教大神就是一种瑜伽，是实现梵我合一、获得解脱的重要方式。

信众注重宗教生活是印度教对印度社会的第三大影响，这与遵守五民体制和追求"梵我合一"是一致的。印度宗教氛围浓郁，不论在乡村，还是在城市，三步一庙五步一神像。印度著名的文化名城瓦拉纳西就有二千余座印度教寺庙，另有耆那教寺庙、佛教寺庙和清真寺等；首都德里也一样，可谓寺庙林立，德里红堡对面更是庙宇接踵，印度教寺庙、锡克教寺庙、耆那教寺庙、佛教寺庙、清真寺和教堂相望，信徒摩肩，宗教生活极为热闹。教徒们近乎天天入庙拜神，生、老、病、死、婚姻，乃至盖房买地、架桥铺路等都要举行祭祀，富贵人于宾馆大祭，普通人于家里中祭，无产者于庙里小祭。寺庙里整日熙熙攘攘，婆罗门祭司主持祭祀忙碌，信徒大众向神灵顶礼膜拜忙碌，商贩售卖祭祀用品忙碌……可以说，对普通印度人而言，宗教就是其第二生命，中国是民以食为天，印度是民以神为天。比较而言，印度人花在宗教生活方面的时间和精力很多。这一点是不太注重宗教的中国人难以理解的。

注重宗教生活与信仰神灵息息相关。印度教神灵众多，三大神神话体系发达，可谓世界宗教之最。一般认为，印度神话发展经历了三个阶段，即吠陀文明时期的三界神阶段、婆罗门教文明时期的三大主神阶段和中世纪的三大神体系阶段。笔者稍有异议，认为吠陀文明时期之前还有一个阶段，为印度河文明时期的原始湿婆神阶段。中世纪以后，印度教神话基本没有什么实质性变化，印度教信仰体系也没有多少改变，因此，印度教神话就是三大神体系神话。三大神体系神话指的是以梵天、毗湿奴和湿婆三大主神为支撑的印度教神灵体系。梵天主"生"，为创造之神，妻子是主文艺的萨拉斯瓦蒂女神；毗湿奴主"住"，为护持之神，妻子是主财富的拉克希米女神；湿婆主"灭"，为毁灭之神，妻子是主惩恶的帕尔瓦蒂女神。不过，在日常生活中，印度教徒基本不理梵天，对他不祭不拜。印度教三大教派分别是毗湿奴教派、湿婆教派和萨克蒂教派，不存在梵天教派。萨克蒂教派形成最晚，崇拜女神，尤以杜尔迦女神和迦利女神为形象代表，信徒崇其阳性特征，即杀魔除暴之力，其阴性特点如善良、生育、美丽、持家等反而较为少见。由此，名之曰三大男性主神的鼎立状态，实际上是两位男神和一位女神的三足鼎立，梵天充数，女神正尊。在奉祀方面，代表毗湿奴的是毗湿奴人形形象，代表女神的抑或是杜尔迦人形形象，抑或是迦利人形形象；但代表湿婆的通常是林伽形象或林伽与约尼的合体形象，[1]而且该形象几乎遍及所有印度教信仰地区和族群，成为印度文化的一大奇特之处。

  原始湿婆神阶段即古印度教时期，信仰主体为印度河流域的土著居民达罗毗荼人，他们以原始湿婆为尊，视原始湿婆为全知全能者。根据考古发掘出来的印度河印章看，原始湿婆主体形象为一瑜伽者，具三面，两腿处有明显的勃起的男性生殖器标志，头上有象征农耕文明的水牛角和草垛标识，四周绕有栖息于印度次大陆的大象、老虎、犀牛和水牛等动物；另一些印章上有舞者女性、装饰者女性、祭祀巫师以及各种现存和现无的动物、生灵形象。这些都与后世印度教的湿婆信仰、林伽信仰、女神信仰以及湿婆的兽主形象等极度相似，不能不说这是一种几无断代的直接继承。三界神阶段即吠陀教时期，其信仰主体是自中亚南俄草原迁徙至印度河、恒河流域的雅利安人，他们有泛神论倾向，把神分成天、空、地三类，天界有太阳神苏利耶、医神双马童、"大王"伐楼拿、"大步"毗湿奴等，空界有雷神因陀罗、暴风雨神摩录多、风神伐由、"天国野猪"楼陀罗等，地界有火神阿耆尼、酒神苏摩等。在这个时期，古印度教的原始湿婆信仰依然存在，但信仰者都是被雅利安人征服的当地达罗毗荼人，处于潜行状态。三大主神阶段历时较长，含早期婆罗门教时期和婆罗门教时期两个时段。早期婆罗门教时代，刹帝利忙于征战，一般劳动者忙于生计，婆罗门趁机编订相关典籍，抬高自身地位，提出三大纲领。在此阶段，原始湿婆神信仰和三界神信仰存在，但不受重视。不过，"生主"/"造物主"的概念、统一神的概念逐渐产生。由于公元前6世纪前后沙门思潮的冲击，早期婆罗门教不得不做出改良，"婆罗门是人间的神"逐渐为"真正的"三大神所替代。《摩诃婆罗多》和《罗摩衍那》两大史诗明确确立了梵天、毗湿奴和湿婆三大神地位，梵天由早期婆罗门教时期的"生主"转化而来，具雅利安人特征，毗湿奴由吠

---

[1] Lingam，林伽，男性生殖器；Yoni，约尼，女性生殖器。

陀教时期的天界神"大步"转化而来，兼具雅利安人和达罗毗荼人特征，湿婆神由古印度教时期的原始湿婆和吠陀教时期的"天国野猪楼陀罗"融化而来，兼具达罗毗荼人和雅利安人特征。

三大主神信仰于中世纪形成完整的三大神体系。实际上，完善三大主神信仰是印度教信仰的必需，也是婆罗门教之所以转变成为印度教的重要条件之一。"印度教"梵语/印地语名"Hindu Dharma"，可以译为"印度人的达摩"，也可以译为"印度教徒的达摩"；"Hindu"意为"印度人""印度教徒"，"Dharma"意为"规律""职责""义务"乃至"职业""权利"等，是印度教徒依据自身身份而须具备的职责、权利和职业；也就是说，"Hindu Dharma"是居住在印度这块土地上的人的达摩。所以，印度教（Hindu Dharma）必须具有普遍价值和普遍意义，必须"值得""所有"印度人信仰。由此，三大神信仰体系应运而生。从某种角度说，商羯罗和罗摩奴阇等宗教家起到了"统一"印度教信仰的作用，也起到了完善三大神信仰体系的作用。在他们及诸多宗教家、修道者、祭司等的努力下，印度次大陆各地的神灵逐渐聚拢到三大神麾下，分别归属梵天、毗湿奴和湿婆。比如，文艺女神萨拉斯瓦蒂成为梵天的妻子，其家族含诸多摩奴、诸多仙人、达刹家族和太阳神等。财富女神拉克希米成为毗湿奴的妻子，诸多地方信仰对象如罗摩、黑天、人狮、神龟、鱼，乃至释迦牟尼等都归于毗湿奴，被认定为他的化身。湿婆家族更大，含雅利安和达罗毗荼两大族群的相关神灵，具有雅利安特征的雪山神女帕尔瓦蒂女神和象头神是他的妻子和小儿子，具有达罗毗荼特征的恒河女神和战神室建陀是他的恋人和大儿子；不仅如此，杜尔迦女神和迦利女神并不是两个女神，而是帕尔瓦蒂女神的两个异己形象，帕尔瓦蒂另有其他多种形态，有"九女神"和"十慧母"之说，含"高丽""乌玛"等。此外，各种动物信仰也各有所属，天鹅是创造神梵天的坐骑，金翅鸟是护持神毗湿奴的坐骑，瘤牛是毁灭神湿婆的坐骑，老鼠是象头神甘内什的坐骑，孔雀是战神室建陀的坐骑，狗是湿婆神怒相陪胪的坐骑，山羊是火神阿耆尼的坐骑，水牛是正法神阎摩的坐骑……这样，以三大主神为纲，以各地方信仰为目，纲举目张，三大主神信仰就形成了一个完整而又可以随时扩增的神话体系。这一体系具无限包容性，可以囊括所有神祇，这在造神能力极强的印度次大陆尤为必要。[1] 印度各类神话主要体现在《摩诃婆罗多》《罗摩衍那》两大史诗和《薄伽梵往世书》《梵天往世书》《毗湿奴往世书》《湿婆往世书》《莲花往世书》《林伽往世书》《室建陀往世书》《侏儒往世书》《火神往世书》等三十六部大小"往世书"中。虽然说三大神信仰体系仍在不断扩大，但自中世纪以来，该体系整体几无改变，一直持续至今。

宗教对印度的影响可谓无处不在，可以说，排除了宗教，印度文化将不复存在。历史上，没有宗教信仰的政权几乎没有出现过，大王朝孔雀王朝、贵霜王朝、笈多王朝和莫卧儿帝国等有宗教偏向，小王朝巽伽王朝、甘婆王朝、百乘王朝、伐卡塔卡王朝、戒日帝国和波罗王朝等也都各有遵奉。印度宪法确定，印度是一个世俗的民主国家，这里的"世俗"与一般意义上的世俗有很大出入，其真实含义是印度人民有信仰各自宗教的自由，有膜拜各自神明的自由；这里的民主与西方的民主已不同义，其社会实践与传统的种姓制度并行不悖，法律权威往往要让位于种姓权威。因此，从这个层面上讲，西方国家和印度当下价值观相同的宣传与事实不符，是某一目的驱使下的结盟性操作。历史现状与宗教不可分，文学文化与宗教更是息息相关。从某种意义上说，印度的古代文献只有两类，即文学性的宗教经典和宗教性的文学作品。印度教经典"吠陀文献"《梨俱吠陀》《娑摩吠陀》《耶柔吠陀》《阿达婆吠陀》和"梵书""森林书""奥义书"具有文学价值，两大史诗《摩诃婆罗多》和《罗摩衍那》也是宗教经典，三十六部大小往世书更兼宗教和文学双重性质；古典梵语文学、现代印度语言文学、古代故事文学、戏剧文学、小说文学乃至中世纪的《苏尔诗海》《罗摩功行之湖》等也都有文学和宗教双重意义。文学如此，艺术同样。印度音乐源自印度教神庙，是献予神以娱神的，其古典音乐至今不衰；印度的舞蹈同样出于印度教神庙，湿婆大神被奉为舞蹈之神，世上所有舞蹈皆为他所创造；印度雕刻、绘画等都与宗教具有密不可分的关系，其宗教石窟、手凿石庙、各类石雕和岩画壁画等都蕴涵着浓重的宗教色彩；另有

---

[1] 2020—2021年新冠病毒流行期间，印度教万神殿中又多了一位"新冠病毒"女神。印度教徒争相顶礼，希望女神给予信众恩惠，带走病毒，还人类以健康。

建筑，不论是闹市中的宏大寺庙，还是丛林中的小型祭祀场所，也不论是宫廷建筑，还是居家小院，都包含宗教元素和神灵信息。一句话，印度人的宗教信仰和神灵崇拜并不刻意，源于生活，溶于生活。

三、印度宗教与民族主义

从历史角度看，南亚的印度教民族主义很早就萌芽了。早在公元七八世纪伊斯兰教民族入侵印度次大陆时期，印度教徒就奋起反抗，掀起过轰轰烈烈的印度教民族反抗伊斯兰教民族侵略的斗争。那时，印度教民族主义就有了产生的合理原因。[1] 不过，真正意义上的印度教民族主义产生较晚，大体形成并发展于英国取得南亚统治权之后的印度民族和伊斯兰教民族的觉醒时期。

英国在南亚取得统治权以后，印度次大陆基本上维持着一个松散的由印度本体和许多土邦组成的集合，各组成部分分别向英王负责。当时最有影响的宗教是印度教和伊斯兰教。为了复兴印度并赶走殖民者，不少信奉印度教的仁人志士开始行动起来，他们利用印度教进行民族启蒙宣传。也就是说，"复兴印度教"成为印度觉醒的最为重要的内容。不少民族运动领导人也力图把民族爱国主义安置在印度教的基础上，在民族独立运动中利用印度教团结群众。1885年，印度历史最悠久的现代政党印度国大党成立。该党虽然自称没有任何宗教倾向并声言代表全体印度人民的利益，但由于其党员、高层领导等多是印度教徒，它还是具有某种印度教民族主义色彩。1906年成立的印度穆斯林联盟是对国大党的反动。印度穆斯林联盟指责国大党代表的是印度教徒，维护的是印度教徒的利益，声称自己才是代表印度穆斯林利益的政党，并在各个方面与国大党分庭抗礼。而印度教极端分子也指责国大党，认为国大党替穆斯林说话，根本维护不了印度教徒的利益。于是，他们于1925年成立了印度教教派组织国民志愿服务团。

---

[1] 参见姜景奎：《印度的教派问题》，载《南亚研究》1998年第2期。

该组织是准军事组织,是 30 年代产生的"印度教国家理论"[1]的积极倡导者。后来又有不少印度教组织和政党产生。这类组织和政党一方面积极参与反对英国殖民统治的斗争,另一方面和其他教派,特别是和印度伊斯兰教相关组织进行斗争。由此,印度教和印度民族主义走到一起,构成了印度教民族主义;而且一开始就具有极强的排他性。南亚的印度教民族主义正式形成。

1947 年印巴分治后的最初 15 年,印度实行了宪法中规定的"世俗主义"政策,宗教对国家影响不大,印度教民族主义一度销声匿迹。20 世纪 70 年代以后,由于国内外诸多因素的影响,[2]印度教民族主义重新抬头,印度教原教旨主义者开始行动起来,鼓吹大印度主义。1980 年印度人民党的成立是印度教民族主义历史上的一件大事。该党的前身是 1951 年成立、1977 年并入老人民党的人民同盟,而人民同盟是印度教大会的领袖之一希亚玛·普勒萨德·穆克吉在国民志愿服务团的领袖高瓦克的帮助下成立的。成立以后,印度人民党与印度教大会、国民志愿服务团、湿婆军等印度教组织相互支持,提倡印度教文化,宣传印度教至上主义,形成了声势浩大的印度教民族主义阵线,给印度政治"抹上"了极其浓厚的宗教色彩。1987 年以后,印度人民党通过选举逐渐成为印度政坛上一支举足轻重的力量,在 1996 年的大选中成为印度第一大党,其领导人瓦杰帕伊一度坐上了内阁总理的宝座。1998 年 2—3 月的大选更使它一枝独秀,继续稳坐第一大党的交椅,再一次成为执政党。在 1999 年 9—10 月的大选中,它和盟友又取得了胜利,成为当然的执政党。当时有分析家认为,印度人民党这一次将获得长期执政的机会,印度政治的印度教民族主义色彩将更浓,南亚印度教民族主义的影响将更大。果然,在印度教相关组织,特别是国民志愿服务团的全力支持下,印度人民党于 2014 年赢得大选,2019

---

[1] "印度教国家理论"认为,印度是印度教国家,只有具有印度教背景的人才是这个国家的主人,才是"印度母亲的儿子";其他不属于印度教社会的人如穆斯林和基督教徒等都是外国人或入侵者;如果他们要在印度生活下去,就必须接受印度教文化,并绝对服从印度教徒,除此以外别无选择。

[2] 20 世纪 70 年代以后,印度国内的锡克教组织和伊斯兰教组织活动逐渐加剧,成为影响国内政治的重要因素之一;在印度国外,伊斯兰教原教旨主义在周边国家巴基斯坦等国蓬勃发展,不仅影响到印度国内的伊斯兰教,对印巴之间的克什米尔问题也产生了巨大影响。

年蝉联。这使印度在社会、政治、文化,甚至经济领域的印度教民族主义色彩愈加浓重,不仅在南亚,在亚洲乃至整个世界都有着显著影响。

因此,自20世纪70年代以来,特别是自印度人民党成立以来,印度教民族主义发展迅速,印度教国家理论的影响日益扩大。其后果是印度的印度教国家意识越来越强烈,印度教文化意识越来越霸道。在印度国内,这一意识主要表现为:印度教小视其他教派,认为其他宗教必须服从印度教文化;在国际上,这一意识表现为印度在南亚地区的大国沙文主义倾向以及要成为世界大国等方面。

需要指出的是,印度教民族主义的产生及发展与南亚的伊斯兰教民族主义有着非常密切的关系。有人认为南亚不存在伊斯兰教民族主义,或存在而影响甚小,笔者不同意这种观点。实际上,在公元七八世纪伊斯兰教民族侵入印度次大陆以后,南亚的伊斯兰教民族主义就已初露端倪。但和印度教民族主义一样,现代意义上的南亚伊斯兰教民族主义产生的较晚。

在印度教民族开始觉醒历程不久,伊斯兰教民族也开始了觉醒历程。和印度教民族一样,伊斯兰教民族也不满英国的殖民统治。但在共同反对英国殖民者的斗争中,伊斯兰教的不少人士逐渐意识到本教信仰群体和印度教信仰群体的区别。1867年,赛义德·阿赫默德·汗首次提出"伊斯兰教信徒和印度教信徒是两个民族"的观点,并于1886年成立了伊斯兰教大会。南亚的伊斯兰教民族意识由此逐渐增强。1885年声言没有宗教倾向的印度国大党成立,但穆斯林不予接受,于1906年成立了印度穆斯林联盟,在政治、经济等领域与国大党抗衡。1930年,著名哲学家、诗人伊克巴尔提出要在南亚"建立穆斯林自己的国家",1933年穆罕默德·阿里·真纳为这个国家取名"清真之国"(Pakistan)。1940年,穆斯林联盟在阿里主持下于3月23日通过了建立巴基斯坦国的"拉合尔决议"[1]。这一决议在1947年英国退出南亚次大陆后得以实施。

实际上,南亚的印度教民族主义和伊斯兰教民族主义是南亚人民在反对英国殖民统治、争取国家独立过程中的两支力量。他们一支高举以印度

---

[1] 参见黄心川主编:《南亚大辞典》,四川人民出版社1998年版,第45页。

教文明复兴印度的旗帜，一支以为南亚穆斯林谋利益为基本前提。虽然他们努力的大方向——赶走外国统治者——相同，在血统、部族等方面却有各自的宗教集团利益。从历史角度看，如果没有奇迹出现，这两个集团很难走到一起。因此，印度教民族主义和伊斯兰教民族主义的产生在某种意义上是可以理解，甚至是不可避免的。1947年印巴分治以后，南亚的伊斯兰教民族最终有了自己独立生存发展的空间，伊斯兰教民族主义情绪空前高涨。此外，独立后的印度仍然有比例很高的穆斯林人口，他们经常与印度教徒发生冲突，形成印度的重大社会问题之一。印度的穆斯林活动还常常得到其他南亚伊斯兰教国家穆斯林的积极支持，这更加促进了印度教民族主义的发展势头。

所以，从某种意义上说，南亚的印度教民族主义和伊斯兰教民族主义是"相辅相成"的。印度教民族主义势力的发展壮大与伊斯兰教民族主义势力的发展壮大是密不可分的：绝大多数印度教民族主义组织如国民志愿服务团等是在1906年印度穆斯林联盟成立以后、伊斯兰教教派组织活动日益活跃的背景下成立起来的；独立后印度的印度教组织、政党也大多是在其本国及周边国家的伊斯兰原教旨主义势力日趋壮大和激进的影响下成立起来的。反过来，南亚的伊斯兰教民族主义势力在很大程度上也是对印度教民族主义势力的反动。

1. 印度教民族主义的积极作用

宗教的存在有其合理积极的意义，民族主义的存在也有其合理积极的理由，宗教和民族主义结合后形成的宗教民族主义当然也有其积极的一面。印度教和印度民族主义结合而成的印度教民族主义就有其积极作用：

首先，印度教民族主义是在反对英国殖民主义压迫和争取印度独立的运动中产生的，其目标是实现国家独立和追求印度文化的复兴。所以，印度教民族主义的产生和发展在某种程度上推进了印度教民族的觉醒进程，使一大批信仰印度教的仁人志士为国家民族的前途着想，走上了爱国救亡的道路。他们以印度教为团结广大普通百姓的旗帜，以赶走英国殖民主义者、取得国家独立、争取民族自强为最高目标，在印度历史上写下了光辉的一页。不仅如此，许多印度教的有识之士还发起了社会改革运动，他们站在历史进步的高度，对印度教文化中的落后成分进行了尖锐的批判，为印度文化的发展做出了不可磨灭的贡献。在这方面，莫罕达斯·甘地、罗宾德拉纳特·泰戈尔、贾瓦哈拉尔·尼赫鲁等都是值得提及的人物，他们都是虔诚的印度教徒，都是印度独立运动中的风云人物，但从某种意义上说，他们都是印度教民族主义者。所以，可以毫不犹豫地说，没有印度教民族主义的产生和发展，印度的独立不会那么顺利，甚至可能会推迟好长时间。

其次，印度教民族主义的产生和发展使印度免于分裂，成为一个联邦国家。印度是一个大国，其幅员辽阔，地理、气候、人种、生活习俗等都有较大差别，但由于绝大多数人都信仰印度教，绝大多数宗教、政治组织的参与者都是印度教徒，加之印度教民族主义者的活动、宣传，印度在20世纪中叶的动乱年代并没有四分五裂，保持了相对的统一性。

这里有两点需要说明，其一，正如上述提及的，英国殖民下的印度是由印度本体和许多土邦组成的松散的集合体，而根据英国退出印度前抛出的《蒙巴顿方案》[1]，土邦可以根据自己的意愿自由决定归属独立后的印度和巴基斯坦。而且，《蒙巴顿方案》并没有规定土邦不可以独立建国，这自然就为印度制造了分裂的前提。笔者认为，印度之所以有今天的疆土，与印度教及印度教民族主义有着十分密切的关系。其二，有些人认为，中国的疆域比印度还大，而中国没有宗教照样是个大一统的国家。笔者要提请注意的是，自秦朝以来，中国基本上就是一个统一的国家，历朝历代的统治者都有大一统的思想，他们不允许国土分裂，国土分裂对他们来说是无能软弱的表现。印度则不同，在印度历史上，除孔雀王朝、笈多王朝、莫卧儿王朝等少数王朝外，印度基本上处于土邦割据的分裂状态，国家没有大一统的传统，政治家也没有大一统的执着理念。因此，印度教民族主义在20世纪中叶对印度的相对统一几乎起到了决定性作用。

---

[1] 参见林承节：《印度近现代史》，北京大学出版社1995年版，第712—740页。

再次，印度教民族主义的产生和发展在某种程度上促进了印度文化的发展，保持了印度文化的整体性，这不仅对印度是一个贡献，对世界文化也大有裨益。印度之所以成为一个国家，之所以在异常动乱的年代没有四分五裂，印度教及印度文化的作用不可低估。反过来，印度的统一状况、印度教民族主义对印度文化也有很大的促进发展作用。印度教民族主义组织、政党等积极宣扬、大力倡导印度传统文化（即印度教文化），不仅提升了印度教文化在普通国民心目中的地位，而且使延续了五千年的印度文化传统得以继续生存和传承下去，使这一古老文明在新时期继续为人类服务，成为人类共有的宝贵财富。

最后，从某种意义上讲，印度教民族主义的产生和发展提升了印度在国际舞台上的地位，促进了印度国民的自信心和自豪感。可以说，在英国殖民者统治时期，印度文化遭到了西方甚至某些印度本土人士的否定，他们持有强烈的西方文化优越论的观点，认为印度文化是低级的，是落后的，是应该全盘抛弃的。但在印度教民族主义者那里，印度文化是优秀的，是至高的。他们为拥有延续五千年的历史文化而自豪，并进行大力宣传，使印度国民有了归属感和荣耀感。实际上，这也是对西方文化优越论的否定，是对东方文化的肯定。

2. 印度教民族主义的消极影响

印度教民族主义同样有着不可忽视的消极影响，这种消极影响有时候甚至会超过其积极的一面。

第一，印度教民族主义的产生和发展加剧了南亚伊斯兰教民族主义的发展势头，两者在 20 世纪初就形成了对抗态势，在反抗英国殖民主义者的斗争中时常发生冲突。终于，在 20 世纪中叶发生了两教信徒间的宗教大屠杀，其间近 50 万人死于非命，甚至圣雄甘地也成了宗教屠杀的对象，成了无谓的牺牲品，令世界震惊，给国家、社会带来了空前的灾难。

第二，印巴分治是印度教民族主义和伊斯兰教民族主义对抗的直接后果。虽然，我们承认英国人"分而治之"的巨大作用，但如果印度教民族主义者和伊斯兰教民族主义者能和睦相处，能从整个国家、民族的大局出发,印度就不可能分裂。

第三,如上面所述,印度独立后的最初15年,宗教对国家影响不大,印度教民族主义一度销声匿迹。但20世纪70年代以来,特别是1980年印度人民党成立以来,印度教民族主义重新抬头,印度教国家理论的影响日益扩大,结果是印度教民族意识越来越高涨,印度教国家意识越来越强烈,印度教文化意识越来越霸道。这自然招致其他宗教派别如伊斯兰教、锡克教的反对。20世纪80年代前半期,印度教和锡克教严重不和,两教发生了令人震惊的流血冲突,人员、财产损失无数,时任印度总理英迪拉·甘地在冲突期间也惨遭杀害。伊斯兰教方面也具有相似的特点,20世纪70年代初期,印度各地的穆斯林开始组织起来,召开政治性大会,有的组织甚至鼓吹穆斯林从印度分离出去,这更加激起印度教民族主义的发展气势。针对这种情况,声称直接代表印度教徒利益、印度教色彩非常浓厚的印度人民党和国民志愿服务团积极活动,组建了一支庞大的具有广泛性的印度教民族主义主力军。这支主力军始终以捍卫印度教为首要任务,对其他宗教实行某种程度的歧视政策,他们多次发起宣扬印度教的"神车游行"等活动,主张拆掉阿约提亚的巴布里清真寺并在原址上重建罗摩庙,由此酿成了轰动一时的"庙寺事件",甚至一度引发了印度同周边伊斯兰教国家的紧张状况。

总体说来,印度教民族主义在印度国内的表现是唯我独尊,认为印度是印度教的印度,印度文化是印度教的文化,如果其他宗教信徒要在印度生存下去,就应该接受印度教和印度教文化。这自然是不合理的,会遭到其他宗教信仰者的反对,其结果就是宗教冲突,致使印度国内政局不稳、社会动荡,影响国家建设。

第四,印度教民族主义在国际上首先表现为在南亚地区的大国沙文主义倾向。印度教民族主义者认为,南亚次大陆就是印度次大陆,印度次大陆就是印度的大陆,只有印度,也唯有印度才是这块土地上的主人。而印度是印度教的印度,是以印度教文化为基石、以印度教大神为最高主宰的印度。所以,在对待南亚各邻国方面,印度教民族主义者从不谦虚,向来以老大自居。它曾经派兵进入马尔代夫,也曾驻兵斯里兰卡,在恒河水问题上要挟过孟加拉国,在许多方面挟制过尼泊尔,不丹的国防权和外交权在它手上,小国锡金20世纪70年代初就成了它的一个邦。我们可以从印度前总理纳拉辛哈·拉奥于20世纪80年代末评论中国、印度、尼泊尔三国关系的谈话中充分体会到印度教民族主义者的南亚老大姿态。他声称,尼泊尔可以和中国发展友好关系,但再好也只能是朋友关系。而"我们不同,我们印度和尼泊尔是兄弟关系",兄弟关系当然要近于朋友关系。拉奥是在尼泊尔希望与中国发展更密切关系的情况下说这番话的,他当时是印度的国防部长。不言自明,他是在提醒尼泊尔,要尼泊尔小心行事,不要不经印度同意就随便与其他国家发展关系。

第五,印巴冲突不断是印度教民族主义和伊斯兰教民族主义对抗的直接表现形式。从独立起到现在的70多年来,印度教民族主义和伊斯兰教民族主义基本上处于对立状态,这是印巴两国相互敌视的主要原因之一。"据印度内政部统计,印巴冲突从1968年至1969年共发生865次,从1970年至1971年共发生842次。从80年代到90年代,教派斗争愈演愈烈,武装冲突成了主要斗争形式"。[1]1992年发生的"庙寺之争"[2]和1999年两国间的武装冲突使世界震惊。

从印度教民族主义者的心态上来看,他们从不愿意人们把巴基斯坦和印度并列,认为印度是大国,巴基斯坦是小国,小国巴基斯坦没有任何资格与大国印度平起平坐。所以,巴基斯坦的桀骜不驯一直令印度教民族主义者恼火,一直是他们的一块心病。但作为一个有强烈伊斯兰教民族主义情结的国家,巴基斯坦当然不会在任何方面服软。两国曾在1947—1949年、1965年和1971年发生过三次战争,并在1987年、1991年两次濒于战争,1999年4—7月间还发生了局部战争。两国间的最大顽症克什米尔问题不仅没有得到解决,而且已经成为两国宗教民族主义者发泄宗教民族主义情绪的试验场。不仅如此,其他南亚国家的穆斯林对此也持强硬态度,也就是说,南亚的伊斯兰教民族主义者也非常气盛,他们始终以印度教民

---

[1] 黄心川:《当前南亚宗教发展的趋势与特点》,载《南亚研究》1997年第1期,第37页。
[2] 该次事件也影响到了巴基斯坦和孟加拉国的伊斯兰教民族主义者,他们极力支持印度的穆斯林,在各自国内发起了毁坏印度教庙宇的行动。

族主义者为斗争对象，大有永不退缩之意。从目前情况看，这两种宗教民族主义势力不仅没有减弱，反而有所增强，印巴克什米尔问题在可预见的未来很难得到圆满解决。如果双方仍不改变政策，其后果不仅威胁到两国本身的稳定，也会威胁到整个南亚地区。

第六，在与中国的关系方面，印度教民族主义者同样有自己的看法，他们一向把中国看作印度潜在的最大对手，他们附和国际上的所谓"中国威胁论"，配合某些国家对中国采取不友好的政策。这方面，印度教民族主义者中有少数极端分子对中国极为敌视，罔顾事实地声称中国在1962年侵犯了印度，认为中国与巴基斯坦的正常友好关系是对印度的大不敬，还莫须有地认为中国在国际事务的许多方面打压印度。近年来，印度教民族主义势头更盛，在美国等西方国家的怂恿引诱下，于中印边境、政治和经济等方面发起了诸多挑衅事件，致使中印关系出现悬崖式倒退，可谓害人害己。

第七，印度教民族主义不仅在南亚地区称霸，还积极主张走出南亚，力争成为世界强国。为此，印度教民族主义政府即以印度人民党为首的执政联盟政府不惜冒天下之大不韪，于1998年挑起了南亚核危机，[1] 强行跨进了核门槛，成为有核国家之一。毫无疑问，这一行为引起了相关国家的强烈反应，引发了不健康的军备竞赛，给南亚地区、亚洲地区乃至全世界带来了不安定因素。令人遗憾的是，美西方对这类行为不仅不加阻止，反而推波助澜，帮助"武装"印度，拉拢印度加入遏华集团。这无疑变相地助长了印度教民族主义的嚣张气焰。

实事求是地说，印度教民族主义有其合理的一面，它在印度反抗英国殖民主义争取印度独立的运动中发挥过非常大的甚至决定性的作用，在提高印度文化地位、增强印度民族自豪感等方面也作出过非常重要的贡献。但它也有诸多消极面，它有时带有某种侵略性、进攻性，对印度国内其他宗教信仰者、其他类型文化具有某种歧视、压制作用，对其他国家怀有某种不信任甚至敌意，这自然不利于国家发展和地区稳定。

---

[1] 参见拙文：《宗教民族主义与印巴核对抗》，载《东方研究·2000》，经济日报出版社，2001年4月。

所以，如何扬弃印度教民族主义，如何发扬优点摒弃错误，就成了印度教民族主义者的迫切任务。可以想见，如果印度教民族主义能自新，印度将会大受裨益，世界也会受益匪浅；否则，印度将跳不出现在的以军事强国的怪圈，将给经济发展带来负担，并将给地区安全带来威胁。

四、印度宗教与民族国家

2019年5月，印度人民党继2014年之后再次以绝对优势赢得大选。5月30日，莫迪连任总理，组建强势政府，由此结束了印度政坛长达30年多党联合执政的弱政府形象。此后，莫迪新政府凭借绝对的政治优势以印度教民族主义重塑国族认同：2019年8月5日，政府通过总统令废除宪法第370条，以"地区发展和国家整合"为名义取消了印控克什米尔在宪法中的特殊地位；11月9日，印度最高法院裁定在阿约提亚原巴布里清真寺遗址上修建印度教罗摩庙，以印度教徒的胜利结束了持续30余年的庙寺之争；12月11日，印度人民党推动议会两院通过《公民身份法（修正案）》，允许来自阿富汗、孟加拉国、巴基斯坦三国除穆斯林以外的宗教少数群体加入印籍，该法案可谓印度国族重塑进程中的又一里程碑，是对印度穆斯林群体的公开漠视乃至歧视。

上述动作都在印度引起了规模不等的骚乱，但均未掀起大浪，对印度人民党和莫迪政府几无影响。这意味着，印度长期面临的印穆争端问题有了某种结果，即穆斯林群体在可预见的未来再也无法影响印度大局，从此销声而不匿迹。印度也由此进入某种印度教一元文化时代，印度教民族和印度民族趋于重合，印度教民族主义和印度民族主义趋于同质，印度人民党母体组织国民志愿服务团狭义的"印度教特性"（Hindutva）和印度大众广义的"印度特性"（Bharattva）趋于一致；"印度"（Bharat）进入"婆罗多族"时代，印度这块土地俨然成为"印度教徒之地"（印度斯坦，即Hindustan）。概言之，印度进入了某种意义上的"一种宗教、一种文化"阶段，国民志愿服务团的追求几近实现，"印度"（Bharat）成了现代意义上的"单民族国家"。

《大唐西域记》记载，玄奘"亲践者一百一十国，传闻者二十八国"。这些国家大多在印度，而"印度之人，随地称国，殊方异俗，遥举总名，语其所美，谓之印度"。古代"印度"并非今日印度。古为地理概念，大体相当于今印度次大陆；今为国家概念，1947年之后才出现。

1947年以前，从来就不存在"印度"这个国家。就印度教文化背景的政权而言，公元前4—前2世纪的孔雀王朝和公元4—6世纪的笈多王朝算是两个统一国家，但前者没有完全包揽南印度，后者更是限于北印度。其他时间里，次大陆基本处于诸国割据的状态，国家名义上的"印度"从来没有出现过。公元八九世纪之后，次大陆进入更加复杂的族群并存时期。信仰伊斯兰教的阿拉伯人、阿富汗人和突厥人纷纷进入次大陆，先后于1206年和1526年建立德里苏丹国和莫卧儿王朝。期间，伊斯兰文化居上显在，印度教文化居下潜在，双方相争共处，直至西方人接棒。在这近千年中，国家"印度"仍很模糊，如果说有，也是次大陆诸多国家的合称，不确指伊斯兰教王朝，也不确指某一印度教王国。

18世纪中期，英国人开启殖民次大陆的进程。先是获得英王特许证的英国东印度公司开道，1877年英国女王正式成为印度女皇。这一时期，"印度"仍是泛指的地理概念。实际上，英殖印度包括两部分：英殖印度和英殖土邦印度。前者即所谓的11个省，由英国殖民者直接治理，后者由560多个独立的土邦王国组成，接受英国的宗主权。1947年印巴分治时，这些土邦王国可以自由选择加入印度或巴基斯坦。另外，在英殖时期，所谓的"印度版图"一直处于异动之中，英国殖民者凭借武力肆意侵略，侵占了次大陆周边的不少疆土，如缅甸、锡金、尼泊尔、拉达克等，还有我藏南的大片领土（即今伪阿鲁纳恰尔邦），皆被纳入"印度"名下。此"印度"亦非后世之印度。

1885年，印度国民大会党成立（下称"国大党"），印度次大陆进入新时期。国大党由受过西式教育的本土精英构成，主体为印度教徒，也有不少穆斯林。正是在国大党的领导下，印度人作为一个整体获得了独立。然而，英国人走后，由谁承继政权旋即成为国大党内及所有次大陆人民的共同问题。"印度"属于谁？谁是"印度母亲"的亲生儿子和继承人？是印度教群体，还是伊斯兰教群体？按理，英国人侵略印度之时，印度正处于莫卧儿王朝治下，英国理应还政于伊斯兰教族群。不过，印度教族群在人口上远超伊斯兰教族群，且印度教族群一向认为英殖之前是伊斯兰教族群"窃取"了次大陆，其统治并不合法，英国应还政于印度教族群。1906年，印度穆斯林联盟成立，代表穆斯林利益；1925年，国民志愿服务团成立，代表印度教徒利益。两股民族主义势力由此在印度次大陆争斗不休，成为印度独立运动中的另一道"风景"。

在这道"风景"之中，"印度母亲"成为定义印度属性的重要因子。概括起来不外三种情况：第一，以国民志愿服务团为代表的印度教民族主义者认为，未来印度应该是一个以印度教文化为基础的独立国家，"印度母亲"是印度教徒的母亲，印度次大陆是印度教徒的家园。第二，以穆斯林联盟为代表的伊斯兰教民族主义者认为，作为英国殖民前的次大陆统治群体，伊斯兰教族群理应在独立后的印度自主地享有和印度教徒平等的权利，而正是出于对该理想的消极预估，穆斯林联盟选择了独立建国的道路。第三，国大党主要领导圣雄甘地、尼赫鲁以及开明的两教贤达等认为，印度是次大陆上所有族群的家园，印度教徒和穆斯林都是印度母亲的儿子，都是继承者；但在表述"印度母亲"时又有一定分歧，甘地等人的"印度母亲"概念虽然偏重世俗，却愿奉印度教女神为印度母亲形象，遭到伊斯兰教族群的排斥和批驳。由此，"印度母亲"形象不一，对其敬拜方式不一，不同族群难以共处。

显然，这时期的"印度"并无确切归属，其属性仍然处于飘摇之中，既不是国家，也不是国族，更不是具有统一国族意志的名称。

1947年8月印巴分治，穆斯林居多的地方（今巴基斯坦和孟加拉国）构成巴基斯坦；印度教徒居多的地方构成印度。"印度"从此成为真正的国家名称。

新印度走世俗主义道路，主体国民是印度教徒，占印度总人口的近80%，穆斯林人口14%有余。由于尼赫鲁等人对世俗主义的认同及对印度多元文化的坚持，更由于建国伊始面临的诸多问题，从建国至20世纪80

年代的 30 余年时间里，印度主要进行了国家再造方面的相关工作。

再造工作包括两个方面，一是土邦和国家的融合，二是不同宗教族群的融合。印巴分治时，土邦王国众多，印度和巴基斯坦都希望更多土邦加入自己的国家。最终有 550 多个土邦加入印度，10 多个加入巴基斯坦，人口最多的海德拉巴和面积最大的克什米尔希望独立。虽然穆罕默德·阿里·真纳（巴基斯坦国父）认为土邦可以选择独立建国，但尼赫鲁明确指出："我们将不承认在印度有任何形式的独立的土邦。"最终，海德拉巴并入印度，克什米尔成了印巴争执之地。土邦加入印度，各土邦王不仅想保留领地，还想拥有特权；众多穆斯林留在印度，宗教族群的融合也是棘手问题。因此，新生印度是一个疆域拼凑起来的、族群之间存在诸多矛盾的国家，当政者的首要任务是把印度建成一个更加统一的国家。就土邦融合而言，时任副总理兼内政部长帕特尔功不可没，他软硬兼施，对 550 多个土邦王晓之以利害，动之以武力，采取合并、调整、占领等手段，仅用几年时间就达成了比较理想的整合效果。其最大动作是出动军队占领并分割海德拉巴，并通过军事占领和予以特殊地位等方式，使穆斯林人口居多的克什米尔（即印控克什米尔）成为新印度的组成部分。宗教族群融合问题比较复杂，印度政府寄希望于世俗理想和世俗实践，但信仰不同于生活，印穆之争一直没有停歇下来，成为印度社会的一大痼疾。但不论如何，此时的印度已然成为一个国家。

"国家"印度形成之后，印度国民是不是一个民族以及"印度民族"是否存在，一直困扰着执政者、社会精英乃至人民大众。

英殖前后的治权问题仍是该问题的症结所在，"国族"重塑成为土邦问题之后印度最为重要的政治和社会问题。一向强调印度教特性的国民志愿服务团认为，印度教徒是在这块土地上土生土长的，是当然的主体民族，而伊斯兰教是外来的，穆斯林族群必须遵从印度教文化，对印度教国家印度忠诚不二。这一主张于 20 世纪 80 年代重出水面，以"印度教特性"等同于"印度特性"、"印度教民族"等同于"印度民族"的呼声不断涌现。国民志愿服务团现任领袖莫汉·帕格瓦特指出："任何出生在这个国家的人都是印度教徒，他们中的一些人崇拜偶像，另一些则不。从国籍来看，穆斯林甚至也可以是印度教徒，他们仅仅在信仰上是穆斯林罢了。"其目的在于从身份上收编穆斯林族群，使之成为"印度教民族"的成员。

"印度人民党执政"和"重建罗摩庙"是这类呼声及目标的完整体现。1996年，印度人民党成为印度议会第一大党，并执政13天；1998年与其他政党组成联合政府，执政届满；2014年议会席位过半，执政届满；2019年一党独大，成为无可撼动的执政党。"重建罗摩庙"运动使阿约提亚成为印穆冲突的中心。1992年12月，大量激进的印度教徒拆毁了建于1528年的巴布里清真寺，在印度全境引发持续数年的教派骚乱。巴基斯坦、孟加拉国等伊斯兰国家予以强烈谴责。2019年，前文提及的印度最高法院裁定给该案画上了印度教徒完胜的句号。

值得一提的是，2002年，隶属于国民志愿服务团的穆斯林国民论坛（Muslim Rashtriya Manch）成立，标志着印度教民族主义势力对印度穆斯林群体系统整合的开始。截止到2016年，穆斯林国民论坛已在印度22个邦成立了1800个分支机构，有成员数百万，在大选期间于穆斯林社区走街串巷，为印度人民党拉票，成为国民志愿服务团和印度人民党的强力支持者。由此一来，国民志愿服务团在社会层面呼吁造势，印度人民党在政府层面出台政策，两者相互配合，使穆斯林族群不得不认清形势，由"他者"变为"同志"，融入"印度民族"，乃至成为"国籍上的印度教徒"。

2019年印度人民党在大选中独占鳌头和莫迪强势执政表明，印度教民族主义者自20世纪80年代开始的"印度教徒化"穆斯林族群的"计划"基本完成，印度"国族"重塑达成预期，以"印度教族群"为主体、包含穆斯林族群的"印度民族"基本形成，"印度教民族主义"成为名正言顺的"印度民族主义"，地理名称"印度"也实现了国家名称和国族名称的统一。

五、印穆冲突的文化因素

如上文所述，在印度，印度教徒和穆斯林的冲突由来已久。在印度独立之前，双方就发生过无数次大大小小的暴力冲突。印度独立即印巴分治期间，双方冲突的规模更是空前绝后，致使100多万人死亡，上千万人成为难民，财产损失无数。印度独立后的最初15—20年间，双方矛盾有所缓和，虽然小的冲突仍时有发生，但大的冲突很少，可以说几乎没有。20世纪70年代以后，特别是20世纪80年代中后期以来，双方的矛盾有所加剧，发生了多次令人不安的冲突：1992年的"庙寺之争"尤为令人震惊，3000多人死于非命，财产损失巨大。2002年上半年，冲突又有所升级，致使近1000人死亡，印度人民党领导的联合政府也因此一度濒临倒台的边缘。

就这类冲突的影响而言，其一，印度本身受到的影响最大，它不仅会使印度政局动荡和社会不稳，还会影响到整个国家经济，拖经济发展的后腿，甚至会影响到印度的领土统一。一句话，印度的印度教徒和穆斯林之间的"教派冲突是印度现代化道路上的一大障碍，可以说是一个主要障碍"[1]。其二，对印度与巴基斯坦等周边伊斯兰教国家的关系有不良影响。发生在印度的冲突往往会波及巴基斯坦和孟加拉国，这两个以伊斯兰教为国教的国家的穆斯林"兄弟"和伊斯兰教组织往往会做出相应的反应，如向当地属于少数的印度教徒进行挑衅，向本国政府施加压力以向印度发出抗议等，他们甚至会迫使本国政府采取影响国家间长期利益的事情。同时，这类冲突还会影响印度和整个伊斯兰教国家之间的关系，1992年的印穆宗教冲突就曾使伊朗、约旦、阿拉伯联合酋长国、印度尼西亚、阿富汗等国家做出过比较强硬的反应。其三，影响南亚次大陆的稳定和发展。过去的事实证明，这类冲突多次影响到南亚区域合作联盟的行动计划，致使联盟中的两个大国印度和巴基斯坦不能正常实施联盟的行动规划，导致规划名存实亡甚至完全失败，影响整个南亚地区的发展步伐。其四，这类冲突也可能影响到亚洲甚至整个世界的和平与安定。印度是一个人口大国，南亚是一个人口稠密的地区，如果这一区域发生大规模的不幸事件甚至军事冲突，很难想象不对亚洲和整个世界产生影响。

在分析这类冲突的原因时，多数专家学者强调政治因素。他们认为，

---

[1] 林承节等：《教派主义：印度的悲哀》，载《世界知识》2002年第8期，第6页。

印度政党参与教派争端是印度印穆冲突最为主要的原因，认为各政党利用了人民的宗教情感，认为是在政党的"诱使"下才发生了宗教暴力冲突。无疑，这种看法有其合理成分。但是，这只是印度印穆宗教冲突的一个因素，而且不是最主要的因素。笔者认为，印度印穆宗教冲突最主要的因素在于历史文化方面，不在当今的政治局势。试分析如下：

第一，印度的印度教徒和穆斯林冲突的历史因素。就历史进程看，印度社会一直存在多种宗教并存的现象。自公元前6世纪起，印度教、佛教和耆那教等就共存于印度这块土地上，它们之间也有冲突，但冲突方式不是武力征服或国家政策强迫。它们之间的冲突主要表现在教义方面，冲突方式主要采取辩论的形式。辩论失败者往往皈依胜利者，成为胜利者的信徒，从此信仰胜利者的信仰，维护胜利者的荣誉。实际上，失败者站到了胜利者一方，与胜利者合而为一了。不过，公元11世纪，特别是13世纪初德里苏丹国建立以后，情况发生了根本性变化，印度次大陆上的伊斯兰教民族在印度有了越来越大的发言权。在很多情况下，他们会一手拿《古兰经》，一手拿宝剑，让被征服者（印度教徒、佛教徒和耆那教徒等）在自己所信仰的印度本土宗教（印度教、佛教和耆那教等）和伊斯兰教之间进行选择，并对不选择伊斯兰教者进行暴力惩罚。印度的宗教冲突从此多了一种形式，即暴力冲突的形式。这类暴力冲突主要发生在印度本土的印度教和外来的伊斯兰教之间，原有的耆那教、佛教以及印度教之间的冲突仍然沿袭旧有的口舌之争的传统形式，很少发生暴力事件。有压迫就有反抗，有征服就有反征服，印度的印穆暴力冲突的源头正在于此。

第二，印度的印度教徒和穆斯林的信仰之争。毫无疑问，印度教和伊斯兰教有很大的区别，前者是印度的本土宗教，伊斯兰教进入前，在印度已经延续了两千多年之久，已经渗透到印度社会和印度本土居民生活的各个方面。实际上，印度教不仅是印度本土居民的宗教信仰，也是他们的社会习俗和生活方式。对印度人来说，伊斯兰教是和印度教完全不同的全新的宗教。在教义方面，伊斯兰教信仰唯一神真主安拉，奉《古兰经》为圣典；反对各种偶像崇拜，认为任何形象都会损毁真主安拉至高无上的地位，无形才能保持真主的绝对性、至高性和至纯性。印度教是以梵天、毗湿奴和湿婆为三大主神的多神信仰的宗教，教派众多，以"吠陀""奥义书""两大史诗""往世书"等为经典；认为只有那些让人看得见摸得着的有具体形象的神才能与人建立起真正的情感；其信徒不仅信仰多神，而且大行偶像崇拜之道，不仅崇拜具体化的人形的神，连动物、植物和大神的阳物也是膜拜的对象。在伦理道德方面，伊斯兰教讲究人人平等，提倡"穆斯林皆兄弟"的兄弟情谊。印度教拥有同样持续了两千多年的种姓制度，讲究等级差别。在外在行为方面，伊斯兰教在向外扩张的过程中，宝剑和《古兰经》被放在同等重要甚至更重要的位置。印度教基本上是一个封闭性的宗教，讲究平和稳定，讲究业力轮回，讲究非暴力，讲究出世。在生活习俗方面，宰牲献祭是伊斯兰教朝觐活动的宗教仪式之一，宰牲节是其最重要的节日之一，所宰杀的牲畜有牛、羊和骆驼等；穆斯林不排除猪肉以外的绝大多数肉食，牛肉是他们最喜爱的日常食物之一。相反，绝大多数印度教徒主张不杀生，崇尚素食；他们对牛特别优待，认为牛是圣物，是神灵，只可崇拜，不可宰杀，更不能食其肉……在这样大的信仰差别面前，绝大多数印度教徒不可能毫无缘由地改宗伊斯兰教，如果没有武力强迫或统治者的政策性措施，伊斯兰教在印度是不会站稳脚跟的。因此，两种宗教展开了长期的信仰之争，具体表现在对信徒的争夺方面。为保持自己的优势，印度教自身进行了改革，从某种程度上弱化了严格的种姓制度，简化了烦琐的祭祀仪式，淡化了僵死的宗教教条，使部分低种姓教徒有了膜拜神灵的权利和机会，从某种角度巩固了信仰阵地。伊斯兰教是外来者，为了在印度次大陆这块土地上占有一席之地，它采取统治上层和民间下层双管齐下的方法来争取信众。在上层，伊斯兰教统治者多方出击，一方面诉诸武力，如焚烧印度教、佛教和耆那教寺庙，杀害虔信不阿者，使一部分人在宝剑的威逼下改宗伊斯兰教；另一方面，他们还采用行政、经济等手段，如向非伊斯兰教徒收取人头税、香客税和高额的商业税等，使一部分印度教徒迫于生计皈依了伊斯兰教。在民间，伊斯兰教苏非运动在上层伊斯兰教统治者的默许下展现出勃勃生机，其人人皆兄弟的平等观念和谦和的劝化形式吸引了不少普通民众，使他们真正皈依了伊斯兰教。由此，自印度中世纪[1]始，伊斯兰教利用武力和统治优势在印度次大陆上扩大了自己在信仰领域的地盘。

可以说，信仰的巨大差异一直是印度教和伊斯兰教之间不可调和关系的主旋律，是印度印穆暴力冲突的决定性因素之一。这也是为什么发生在印度的印穆宗教冲突往往会波及伊斯兰教国家的原因。

第三，两个民族观的影响。印度的印度教徒和穆斯林是一个民族还是两个民族属一个很棘手的问题，目前还没有统一的意见，可谓仁者见仁智者见智。笔者认为，鉴于各自承袭的总世系[2]和上述的信仰差别，说他们是一个民族是很牵强的，两个民族观则有一定的合理性。1867年，赛义德·阿赫默德·汗首先提出印度的印度教徒和穆斯林是"两个民族"的观点，认为这两个民族的根本利益不同，属于少数派的伊斯兰教徒不应该生活在属于多数派的印度教徒的阴影之下。著名诗人和哲学家伊克巴尔于1930年在此基础上提出建立一个属于印度穆斯林自己的国家的主张，认为这是解决两个民族之争的唯一可行的方法。1940年，有巴基斯坦国父之誉的穆罕默德·阿里·真纳撰文明确而完整地提出了指导巴基斯坦运动的两个民族、两个国家的理论，并领导了巴基斯坦建国的各类运动。结果，在这个理论的指导下，在英国分而治之政策的驱使下，印度的印度教徒和穆斯林于1947年正式分离，分别归属今天的印度和巴基斯坦（包括今天的孟加拉国）。自然，有许多穆斯林没能迁徙到巴基斯坦而留在印度，也有少数印度教徒没能迁到印度而留在巴基斯坦。但宗教信仰和族群感情是定了型的，很难完全改变。

就今天的情况看，留在印度的多数穆斯林不会因为自己留在印度就认为自己与印度教徒属于同一个民族，而认为自己和巴基斯坦的穆斯林同属一个体系、一个民族。印度教徒也不愿意这么认为。相反，印度的印度教

---

[1] 印度的中世纪与西方意义上的中世纪不同，一般指1206年德里苏丹国建立至1858年英国宣布正式殖民统治印度这段时间。
[2] 最早的印度穆斯林来自印度以外，他们和印度教徒等印度次大陆本土居民自然不属于一个民族。皈依伊斯兰教的印度本土居民虽然原本和印度教徒等本土居民属于一个民族甚至一个家族，但他们后来和外来的伊斯兰教民族逐渐融合并构成了一个相对稳定的整体，而这个整体的主体（指统治者主体，与人数无关）应该是外来的，和印度教徒等本土居民不属于一个民族的统治阶层。由此，原本属于印度教体系的皈依者进入了外来的伊斯兰教民族的大的世系。

徒认为，是穆斯林分裂了本该属于印度教徒的印度，在印巴之争和宗教之争中，印度穆斯林对印度是不忠的，是印度的背叛者。另外，由于印度和巴基斯坦之间长期的不友好关系，他们之间发生的冲突自然有两个民族之争的因素。这也说明了为什么发生在印度的印穆宗教冲突往往会导致巴基斯坦和孟加拉国的相关反应的道理。

第四，英国分而治之的策略和西方选举制度的引入的影响。从1757年印度和英国东印度公司军队发生第一次大战即普拉西战争算起，英国在印度统治了近200年。在这200年中，为了维持殖民统治，英国殖民者不断改变和寻找适合印度国情的殖民策略，最后，它发现了"分而治之"策略的妙处。这一策略被英印殖民者非常成功地运用在印度的印度教徒和穆斯林群体中。在统治中，英印殖民政府刻意渲染印度教徒和印度穆斯林之间的差别，鼓励他们在各个方面相互竞争甚至斗争，自己则坐收渔翁之利。结果，1857年在印度反对英国的民族大起义中曾一度并肩战斗的印度教徒和印度穆斯林越来越不和，他们之间的距离越来越远，以致最后发展到了刀剑相见的暴力冲突的地步。应该说，反对英国对印度的殖民统治是印度的印度教徒和穆斯林的共同任务，双方曾为此并肩战斗过、奋斗过、流过血。但出于宗教集团利益、族群利益和个人利益的考虑，双方高层没有能够从大局着想，而是"听从"了英国殖民者的安排，接受了印度的印度教徒和穆斯林是两个对立集团、利益互不相容的印度独立的前提。从这一点看，不能不承认殖民者的聪明和被殖民者的糊涂。

不仅如此，英国还把自己的民主选举体制照搬到印度来，使原本就有宗教差别、教派差别和种姓差别的印度人为了选票更加强调自己的"个性"、族群性和集团性，使印度教徒和印度穆斯林愈加对立，使他们之间的冲突更加规模化和有组织化，同时也更难以驾驭，更难以控制，问题更难以解决。应该承认，英国的民主选举体制对本国而言是有其先进性和优越性的，但西方的东西是不是就适合东方，处于20世纪上半叶的印度的社会发展程度是不是能够全盘接受已经发展到一定程度的资本主义英国的选举制度呢？显然，这是个值得探讨的问题。可以想见，如果印度没有全盘接受这一选举制度，印度穆斯林政党和组织就不会在选举区、名额分配等问题上与印度教徒政党和组织（甚至在某种程度上代表整个印度民族利益的国大党）等针锋相对，双方就不会过分屈从于教派主义和族群主义，就不会产生如此大的分歧。一句话，如果没有全盘接受英国的选举制度，印度次大陆的历史很可能要重写。

第五，宗教民族主义的影响。由于上述诸种因素的共同作用，20世纪上半叶，印度教和伊斯兰教分别和印度民族主义相结合，形成了印度教民族主义和南亚伊斯兰教民族主义。[1]而宗教民族主义是社会/国家现代化的产物，是现代社会的副产品之一，也是现代社会最难对付的顽症之一。放眼世界，中东问题、波黑问题、科索沃问题、车臣问题、阿富汗问题以及国际恐怖主义等都与宗教民族主义有关。

现代意义上的印度教民族主义发端于20世纪初，发展于20世纪上半叶，复兴于20世纪70—80年代。其主要理论是，印度是印度教徒的印度，印度次大陆就是印度教徒的国家；在这个国家中，所有人都应该是印度教徒；印度教徒的信仰、宗教以及生活习俗已经持续了几千年之久，是这块土地上土生土长的，与外来的伊斯兰教、基督教等不同；印度教国家的人民应该忠于印度，应该把印度当作母亲和印度教大神，要对她虔诚，为她服务，甚至为她牺牲一切。印度教民族主义的主要理论家有V. D. 萨瓦尔卡尔（1883—1966）、M. S. 戈尔瓦卡尔（1906—1973）和P. D. 乌帕迪雅耶（1916—1968）等。20世纪80年代以后，由于印度政局的发展变化和印度人民党的崛起，印度教民族主义具有了新的内容。大多数学者认为这新的内容主要是消极的，是有损印度国家形象和社会发展的。不可否认，印度教民族主义在发展过程中有偏激行为，过去有，现在有，将来仍会有，印度教徒和穆斯林的冲突就是明证。

此外，在印度发生的印度教徒和穆斯林之间的宗教冲突不可能仅仅局限在印度本土，实际上往往延伸到了巴基斯坦和孟加拉国，特别是巴基斯坦。就目前印度的印穆宗教冲突而言，从某种意义上说，是独立前印度教徒和印度穆斯林宗教冲突的某种延续，其本质仍然是两个民族之争和两种

---

[1] 参见姜景奎：《简论印度教派问题》，载《印度文学集刊》（第五辑），上海译文出版社2002年版；姜景奎：《印度教民族主义及其影响》，载《东方研究》，国际文化出版公司2002年版。

信仰之争。现在,印度教徒占印度总人口近80%,在国内处于绝对优势地位,穆斯林只占其总人口的不足15%,在人数上处于劣势;不过,他们得到全世界穆斯林的支持,特别是印度周边国家如巴基斯坦和孟加拉国穆斯林甚至这两个国家政府某种程度上的支持。所以,虽然印度的穆斯林人数少,但他们在经济、政治等方面并不总是处于劣势。事实上,在印度出现教派冲突后,居住在巴基斯坦和孟加拉国的印度教徒往往会受到当地穆斯林的报复。这种现象绝不是偶然的,而是有其背后的历史文化原因。

由此可见,目前印度的印度教徒和穆斯林的宗教冲突的根本原因并不在政治方面,并不是政党参与、"诱使"的结果,而是历史文化因素长期作用的结果。自然,政党参与教派活动、利用宗教冲突来达到自身的目的是事实,但这不是决定性因素。

不过,教派组织和教派主义政党介入对印度的印穆宗教冲突仍有重大影响,2019年以来,印度政治领域的多重变动已经使印度穆斯林群体销声而不匿迹,印穆冲突进入某种平静状态。就此前文已有论述,此不赘言。

六、宗教资源与文化战略

一个国家的文化战略,是该国家从自身利益出发,运用自身所具备的文化资源为提升国家软实力所采取的各类措施,包括计划和实施两个部分。它与安全战略、外交战略、经济战略等一样,是国家战略的有机组成部分,服务于国家的总体利益。就功能而言,文化战略在国家内部起着提升国民素养、增强文化自豪感以及加强内聚力等作用,在国际上则为国家的安全、外交、经济等服务,是国家综合实力的重要体现之一。就特征而言,文化战略大致具备本源性、手段性和目的性三大特征。本源性指的是文化资源的自备性,即出自本土,而非舶来;手段性指的是文化战略的实施理念和方法;目的性涉及文化战略的终极目标,以提升国家软实力和综合国力为至上原则。

从根本上说,文化战略是一种资源性战略,和经济战略以经济实力为前提、军事战略以军事实力为基础一样,文化战略建立在一国已有的文化资源之上。根据用途,这种被用于文化战略的资源分为工具性资源和理念性资源两部分,前者与文化战略的本源性特征相关,后者与文化战略的手段性特征和目的性特征相关。简言之,工具性资源就是可资利用的"文化原料"。俗话说,"巧妇难为无米之炊",一个没有合适的"文化原料"的国家很难形成一个好的文化战略。理念性资源指的是实施方略,即使用"文化原料"的政策、措施和目的。如果一个国家缺乏理念性资源,纵使坐拥"文化原料"的金山银山,也很难进行有效利用,很难发挥文化资源的作用。之于文化战略,这两个方面不可偏废,缺一不可。印度是世界文明古国之一,拥有丰富的"文化原料",宗教资源尤其得天独厚,不仅有印度教、佛教、耆那教和锡克教等诸多本土宗教,还有伊斯兰教、基督教、琐罗亚斯德教、摩尼教、犹太教、巴哈伊教等众多外来宗教。印度由此成为一个名副其实的宗教博物馆。长期以来,本土宗教持续发展,外来宗教借土生根,孕育出了一大批思想家、哲学家、宗教家,为人类文明做出了巨大贡献。这一状况使印度的文化战略具有自己鲜明的特色,即宗教性,或者说,宗教居于印度文化战略的工具性资源和理念性资源的核心位置,是印度文化战略的内容主体和实施主体。

1. 印度的宗教资源及其历史运用

从某种意义说,宗教是印度文化的主体,印度文化根植于宗教,发展于宗教,繁荣于宗教,印度文化战略便自然离不开宗教。宗教之于印度文化战略具有决定性和支配性影响,是印度文化战略首选的资源。印度的宗教资源主要分为两类,即上文提及的本土宗教和外来宗教。

印度教:印度教源远流长,是印度最主要的宗教,也是世界上最古老的宗教之一,印度近80%的国民是其信徒。印度教信仰是印度文明的主体信仰,印度最重要的文献如天启类的"四吠陀"[1],传说类的史诗和"往

---

[1] "四吠陀"由《梨俱吠陀》《娑摩吠陀》《耶柔吠陀》和《阿达婆吠陀》等四部吠陀本集组成,广义的吠陀文献还包括"梵书""森林书""奥义书"等三类"附录"类文献。

世书"[1]，法经类的"传承经"[2]以及中世纪许多宗教家的著述[3]等都是印度教经典。可以说，如果没有这些文献，印度文明将名存实亡。印度教信仰主要包括六个方面，即（1）吠陀天启，"四吠陀"为至高经典；（2）梵我同一，为人生终极的前提；（3）梵我合一，即精神解脱，为人生终极的归宿；（4）业报轮回，为人生的轮回轨迹；（5）瑜伽修持，为实现精神解脱的方法；（6）神灵信仰，即多神崇拜、一神信仰的现世生活模式。就社会生活和个人实践而言，印度教实行社会中的五民体制，把人基本分成婆罗门、刹帝利、吠舍、首陀罗和不可接触者五类，实行族群内平等、族群外漠然的等级生活方式，大家都向神看，都追求最终的归宿。虽然生活在不同的族群中，但对较高的等级而言，"人生四大目的"[4]"生活四行期""五德"[5]"五祭"[6]"五债"[7]等是大家共同的宗教生活义务，相当于社会公德。总体而言，印度教具有相对封闭性和血缘性，其传播途径主要依赖信徒迁徙，靠世代相传，而非普通意义上的传教。目前，除印度次大陆有大量的印度教信徒外，太平洋岛国斐济、印度洋岛国毛里求斯和南美洲国家圭亚那、加勒比海国家特立尼达和多巴哥等也有不少印度教信徒，这些信徒几乎全部是印度教徒移民的后代，并非当地的原住民。

佛教：佛教是世界三大宗教之一，[8]其信徒数量位居基督教、伊斯兰教和印度教之后，影响巨大。佛教也是印度的传统宗教之一，产生于公元

---

[1] 指两大史诗《摩诃婆罗多》和《罗摩衍那》及三十六部"往世书"；"往世书"尤指十八部"大往世书"：《梵天往世书》《莲花往世书》《毗湿奴往世书》《湿婆往世书》《薄伽梵往世书》《那罗陀往世书》《摩根德耶往世书》《火神往世书》《未来往世书》《梵转往世书》《林伽往世书》《野猪往世书》《室建陀往世书》《侏儒往世书》《龟往世书》《鱼往世书》《大鹏往世书》和《梵卵往世书》等。
[2] 指产生于公元前6世纪至前3世纪的印度教法经类文献，包括法经和法论两大类，后者是对前者的增订和阐释。《摩奴法论》是现存最古老、最著名的一部法论，成书于公元前后的两世纪之间，其核心是维护印度教种姓制度。
[3] 主要指中世纪宗教家们的著述，商羯罗、罗摩奴阇、苏尔达斯、格比尔达斯、杜勒斯达斯、耆坦亚等人的著述皆在其中。
[4] 指"法""利""欲"和"解脱"。
[5] 指"忠诚""非暴力""超脱欲望""自我克制"和"纯洁"。
[6] 指"公祭"和"家祭"，前者指信徒在公共场合如庙宇等场所的祭祀，后者指信徒在家里的祭祀，包括"梵祭""祖祭""神祭""精灵祭"和"客人祭"。
[7] 与"家祭"相当，包括"梵债""祖债""神债""精灵债"和"客人债"。
[8] 此处就世界影响层面而言，如果单从教徒数量层面看，印度教位居第三。

前 6 世纪前后,创始人是释迦牟尼。尽管产生、发展并曾繁荣于印度,但公元 13 世纪初,在伊斯兰教和本土印度教文化的双重打压下,佛教在印度次大陆落得消亡的下场。直到 19 世纪末 20 世纪初,斯里兰卡等国的部分佛教徒在印度发起了佛教复兴运动,情况才逐渐有所改观。印度独立前后,在安贝德卡尔等人的努力和带动下,很多印度教不可接触者皈依佛教,因此,当今印度的佛教徒主要是由印度教不可接触者皈依而来的新佛教徒。目前,印度佛教徒只占总人口的不到 1%。不过,由于发源地的缘故,佛教仍然是印度的文化资源之一,不可避免地为印度所利用。

耆那教:耆那教的历史可以与印度教相媲美,形成于公元前 6 世纪前后,其集大成者也是使耆那教成为独立宗教的标志性人物——大雄。大雄与佛陀是同时代人,他崇尚苦行,耆那教因此被称为苦行者的宗教。耆那教信徒的数量一直不大,目前占印度总人口不到 0.5%。不过,由于与印度教的关系密不可分,耆那教在印度没有像佛教一样消亡,反而影响深远,例如圣雄甘地的"非暴力"主张就在很大常程度上受到了耆那教的影响。不仅如此,由于耆那教徒多为商人,耆那教也随着这些商人的经贸网络走向了世界,在欧美各国也有影响。

锡克教:锡克教是印度本土产生的最年轻的宗教,形成于公元 15—16 世纪,首任祖师及创教人是那纳克。该教是伊斯兰政权在印度确立以后产生的,因此具有印度教和伊斯兰教双重特色。目前,印度的锡克教信徒占印度总人口的近 2%。印度的锡克教徒中有 85% 居住于印度的旁遮普邦,其余分散于印度各地。此外,也有为数不少的锡克教信徒定居印度境外,如美国、英国、加拿大、东非国家、斯里兰卡、泰国、马来西亚、新加坡等国家和地区。因此,锡克教不仅在印度的宗教和社会中具有重要影响,在世界其他国家和地区也有一定影响。

外来宗教:伊斯兰教不是印度的"产品",印度也并非伊斯兰教国家,但其穆斯林人口庞大。时至今日,印度依然以近 2 亿穆斯林人口居于全球非伊斯兰教国家的首位,其影响可想而知。印度被英国殖民近两百年,基督教在印度便也有了生长发育的领地。目前,印度基督教徒人口占印度总人口的 2% 有余,也具有一定的影响。此外,其他外来宗教如琐罗亚斯德教、巴哈伊教、摩尼教、犹太教等在印度也有一定市场，是印度宗教大家庭中的成员。

印度丰富的宗教资源对上文论及的文化战略资源的两个方面都产生了深远影响，一方面为印度文化战略提供了可供使用的工具性资源，另一方面印度宗教中的很多理念和实践塑造了印度的文化战略理念。印度古代的孔雀王朝和中世纪的莫卧儿王朝等是这方面的有力例证。

公元前3世纪，孔雀王朝的第三代皇帝阿育王通过南征北伐，缔造了印度次大陆历史上第一个大一统帝国。实现统一以后，阿育王"弃武从文"，制定了以宗教为核心的治国方略，他借助佛教、印度教等以达到安抚民心、巩固政权、树立国威的目的。这不仅是古代印度君主利用宗教手段强化统治的经典案例，也是印度次大陆历史上将宗教纳入文化战略体系以服务国家战略的一个雏形。

2. 宗教对印度历史上文化战略的影响

第一，宗教作为理念性资源，重塑了孔雀王朝阿育王的治国之道。早期的阿育王杀兄篡位，南征北战，涂炭生灵，是个不折不扣的暴君。但国家统一后，他"心生悔念、心向宗教"，希望所有人都能放下屠刀，成为和平的崇尚者和实践者。在制定治国方略的过程中，阿育王也逐渐意识到宗教的实用价值，意识到佛教和耆那教的非暴力教义以及印度教的达摩[1]的重大影响力，并将其纳入治国理念的国家大战略之中，进而形成了自己独特的文化战略。阿育王的这一文化战略甚至成为其国家战略的核心内容，成为他能以有道明君的形象名留史册的原因所在。

第二，宗教作为工具性资源，成为阿育王治国的有效手段。佛教、耆那教和印度教等都是阿育王利用的对象，他从佛教、耆那教及印度教中提

---

[1] 达摩，即印地语的 Dharma，意译为"法"。有许多含义，广义指事物存在的法则或事物内部的必然性和规律性；伦理学角度指人们应该遵守的行为准则和道德规范。印度教认为，每个人因种姓、身份、职业不同，达摩也不同，每个教徒只要自觉地按照自己的达摩行事，严格遵守达摩规定，就能实现灵魂解脱，整个社会就可以达到和谐统一。这种思想贯穿于《摩奴法论》和《薄伽梵歌》等印度教经典之中，影响深远。

炼出了独有的以"正法"[1]为核心的指导思想,对内宣扬正法、对外弘扬佛法,成为其文化战略甚至是治国方略的基本内容。他在中央设立正法大臣,主持佛教、印度教和耆那教等事务,负责巡视正法执行情况;在各地树立石柱,开山凿岩,发布敕文,指导民生。他还亲自出巡,体察民情,化解宗教纠纷,宣扬宽容,给予佛教、耆那教以及印度教修行者施舍……由此,国内逐渐平和,人民休养生息,帝国内部得以稳定。对外,阿育王强调布道的重要性,他派遣多支佛教传教团,南下北上,在次大陆南部、斯里兰卡以及次大陆北部克什米尔甚至中亚传经送教,开启了佛教国际化的先河,其结果不仅树立了孔雀帝国的和平者形象,而且巩固了孔雀帝国在精神信仰领域的权威地位。值得一提的是,阿育王在全国范围内广建佛塔、精舍,亲自去各大圣地巡礼佛迹,向佛教寺庙慷慨捐赠,还赞助了佛教在华氏城的第三次结集,为佛教的发展作出了巨大贡献。

由此,宗教,特别是佛教直接作为文化战略的内容和工具,不仅巩固了阿育王统治的文化基础,还向周边国家展示了其强大的文化影响力,达到了以宗教教化人心、巩固统治的战略目的。

印度中世纪的莫卧儿王朝不同于孔雀王朝,是一个以伊斯兰教为国教的王朝。不过,其最有影响的皇帝阿克巴帝却和阿育王一样,将包括印度教、耆那教和锡克教在内的本土宗教资源纳入治国方略之中。作为印度次大陆的最高统治者,阿克巴从德里苏丹国实施宗教高压政策的失败中吸取教训,大力推广宗教平等和宽容政策。他废除了印度教徒的朝圣税和人头税,主张禁食牛肉、禁止杀生,以示对印度教徒和耆那教徒的尊重。此外,阿克巴还邀请耶稣会代表到朝廷参与宗教讨论,允许在拉合尔建立基督教堂;并先后与锡克教第三、四任祖师阿玛尔·达斯和拉姆·达斯接触,认为锡克教可以调和伊斯兰教和印度教的矛盾,鼓励其发展。虽然阿克巴的这些做法遭到了穆斯林统治者内部的强烈反对,但从帝国统治的角度来看,他开明的宗教政策确实缓和了不同宗教和民族之间的矛盾,为帝国的稳定

---

[1] 阿育王的"正法"的印地语也是 Dharma,但与印度教的达摩有一定区别。阿育王的"正法"主要包括人际间的伦理道德(孝顺父母、尊敬师长、惠施婆罗门和沙门、礼遇朋友等)、不同宗教之间的和谐(出言谨饬、不贬低他教、相互尊重等)和非暴力(戒杀生、戒杀生献祭等)三方面的内容,少作恶、多行善、慈悲、慷慨、真诚和纯洁等六种德行是阿育王"正法"的基本精神。

大业打下了坚实的文化基础。在此基础上,阿克巴甚至一度建立了一套综合各宗教的"神一信仰",一方面整合国内宗教信仰,另一方面在信仰和文化上突出自身特色,以实现与同时期的波斯萨法维帝国和奥斯曼帝国在伊斯兰世界分庭抗礼的目的。尽管阿克巴的宗教文化政策在他死后逐渐式微,但他的尝试仍然值得充分肯定。他的孙子奥朗则布由于重新推行宗教歧视政策而造成帝国不稳、起义蜂起,以致国家分崩离析。

20世纪20年代以后,印度的仁人志士举起民族团结、宗教和解的旗帜,在甘地的领导下展开反对英国殖民统治的斗争。这一时刻,英国殖民者看到了宗教的反面利用价值,策划了"分而治之"的阴谋,在印度教、伊斯兰教和锡克教之间制造分裂,充分利用了宗教的影响力,其结果大家有目共睹。这是国家不振,没有独立制定和实施文化战略能力的最有力的反面例证。

不管是公元前3世纪的阿育王,还是16世纪的阿克巴,他们都看到了宗教的价值,都自觉不自觉地制定了或清晰或模糊的国家文化战略,利用了印度宗教的工具性资源和理念性资源,提升了国家的影响力乃至综合国力。20世纪30—40年代印度无力制定并实施文化战略的弱点为英国所利用,以致印巴分治,人民遭难。如此等等都为现代印度的相关政策提供了借鉴和依据。

3. 宗教之于印度文化战略的当代应用

在印度的独立运动中,甘地提倡的"非暴力不合作运动"直接受益于印度宗教,尤其是印度教和耆那教的遗产。印度独立以后,特别是尼赫鲁病逝之后,印度的国家机器重新审视了宗教的力量,宗教逐渐成为印度文化战略最重要的资源,成为印度国家战略的重要构成因素之一。

审视当今的印度文化战略,宗教既是工具性资源又是理念性资源,成为前文提及的内容主体和实施主体,主要体现在如下方面:

第一,印度中心意识。印度本土各宗教的世界观、宇宙观不尽相同,但都将印度视为世界的中心,这一点与我国古代的世界观十分相似。这一"中心"的位置不仅仅是地理概念上的,更是文明概念上的。印度教圣典《摩奴法论》中提到了包括中国人、希腊人等在内的异族，强调了这些本为刹帝利的民族由于不供奉婆罗门而堕落成为不可接触者的"事实"。[1] 东晋时与高僧法显同赴印度取经的道整在游历摩揭陀国时甚至发出了"秦土边地"[2]的感慨，后被《四库全书》编纂者们批注道"其书以天竺为中国，以中国为边地，盖释氏自尊其教，其诞谬不足与争"[3]。由此反证，印度自视中心，为自己的中心地位而自豪骄傲。这为印度的大国思想奠定了基础，其开国总理尼赫鲁在《印度的发现》一书中的一句名言最好地诠释了这一大国思想："印度以它现在所处的地位，是不能在世界上扮演二等角色的，要么就做一个有声有色的大国，要么就销声匿迹。"[4] 可以想见，在这一大国思想的影响下，印度必将致力于谋求成为世界的重要一极。

印度中心意识还给印度人民带来了文化自豪情结，这一情结体现于印度的文化战略之中。保护、宣扬印度宗教文化，使之配合国家战略，进而成为国家软实力的重要组成部分是印度文化战略长期稳定的宗旨。这不可避免地会倡导宗教中体现出来的印度中心论，如此又加强了印度人民的文化自豪情结。如此相辅相成，有始无终。有人说，对印度人而言，亡国的意义不在于国土，而在于宗教，这一点不无道理。历史上的印度就是如此。此外，印度独立以后，南北差异很大，例如在国语问题上，使用印度

---

[1]　蒋忠新译：《摩奴法论》，中国社会科学出版社 1986 年版，第 207 页，第十章第 43—44 条："43. 由于不做法事，由于藐视婆罗门，下述那些刹帝利出身的人已经逐渐地沦为贱民：44. 本德勒格人、朱罗人、达罗毗荼人、甘谟惹人、耶婆那人（希腊人）、塞迦人（塞种人）、巴勒达人、巴赫勒弗人（波斯人）、支那人（中国人）、基拉德人、达勒达人和克舍人。"

[2]　东晋沙门释法显撰、章巽校注：《法显传校注》，中华书局 2008 年版，第 120 页："道整既到中国，见沙门法则，众僧威仪，触事可观，乃追叹秦土边地，众僧戒律残缺。誓言：'自今已去至得佛，愿不生边地。'故遂停不归。法显本心欲令戒律流通汉地，于是独还。"（秦土：因为法显启程前往印度时当时中国北部为氐族人所建立的前秦统治，故将中国称为"秦土"。中国：这里指印度，但在《法显传》中的其他章节也有用"中国"来指代中天竺的。例如：《法显传校注》第 46 页"从是以南，名为中国，中国寒暑调和，无霜雪"。）

[3]　《四库全书总目》，卷七十一，史部地理类四"外纪"，中华书局 1981 年版，第 630 页。(地理类载《佛国记》一卷，注曰："沙门释法显撰。一书两收，三名互见，则亦不必定改《法显传》也。其书以天竺为中国，以中国为边地，盖释氏自尊其教，其诞谬不足与争。又于阗即于阗，自古以来崇回回教法，《钦定西域图志》考证甚明，而此书载有十四僧伽蓝，众僧数万人，则所记亦不必尽实。然六朝旧笈，流传颇久，其叙述古雅，亦非后来行记所及。存广异闻，亦无不可也。"）

[4]　Jawaharlal Nehru, *The Discovery of India*, Penguin Books India Pvt. Ltd, 11 Community centre, 2004, p. 48.

雅利安语的北方诸邦和使用达罗毗荼语的南方诸邦就曾发生过很大争议，但由于同为印度教徒，双方仍居于一统印度之中。这就是印度人常说的"宗教是我们成为统一国家的唯一理由"的论据所在。这里，共同的信仰超越了不同的祖先，因为印度只有一个，中心只有一个。由此，印度中心意识不仅延展出了印度大国思想，而且大裨于国家团结。

第二，独立自主意识。从认为自己居于世界中心和文明中心的前提出发，印度形成了强烈的独立自主意识。这种意识在印度反抗英国殖民统治的民族独立运动中得到进一步强化，至今不衰。在文化层面，这一意识使印度认识到，尽管深受西方影响，但对自身文化的强烈认同依然是印度国家存续的重要纽带。印度教的神话观和种姓制，比如婆罗门对自己的神化、刹帝利对自己的肯定等乃至"五民"相互间的互不干涉、自存于自己族群之中的观念等都加重了印度教徒个人乃至整个国民的独立意识，增强了印度文化战略的独立自主色彩。这一点我们可以从受到文化战略影响的印度外交战略中得到例证，比如印度长期奉行的不结盟策略等。

第三，宗教大家庭意识。印度宗教的传播范围为当今印度推行自身文化战略提供了一个可伸展的、包含多个层次的文化版图。印度也讲意识形态，其意识形态包括两个部分，即西方式的民主观和自身文化的宗教观。与西方相处，印度把民主放在第一位，但与具有相似文化背景的国家如南亚国家、东南亚国家以及毛里求斯、斐济、圭亚那、特立尼达和多巴哥等国交往时，印度延展的是宗教文化，即如印度教文化、佛教文化等。这样，无形之中就形成了一个在某种意义上共享同根文化的宗教大家庭。究其缘由，这与印度是多种宗教的发源地密切相关。印度不遗余力地利用这一点。印度认为，印度教、佛教、耆那教、锡克教等都是自己的"产品"，"使用者"自然归于自己。在这方面，印度在实施文化战略的过程中于特定的范围内表现出了某种长兄携幼情结。这一情结主要体现在两个方面：其一，南亚区域内部。印度一向视南亚甚至北印度洋为自己的后院，不允许后院起火。由此，在南亚八国内部，即南亚区域合作联盟之内，印度在自视为兄长、对其他国家持有某种俯视视角的同时，展现出了一定的牺牲精神，在经济、文化、教育等方面给予其他国家一定的优惠，比如经贸方面的关税政策和教育方面的南亚大学等。其二,南亚区域之外。对于毛里求斯、斐济、圭亚那、特立尼达和多巴哥等拥有大量印度教徒的国家,印度表现出了某种家长情结,在文化、教育、经济等诸多方面给予照顾,时刻拉紧与这些国家的纽带,与他们结成"兄弟",使之团结在自己的周围。这大大拓展了印度的国家空间,也大大提升了其国家的软实力乃至综合国力。

宗教大家庭意识,之于印度教、耆那教和锡克教几乎不成问题,因为世界各地绝大多数印度教徒、耆那教徒和锡克教徒都是印度裔。但佛教不同。公元13世纪初,佛教在印度宣告消亡,但传播到东亚、东南亚诸国的佛教不仅没有消亡,还持续生长,至今不已。以我国为例,我国的佛教信徒人数位居世界之最,同时拥有汉语系佛教、藏语系佛教和巴利语系佛教三大派别,历史上还曾将佛教传予日本、朝鲜和越南等国。因此,不论从哪方面说,中国都具有无可争议的佛教"重镇"之位。不过,印度的文化战略却具有某种冲击性,其国际那烂陀佛教大学的"重建"声势以及对世界佛教大会的重视程度都使人感到印度有试图谋取世界佛教发言权之嫌。其唯一依据就是印度乃佛教之主源地,其目的自然是增强印度的软实力。此外,印度东进政策中的东南亚步伐也蕴含着这一意识,其宗教主源地及文化同根同源宣传很有影响力。

第四,非暴力意识。非暴力是印度各宗教的重要共同点之一,是思想,也是实践,影响深远。由于印度教、佛教、耆那教中都包含非暴力因素,也由于印度在甘地的领导下通过非暴力方式取得了民族独立,印度对非暴力情有独钟,并把自己幻化为非暴力的发明者、实践者以及和平者的化身,以保持良好的国际形象和国家软实力;加之引入了西方的民主制度,西方又普遍持民主国家之间不会有战争的观点,[1]这使它在国际上得分不少,

---

[1] 有关民主国家之间不会有战争的观点,或称"民主国家和平论",被认为源自德国哲学家康德。康德在《永久和平论》中将"每个国家的公民体制都应该是共和制"视为实现"国家间永久和平"的条件之一,认为共和制的国家由于实践民主政体,故民众需要考虑战争带来的军费开支、战争破坏等问题,而其他政体的国家领袖则不需要考虑这一问题。这种基于对国际关系的理想主义观点在20世纪70年代逐渐被西方国际关系学者所强调,并以历史统计等方式加以佐证。美国前总统克林顿在1994年的国情咨文中便写入了"民主国家之间不会发生战争"的内容。

在国际上的国家融和力非同小可。此外，自阿育王在宗教理念的驱使下开创了和平传播印度宗教文化特别是传播佛教的做法以来，印度一直保持了在区域外的更大舞台上以和平的方式推动文化宣传和文化影响的传统。这一做法加强了印度的道德权威，对提升其国家软实力有很大帮助。在当今印度中央政府的建制中，隶属于外交部的印度文化关系委员会统筹几乎所有的文化交流活动，这也可以从一个侧面反映出印度政府对文化交流的重视。

除此之外，自身宗教的多样性使印度的文化战略在国际上具有多维度的视野，这主要体现在政府层面和民间层面两方面：

其一，政府层面。这是印度文化战略的显在维度，表现在印度通过政府行为、外交渠道等为自己的宗教文化定制服饰，以达到国内保护、国外宣传从而实现提升自身实力的目的。上述提及的诸多例证皆属于此。难能可贵的是，印度政府在这一过程中始终保持着一种包容性的态度，并不追求"正本清源"，而是在尊重包括欧美、中国、日本等国家对一些印度文化资源修正的同时推进自身文化资源的传播。以中国的瑜伽为例，印度驻华使馆的外交官员毫不回避参加各类瑜伽馆组织的文化活动，尽管中国的瑜伽更大程度上受到了西方的影响，已经脱离了宗教含义。印度的这种包容态度有利于提高其文化资源的利用效率，对其自身大有裨益。正是由于印度政府的这种接纳和影响以及印度瑜伽师的努力，近年来，越来越多的国内瑜伽爱好者逐渐将目光由西方转向了瑜伽的发源地印度，开始前往印度学习瑜伽。

其二，民间层面。这是印度文化战略的潜在维度，表现在民间的宗教发展依然在不断地为印度的文化战略创造将来可资利用的工具性资源。印度的宗教依然在不断发展，而随着正统宗教在一些地区影响力的下降，这些源于印度的宗教团体不仅为印度的宗教徒，而且为世界的宗教徒提供了新的选择。如果将宗教信仰视为一种精神消费品的话，可以说"印度制造"在这个市场上拥有很强的竞争力。包括罗摩克里希那传道会、国际克里希那知觉协会、斯瓦米那罗延支派等宗教团体都在西欧、北美、澳大利亚等地区取得了很大成功。印度上至政府、中至各类组织、下至个人都能直面这类民间团体，采取积极接触、宽松疏导的方法，使他们与国内保持千丝万缕的联系，由此使这类团体中的印度裔人乃至外国人具备相当浓厚的印度情结，为印度服务。

概括说来，丰富的宗教资源为印度的文化战略提供了工具性和理念性两方面的支持，其历史运用为其提供了可资参照的范本，当代实践为其赢得了国际空间并增强了其国家软实力。毋庸讳言，印度的这类战略值得同样拥有丰富文化资源的中国借鉴，其对佛教资源的积极利用更值得我们特别关注。

第七章　印度文化中的两大史诗传承

一、"史诗"概念的辨析

史诗（希腊语 ἐπικός，拉丁语 epicus，英语 epic）是一个具有浓厚西方学术传统色彩的概念。亚里士多德在《诗学》一书中就曾对史诗这一体裁有过论述：用韵文模仿严肃的行动，且模仿的是一个整一的行动，其中的事件组织紧密。他还特意谈到了史诗中的穿插，以《奥德赛》为例，除了"归家"的核心故事，其余都是穿插。[1] 当欧洲学者初次接触《摩诃婆罗多》时，他们惊叹于这部作品的篇幅之长——根据《摩诃婆罗多》浦那版梵语精校本的主持者苏克坦卡尔（Sukthankar）的估计，差不多是《伊利亚特》和《奥德赛》篇幅总和的八倍——与内容之丰富。奥登堡（Hermann Oldenberg）的观点很有代表性：《摩诃婆罗多》起初只是简单的史诗故事（epische Erzählung），在几个世纪里却发展成了混乱的大杂烩（ungeheuerliches Chaos）；除了主要故事之外，还有各种小故事、教诫等。[2] 在这一论断的背后，我们不难看出亚里士多德的影子：所谓的主要故事，即史诗所模仿的整

---

[1] 亚里士多德：《诗学》，罗念生译，人民文学出版社 1962 年版，第 17、28、59 页。
[2] Herman Oldenberg, *Das Mahābhārata: seine Entstehung, sein Inhalt, seine Form*, Vandenhoeck & Ruprecht, 1922, p. 2.

一行动;而其他的小故事与教诫,则被归类为穿插的插话。同样,受亚里士多德有关史诗论述的影响,一批学者采取抽丝剥茧与层层分解的办法,试图分离出史诗的"原始核心"成分与后世的"逐层累加"成分。这方面的代表学者有拉森(Christian Lassen)、霍普金斯(Washburn Hopkins)、温特尼茨(Moriz Winternitz),等等。他们所依赖的证据,一方面当然是暗含的希腊传统对史诗的定义,另一方面《摩诃婆罗多》的文本中也存在一些蛛丝马迹,除了思想内容、诗歌韵律的驳杂等特点,甚至还有直接的叙述:

  我和苏迦知道
  这八千八百颂,
  或许全胜也知道
  这八千八百颂。

  他编了《婆罗多本集》,
  共有二万四千颂,
  里边没有加插话,
  智者称作《婆罗多》。(1.1.61)

  他又编了另一部,
  颂数总计六百万,
  其中一半三百万,
  流传天国天神间。

  列祖列宗百五十万,
  罗刹药叉百四十万;
  余下这个十万颂,
  流传尘世凡人间。[1]

---

[1] 不过,这里只有 1.1.61 被收入浦那版的《摩诃婆罗多》梵语精校本,其余几颂见于某些抄本,但精校本正文未曾收录,只是放在校勘记中。苏克坦卡尔认为其余这几颂的真实性可疑,只是在一些相当晚出的天城体手稿中发现,推测是窜入的,故而未收进正文。参见毗耶娑:《摩诃婆罗多》(一),金克木、赵国华、席必庄译,中国社会科学出版社 2005 年版,第 9—10 页。

虽然以苏克坦卡尔为代表的一些学者怀疑这其中有几颂是后世的添加，但目前有相当一部分学者达成了这样的共识：《摩诃婆罗多》的形成可分为三个阶段，即八千八百颂的《胜利之歌》、两万四千颂的《婆罗多》与十万颂的《摩诃婆罗多》。

然而，这种崇尚现代科学精神的分析方法，仿佛是拿着手术刀对生物体进行解剖，引起了一些印度本土学者的不悦。苏克坦卡尔在引用另一位印度本土学者都德（Romesh Chunder Dutt）的相关论述——"尽管古老的史诗由于如此无休止的膨胀而遭受损害，但是属于真正的史诗的主要情节和人物还是能够分辨出来的……就像那些从一个古代世界的废墟中发掘出来的、今天却为现代欧洲的博物馆增添着光彩的不朽的大理石雕像一样"——后，一针见血地指出：都德这是"把希腊的标准应用到一部印度的作品上"，"凭借一条平静而狭小的、用水泥筑成的现代运河，以维护史诗的态度，把我们这部如同汹涌激流般的、滋养万物的民族史诗之水，巧妙地引入世界文学潮流"。苏克坦卡尔触及了问题的本质，反对将古希腊的标准生搬硬套到印度经典上的做法，同时也质疑了牺牲民族性、多元性来成全世界性、同质化的合理性。有意思的是，他还对都德的印度人身份进行调侃，称其为"在外表上涂了薄薄的一层西方文化油彩的、纯粹的印度'土著'"[1]。只是，苏克坦卡尔本人身上未必就没有那层西方文化油彩。正如那一代接受英式教育的其他印度知识分子一样，他的思考所借用的概念还是欧洲的那一套，比如"史诗"，而没有将《摩诃婆罗多》置于印度传统的语境下进行考察。[2]

在印度传统的语境中，《摩诃婆罗多》被归类为 itihāsa。梵语词汇书《甘露藏》（*Amarakośa*）里 itihāsa 的同义词是 purāvṛtta（过去发生之事）[3]。在《摩诃婆罗多》的《序目篇》里，该书被称为"仙人岛生

---

[1] 季羡林、刘安武编选：《印度两大史诗评论汇编》，中国社会科学出版社 1984 年版，第 128—129 页。

[2] 苏克坦卡尔当然也注意到了《摩诃婆罗多》在印度传统中的独特性，称它"是一部在人民大众中真正具有极大影响的长篇巨著"，"是第五吠陀，是不分种姓和宗教信仰的全体人民的新吠陀"（引文参见季羡林、刘安武编选：《印度两大史诗评论汇编》，中国社会科学出版社 1984 年版，第 149—150 页）。但在殖民地学术的语境下，印度知识分子以与欧洲文明共享一个祖先——原始印欧文明为荣，可能不大愿意与希腊史诗传统截然切割。

[3] Amarasiṃha, *Amarakośa with Commentary and Index*, Government Central Book Depot, 1896, p. 36.

所说的往世书（purāṇa）""婆罗多族的故事（ākhyāna）"，过去、现在、将来都会有诗人"讲述这部历史（itihāsa）"。在《歌者奥义书》中，itihāsa、往世书与吠陀文献并列，被称作"第五吠陀"："依靠意识，人们理解《梨俱吠陀》《夜柔吠陀》和《娑摩吠陀》，《阿达婆吠陀》是第四，史诗和往世书（itihāsa-purāṇa）是第五。"[1]《序目篇》也不忘以此提升自己的地位："那是同四部吠陀相等的，毗耶娑仙人所编订的神奇著作。"[2] 根据法论文献的规定，只有再生族，也就是婆罗门、刹帝利与吠舍三个种姓可以学习吠陀，其中又只有婆罗门种姓可以教授吠陀。[3] 那么，首陀罗种姓如何学习社会性的知识，从而建构自己的身份认知呢？在这方面，《摩诃婆罗多》与《罗摩衍那》或许起到了重要作用。《摩诃婆罗多》谈到聆听自身故事的功果："婆罗门通晓所有吠陀，刹帝利获得胜利，吠舍获得大量财富，首陀罗获得快乐。"[4]《罗摩衍那》也有类似的表述："婆罗门读了它，会辩才无碍。刹帝利读了它，会统治世界。商人们读了它，会获得功果。首陀罗读了它，会受到优待。"[5] 这两种历史传说都将最低种姓首陀罗纳入了受众范围。近代的一些田野调查表明，在表演或唱诵《摩诃婆罗多》与《罗摩衍那》故事的特殊场合，参与人数众多，似乎并无身份限制。《摩奴法论》中谈到唱诵史诗的场合之一是祖祭："在祖祭上，他应该诵吠陀、法论、故事、历史传说、往世书和续补书。"[6] 这里的历史传说即《摩诃婆罗多》。此外，还有丧仪、节日庆典等。

---

[1] 《奥义书》，黄宝生译，商务印书馆 2010 年版，第 205—206 页。
[2] 《序目篇》的引文均参见毗耶娑：《摩诃婆罗多》（一），金克木、赵国华、席必庄译，中国社会科学出版社 2005 年版，第 4—5 页。
[3] 参见《摩奴法论》，蒋忠新译，中国社会科学出版社 2007 年版，第 205 页。如果低等种姓的首陀罗偷学了吠陀，会扰乱社会秩序，带来严重的后果。《罗摩衍那》在《后篇》第 64 至 66 章讲述了一个类似的故事：一个首陀罗逾越种姓职分修习苦行，造成了一位婆罗门的幼子夭折，罗摩杀死苦行首陀罗后，婆罗门幼子复活。参见蚁垤：《罗摩衍那》（七），季羡林译，人民文学出版社 1980 年版，第 412—426 页。
[4] 毗耶娑：《摩诃婆罗多》（五），黄宝生译，中国社会科学出版社 2005 年版，第 633 页。
[5] 蚁垤：《罗摩衍那》（一），季羡林译，人民文学出版社 1980 年版，第 15—16 页。
[6] 《摩奴法论》，蒋忠新译，中国社会科学出版社 2007 年版，第 62 页。

既然是用来教化大众的"第五吠陀"[1]，情节的整一律还那么重要吗？考虑到《摩诃婆罗多》的教化功能，其中所包含的各种教诫、格言也就不足为奇了吧。在《益世嘉言》中，甚至以"法论"（dharmaśāstra）来代称《摩诃婆罗多》。[2] 关于《摩诃婆罗多》中充斥的大量教法内容，还有另外一种解释：在《摩诃婆罗多》成书的时代，传统的婆罗门教面临严峻的挑战，吠陀文献的权威被质疑，沙门思潮中外道纷立，因此故事里极力提倡守护正法对维持社会有序运转的必要性。[3] 直到现代，一些虔诚的印度教家庭还会在家中常备《薄伽梵歌》，有时也会在夜晚讲述《罗摩衍那》的故事[4]，为孩子们进行一些宗教文化方面的启蒙。这与在泛雅典娜赛会上被演述、争奇斗艳的《伊利亚特》与《奥德赛》自然不可同日而语。[5] 而因其教化性、口头色彩，在传唱的过程中可能会滚雪球般加上一些地方上流传的小故事，直到最终定型，似乎也可以理解。

　　与"分解论"观点针锋相对的是"整一论"，主张《摩诃婆罗多》是内在统一的整体。达尔曼（Joseph Dalmann）相信《摩诃婆罗多》出自一位独立的编订者之手，是关于正法的综合体。苏克坦卡尔试图从伦理意义上的"正法"、超验哲学意义上的"自我"——黑天是"最高的自我"，阿周那是"生命的自我"，发生在俱卢之野的大战暗示了"在人的内心中进行的善与恶两种倾向的精神冲突"[6]——来论证统摄《摩诃婆罗多》的内在统一性。此外，受杜梅齐尔（Georges Dumézil）神话学说影响的一批学者，如比亚尔多（Madeleine Biardeau）、希尔特拜特（Alf Hiltebeitel）等，

---

[1] 《舞论》也自称是"第五吠陀"，开篇谈到《舞论》的起源，以因陀罗为首的众天神祈请梵天："首陀罗种姓不能听取吠陀经典，因此请创造另一种适合所有种姓的第五吠陀。"黄宝生编译：《梵语诗学论著汇编（增订本）上》，中国社会科学出版社 2019 年版，第 8 页。

[2] M. R. Kale, *Hitopadeśa of Nārāyaṇa*, Motilal, 1967, p. 7. 老虎称自己学习过法论，并立即引用《摩诃婆罗多》中的内容。

[3] Luis González-Reimann, *The Mahābhārata and the Yugas: India's Great Epic Poem and the Hindu System of World Ages*, Peter Lang, 2002, p. 207.

[4] 例如甘地在其自传中回忆：其父抱病期间，每晚都请人为他念诵《罗摩衍那》；他们一家每月的十一日则会诵读《薄伽梵歌》。参见甘地：《我体验真理的故事·甘地自传》，叶李、简敏译，长江文艺出版社 2012 年版，第 28 页。

[5] 关于荷马史诗的文本形成过程与使用语境，参见格雷戈里·纳吉：《荷马诸问题》，巴莫曲布嫫译，广西师范大学出版社 2008 年版，第 143 页。

[6] 季羡林、刘安武编选：《印度两大史诗评论汇编》，中国社会科学出版社 1984 年版，第 227—233 页。

也提倡整一说,认为《摩诃婆罗多》可溯源到原始印欧人的神话元素。除了从编撰的角度来考虑《摩诃婆罗多》与《罗摩衍那》的整一性之外,还有从接受的视野来研究这一问题的,如波洛克(Sheldon Pollock)。

相对而言,《罗摩衍那》在内容上更具有整一性,描述的是一个相对统一的事件,即罗摩的出生、成长与事功,更接近西方的史诗类型。[1] 为了概念的简省,也为了尊重学术传统、不至于引起新的淆乱,或许我们还得继续使用"史诗"这一舶来的术语。但在使用的过程中,也要了解印度史诗自身的特点,不能以希腊史诗的概念去生搬硬套。换个角度来说,对印度史诗的具体研究,大概也可以帮助我们拓展对"史诗"这一体裁的认识。

二、印度有"历史"吗?

关于"史诗"这一汉语译名,或许还有一个值得说明的问题。顾名思义,史诗这一体裁牵涉到一个核心要素:"史"。那么,印度的两大史诗《摩诃婆罗多》与《罗摩衍那》是以诗歌的形式来记录历史的文献吗?黑格尔曾有一个著名的论断:印度没有历史。他认为印度典籍中虽然也提到各种时期,但大多信口开河,不可将这类记载当作历史。相反,一些史实的钩沉反而要仰赖亚历山大之后的希腊作家以及再之后的伊斯兰教学者的记录。然而,历史对一个民族又是如此重要,因为只有靠着历史,人们才能自觉地观照"自己的'精神'表现在'法律''礼节''风俗'和'事功'上的发展行程",亦即各项政治经济文化成就。这样一来,英国殖民者自然就成了印度历史、文化的发现者与恢复者。[2] 虽然黑格尔的判断到今天依旧有其影响力,但借助赛义德等学者提出的东方学的分析方法,一定程度上,我们已经可以跳出欧洲中心主义的局限,更加客观全面地反思

---

[1] 季羡林先生将《罗摩衍那》称为"伶工文学",参见《〈罗摩衍那〉初探》,收入《季羡林文集》第八卷《比较文学与民间文学》,江西教育出版社1996年版,第123—124页。

[2] 黑格尔:《历史哲学》,王造时译,商务印书馆1963年版,第202—207页。

这一论述。正如"史诗"的模式未必只有希腊史诗一种,"历史"是否也可以呈现出多元化的面貌呢?

宗教史家伊利亚德(Mircea Eliade)指出,古人与经过犹太-基督教洗礼的现代人的一大区别是:前者将自己安置于宇宙万物的律动之中,而后者认为自己只与历史相联、在历史中创造自身。当然,对于古人而言,宇宙也有历史,但宇宙的历史是神圣的,通过神话而得以保存、传承。更重要的是,这一历史可以被无限重复,神话则揭示了这一无限重复的原型。在这样的理念下,古人很难发展出我们今日所拥有的"历史意识"。[1]这一描述,或许可以帮助我们理解《摩诃婆罗多》与《罗摩衍那》中所包含的历史观。

苏克坦卡尔对学者们刺向《摩诃婆罗多》的手术刀感到不满,认为在理解史诗时"博学多闻"的学者反而不如"目不识丁的印度人"。当被问到《摩诃婆罗多》是一部怎样的诗作时:

> 后者无疑会迅速而自信地回答说:《摩诃婆罗多》是一部描述他的祖先们——昔时神一般的英雄们的崇尚武功的非凡作品。在这部作品中,邪恶的俱卢族为一方,得到黑天大神援助的正义的般度族为另一方。他们生活在黄金时代("圆满时代"),在那个时代,众神常常出没于凡人之中,人们的生活比现在充实得多,也幸福得多。[2]

这段话包含了丰富的信息,值得我们仔细揣摩。首先需要注意的是"时代"的概念。在史诗、往世书文献所架构的宇宙时空体系中,时间是循环往复的。世界创生之始,先是圆满时代,生活在圆满时代的人们遵循正法,福寿绵长。其次是三分时代,人们的品性开始堕落,道德水准只有圆满时代的四分之三,人寿缩短。再接下来是二分时代,生活于其中的人类道德品性每况愈下,寿命更短。最后是迦利时代,又称斗争时代,人间生活悲惨,唯余争斗。迦利时代末尾,世界毁灭,宇宙消解,一切

---

[1] See Mircea Eliade, *Cosmos and History: The Myth of the Eternal Return*, Harper & Brothers, 1959, pp.7-8.
[2] 季羡林、刘安武编选:《印度两大史诗评论汇编》,中国社会科学出版社1984年版,第158页。

归于沉寂。然后是再次创生，进入新的循环，重新迎来圆满时代。如此，周而复始。《摩诃婆罗多》也被嵌入这样一个时间之流中。故事开篇就讲道：

> 在第二与第三由伽（时代）之间，卓越的执武器者（持斧）罗摩为仇恨所激，不止一次杀戮了刹帝利王族。……在第三与（第四）迦利由伽（时代）之间，在普五地方发生了俱卢族和般度族的两军大战。（1.2.3—9）[1]

也就是说，《摩诃婆罗多》所叙述的事件发生在二分时代（第三时代即二分时代）与迦利时代之间。有学者研究发现[2]：史诗中论述时代的部分，有些龃龉之处，也有不少段落与毗湿奴派提升黑天地位的努力有关，还有一些段落被怀疑是后起的，故而推论时代的框架是后世添加，但一旦四时代循环说与史诗结合到一起，二者就互相强化，再也无法分割了。直到今天，印度人在认识《摩诃婆罗多》时，时代框架都是一个很重要的维度，帮助他们对史诗人物和自身进行定位，理解在那样的时代发生那样的事情的必然性：人物的行为会随所处时代的变化而变化，例如在黑暗的迦利时代人们就会惯于作恶、正法伴随着非法，这就能解释持国百子的种种恶行、黑天最后利用不太光彩的计谋才得以取胜。此外，时代框架有很强的教派性，各教派都利用四时代循环说来提升己派主神的地位。《摩诃婆罗多》带有很强的毗湿奴派色彩，各时代的循环演进与毗湿奴的化身说密切结合。在《和平篇》中，那罗延（即毗湿奴的一种形态）教导仙人那罗陀：那罗延是世界的创造者，周而复始地展现与收回世界，并且

> 在三分时代，我将成为婆利古后裔罗摩（持斧），消灭自恃繁荣

---

[1] 毗耶娑：《摩诃婆罗多》（一），金克木、赵国华、席必庄译，中国社会科学出版社2005年版，第16页。有学者对《篇章总目篇》的时代提出了质疑，认为是史诗后加的部分，如 Luis González-Reimann, *The Mahābhārata and the Yugas: India's Great Epic Poem and the Hindu System of World Ages*, Peter Lang, 2002, p.87.

[2] 参见 Luis González-Reimann, *The Mahābhārata and the Yugas: India's Great Epic Poem and the Hindu System of World Ages*, Peter Lang, 2002 一书的论述。

强大的刹帝利。然后,在三分时代和二分时代之间,我成为时间之主、十车王之子罗摩……在二分时代和迦利时代之间,为了杀死刚沙,我将出现在马图拉城。(12.326.77—82)[1]

当然,最有名的还是那一颂:"一旦正法衰落,非法滋生蔓延,婆罗多子孙啊!我就创造自己。为了保护善人,为了铲除恶人,为了维持正法,我一次次降生。"(6.26.7—8)[2] 这里的"一次次",原文即 yuge yuge,也可以理解为每一个时代。在一些印度教徒看来,这就是《薄伽梵歌》的核心部分,即主神在每一个时代都化身下凡,维持正法、护佑信徒。《摩诃婆罗多》的意义就在于结束一个旧时代、迎来一个新时代,而一旦邪恶苦难的迦利时代结束,人类就有望迈入新的圆满时代。

回到苏克坦卡尔的论述,一个"目不识丁"的印度人清楚地了解《摩诃婆罗多》人物所处的时代,只不过这里的时代有些错位。根据史诗的文本,俱卢大战发生在二分时代与迦利时代之间。而根据另一处文本,也可能是处在迦利时代。[3] 作为史诗精校本的主持者,苏克坦卡尔怎会将其定位在被视为黄金时代的圆满时代呢?这或许就要考虑到他本人所处的背景了。苏克坦卡尔关于《摩诃婆罗多》的系列讲座正好处在印度独立前夕,那时的印度本土知识分子都在为民族独立摇旗呐喊,寻找各种精神资源。古代印度就是他们心中的黄金时代,一个希望能回去的过往。经过时空距离的滤镜,这一过往的斑驳血色已经被过滤成梦幻的玫瑰色。知识分子对印度历史的美化,也是为了加强文化自信与民族凝聚力,给反殖民斗争助力。他们最喜欢援引的是《罗摩衍那》中的黄金时代,在罗摩治下,"人民繁荣幸福,满意快乐诚恳。他们健康无病,不怕荒年饥馑。……不用怕

---

[1] 毗耶娑:《摩诃婆罗多》(五),黄宝生译,中国社会科学出版社2005年版,第625—626页。
[2] 毗耶娑:《摩诃婆罗多》(三),黄宝生、郭良鋆译,中国社会科学出版社2005年版,第497页。
[3] 5.140.6—15 有一系列对战场的描述:"当你在战场上看到他乘坐黑天驾驭的白马战车,使用他因陀罗、火神和风神的法宝;听到甘狄拔神弓发出雷鸣般的声音,这时已不是三分时代,不是圆满时代,也不是二分时代。……当你在战场上看到德罗纳、福身王之子(毗湿摩)、慈悯、难敌王和信度王胜车,冲锋进攻,但很快被左手开弓者(阿周那)挡住,这时已不是三分时代,不是圆满时代,也不是二分时代。"毗耶娑:《摩诃婆罗多》(三),黄宝生、郭良鋆译,中国社会科学出版社2005年版,第354页。不过,尽管译者们在这里都将 kali 翻译为时代,有学者指出另一种理解的可能:kali 取"骰子"之义,意为一旦战事发生,就无法再以掷骰子的诡计取胜,只能是实打实的武力比拼。

飓风成灾，人们不会水淹死亡，不用怕烈火成灾，像在圆满时一样"[1]。13—16世纪，当罗摩故事被翻译为其他语言时，这一套话经常被使用，罗摩的统治被称为"罗摩之治"（rāmarājya），充当各种政治宣传的工具。在印度建立现代民族国家的过程中，甘地对罗摩之治颇为向往，在一些公开演讲中都曾提到过。

在西方历史观的指导下，许多学者试图从《摩诃婆罗多》与《罗摩衍那》中抽取"真实的"历史事实，比较有代表性的如范·布特南（van Buitenen）。他认为《摩诃婆罗多》中的大战乃是为了争夺恒河上游与亚穆纳河的控制权，是雅利安人东进征程的一部分。[2] 而此前学者们一般认为：《罗摩衍那》中提到的楞伽岛可能是今天的斯里兰卡，罗摩诛杀罗刹王十首王是雅利安人对土著的战争，意味着雅利安人势力范围向南推进。连起来看，两大史诗中描述的两场大战，可被视为雅利安人东进过程中发生的两次战斗。雅利安人的东进，是印度历史上很重要的一个事件。本土的印度河谷文明不知出于何种原因，在公元前1900年左右盛极而衰，之后迎来了一波又一波雅利安人部落移民潮。18世纪、19世纪，雅利安人的迁徙理论在欧洲学界是备受关注的学术热点。[3] 简单说来，通过语言、宗教各方面的亲缘性，学者们提出印欧语系的假设，认为印度人和欧洲人源自共同的祖先，即原始印欧人。后来，印欧人中有一支开始往东迁徙。其中，越过了兴都库什山，到达印度的这一支被称为印度-雅利安人。他们开始穿越兴都库什山口的时间大约是在公元前1500年左右，之后的迁徙遵循着从西北往东南推进的线路。这批人起初主要活动在印度西北部的印度河流域，如上游的犍陀罗地区（位于今天巴基斯坦），下游的旁遮普地区等。印度最早的诗歌集《梨俱吠陀》，就主要兴起于旁遮普一带。然后，雅利安人逐步向东南往恒河上游发展，即今天印度的首都德里及相

---

[1] 蚁垤：《罗摩衍那》（一），季羡林译，人民文学出版社1980年版，第14页。

[2] J. A. B. van Buitenen. tr. *The Mahābhārata 1 The Book of the Beginning*, The University of Chicago Press, 1973, p. xxiv.

[3] 本章的部分论述参见笔者之前的讲稿：《印度两大史诗——"活着"的传统》，载《中国典籍与文化》2017年第11辑。关于雅利安文化与印度本土文化的融合，可参见姜景奎教授的系列文章，如《印度神话之历史性解读：湿婆篇》，载《南亚东南亚研究》2020年第3期。

邻地区。《摩诃婆罗多》中大战的主要发生地——俱卢之野，据说就在这附近。大战中难敌一方的主要支持者，他们的舅舅沙恭尼，是犍陀罗的国王；而般度五子一方的主要盟国般遮罗，还有其他的一些小国，大都位于恒河上游的平原上。也就是说，《摩诃婆罗多》所描述的中心区域主要就在这一带。《罗摩衍那》的主人公罗摩出生于乔萨罗国，其首都为阿逾陀，罗摩之妻悉多出生于毗地诃，都位于恒河中下游，甚至接近孟加拉湾。

或许可以说：《摩诃婆罗多》大抵还是以曾经发生过的历史事件为依据的，但经过层累叠加，背后的史实已变得面目模糊。此外，文本的性质决定了内容的包罗万象，不可能是对纯粹史实的叙述。然而，它所搭建的时空框架，却深深地影响了印度人对自身历史的认识。而《罗摩衍那》与其说是作为历史文本，不如说是作为宗教文本，在印度人的社会生活中起着导向性的作用。

三、《摩诃婆罗多》：百科全书

"婆罗多族雄牛啊！有关正法、利益、爱欲和解脱，这里有，别处也有，这里没有，别处也没有。"（18.5.38）[1] 这颂诗几乎可被称作《摩诃婆罗多》的卒章明义。正法、利益、爱欲、解脱是印度人的人生四义，即值得追求的四种目标：在合乎正法的条件下可以追求利益与欲乐，而最高的目标则是从轮回中解脱。《摩诃婆罗多》作为"第五吠陀"，随着时代的发展而增添了许多有关教诫的内容，体量越来越大，成为一部包罗万象的"百科全书"，才能在终章号称"无所不包"。尽管一些印度学者反对针对《摩诃婆罗多》作分解式的阅读，但面对这样一部庞大的作品，对文本结构作出一定的解析与分层恐怕是必要的。这里采用学者们一般认可的三

---

[1] 毗耶娑：《摩诃婆罗多》（六），黄宝生、葛维钧、郭良鋆译，中国社会科学出版社2005年版，第742页。

层次说[1]：文本的主线故事是俱卢王朝的王位争夺战，参战的一方是持国百子，另一方是般度五子，双方都纠集了不少盟国，王朝内部的战争演化成一场大战，这部分可能是早期文本层，对应《胜利之歌》；续添的第二文本层是漫游的婆罗门和苦行者收集的各种诗歌与故事；第三层是对整个故事的"神话化"与"往世书化"，即对般度五子和黑天的神化，同时加上了毗湿奴派的许多元素。即便不认可文本的层累叠加说，这种分析方法也有助于读者在千头万绪中把握史诗的大体脉络与结构内容。

在一定程度上，我们可将《摩诃婆罗多》看作跟敦煌壁画类似：前人在窟壁作画，后人又在前人的画作上粉刷、继续作画。由于史诗的核心故事是一场大战，故而刹帝利文化是《摩诃婆罗多》的底色。《梨俱吠陀》10.90论及四种姓：天神献祭原人，原人的嘴成为婆罗门、两臂成为王者、两腿成为吠舍，从其两足生出首陀罗。四种姓的分布就像是一个金字塔。顶端是婆罗门，地位最尊贵，数量最少，属于知识特权阶层，掌握着祭祀和文明的传承。接下来的三种姓地位递减，人数却递增。第二阶层是统治者刹帝利，主要由国王、武士构成。第三阶层是吠舍，主要是从事贸易的商人。人数最多的是首陀罗，包括农民、手工业者之类。除了这四种姓，还有不可接触者，即贱民，被排斥在这个体系之外。那么，刹帝利文化的特点是什么？大战之前，作为正法化身的坚战产生了动摇：敌方是自己的堂弟、叔祖、师尊，与他们作战就是骨肉相残，不符合正法。于是他努力争取和平，甚至只要求将王国的五个村庄分给自己兄弟五人。难敌一方却咄咄逼人，声称不要说五个村庄，就是一根针尖那么大的地方都不会让出来。战争迫在眉睫，难以避免。坚战之母贡蒂托黑天向坚战传话，给他讲述了另一位母亲维杜拉的故事，借此清楚地表达了自己的想法。母亲敦促儿子起来战斗：

---

[1] 希尔特拜特发表的一系列文章都在批驳分解说、提倡整一说，并将《摩诃婆罗多》的编撰年代从普遍认可的公元前400年到公元后400年缩短到两三代人、一两百年（公元前150年到公元前后），参见 Alf Hiltebeitel, *Reading the Fifth Veda: Studies on the Mahābhārata-Essays by Alf Hiltebeitel*, Edited by Vishwa Adluri and Joydeep Bagchee, Brill, 2011. 此处取一般公认的说法。

你的正法已经锐减，孩子啊，不要无所作为。国王啊，你像迂腐的吠陀学者缺乏理解力，在反复背诵中丧失智慧，片面地看待正法。你看看自生者创造的正法吧！刹帝利从他的胸膛产生，凭借自己的臂力生存，永远从事残酷的事，以保护臣民。

我知道永恒的刹帝利之心，它由先辈和先辈的先辈称颂，也为后代和后代的后代称颂。任何一个出生在这里的刹帝利，懂得刹帝利正法，不会出于恐惧或谋生，而向任何人卑躬屈膝。

刹帝利生下来就是为了战斗和胜利。行为勇猛，永远保护臣民，无论获胜还是被杀，他都能获得因陀罗的世界。（5.130.5—5.133.11）[1]

从这个故事可以看出，刹帝利遵循的价值观与婆罗门是很不一样的：刹帝利追求战斗与胜利，即使做出残酷血腥之事也是出自必要；而婆罗门的职责是念诵吠陀，强调慈悲出世。

《摩诃婆罗多》的第二层文本是流传于婆罗门与苦行者中的各种格言小诗与民间传说故事。文本交代：史诗有三代唱诵者。第一代的作者是岛生黑仙人，又称广博仙人，或称毗耶娑。他既是史诗故事的参与者——持国与般度的生父，亦即持国百子与般度五子的祖父，又号称是史诗故事的编撰者，并将其传授给苏曼度、阇弥尼、拜罗、苏迦、护民子。护民子在镇群王的蛇祭大会上唱诵史诗。歌人厉声听到护民子的讲述后，在飘忽林中寿那迦的十二年祭祀大会上，应邀讲述《摩诃婆罗多》的故事。毗耶娑、护民子都是婆罗门。厉声则是刹帝利的歌者，这一点从他的名字可以看出来，厉声意为声音洪亮，是一个典型的歌者名字。也就是说，《摩诃婆罗多》可能是由多重作者完成的，其中既有婆罗门，也有刹帝利歌者。有学者推测：描述大战的史诗故事起初可能出自歌者，毕竟他们才有亲身经历战斗的有利条件；后来由于故事的流行，婆罗门阶层也就参与进来了，将宣扬婆罗门价值、文化的格言、故事穿插进去。史诗里开始出现很多婆罗门仙人，例如巨马仙人、摩根德耶仙人之类。他们都被安插进史诗，经由

---

[1] 毗耶娑：《摩诃婆罗多》（三），黄宝生、郭良鋆译，中国社会科学出版社2005年版，第336—342页。着重号为笔者所加。

他们之口,讲述各种奇闻逸事。一般认为,公元前6—前5世纪,沙门思潮兴起,很多人都去林间苦行,以求摆脱俗世。这时候产生了大量诗歌与故事,歌颂弃世与解脱。几乎后世所有的印度宗教派别,包括佛教、耆那教、印度教等,都从这座诗歌、故事宝库中汲取营养,拣选素材,为己所用。《摩诃婆罗多》亦不例外。大臣维杜罗为了使国王持国明了智慧之路,讲述了一个寓言故事:"有位婆罗门处在轮回大世界中",进入了危险的森林,为了寻找庇护之所,东奔西跑,掉入一口井中:

> 悬挂在纠缠交错的蔓藤上。……他看见井边有一头大象。六嘴,十二足,黑斑,向这口覆盖着蔓藤树的水井边迈步走来。……他悬挂在树枝中间,各种各样形状可怕的蜜蜂在前面忙于吸吮蜂巢中产生的蜂蜜。……蜂蜜流淌不止,这个悬挂着的人不断吸吮。……这时,许多黑鼠和白鼠正在啃啮那棵树。森林深处有许多老虎,有极其可怕的女人,井下有蛇,井边有大象。老鼠们啃啮,大树摇摇欲坠,蜜蜂们贪恋蜂蜜,这一切构成大恐怖。(11.5.11—21)

接下来,为了使持国明了故事的寓意,维杜罗进一步阐释:

> 这是通晓解脱的人们运用的一个比喻。国王啊,借助它,人们能在来世获得好的归宿。那是说他处在大轮回的旷野中,这座人迹罕至的森林是轮回丛林。所说的那些猛兽是各种疾病。那个身躯庞大的女人站在那里,智者们说她是失去美貌的衰老。那口水井是人的身体,国王啊,井下的那条大蛇是时间,夺去一切者,毁灭一切有躯体的众生。那个人悬挂其上的井中蔓藤是众生的求生欲望。井边那头走向那棵树的大象是年份。国王啊,它的六嘴是六季,十二足是十二月。那些老鼠始终努力啃啮那棵树,深思熟虑的人说它们是众生的白昼和黑夜。那些蜜蜂是爱欲。那些流淌的蜂蜜是欲乐,人们沉溺其中。智者们知道轮回之轮这样运转,他们砍断轮回之轮的束缚。(11.6.4—12)[1]

---

[1] 毗耶娑:《摩诃婆罗多》(四),黄宝生等译,中国社会科学出版社2005年版,第908—910页。

这个故事所反映的思想精神与上一个故事所宣扬的刹帝利种姓的价值文化完全不一样，关注的是弃绝与解脱，而非投入战斗、勇于杀戮、赢得天国。[1]

《摩诃婆罗多》的晚期文本层是对史诗故事进行"神话化"和"往世书化"，增添了毗湿奴教派的内容。起初，史诗讲的是俱卢王朝的王位争夺战，可能是有历史人物原型的。大约到公元4—5世纪，印度教产生了很多新变，各派的《往世书》逐渐发展丰富，其中的神话故事也越来越绚烂多彩。在这种时代背景之下，史诗中的主人公都从凡人蜕变成了神。般度五子的神化是其中重要一环：长子坚战成为正法之神阎摩之子，次子怖军成为风神伐由之子，第三子阿周那成为神王因陀罗之子，双生子偕天和无种成为双马童之子。唐代地婆诃罗翻译的《方广大庄严经》中曾提到般度五子。佛陀在降生人世之前，考虑托生到哪个国家、哪一种姓比较合适。众天神几乎将整个北印都考察了一番，列举了各个王室这样那样的缺点，最后判断说净饭王家是最合适的。被排除的降生之国包括首都为象城的俱卢王朝："或有天言：'般茶婆王，都在象城。勤事勇健，支体圆满。人相具足，能制怨敌。可生于彼。'复有说言：'菩萨不生于彼。何以故？其王阉官之人，室家坏乱。虽有五男，皆非其胤。不宜生彼。'"[2]这里的般茶婆王即《摩诃婆罗多》中的般度后裔。般度误杀为交欢而化作鹿身的婆罗门仙人，仙人临终之前诅咒他再也不能与妻子交欢，否则就会暴毙。为了延续王嗣，他只好以借种的方式，生养了五个儿子，被称为般度五子。佛经里说得特别直白，称般度为"阉官之人"，借种的行为是"室家坏乱"，虽然有五个儿子，但都不是亲生。可以看出，《方广大庄严经》对般度五子是鄙夷的态度。这里有两种可能性：其一，在《方广大庄严经》

---

[1] 这一故事流传很广，参见陈明：《佛教譬喻"二鼠侵藤"在古代欧亚的文本源流》（上）（下），载《世界宗教研究》2018年第6期、2019年第1期。

[2] 未录入主要参考文献《方广大庄严经》卷一《胜族品》，CBETA, T03, no. 187, p. 542, a28-b3。不过，现存梵本与汉译佛经内容稍有差异："一些人说道：'在象城这座大城里，有一位国王，出生于般度五子的家族世系，英武勇猛，身形俊美，降伏敌军，这一家族适于菩萨投胎。'一些人说道：'这不合适。为什么呢？因为般度五子的家族世系非常混乱。有人说坚战是法神之子、怖军是风神之子、阿周那是因陀罗之子、无种偕天是双马童之子。因此这一家族不适合菩萨投胎。'"梵语原文参见 P. L. Vaidya, *Lalitavistara*, The Mithila Institute, 1958, pp. 15-16。梵本的时代比汉译佛经的时代要晚，这部分内容可能是接受了印度教的说法后再添加上去的。

问世的时候，般度五子还没有被神化，只是普通的凡人，故而佛经对他们毫无对神的尊崇。其二，只有在印度教的语境之下，般度五子才被神化，佛教则完全不理会那一套。无论是哪种情况，我们都可以作出推测：般度五子原本是凡人，只是到了后期才被神化。有学者甚至猜想，可能就是因为般度五子血统不正，所以持国诸子对他们继承王位很不服气，才发动了王位争夺战。《方广大庄严经》的这段论述也很有意思，从中可以看出不同宗教对同一事件的不同阐释：般度的不育，佛经直斥其为"阉官之人"，而史诗则编造了一个被诅咒的故事来解释这一现象；五子皆由"借种"而生，佛经鄙其"室家坏乱"，而史诗则将借种的对象抬升为五位大神——般度之妻贡蒂因侍奉仙人而得到以咒语召唤天神的能力，在般度失去生育能力后召唤天神并与之生子，从而提升五子的地位。

  除了般度五子的神化外，毗湿摩也被神化为八位婆薮神之一。这位婆薮神由于受妻子的怂恿而去偷窃极裕仙人的神牛，被仙人诅咒后下凡赎罪，托生为恒河之子毗湿摩。毗湿摩可谓是史诗故事的原点，因他在凡间必得受尽磨难，才有了被迫立誓不婚的情节，才有了后来的王位空悬、兄弟阋墙。而这一系列事件的开端，居然是源于一位神仙妻子的异想天开：怂恿丈夫偷牛！不得不说，这样的溯源有些无厘头，难以想象。若是将开头的这段神话插曲去掉，也不会改变故事的走向。甚至可以说，如果般度五子是普通的凡人，那么悲惨的结局就会显得更加合理——般度五子虽然是战胜的一方，但他们也失去了所有的孩子、亲人。换句话说，将般度五子和毗湿摩神化，对史诗故事似乎没有起到什么逻辑辅助作用。

  此外，还有最重要的对黑天的神化。在史诗最初的核心故事里，黑天很可能是亚穆纳河畔游牧部族的首领。由于他的部族不断受到邻国摩揭陀王的侵犯，所以他就和般度五子结盟，意图一起争夺恒河上中游与亚穆纳河流域的统治权。这时，黑天或许只是一个普通的凡人、一位部落首领、般度五子的盟友和军师。发展到后来，他变成了无所不能的大神，即印度教三大神中维持之神毗湿奴的化身。被印度教徒认为凝聚了《摩诃婆罗多》核心思想的《薄伽梵歌》，就是大战之前黑天对阿周那的教诲。两军对阵之际，阿周那眼看敌军阵营都是自己的亲人，深感犹疑不安，甚至无力拿起弓箭。这时,作为车夫的黑天为他讲述《薄伽梵歌》,阐释业瑜伽、智瑜伽与信瑜伽,将一切归之于对神的信仰。正是在《薄伽梵歌》之中,黑天承诺自己的"一次次降生"。

史诗之所以能够包罗万象,还要依靠一个便捷的叙述技巧,那就是嵌套结构。嵌套结构好比是俄罗斯套娃,故事里面套故事。印度人擅长讲故事,举世皆知。史诗中的人物来来去去,苦行者从一地漫游到另一地,停下休憩时,总会以故事消磨时光。在故事的任何一个节点,都可以引入新的叙事者,嫁接上新的故事,故事内部也可以不断分化出更小的故事单元。[1] 例如汉语中也有经典的嵌套故事:"山上有座庙,庙里有个老和尚,老和尚给小和尚讲一个故事:山上有座庙,庙里有个老和尚,老和尚给小和尚讲一个故事……"这种结构是可以反复不断循环,往里面注入新元素的。

四、《罗摩衍那》:最初的诗

相较于《摩诃婆罗多》,《罗摩衍那》的篇幅要短得多,内容也更为整齐一致,集中于罗摩一生的事功,从出生、青年、成婚、流放、诛杀罗刹、寻回被拐的悉多、遗弃悉多、治理国家到弃世升天等情节。除了史诗的常用名目 ākhyāna、kathā(故事)等,《罗摩衍那》还被称为"诗"(kāvya)乃至"最初的诗"(ādikāvya)[2],这表明了文本的形式特征。所谓"诗",其主要特点是重视形式与修辞。而"最初的诗",则强调了其开创性:《罗摩衍那》开篇就讲述了"输洛迦体"(śloka)的诞生。输洛迦体是一种以音节的数目和长短为标准的诗律。每一诗节分为四个音步(pāda),每个音步八个音节,共三十二个音节。因其音节数目较少,表达的内容相对简单,故而成为史诗和佛经最常用的韵律。关于输洛迦体的诞生,《罗摩衍

---

[1] 对于这一叙事技巧的分析,可参见施爱东:《故事法则》第五章《史诗可持续生长机制与叠加单元》,生活·读书·新知三联书店 2021 年版,第 133—173 页。

[2] 蚁垤仙人也因此得到"最初的诗人"的称号,参见薄婆菩提:《罗摩后传》,黄宝生译,中西书局 2018 年版,第 42 页。

那》中有一个动人的故事：蚁垤仙人看到一对正在交欢的麻鹬，突然雄鹬被猎人杀死，雌鹬悲惨哀鸣。他在悲悯之下，吟出了一颂诗，其创作过程或许可用"情动于中而形于言"来概括：他"非常同情这只母麻鹬，他心情沉重愁绪满怀，他真难过得支撑不住，吟出这一首输洛迦来"。吟诵完后，他经过反复琢磨才意识到："我的话都是诗，音节均等，可以配上笛子，曼声歌咏，因为它产生于我的输迦，就叫它输洛迦，不叫别名。"输迦即 śoka，忧伤之意。此时梵天现身前来，进一步确认蚁垤仙人的创作，并点明了神力灵感的介入：

> 婆罗门呀！由于我的意旨，
> 萨罗私伐底已站在你眼前。
> 最高的仙人呀！现在就请你
> 来编写纂述罗摩故事全传。（1.2.30）

梵天请蚁垤仙人将从那罗陀处听到的罗摩故事撰述下来，并且为诗人的声誉作了保证：

> 只要在这大地上，
> 青山常在水常流，
> 《罗摩衍那》这传奇，
> 流传人间永不休。（1.2.35）

> 只要那罗摩的故事，
> 你所叙述的能流传，
> 你也就能够永生，
> 在天上，在人间。（1.2.36）

在梵天的劝请之下，蚁垤仙人决心听从建议，以刚刚创制的输洛迦体为罗摩立传：

蚁垤的思想完全净化，
这样就产生了神智。
他心里想："我一定要写
《罗摩衍那》全部的诗。"（1.2.40）

这位睿智大牟尼，聪慧无比声名扬。
成百成百输洛迦，在他笔下放光芒。
写成一部罗摩传，光辉灿烂照远方。
字义优美音匀称，沁人心脾世无双。（1.2.41）[1]

  这是梵语文学中比较少有的讲述诗歌创作心理过程的段落：由于外在事件的刺激而导致情绪的迸发，又有天神赐予的灵感加持，类似于"文章本天成，妙手偶得之"。当自发"偶得"的文学形式几经反思之后，在作者净化思想之后，才发展成为自觉的文学创作。最终的创作结果也是非常理想的：既有高妙的音与义的修辞，也能悦可人心。此外，《罗摩衍那》还强调了受众对这部作品的接受。弟子们跟着吟诵这首输洛迦，"一会儿欢喜无量，一会儿异常惊讶"。因此，无论是从创作论来说，从诗歌的修辞来说，还是从接受论来说，《罗摩衍那》作为"最初的诗"的名号都当之无愧。

  更重要的是，《罗摩衍那》并未满足于单纯地描述诗歌的创作与接受过程，而是提炼出了梵语诗学中的两个关键概念"情"与"味"："这部诗具备各种味（rasa）：快乐、爱情、怜悯、忿怒、勇武、恐怖，还有厌恶，它就这样为他俩诵读。"[2] 不仅诗歌的作者在创作之前要净化思想

---

[1] 关于输洛迦体的诞生与《罗摩衍那》的创作，主要见于《童年篇》第二章。蚁垤：《罗摩衍那》（一），季羡林译，人民文学出版社 1980 年版，第 17—24 页。

[2] 关于诗歌的情、味和对后世的影响，主要见于《童年篇》第四章。蚁垤：《罗摩衍那》（一），季羡林译，人民文学出版社 1980 年版，第 31—36 页。季先生将 rasa 和 bhāva 都翻译为"情绪"，主要是梵语文学中的诗学术语在当时尚未有固定的翻译。金克木先生翻译《舞论》选篇，分别采用了"味"与"情"的译法（婆罗多牟尼等：《古代印度文艺理论文选》，金克木译，人民文学出版社 1980 年版，第 3—16 页），黄宝生先生最终将 rasa 与 bhāva 的对译词确定为"味"和"情"。《舞论》作为梵语诗学理论的开山之作，其中第六章论味、第七章论情。详见黄宝生编译：《梵语诗学论著汇编（增订本）上》，中国社会科学出版社 2019 年版，第 59—84 页。

（bhāvitātman），唱诵者（亦即史诗的表演者）俱舍和罗婆也要先进入状态，才能更好地唱诵史诗故事："两个人进入了情绪（bhāva），就合起来纵声高歌，甜蜜、激昂又优美，音调均匀又很柔和。"要圆满地完成欣赏诗歌的全过程，不仅对诗歌的作者、唱诵者有要求，对诗歌的听众也有要求：他们是"虔诚神圣（bhāvitātman）的大仙"。只有创作者、表演者、受众都处于理想的精神状态，才能实现诗歌的最大审美价值。《罗摩衍那》因之而成为后世诗人创作的基础："牟尼说的这个故事，真是神奇得不可思议，它是以后诗人的基础，就这样依次叙述完毕。"

"味"和"情"是梵语诗学中的关键概念。一般认为，这两个概念起源于戏剧表演，演员借助语言、动作等表演手段体会、传达"情"，从而让观众品尝到"味"。常情有爱、笑、悲、怒、勇、惧、厌、惊八种，对应艳情味、滑稽味、悲悯味、暴戾味、英勇味、恐怖味、厌恶味与奇异味。由于戏剧与诗歌都有一个共同的媒介——语言，故而"味论"从戏剧迁移到诗歌，成为诗歌理论中的一个重要流派。这里，通过《罗摩衍那》开篇几章的叙述，我们可以看到：因为史诗的特殊性——兼具诗歌的修辞美与唱诵的表演性，《罗摩衍那》已经建起了沟通戏剧表演理论与诗歌修辞理论的桥梁。

《罗摩衍那》作为诗歌体（kāvya），全书共分七篇（khaṇḍa），五百余章（sarga）。关于分章诗（sargabandha），《诗镜》中有论述：

> 分章诗也称大诗。它的特征是作品开头有祝福和致敬，或直接叙事。它依据历史传说和故事或其他真实事件，展现人生四大目的果实，主角聪明而高尚。它描写城市、海洋、山岭、季节、月亮或太阳的升起、在园中或水中的游戏、饮酒和欢爱。它描写相思、结婚、儿子出世、谋略、遣使、进军、胜利和主角的成功。有修辞，不简略，充满味和情，诗章不冗长，诗律和连声悦耳动听。[1]

由于篇幅有限，我们这里仅以一颂诗为例：

---

[1] 黄宝生编译：《梵语诗学论著汇编（增订本）上》，中国社会科学出版社2019年版，第334页。

> 聪明的猴子看到了
> 走到中天的月亮,
> 吐出了巨大的精力,
> 散发出缕缕清光。
> 那月亮在太空中,
> 闪光辉灿烂辉煌;
> 像一只怀春公牛,
> 在牛圈里徘徊一样。(5.4.1)[1]

从这颂诗我们可以看到:《罗摩衍那》一方面继承了《梨俱吠陀》中优美生动比喻的传统——这里将月亮比作公牛,类似于《梨俱吠陀》中将晨曦、霞光比作红色的牝马、奶牛;另一方面也显得更为轻盈灵动,褪去了祭祀宗教的内涵,更富诗歌的审美性。季羡林先生特意指出《罗摩衍那》在描绘自然景色方面的成就很高,而且长于情景交融。[2]比较典型的是第四篇《猴国篇》中对雨季的描述,因为罗摩与悉多的离别,所有的景物似也染上了相思的惆怅:

> 苍天好像害了相思病,
> 上面的云彩又白又黄,
> 微风就是它的呼吸,
> 染着旃檀色的霞光。(4.27.6)
> 大地已经干了很久,
> 现在吸到了新鲜的水;
> 就像忧愁煎熬的悉多,
> 它现在散发出热泪。(4.27.7)[3]

---

[1] 蚁垤:《罗摩衍那》(五),季羡林译,人民文学出版社1983年版,第57页。
[2] 季羡林:《〈罗摩衍那〉浅论》,收入《季羡林文集》第八卷《比较文学与民间文学》,江西教育出版社1996年版,第112—113页。
[3] 蚁垤:《罗摩衍那》(四),季羡林译,人民文学出版社1982年版,第175页。

尽管季节不一，却也令人想起《西厢记》中的离别场景："碧云天，黄花地，西风紧，北雁南飞。晓来谁染霜林醉？总是离人泪。"[1]

虽然《罗摩衍那》的全译本直到20世纪才由季羡林先生译出，但罗摩的故事经由佛教的媒介早就传入中国了。如玄奘译《阿毗达磨大毗婆沙论》卷四十六："如逻摩衍拏书有一万二千颂。唯明二事：一明逻伐拏劫私多去，二明逻摩将私多还。"[2]新疆地区还曾流传过于阗语、吐火罗语的罗摩故事。云南、西藏也有不同的罗摩故事传本。[3]可惜的是似乎没有产生太大的影响。

五、史诗的今天：活着的传统

在欧洲文学史上，史诗体裁的式微与长篇小说的兴起是意义深远的重大事件。关于史诗与小说的关系，目前已有不少讨论。巴赫金的观点卓然自成一家。他在《史诗与小说》一文中给出了史诗的标志性体裁特征，主要强调了三个特点，其一，史诗描写的对象是一个民族庄严的过去，歌德和席勒甚至认为这个过去是绝对的过去。也就是说，史诗是远离当代的，与当代生活之间横亘着绝对的史实距离。其二，史诗渊源于民间传说，而不是个人经历。其三，史诗是绝对完结的、封闭的，不允许有个人评价，史诗的疆域不可能与正在形成当中的现实发生联系。[4]可以设想：巴赫金在总结这些特点时，主要依据的是希腊史诗《伊利亚特》与《奥德赛》。反观印度史诗，虽然素材也是民间传说而非个人经历，但似乎不能被概括为绝对的过去、封闭而不与现实发生联系的系统。《摩诃婆罗多》与《罗

---

[1] 曹方人、周锡山标点：《金圣叹全集（三）：贯华堂第六才子书西厢记等十种》，江苏古籍出版社1985年版，第187页。

[2] CBETA, T27, no. 1545, p. 236, c24-26.

[3] 参见段晴：《于阗语〈罗摩衍那〉的故事》，收入张玉安、陈岗龙主编：《东方民间文学比较研究》，北京大学出版社2003年版，第138—157页。关于罗摩故事在中国的流传，参见季羡林：《〈罗摩衍那〉在中国》，收入《季羡林文集》第八卷《比较文学与民间文学》，江西教育出版社1996年版，第289—324页。

[4] 巴赫金：《史诗与小说——长篇小说研究方法论》，收入《巴赫金全集》第3卷《小说理论》，白春仁、晓河译，河北教育出版社1998年版，第505—545页。

摩衍那》尚未被供奉进博物馆、仅供大家欣赏,其疆域和现代社会依然有交叉,当代的印度人依然在对两大史诗进行阐释评价,甚至参与到各种相关的民间信仰活动中。萨曼·鲁西迪在他的代表作《午夜之子》中自陈:"我大概,甚至很有可能只是第一个把自己无可否认的独特生活与时代的故事写下来的历史学家。将来那些追随我的人无可避免地会在本书中寻找指导和灵感,这本书就是他们的《圣训》或者《往世书》或者《手稿》。"[1]这里《往世书》对应的原文是 purana,也是《摩诃婆罗多》的别称之一,或泛指"往世书"一类的文献。他很自觉地将自己的写作纳入以《摩诃婆罗多》为代表的历史文献延续下来的传统中。

　　印度两大史诗的传唱与表演,已经融入了民众日常生活的各种仪式与节日,直到今天依然如此。20 世纪,欧洲学者曾拍摄过印度人演唱史诗现场的照片。在一座小山丘上,史诗演唱者在表演,旁边围着上百人在聆听。这是一种活生生的传承。本雅明在《讲故事的人》一文中也指出:从史诗发展到长篇小说是一个巨大的跨越,反映了人们对生活、对世界的认识发生了巨大的变化。在现代社会,讲故事的传统衰落了,代之而起的是各种新闻传媒。他在文中饱含热情地颂扬了讲故事者与他们所承载的传统:"口口相传的经验是所有讲故事者都从中汲取灵思的源泉","每个生活圈子都会产生自己的讲故事族群。这些族群几世纪之后仍保持他们的特点","讲故事的人得天之禀,能从金绿宝石中洞察出历史世界中地老天荒、生态绝迹的启示"。[2] 本雅明对讲故事者抱有非常崇高的敬意,对故事传统怀有浓厚的乡愁。在现代社会,讲故事的传统衰落,留下的空白由长篇小说来填补。本雅明对这一转变深表遗憾:进入资本主义时代以后,人们所阅读的报纸、小说都是干巴巴的复制与抄袭,不再取材于鲜活的生活,丧失了"灵晕"。然而,在印度,表演史诗的传统到今天尚未断绝。阿兰达蒂·洛伊的小说《微物之神》中有一个情节,故事的主人公去看表演《摩诃婆罗多》的卡里沙舞:

---

[1] 参见萨曼·鲁西迪:《午夜之子》,刘凯芳译,燕山出版社 2015 年版,第 372 页。
[2] 阿伦特编:《启迪:本雅明文选》,张旭东、王斑译,生活·读书·新知三联书店 2008 年版,第 95—118 页。

> 伟大故事的秘密就在于没有秘密。伟大的故事是你听过而且还想再听的故事,是你可以从任何一处进入,而且可以舒舒服服地听下去的故事。……在聆听伟大的故事时,你知道谁活着,谁死去,谁找到爱,谁没有找到爱,但是你还想再知道。那就是它们的奥秘和它们的神奇之处。……他是卡那,被这个世界抛弃的卡那,独自一人的卡那,被诅咒的商品,在贫穷当中长大的王子。他诞生于这个世界,是为了不公平地、徒手地、孤独地死在他兄弟的手里,他那彻底的绝望是庄严的。[1]

这里的卡那即迦尔纳的另一种音译。迦尔纳在最后的大战中被自己的兄弟阿周那杀死。现代印度知识分子对迦尔纳这个人物寄予了很多同情,或许因为他出身高贵却流离失所,被排斥在主流社会之外,最后还死于亲兄弟之手,是一个十足的悲剧人物。类似地,印度作为文明古国,进入近代以后却沦为英国的殖民地,备受屈辱。而压迫印度人民的宗主国,本来同属印欧人,也是同根生的亲兄弟。故而很多知识分子将迦尔纳当成他们民族的一个象征符号,象征了印度的现代命运,对他的遭遇也会感同身受。

不仅许多文学作品、舞蹈表演取材于史诗故事,发展到当代,借助电影、电视连续剧等现代多媒体形式,两大史诗更是以前所未有的广度与深度进入千家万户。1987年,《罗摩衍那》被拍成电视连续剧,共52集,播出时盛况空前,万人空巷。接下来的1988年,《摩诃婆罗多》也被搬上荧幕,共94集,掀起了收视的另一狂潮。之后,《罗摩衍那》于2008年、2012年被两次翻拍,观众的热情不减。2013年,《摩诃婆罗多》也被重拍,长达267集(每集的时长有所压缩,20余分钟)。新版《摩诃婆罗多》每集之前都有一小段黑天宣讲各种教诫,且多次出现《摩诃婆罗多》精校本中未曾提到的"雅利安地区"一词,体现了新时代印度文化人对传统史诗的当代价值发掘与民族主义意识形态的重新定位。除了这五部大型的电视连续剧之外,以史诗为题材的影视作品当然还有不少,包括以儿童为主要受众的动画片等。

---

[1] 阿兰达蒂·洛伊:《微物之神》,吴美真译,人民文学出版社2020年版,第223—225页。

此外,《摩诃婆罗多》与《罗摩衍那》在东南亚地区也有着深远的影响。在古代,很长一段时间里,东南亚都是印度文化的辐射区,无论在政治方面还是文化方面,都染上了浓厚的印度色彩。以印度尼西亚的度假胜地巴厘岛为例。巴厘岛的首府是登巴萨,登巴萨的许多街道都是以《摩诃婆罗多》中的人物来命名的。例如贡蒂街、坚战街、怖军街、阿周那街、无种街、毗湿摩街、罗摩街、黑天街等等。在登巴萨这样一个现代化的都市里,穿行在般度五子街上,真有一种时空穿越的幻觉:住在贡蒂街上,到坚战街上去买东西,似乎是生活在史诗的世界中。即使从这样一个生活的小切面,我们依然可以看到:史诗的传统在东南亚人的生活中,还是一个活生生的现实,而不是一件尘封进博物馆、节庆的时候偶尔拿出来看一看、晒一晒、掸掸灰的古董。《罗摩衍那》在东南亚国家也很流行。无论是在皮影戏、绘画中,还是在瓦扬表演中,经常可以看到对《罗摩衍那》故事的表现。在印度尼西亚的普兰巴南印度教神庙遗址附近,每周都有罗摩戏表演,吸引着来自各地的游客。泰国曼谷王朝的王室自称是罗摩的后裔——其都城之名阿瑜陀耶(Ayutthaya)即源自罗摩的故乡阿逾陀(Ayodhyā),国王以罗摩(拉玛是罗摩的另一种音译)一世、罗摩二世、罗摩三世来命名,泰国的现任国王是罗摩十世。由此可见罗摩传说对泰国的影响。在泰国的街道上、商场中,随处可见毗湿奴的坐骑金翅鸟的踪迹,也是罗摩信仰的另一种表现形式。

与史诗的所谓"封闭性"相反,《摩诃婆罗多》甚至邀请听众或读者参与评价,文本中经常出现的一句话是:"正法是微妙的。"那么,作为听众或读者,你认为这样做是对还是不对?每个人都会有自己的思考,在评价史诗人物的同时,也反思自身的行为:我的行为是不是符合正法?正法的标准又是什么?这样一来,史诗主动邀请听众或读者参与其中的故事,参与到自身的阐释循环之中。在这个意义上,史诗更像是一个开放、互动的体系。或许正是由于其开放性,直到今天,印度的两大史诗依然是一个活着的传统,在印度人的生活中,乃至受印度文化影响的东南亚人的生活中,都起着很重要的作用。游走在印度文化圈中,我们依然能感受到史诗勃勃的生机。这是印度史诗的特殊之处,当然也是其伟大之处。

第八章　印度宗教的传统文化基因

一、引子：普迦作为一个文化切面

嘈杂的迈拉普尔（Mylapore，传为"孔雀之城"）位于南印度泰米尔纳德邦（Tamil Nadu）的首府金奈市（Chennai，旧名马德拉斯），是城中最古老的街区。7世纪的泰米尔虔信主义诗人桑班达尔（Sambandar）曾用热切的圣歌，唤醒了一位险些丧命的美丽姑娘（Pūmpāvai）。他说：

> 难道你不见一眼这盛宴就离开？
> ——在绮丽的孔雀之城（Mayilai），
> 沙滩以芬芳的胡桐（Punnai）镶着边儿，
> 我们的神寓居在卡帕里萨兰（Kapālīccaram），
> 他眷恋这所庙宇，
> 在此宴请爱他的信众。[1]

---

[1] 诗歌译自英文，Indira Peterson, *Poems to Śiva*, Motilal Banarsidass, 1991, p. 186。当今的骷髅自在天神庙主体是18世纪重建的，其伟岸的山门也是16世纪以后才逐渐流行的形式。虽然它并非诗中所描绘的那一座神居本身，但一般被认为指一处圣地。神庙当中至今仍有专奉 Pūmpāvai 的小龛（sannidhi）。印度的神庙与中国的神殿类似，都被视为神的居所（devālaya）。

沿街的花果摊位上，挂着新鲜饱满的茉莉花环、香蕉、椰子，或是各色供品打包而成的草篮。步行其间，谁都躲不开混杂着烈日和汗臭的浓烈气味。人潮涌动的流向，时刻指示着迈拉普尔的心脏：骷髅自在天神庙（Kapāleśvāra Kōyil）。[1] 伴随着院里传来的号鼓声，[2] 信徒们赤脚穿过这座神庙异常瑰丽的山门，在其层层众神的眼底，走向一位坐在廊下的青年祭司。他口中反复念诵着梵语祷词，熟练地砸开一位信徒递上去的椰子，用椰汁浇灌身前的林伽（liṅga），[3] 然后将果肉曝露的椰壳放回供养者手中，随即又用白色灰泥（vibhūti）在后者眉间横划出一道湿婆信徒的标记。如此一位接着一位。信徒们怀揣着供品，默念神庙主尊湿婆的名号"Oṃ Namaḥ Śivāya"（皈敬湿婆！），祈求神的护佑，冥想与神的合一。在主次几处殿宇依次礼拜后，刚好日落西山。这是一天里的第五场礼拜，也是多数信众日中的第二次"进香"，故称"二时"（iraṇḍakālam，约从晚七点开始）[4]。

　　此类在特定时辰，以某位主神为礼拜对象、依据特定流程进行供奉的活动，被统称为"pūjā"，常音译为"普迦"。[5] 其供奉的具体对象千差万别；[6] 进献的物品可繁可简；既能在神庙由祭司操办，也可在家中实行简易版本。但只要具备上述基本要素，就都可以被称作"普迦"。这是当代印度教徒宗教生活中最重要的组成部分，也是其信仰的集中表现。普迦的模式大约要到中世纪晚期才逐渐定型，却如德国印度学家保罗·梯默（Paul Thieme）所说：变体层出的普迦是各代宗教、皇家仪轨以及地方传统，依

---

[1] Kapāleśvāra是湿婆诸多形象之一的名号。kapāla意为骷髅，īśvara即自在天，一般指湿婆苦修的面相。该庙以其主尊骷髅自在天命名，其妻名为如意树女神（Karpagambal），分别占据着神庙的两座比邻的主殿。泰米尔语中的"神庙"kōyil，原意为国王的宫殿。参见 George L. Hart, "2. The King and His Kingdom," in *The Poems of Ancient Tamil, Their Milieu and Their Sanskrit Counterparts*. Berkeley: University of California Press, 1975.

[2] 指Tanvil鼓和Nāgasvāram号，二者是南印神庙仪式空间中不可或缺的声音要素，在规定礼拜的时辰尤其集中地演奏。

[3] 林伽是湿婆的象征物。其字面意思是"标记"。

[4] 早晚各有一次集中进香的时辰，另外几次进献的人群相对分散。

[5] See Gudrun Bünemann, *Pūjā: A Study in Smārta Ritual*, Sammlung de Nobili, 1988, pp.1-2.

[6] 礼拜的主神千变万化，但在教科书上一般被归为三大类：湿婆、毗湿奴、萨克蒂（女神）。通常所谓的印度教三大神祇：湿婆、毗湿奴、梵天，其实并不是实践当中最主流的三种主神崇拜对象。在往世书的传说中，梵天因为乱伦等不当的行为，被湿婆诅咒而不得被世人供养。

据具体的仪轨场合进行叠加、剪裁以后的结果。[1] 这就意味着，一个看似简单的供奉礼拜之举，可以窥视一部印度宗教史。[2]

透过上述描述，我们看到：在社会活动的层面上，普迦是一种围绕着固定神圣空间展开的，由特定供奉轨则规定的，面向绝大多数社会阶层的宗教活动；在个体层面上，普迦则是一种通过规律性的、有道德属性的日常活动，逐步实现解脱的救赎道路。我们一般将印度教的源头归于吠陀宗教或婆罗门教，但一经比较便很容易发现它们巨大的差异，比如从无神像崇拜到异常丰富的圣像崇拜，从以家族福祉为目的到终结轮回为宗旨。简单来说，印度教是早期吠陀宗教经历了多次巨大的文化思想冲击，为适应大大小小的社会危机、政治变革，吸收了不同思想传统的神学与民间信仰形式，经过无数次断裂、重组、发明而在不断形成过程中的宗教模式。在这个意义上，现行印度教或可以被视为两次历史上重大宗教转向的结果：

第一次转向，是从吠陀所代表的祭祀（yajña）传统向奥义书与沙门各派所代表的解脱（mokṣa）之道的转移。这是一次意识形态上的转向。前者由人神共同参与，以个体生命与宇宙的延续为主要目的；后者则以道德行为主体为单位，以超离生命轮回为主要目的。

第二次转向，是从仅限于再生族（dvija）的救赎机制到一切种姓、性别皆可参与的主神崇拜形式的转移，具体表现为新仪轨形式的发明，以及神庙宗教的出现，在历史上常被笼统地称为虔信主义（bhakti）思潮。这主要是祭仪制度以及相应的社会制度上的转向。

虽然上述二者的发生有一定的先后顺序，却是两个层面的转向；而且两次皆非舍此就彼的转向，而是新旧妥协、嵌套融合的转向。所以说，这更像是一个宗教机体轮回转世的过程：裹挟着先前积累的文化印迹，辗转

---

[1] Georg Buddruss ed., *Paul Thieme, Kleine Schriften,* Vol.I, Wiesbaden, 1971, p.793. 他提到了迎宾礼仪（arghya）、国王出行的礼仪（rājopacāras）、早在《家经》（Gṛhyasūtra）中就明确规定的食物等供养仪式（bali）等。供养的步骤（pūjāvidhi）一般有强烈的地方性，依据的是教团传承自己在前人基础上编订的仪轨手册，往往包含具体的替代原则。即在具体情境下，由于不具备特定条件而无法实行的环节，可以通过替换（ādeśa）供养物等形式履行。无疑，这使得实际实践的形式更加丰富多样。

[2] 普迦与前代宗教之间的联系虽显而易见，但具体的历史转化机制仍是学界的一桩迷案。近年成果主要有永ノ尾信悟（Shingo Einoo）、Timothy Lubin、Marko Geslani 等学者的研究，他们根据普迦与阿闼婆吠陀《家经余篇》（Gṛhyapariśiṣṭa）具体仪轨之间的对比，论证后者是普迦的前身，在不同意义上主张内部来源说。

杂糅着各地风俗，乃至外来宗教的元素，而不断以新的面目体态呈现。因此，篇首的观察是这层积岩的一个断面。本章也恰恰是想利用这一断面作为索引，反观上述印度思想史上最重要的转变契机，思考近世印度教乃至广义印度宗教的三个文化基因：祭祀、解脱、虔信主义。

二、吠陀祭祀：宗教仪典的形式母体

一般认为，印度教的源头有二：一是印度河文明的原始宗教，即所谓达罗毗荼文明的宗教形式；二是从伊朗平原传至南亚次大陆的雅利安宗教，据其圣典名称而称作吠陀宗教（Vedism）。但由于印度河流考古所发现的文字遗存尚未被破解，他们是否有明确的女神、兽主等信仰，我们只能姑且论之。因此，虽然本土的宗教社群及其信仰形式对后世宗教固然有一定的影响，但我们仍然以文献充沛、传承不绝的吠陀为印度教最重要的源头。那么，什么是吠陀？又是在什么意义上，吠陀是印度教乃至诸多印度宗教的基础呢？

"吠陀"（Veda），意为知识，主要包含三吠陀，即《梨俱吠陀》（Ṛgveda）、《娑摩吠陀》（Sāmaveda）、《夜柔吠陀》（Yajurveda）——这是传统中常说的"三明"（trividyā）——加上相对后出的《阿闼婆吠陀》（Atharvaveda），即形成"四吠陀"之说。这是一系列约于公元前1500—前700年左右定型的"宗教文献"，各部由从事不同类型祭祀工作的祭司团体分别传承。[1] 然而以"文献"概述吠陀，实在失之偏颇：一方面，吠陀始终以口头为主要的传承方式，以文传书不仅形成得很晚，且始终是辅助性的；另一方面，也更加关键的是，四吠陀中所载的诗歌在"成为"文学或宗教哲学文本之前，首先是祭祀活动中的祷词，是通过身语意业而成就的祭祀的

---

[1] 四吠陀的内容经历了漫长的编辑整理过程，不仅四部形成的时间有先后，即便是某一种内部，也包含了几百甚至上千年中逐一形成的颂词。其形成过程参见 Michael Witzel, "The Development of the Vedic Canon and Its Schools: The Social and Political Milieu," in *Inside the Texts, Beyond the Texts,* ed. Michael Witzel, Harvard Oriental Series, *Opera Minora*, vol. 2, Cambridge, MA: Dept. of Sanskrit and Indian Studies, Harvard University, 1997, pp. 257-345。

有机组成部分——这身语意三种途径实现的活动，后被统称为"三业"。在吠陀时代，"业"（karma）的首要意义并非有善恶价值区别的日常或修道行为，[1]而特别指祭祀中完成的仪式活动。而以三业标示的吠陀祭祀，其实就是一种用意念、通过双手创造或再创造世界的过程，是心灵、坛场、天神（adhyātman, adhiyajña, adhidevatā）三个层面并行展开而互相作用的机制。祭坛的每一块砖都有自己对应的宇宙位置，祭祀空间就是整个宇宙，而祭祀活动是为这个宇宙注入生命，让每一块砖成为有机体的一部分：

> 这个完整的祭坛并非宇宙的象征物；事实上，它为宇宙制造模型，是用抽象的方式重新创造了一个宇宙，具备宇宙的每一个细节，是一个实际用来自我创造、自我定义并最终自我超越的途径。并且，如果这个模型真的要达到预期的效果，专事祭司不仅要对砖块与宇宙构成之间网格般一一对应的关系了然于心，还必须深谙外在世界与内在世界——心灵、呼吸、感官感知——之间的对应关系。换言之，祭司必须要把这个模型"想"成一个活动的运作机体……在一定意义上，每一块砖都是由意念夯出来的。[2]

吠陀传统的祭祀（yajña）从效用规模上，大体分为小型的家庭祭祀（gṛhya）和大型的公共祭祀。后者的代表是运用苏摩汁等祭品的"天启祭祀"（śrauta）。[3]不论哪类献祭活动，都以火作为人神之间的媒介。在他们看来，通过火的燃烧，能够将此世的事物传递到神的世界。因此，火坛提供了吠陀祭祀空间最核心的组成部分，阿耆尼神（Agni，即"火"）也便成为众多祭祀中首要称颂并迎请的神。《梨俱吠陀》1028首赞词中，约有200首是以阿耆尼为主题的：阿耆尼是光明的，象征着未来的富足，通

---

[1] 如我们所熟悉的佛教当中的"业"。早期佛教对业的基本定义是："云何知业？谓有二业：思、已思业，是谓知业。"（《中阿含经》卷27《林品5》，T26, p. 600, a23-24. 高楠顺次郎、渡边海旭等编：《大正新修大藏经》，大正一切经刊行会，1924—1934 [CBETSA V.S.3].）即包括任何有意志发动的行为，不论是所想、所作，还是所说，其性质和结果都由意志的善恶倾向所决定。

[2] David Shulman, *More than Real: A History of the Imagination in South India*, Harvard University Press, 2012, p.11.

[3] 这类祭祀的依据是一类叫作《天启经》（Śrautasūtra）的经典。

常与投向其中的祭品联系在一起（如牛油、苏摩汁），还总与颂词之"美言"为伍："阿耆尼无瑕无过，与香蜜混融，用舌头寻找话语……"[1]

在围绕祭火展开的众多吠陀祭祀活动中，最基础的一种形式便是"火供"（Agnihotra），其为"护摩"（homa）的前身。[2] 在吠陀时代，这是每位入道婆罗门成婚以后，需要每天与妻子共同操办的献祭活动，早晚两次。[3] 虽然通常在家庭空间当中进行，但仍然属于"天启祭祀"的一种，具体仪轨可以在各派（śākhā）的《梵书》《天启经》中找到。这种日常祭祀需要用到三个火坛，是吠陀祭祀的最小单位，也就是说大型祭祀皆依其模型进行演化。西侧是圆形的"家主之火"（gārhapatya），最东侧是象征天界的方形"献祭火坛"（āhavanīya）——献祭火坛的火，需要通过仪式从家主之火转引过去；二者之间靠南的位置另有一个半圆形的"南火"（dakṣiṇāgni），其意义尚有争议，但一般用于烹调供养给祭司的食物等；在三火坛之外，还有一个长形祭台（vedi），用来存放祭品、礼器等；祭祀者（Yajamāna）坐在祭台和献祭火坛之间的南侧，而执行祭祀的主祭（hotṛ）则在北侧活动。在婆罗门的一生中，"三火"不应熄灭。[4]

我们注意到，整个祭祀空间在运行过程中是由西向东的走势，[5] 这无疑与太阳的轨迹有关。传统上认为，在太阳东升西下的时间节点上，燃火不仅象征着人类世界火种的持续，它本身就是太阳、是光的延续。如《夜柔吠陀》中多有"火即光，光即火；太阳是光，光是太阳"[6] 等词；《百道

---

[1] RV 2.10.6 anūnam agniṃ, juhvā vacasyā madhupṛcaṃ dhanasā. 参考 Jamison & Brereton 的最新英译本，*The Rgveda*, Vol. I, Oxford University Press, 2014, pp.412-413。

[2] 关于护摩在亚洲，尤其是东亚的演变形式和文化历史，可以参见 Payne, Richard K., and Michael Witzel, ed., *Homa Variations: The Study of Ritual Change across the Longue Durée*, Oxford University Press, 2016。

[3] 入道（upanayana）是再生族（dvija）少年时期必须经历的"重生"仪式，由此成为社会性而不仅仅纯血缘意义上的婆罗门。

[4] 当然，现实中并非总能每天施行，尤其是如果家主需要远行，那么经典会提供具体方法，如何在行前进行密集祭祀等。另外，国王因忙于正事，也被允许解除一部分日常祭祀活动。

[5] 后世印度神庙也多坐西向东。参见池田甫：《印度方位观、方位神和神庙朝向关系初探》，载《科学文化评论》第15卷第1期，2018年，第66—78页。

[6] 白夜柔 Vājasaneyi Saṃhitā III.9.10: agnir jyotir jyotir agni. sūryo jyotir jyotiḥ sūryaḥ。

梵书》则直接称:"火供就是太阳。"[1] 关于火供的解释相当之多,有学者认为,这一传统可能部分源于太阳崇拜。但更重要的是,当夜幕降临,太阳的光被"储存"在火中,祭火被视为翌日之阳的胚胎,日出时重生于天上。整个祭祀行为,事实上维系着日落更生的宇宙秩序。也正因此,祭火需要善加保存,不得熄灭。[2]

所有天启祭祀的祭坛都由上述"三火"为基本单位扩展。比如,当大型的祭祀需要在更广阔的空间完成更复杂的仪轨步骤时,就会在献祭火坛的东边"嫁接"一片场地,形成一个嵌套的祭祀空间:通过圣化仪式活动,成立"大祭台"(mahāvedi)和新的"献祭火坛",而旧的献祭火坛此时便作为"家主火坛"使用。20世纪80年代,荷裔美国学者弗里茨·斯塔尔(Frits Staal)与几位人类学家合作,在印度的喀拉拉邦(Kerala)对当地的南布底里婆罗门(Nambudiri Brahmin)进行了全方位的考察,并记录了为期十二天的大型"火垒祭"(Agnicayana)。火垒祭就需要使用大祭台。整个祭祀活动是从堪舆开始的,每一次祭祀的场地也都是从零搭建,包括各种泥质的器具。在完成祭祀之后,需要一把火烧毁整个场地。在祭祀过程中,吟咏的诗歌、咒文正是来自我们所说的三吠陀及其衍生文本——它们不是从第一篇开始一一念诵下来的,而是根据不同祭祀的具体规定,抽取其中的偈颂,进过精心的编排,由一位或几位祭司分别吟唱。所以说,如果把吠陀看成一种"表演"的话,吠陀文献相当于一个素材库,却不是单一剧目的脚本。

此类大型天启祭祀或献祭牺牲,或献祭一种特殊的祭品"苏摩汁"(soma)。苏摩是众神偏爱的"不死甘露",他本身也是一位神。在一首著名的《梨俱吠陀》偈颂中,他被暗喻为帝王:"此神永生不死,鸟般乘翅而飞,飞往木尊登基。"[3] 这位落入座中的帝王形象,正是祭司手中用羊毛滤网研磨精细的苏摩汁,当祭司在祭祀中将汁液分往不同的礼器之中时,

---

[1] Śatapathabrahmaṇa II..3.1: sūryo ha vā agnihotram.

[2] 从吠陀晚期开始,便有实际操作时间及其意义的争议。可参见 Bodewitz, *The Daily Evening and Morning Offering (Agnihotra) According to the Brāhmaṇas*, Brill, 1976, pp.2-5。

[3] RV 9.3.1 eṣa devo amartiyaḥ parṇavir iva dīyati. abhi droṇāni āsadam. 参考 Jamison & Brereton, *The Rgveda*, Vol. III, Oxford University Press, 2014, pp.1237-1238。

就好比青黄色的鸟飞入它的宝座。

由此我们看到，传统的吠陀祭祀活动不论大小种类，必有三个重要的组成部分：

（1）器物（dravya）：在献祭过程中所使用的器具、物品；

（2）神灵（devatā）：特定的献祭对象，即众神；

（3）施与（tyāga）：献祭者将祭品投入祭火。[1]

尽管早期吠陀的绝大多数祭祀活动，尤其是"天启祭祀"，从公元前就开始逐一被遗弃，但这些祭祀活动的基本运行模式，以及大量的咒语、仪轨手法等素材，却被一代又一代不同的宗教实践群体继承下来并加以扩展。[2] 本章开篇以信徒视角所描述的当代礼拜路线似乎表面上与吠陀祭祀的关系不大，但若进入神职人员的活动场域当中，便能理解这一古早祭祀传统与当代普迦之间千丝万缕的关系。比如牛乳、牛油等仍然是献祭的主要供品，尽管在吠陀祭祀中，它们被投入火中，而现在被浇灌在林伽或其他特定的造像上。再比如，神庙中婆罗门所念诵的祷词虽然夹杂着晚出的颂诗，却仍有大部分标志性的祷词出自吠陀。其中自然不乏新瓶装旧酒的做法，在古旧的颂词当中套入该神庙特定的神名或其他特征。[3] 无疑，"在印度教当中，对其他（宗教形态的）融摄，通常是通过仪式被践行和体验的"[4]。

除了外在仪式行为的层面，后世印度教继承自吠陀祭祀传统的另一个重要方面，是意念中与外在手段相应的"内在祭祀"（antaryāga）、"内在神圣空间"。祭祀成功与否，除了所有物理操作必须完整以外，更重要的是，在行祭者心中所完成的祭祀过程：

---

[1] 此处描述参考 Frits Staal, *Agni: The Vedic Ritual of the Fire Altar*, Asian Humanities Press, 1983, pp.40-43。

[2] 当代也仍然存在着极个别的保守的婆罗门群体，秉持着上古吠陀的部分实践；同时，亦有复兴传统吠陀的教团组织。关于其传承情况，可参见 Frits Staal, Frederick Smith, Borayin Lario, David Knipe 等欧美学者分别在印度本土喀拉拉邦、马哈拉施特拉邦、安特拉邦或西方所作的人类学考察。

[3] 正如在印度各地流行的"杜尔迦咒""那罗延那咒"等都是将不同的神名套用在"迦耶特里咒"（Gāyātrī mantra）这首古老的《梨俱吠陀》偈颂上那样。

[4] Axel Michaels, *Homo Ritualis: Hindu Ritual and Its Significance to Ritual Theory*, Oxford University Press, 2016, pp.3-4.

因为心灵本无所谓真，无所谓假（RV 10.129.1）。这心灵产生的时候，便希望得到显现，〔变得〕更可说、更实在。它意欲获其自身。它进行苦行而获得了固化。它于是看到了自己的三万六千火光，它们由心所造，由心所筑。那些〔祭火〕仅凭心而立〔于祭台〕，凭心而筑。〔苏摩〕杯由心近置；他们（即祭司）在心中唱赞，在心中对其颂词；不论仪式中进行什么祭祀活动，不论有什么祭祀活动，都仅仅是由心灵完成的：由心灵操作，在由心灵建筑、构造的〔火与火坛〕上。不论这些人在心中构想什么样的〔关于祭火的〕活动：他们燃起心之火，在心中聚拢它们，在心中盛满瓦瓮，在心中礼赞或称咏。这就是心的力量，这就是创造，这就是心。心之为三万六千簇火光：每一念都是如此，一如前念。[1]

早在《百道梵书》（公元前8世纪左右）时，便对祭祀活动有如此内在化的理解：真正完成了祭祀进程的是心。换言之，心灵使事物存在，使事件发生的本质，即想象的功能（bhāvanā，使存在），是吠陀祭祀得以成功的基础，是通往永生的关键。心灵是一切的创造者，可以说是心灵把世界、把祭祀活动"想"成了真实有效的东西。然而梵书的作者非常明白：意识的每一处发动都是对虚无的恐惧，因而每一个意念及其所造物永远在存在的边缘，不真也不假。也正因此，心的祭祀永远不应完结，它必须通过婆罗门一生的努力（三万六千相当于一百年每日行祭的数量）完成。这一心灵层面的运作在后世的普迦实践中如出一辙：

---

[1] ŚB 10.5.3.2-3 tasmād etad ṛṣiṇābhyanūktam nāsad āsīnno sad āsīt tadānīm iti neva hi sanmano nevāsat. tad idam manaḥ sṛṣṭam āvirabubhūṣat niruktataram mūrtataraṃ tadātmānam anvaicattattapo 'tapyata tat prāmūrcat. tat ṣaṭtriṃśataṃ sahasrāṇy apaśyad ātmano 'gnīn arkān manomayān manaścitas. te manasaivādhīyanta manasā cīyanta. manasaiṣu grahā agṛhy anta manasā stuvata manasā śaṃsan. yatkiṃ ca yajñe karma kriyate. yat kiṃ ca yajñiyaṃ karma manasaiva teṣu tanmanomayeṣu manaścitsu manomayam akriyata. tad yat kiṃ cemāni bhūtāni manasā saṃkalpayanti. teṣām eva sā kṛtis tān evādadhati. tāṃś cinvanti. teṣu grahān gṛhṇanti teṣu stuvate. teṣu śaṃsanty. etāvatī vai manaso vibhūtir. etāvatī visṛṣṭir. etāvan manaḥ ṣaṭtriṃśatsahasrāṇy agnayo 'rkās teṣām ekaika eva tāvany āvānasau pūrvaḥ. Julius Eggeling, tr, *The Satapatha-Brāhmana According to the Text of the Mādhyandina School*, Sacred Books of the East v. 43-44, Oxford: Clarendon Press, 1900, pp.374-376. 另参考舒尔曼的解读（Shulman 2012:13）。

在意普迦中，所有的侍奉（upacāra）与那些外在普迦的供奉相类。不论是供品还是献祭的顺序都没有区别。意普迦自然无法脱离外在普迦想象，它是以后者为模型的。但由于意想不受〔客观条件的〕限制，更多的侍奉，包括稀有贵重的东西，最好的、最庄严的，都可以实现。接受这些供品的偶像也在内心之中。[1]

甚至，意普迦（mānasapūjā）没有外在普迦流于形式主义的危险，因为若不集中一念，意普迦根本不可能实现。正因此，尽管意普迦看上去是减轻了供奉人的行事负担，实际操作起来的要求却很高，一般只有受过专业训练的人才能真正完成。

三、解脱之道：宗教义务的终极目的

吠陀时代的雅利安部族虽然是半游牧的生活方式，但直到公元前七八世纪，吠陀祭祀及与其相应的社会结构都局限于一个有限的疆域。通过《百道梵书》"祭火从未曾在河的那边燃起"（10.4），我们得知，雅利安人在此之前一直没有越过恒河。[2] 而在公元前七八世纪，部分雅利安部族首度越过东部边界，把吠陀祭祀带到了恒河平原异族的社会当中。学者约翰内斯·布隆克霍斯特（Johannes Bronkhorst）专门著书论证了"大摩揭陀文明"（Greater Magadha）的概念。他认为在接触吠陀文化之前，恒河东部地区有自己相对成熟的文明形态；并且在相遇后的很长时间里，二者仍然保持着各自社群和文化的独立性。[3] 自从雅利安人定居于恒河流域，他们逐步吸收了当地已经比较发达的农业生产方式，改稻米为主食；也与当地各个社会阶层进行衔接。雅利安人的集团，不久从部落首领制过渡到皇

---

[1] Bühnemann, *Pūjā:A Study in Smārta Ritual*, 1988. p. 88. 中世纪的理论家有不少使用梵语或地方语言书写的相关作品，最著名的如传为商羯罗所作的《湿婆之意普迦》（Śivamānasapūjā），参见 Bühnemann, *Pūjā:A Study in Smārta Ritual*, 1988, pp.89-90。

[2] 更确切地说是恒河的一条支流 Sadānīrā，也就是今天的 Gandak 河。

[3] Johannes Bronkhorst, *Greater Magadha: Studies in the Culture of Early India*, Brill, 2007.

权统治。这个变化带来的是相对稳定和通畅的贸易通道,作为政治、经济中心的首府城市也开始出现。随着统治阶层,即刹帝利阶层的扩大,以及他们在新政体中扮演的重要角色,原来在雅利安部落内占绝对主导地位的婆罗门阶层无疑受到了威胁;另一方面,当东部地区本有的宗教传统与吠陀传统祭祀相遇,经碰撞产生了新的宗教群体,也无疑对吠陀的绝对权威性提出了挑战。

正是在这样的背景下,吠陀传统内部产生了两类对后世宗教思想与实践影响重大的著作:法经(dharmasūtra)和奥义书(upaniṣad)。前者是对再生族宗教社会等各方面的行为规范,后者则是哲理性、神学性的思想发挥。二者都由吠陀传承各个分支自行结集发展而成,因而实际上都不是一部著作,而各是一种类型,传承至今的都有几十部之多。在这两类经典中,首度集中地呈现出与先前不同的思想形态和行为规范:祭祀的目的逐渐转向解脱而非延续,而人生轨迹出现了出世的可能性。略晚一些,到公元前 6 世纪左右兴起的沙门运动我们则更加熟悉,从中产生了佛教、耆那教等非婆罗门传统的新兴宗教。更重要的是,沙门(śramaṇa)作为一种出离世间的新身份,与血脉相承的婆罗门(Brāhmaṇa)群体和以此为主轴的社会关系结构背道而驰,形成了一种"方外"的社会。吠陀宗教也就是从这时候开始,在雅利安社会的内在压力和异族文化的双重压力之下,转变为"婆罗门教"(Brahmanism),即由婆罗门祭司团体界定并引领宗教实践与思想走向的宗教。

法经与相应的法论(dharmaśāstra)系统一般被视为印度传统律法的依据。但值得注意的是,其律法并不是纯粹的世俗法,而是结合了各类宗教义务、以某种救赎论为准绳的半宗教法。比如,人生四行期便是在法经中才开始规定的,在此之前并没有确凿可考的思想遗存。四行期对所有接受过入道仪式的再生族提出了理想的人生范式,即四个目标不同、社会关系不同的生命阶段:梵行期、居家期、林栖期、遁世期。[1] 帕特里克·奥利

---

[1] 如最早产生的 Gautama Dharmasūtra 3.2: brahmacārī gṛhastho bhikṣur vaikhānasaḥ 各派法经对比,可参见 Patrick Olivelle, *Dharmasūtras: The Law Codes of Āpastamba, Gautama, Baudhāyana, and Vasiṣṭha*, Oxford University Press, 1999。

维尔（Patrick Olivelle）认为，四行期其实是吠陀居家传统（只有结婚的再生族男性才能履行宗教义务）与出世修道观念妥协的产物。[1] 至于出世修道的思想从何而来，学界普遍有两种看法：一为雅利安社群内部，如《梨俱吠陀》中提到过的蓄发者（keśin、vrātya），他们是不接受吠陀祭祀的叛离者；二为外部，即由东部异教而来，也就是"沙门"的传统。在此我们不做讨论。总之，由此以往，婆罗门社会内部开始在不同程度上接受以出家修行为途径而求终极解脱的理念。

奥义书针对的并不是具体行为规范，而是观念的指引。奥义书，梵语作 upaniṣad，一般认为来源于动词词根√sad "坐"加上 upa 和 ni 两个前缀，构成了"近坐"或"近侍"的意思。这个动作描述的是学徒向老师在学习过程中，近侍于老师而获得奥秘知识的过程。除此常见说法之外，不少学者指出，upaniṣad 还指事物之间的关联或阶序关系，这恰恰是奥义书的核心内容。[2] 汉语译之为"奥义书"，[3] 突出其所揭示的吠陀意趣，尤其是关于自我的知识隐微古奥（rahasya）。我们现在所说的奥义书其实是狭义上的奥义书，即吠陀时代晚期由诸派系各自产生的十几部奥义书。而广义的奥义书，指一切以"奥义书"命名的印度宗教文本，其创作时间横跨了许多世纪，直到 10 世纪以后，仍有新出。后出的奥义书，又被叫作教派奥义书，是仿照早期奥义书的形式而生成的印度教各教派的或其他修行集团的阐释文本。[4]

早期的奥义书许多是对话体的散文，它在抽象的哲学思考上发展到了一定的高度，尤其将吠陀祭祀传统的理念转化为抽象的哲思，并有论证的成

---

[1] 并且，二者之间的张力一直存在，直到史诗时代仍然明晰可见。并且事实上，印度教一直到 8 世纪才由商羯罗成立出家人的僧团。所以某种意义上，在此之前，居家仍是社会主流。See Patrick Olivelle, "Ascetic Withdrawal or Social Engagement," Religions of India in Practice, Princeton University Press, 1995, pp. 533-546.

[2] 参见 Harry Falk, "Vedisch Upanisad," Zeitschrift der Deutschen Morgen land is chen Gesellschaft, 1986, pp.80-97。

[3] 日文《奥义书全集》出版于 1922—1924 年；据徐梵澄说，清代有过汉译节选的奥义书，由刘继庄所译，但在他的时候已经不得见。

[4] 传统上还有学习 108 部即得解脱的说法，所以这个集合的奥义书又被叫作"muktikā"。108 部奥义书中，除了最早的十种奥义书、吠檀多派认可的二十余种奥义书，还囊括了与出世主义（sannyāsa）、瑜伽修行（yoga）、毗湿奴、湿婆及女神信仰（vaiṣṇava, śaiva, śakta）相关的奥义书。这一批巨著的现代版本，在 19 世纪末 20 世纪初，由马德拉斯（金奈）的 Adyar 图书馆出版。

分，因而常常被视作印度哲学真正的先行者。[1] 更重要的是，奥义书集中讨论的一系列观念，成为指导后世宗教实践的纲常，在此约举其中七要：

（1）Dharma 法：〔单数〕社会规范、正义，或宇宙规则；[2]

（2）Saṃsāra 轮回：根据个人所造之业，在三界中不断投生的过程；

（3）Mokṣa 解脱：出离生死往复的轮回过程，摆脱痛苦；

（4）Karma 业：字面意为所作，包括祭祀行为与日常或修道行为；

（5）Jñāna 智：与无明相对，是有助于解脱的正确认知；

（6）Brahman 梵：宇宙的本质（√bṛh，增长）；

（7）Ātman 我：个体的本质（√an，呼吸）。

奥义书思想首先吸收了（2）轮回和（3）解脱的观念，并且将原本思想中通过祭祀达到永生的结构，嫁接到解脱的目标之上。《歌者奥义书》（Chāndogya Upaniṣad）提到三种轮回的形式，并以通过苦行达到不归的"天神之路"为最胜者：

> 知道这样，在森林中崇拜信仰和苦行，他们便进入火焰。从火焰进入白昼。从白昼进入白半月。从白半月进入太阳北行的六个月。从六个月进入年。从年进入太阳。从太阳进入月亮。从月亮进入闪电。那里的那个人不是凡人。他带领他们进入梵。这是通向天神之路（devayāna）。
>
> 而在村庄中崇拜祭祀、善行和布施，他们便进入烟。从烟进入黑夜。从黑夜进入黑半月。从黑半月进入太阳南行的六个月。但六个月不到达年。从六个月进入祖先世界。从祖先世界进入空。从空进入月亮。它就是苏摩王。它是众天神的食物。众天神享用它。他们居住那里，直至剩余的功德耗尽。而后，又原路返回。他们返回空。从空返

---

[1] 在吠陀正典的体系中，它则是继本集、梵书、森林书之后最晚浮出水面的一类书，因而又被视作"吠陀之末、之终极"（vedānta），亦即"吠檀多"。吠檀多最初是指奥义书，后来通过《梵经》以及商羯罗等人的论著被进一步发挥，形成了"吠檀多派"。这是两个有关联却不同的概念。

[2] 佛教在复数的意义上使用"法"一词，意为构成世界的基本要素，如"五位七十五法"的法，被认为是一种独具创见的发明。参见 Edward Conze, "Dharma and Dharmas," *Buddhist Thought in India: Three Phases of Buddhist Philosophy*, The University of Michigan Press, 1983。

回风。成为风后，成为烟。成为烟后，成为雾。成为雾后，成为云。成为云后，成为雨，降下。他们在这里生为稻子、麦子、药草、树木、芝麻和豆类。从这些中很难脱出。只有等人吃了食物，洒出精液，才会再次出生。那些在世上行为可爱的人很快进入可爱的子宫，或婆罗门妇女的子宫，或刹帝利妇女的子宫，或吠舍妇女的子宫。而那些在世上行为卑污的人很快进入卑污的子宫，或狗的子宫，或猪的子宫，或旃陀罗妇女的子宫。

还有与这两条道路不同者。他们成为微生物，不停地活动着。"生吧！死吧！"这是第三种境况。所以说，那个世界从不充满。因此应该注意保护自己。（ChU 5.10）[1]

上述第一种是从轮回中解脱的人，在《广林奥义书》中明确说他们"不再回来"（6.2.15 ...teṣāṃ na punar āvṛttiḥ）；第二种是根据祭祀业行，重新投胎至不同境遇的人；第三种是极其卑微的小生物，诸如蚊蝇等，生死于倏忽间。尽管此时关于业报轮回尚未形成非常体系化的理论，仍然秉持一种吠陀传统中自然对应的某种链条关系（空→风→烟→雾→云……），但是关于生命流转的过程，显然已经有了不同的可能性。[2]

这个不生而伟大的自我，在生命气息中，由意识构成。它躺在心中的空间，控制一切，主宰一切，成为一切之主。它不因善业而变大，也不因恶业而变小。它是一切的支配者。它是众生的统治者。它是众生的保护者。它是堤坝，维持这个世界不破裂。婆罗门通过吟诵吠陀、祭祀、布施、苦行和斋戒知道它。确实，知道了它，就成为牟尼。确实，出家人向往它的世界，而出家修行。

古时候，有些人知道了它，就不再渴望子嗣，心想："我们有了这个自我，这个世界，何必还要子嗣？"他们抛弃对儿子的渴望，对财富的渴望，对世界的渴望，而奉行游方僧的乞食生活。（BU

---

[1] 黄宝生译：《奥义书》，商务印书馆 2010 年版，第 183—184 页。
[2] 参考 Henk Bodewitz, "Redeath and Its Relation to Rebirth and Release," *Vedic Cosmology and Ethics*, Brill, 2019。

4.4.22）[1]

其次，通过对祭祀行为的理性化解释，将（4）祭祀这种通往永生的途径内在化为（5）智慧，并且提出，通过祭祀得到的生命延续其实只是一时之计，要达到梵界而永不坠落，也就是解脱，则必须依赖智慧通达的真理。如《羯陀奥义书》（Kaṭha Upaniṣad）有一个关于死亡和解脱的故事，即著名的婆罗门子那西盖多（Naciketa）与死神阎摩（Yama）的对话。故事中，那西盖多的父亲是一位祭献一切的虔诚婆罗门，但由此所得的谢礼却是贫瘠的老母牛。那西盖多心中生起的疑问：这样的祭祀最终能获得什么呢？同时，他又想成全自己父亲通过祭祀获得无上福祉的愿望。在几次三番追问父亲会将自己献给谁时，父亲一气之下，命之于死神阎摩。于是，那西盖多便成了奉献给阎摩的祭品。[2] 那西盖多来到阎摩府上，阎摩不在家，让那西盖多在门口空等了三天。阎摩回来后为表歉意，让他许三个愿望。那西盖多的第一个愿望是让父亲获得喜乐，第二个愿望是掌握吠陀火祭的知识，第三个则是追问死后人去往何处的奥义。前两项阎摩一口答应，唯最后一项拒绝回答。可那西盖多一再坚持，最后阎摩被他的诚恳打动，告诉他：真实的"我"就是宇宙动力的源泉"梵"，他是恒常不变、超越死亡的。满心欢喜的那西盖多学习完这一奥义之后，获得了灵魂的解脱。在这个故事的一些版本中，那西盖多又回到父亲身边，为众人传授梵我同一的道理。[3] 这个故事不仅反映了关于轮回解脱的新理论，并且反映了当时反仪式主义的端倪：尽管吠陀祭祀的知识仍然是知识，也仍然被学习、被履行，但从奥义书时期开始，出现了新的更高的解脱目标，而这并不能由单纯的祭祀行为获得，而必须依赖对宇宙真理的认识。

---

[1] 黄宝生译：《奥义书》，商务印书馆 2010 年版，第 90 页。Bṛhadāraṇyaka Upaniṣad 4.4.22 sa vā eṣa mahān aja ātmā yo 'yaṃ vijñānamayaḥ prāṇeṣu. ya eṣo 'ntar hṛdaya ākāśas tasmiñ chete. sarvasya vaśī. sarvasyeśānaḥ. sarvasyādhipatiḥ. sa na sādhunā karmaṇā bhūyān. no evāsādhunā kanīyān. eṣa sarveśvaraḥ. eṣa bhūtādhipatiḥ. eṣa bhūtapālaḥ. eṣa setur vidharaṇa eṣāṃ lokānām asaṃbhedāya. tam etaṃ vedānuvacanena brāhmaṇā vividiṣanti yajñena dānena tapasānāśakena. etam eva viditvā munir bhavati. etam eva pravrājino lokam icchantaḥ pravrajanti.

[2] 该故事有一个完全不同的解读，即将那西盖多走向死神获得正知的过程，视为一种特殊祭祀入道"受洗"的仪式过程，因而是仪式性的死亡。参见 James S. Helfer, "The Initiatory Structure of the 'Kaṭhopaniṣad'," *History of Religions*, Vol.7, No.4, 1968, pp.348-367.

[3] 黄宝生译：《奥义书》，商务印书馆 2010 年版，第 259—270 页。

而最终奥义书所开显的真理，即个体与宇宙整体的同一性。什么是个体，什么是（7）"我"？

"去摘一个无花果来！""这个就是，父亲大人！""剖开它！""剖开了，父亲大人！""你在里面看到什么？""这些很小的种子，父亲大人！""剖开其中的一颗！""剖开了，父亲大人！""你在里面看到什么？""什么也没有，父亲大人！"然后，父亲对他说："好儿子，你没有看到这个微妙者，而正是由于这个微妙者，这棵大无花果树得以挺立。请你相信吧，好儿子！这个微妙者构成所有这一切的自我。它是真实，它是自我，它是你，希婆多盖杜啊！""父亲大人，请继续教我！"他回答说："好吧，好儿子！"（ChU 6.12）[1]

"将这把盐放在水中。然后，你明天早晨来我这里。"他照这样做了。"你将昨天傍晚放在水中的那把盐取出来。"他寻找那把盐，但找不见，因为全部溶化了。"你从这边尝一尝。怎么样？""咸的。""你从中间尝一尝。怎么样？""咸的。""你从那边尝一尝。怎么样？""咸的。""等你喝完，再坐到我身边。"他照这样做了，感到它始终都在。于是，父亲对他说："好儿子，你在这里没有看到这个存在，而它确实是在这里。这个微妙者构成所有这一切的自我。它是真实，它是自我，它是你，希婆多盖杜啊！""父亲大人，请继续教我！"他回答说："好吧，好儿子！"（ChU 6.13）[2]

因此，"自我"（即"阿特曼"）是个体最隐微的本质。它不基于由个体行为构成的业，更不是一体之表，一人之名。这个"自我"是超越性的，它无法被现象世界的任何标示、概念所定义，终究也并不受到业力的影响：

对于自我，只能称说"不是这个，不是那个"。不可把握，因为它不可把握。不可毁灭，因为它不可毁灭。不可接触，因为它不可接

---

[1] 黄宝生译：《奥义书》，商务印书馆 2010 年版，第 199 页。
[2] 同上书，第 199—200 页。

触。不受束缚，不受侵扰，不受伤害。"我做了恶事"或"我做了善事"这两者都不能越过它，而它越过这两者。无论做事或不做事，都不会烧灼它。"有梨俱颂诗为证：知梵者永恒的伟大性，不因业而变大或变小；知道了它的这种性质，就不会受到恶业污染。"（BU 4.4.22—23）[1]

而之所以"自我"超出了日常意义上的道德行为主体，乃因为"自我"是宇宙整全（6）"梵"的一部分，故而与之是同质的；整全既是永恒的，自我也便是永恒的。此即"梵我同一"（aham brahmāsmi）：

> 人们说："人们认为依靠梵的知识，就能成为一切。那么，这个梵是什么，知道它就能成为一切？"
>
> 确实，在太初，这个世界唯有梵。它只知道自己："我是梵。"因此，它成为这一切。众天神中，凡觉悟者，便成为它。众仙人也是如此。人类也是如此。……因此直到今天，任何人知道这样，说道："我是梵。"他也就成为这一切。甚至众天神也不能阻止他变成这样，因为他已变成他们的自我。（BU 1.4.9—10）[2]

以上花了相当的篇幅，利用奥义书原文将自我、梵与解脱的理想匆匆勾勒出来。我想这是有必要的。我们看到，在祭祀之外，奥义书的作者们已经具备了一种新的救赎观及其相应的途径，那便是出世修行以获得超越世俗的知识。这里的苦行，未必是灰身灭智意义上的苦行，其关键是离开社会生活的日常秩序，从而能够一心一意思索梵我的奥义。而使人最终能够脱离往复生死之中的是一种对绝对的洞察：梵是一切，是整全，是超越时间性的，因而是永恒的；而"我"无非是梵的一隅，在本质上也是绝对而永恒的；而现象的我仅仅是其特殊的显现形式。[3] 由此，永

---

[1] 黄宝生译：《奥义书》，商务印书馆 2010 年版，第 90 页。
[2] 同上书，第 29 页。
[3] 参考 Joel Brereton, "The Upaniṣad," *Approaches to Asian Civilizations*, ed. Theodore de Bary, Columbia University Press, 1964.

生似乎不再那么依赖日复一日的火供、年复一年的祭祀。这一解脱观的模型成为后世印度宗教话语重要的依托之处，不论是不是严格意义上的吠陀传统继承群体。如 18 世纪生活在泰米尔地区的湿婆教宗教家恒主湿婆·梵释天（Sadāśiva Brahmendra）创作的歌曲《万物由梵所造》（Sarvam Brahmamayam），仿效的正是这一话语："可言说或不可言说的，可见和不可见的……一切都是由梵所成；与之合一，便得解脱。"[1]

那么是否可以认为，自奥义书时代以后，所谓"智慧之道"（或"智分"，jñānakāṇḍa）就绝对超越了"祭祀之道"（或"业分"，karmakāṇḍa）呢？关于这个问题，我们很难一概而论。从理念层面上，智慧的确占据了某种优先性，成为最直接的解脱途径。但从实践的层面来看，再生族为了避免不行祭祀而带来的恶果，绝大多数人仍然会终其一生履行自己的宗教义务，至少是最基本、最简单的规律性祭祀。这种两重性在诸多传统理论家的书写中，以及当代学者的视野中，往往都是被忽略的一面。事实上，在"智慧瑜伽"（jñānayoga）、"智慧解脱"称道的同时，始终有"业瑜伽比智瑜伽胜千倍"之说。[2]

四、虔信主义：地方信仰的生成机制

本章第一节提到，吠陀宗教的主要活动是通过祭祀进献给诸多神明，从而获得宇宙或生命各方面的长养，但却没有一个本质上超越所有人和众神的至高神。[3] 并且，早期吠陀的祭祀空间，完全是以火坛和祭台为中心的，祭司的身体活动围绕这些土木搭建的结构展开，而没有任何神的造像作为祈祷对象，甚至鲜有有形的象征物作为中介。天地人神之间的沟通通过火来实现：祭品烧尽而得上升，抑或天界、父界的生灵借由祭火暂时宾临人间，然后返回。奥义书时代的婆罗门与沙门，各自建立起实践体系和

---

[1] 参考 https://www.karnatik.com/c2511.shtml.（访问日期 2021 年 11 月 15 日）

[2] Bühnemann, *Pūjā: A Study in Smārta Ritual*, 1988.p.80. Matsya Purāṇa 258: jñānayogasahasrād dhi karmayogo viśiṣyate.

[3] 当然，印度教总体而言始终没有基督教意义上绝对超越性的上帝，而是对特定信徒而言，在大多数场合主尊的神灵。我们一般认为这是缪勒所说的"轮换主神教"（kathenotheism）。

相应的哲学体系，产生了有别于吠陀"业瑜伽"之为救赎途径的"智瑜伽"。但在公元前后的几个世纪里，也就是从贵霜到笈多王朝统治的这几百年间，主流的宗教形态发生了巨大的变化。标志性的现象诸如：各宗各派都出现了人形神像（包括婆罗门和非婆罗门教传统），作为供奉祭拜当中的主要对象；[1] 祭祀活动不再以临时搭建的祭祀空间为主，而逐渐"定居"到一些城市的周边，形成了寺庙或神庙的宗教，甚至慢慢涌现出大量围绕神庙经济而发展起来的"圣城"；这个阶段所产生的宗教书写篇幅更长，可读性更强，显然不再以保存某种宗教传统为主要目的、以有限的宗教人士为目标读者，而是转向更为广泛的群众，多以叙事进行思想传播、道德说教；具体的宗教仪式无疑也随之辗转变迁、新制迭出。

这些现象都不是一时而起的。概观之，至少有两方面重要的背景因素缓缓推助而成。其一是政治经济制度的变迁，原先半游牧的雅利安社群，经过上千年向东南方向迁移的过程，逐渐形成了定居并以农业为主的生产生活方式。由此产生了许多大型城市，刹帝利（皇权）的地位不断提高，而婆罗门祭司阶层的地位逐渐降低。近年有学者提出，该阶段皇室对新仪轨形式的需求和创造，其实是推动整个宗教形态变迁的关键。[2] 其二便是宗教文化层面涌现的虔信主义（Bhakti）——这是一种从史诗时代开始酝酿的思想，以《薄伽梵歌》为早期表达，以泰米尔虔信诗歌为重要的地方性资源，以《薄伽梵往世书》（Bhāgavata Purāṇa）为梵语经典书写的代表。可以说，在公元初的几个世纪中，南亚次大陆形成了一种新的救赎机制，有别于"业""智"之道，而称"虔信瑜伽"（bhakti yoga）。这是一个辐射面极其广阔、影响力极其悠长的宗教思潮。各地宗教家在不断适应新时空、新文化境遇的过程中，反复利用虔信主义的话语和实践模式，生成新的地方信仰，其中既包括怛特罗、锡克教等与印度教有深层亲缘关系的宗教，也有伊斯兰等外来或新兴的印度宗教群体。

---

[1] Robert DeCaroli, *Image Problems: The Origin and Development of the Buddha's Image in Early South Asia*, University of Washington Press, 2015.

[2] Marko Geslani, *Rites of the God-King: Santi and Ritual Change in Early Hinduism*, Oxford University Press, 2018; Michael D Willis, *The Archaeology of Hindu Ritual: Temples and the Establishment of the Gods*. Cambridge University Press, 2014.

一般认为，虔信主义得以形成一定规模的社会性思潮，而可被称作一场文化运动，其契机发端在南印度，以信仰湿婆的六十三位虔信诗人和与之对应的信仰毗湿奴的十二位虔信诗人为首。前者的专名为"Nāyaṉmār"，意思是神的猎犬或神的奴仆，专门用来指湿婆的忠诚信徒；后者则称作"Namm-Āḻvār"，特指歌咏毗湿奴的早期泰米尔诗人，在十二位之中还包括一位女诗人安妲尔（Āṇḍāl）。"Āḻvār"一词虽然有许多不同的解法，但较通行的一种分析认为Āḻvār源自动词词根 āḻ，指"沉溺"[1]，加上施动者词尾 ār 以后构成"沉溺者"的字面意思。这个词非常形象地表现了虔信诗人与神的关系：他们利用泰米尔不同于梵语的古典诗歌传统，尤其是情诗传统（akam），将人和神的关系内化为爱与被爱的关系，通过对神/被爱者的强烈渴望，表达了一种绝对的虔诚。篇幅所限，我们各举一例，以示其特点：

1. 十四首帕耆神庙颂之二

> 我不称其为母，亦不称其为父。
> "哦，主啊！"已够我称名。
> 然而，主啊，你却假装我并非你的造物，不见一滴仁慈。
> 如果那野鹅嬉戏、清池围绕的帕耆神庙中，
> 居住的正是这位神灵，久久吝啬他的恩惠——
> 难道没有别的神，我们可以追寻？[2]

2.《神的游戏》7.8.1

> 魔术师、神奇的矮人，名为甘蜜的鬼怪由你涤除，
> 只有你能告诉我们：
> 成为火、水、土、空、风，

---

[1] 另外一种解释是 Palaniappan 提出的，认为来自另一个词根 āḷ，意思是"统治"。
[2] Indira Peterson, *Poems to Śiva: The Hymns of the Tamil Saints*. Delhi: Motilal Banarsidass, 1991, p.237. 作者是湿婆教派的苏恩达拉（Cundarar）。

成为父亲、母亲,甚至是孩子,
以及所有其他的,乃至其他一切不可命名的。
你不可一世独自矗立在那儿——
这到底意味着什么?[1]

这些诗句透露出复杂而炽烈的宗教情感,比简单以忠诚来解释虔信要丰富得多,从而最能呈现虔信运动的本质。英国学者哈代(Friedrich Hardy)称虔信思想为一种"情感主义"(emotionalism)。如人间之情一样,由依恋易产生怀疑、愤怒,上述诗歌无疑还透露着嘲讽;其他诗中,有时会表达对神的惩责,有时则是无条件地忍受。总之不论发生什么,哪怕是僵持对峙,颂诗者即信徒都不会背弃神,否认神的存在。通过第二人称的对话,以"你"称唤神明,我们看到个体与其主尊(iṣṭadevatā)之间的直接关系,无须经由婆罗门祭司的中介,而与世间最亲密的关系相仿,因此多以恋人或亲子来比附。另一方面,诗人又常以分离中所绽露出的强烈爱恋(virāha bhakti)来表达神圣之爱。从修辞的角度来说,恰恰是强烈的情感冲突才能更充分地表达出人神之间不分你我的超世俗关系。这些诗歌从公元 5 世纪,甚至更早的时候就开始传唱,直到今天。比如每年冬季的鹿首月(Margazhi,即 Mṛgaśīrṣa,古译为"觜月"),约相当于公历十二月前后,姑娘们会唱着安妲尔的三十首《吉祥誓》(Tiruppāvai)来到毗湿奴(或克里希那神的)神庙门口,用歌"叫醒"他。

这种虔信思潮的发展可能与公元前后几百年间佛教和耆那教在中、南印度的大肆流行不无关系。佛教和耆那教虽然起初都是行游沙门的制度,但到了公元前后都分别建立起了颇具规模的僧院,享受着相对独立自主的社会资源。与许多宗教斗争一样,在这里起到导火线作用的不单是信仰对象的差别,而主要是对社会资源的占有,包括土地、财产,以及下到普通群众上到君主贵族的支持。到朱罗(Chola)和帕拉瓦王朝(Pallava)的时

---

[1] Nammāḻvār, *Hymns for the Drowning: Poems for Viṣṇu by Nammāḻvār*, translated by A. K. Ramanujan, Gurgaon: Penguin Books, 1993, p.17.

代,随着领土扩张和南印诸国的合并,这种来自"异教"的威胁刺激了对"正统"意识形态的维护。在朱罗帝王的支持下,婆罗门教内部再一次自我再造,发展为以寺院为中心的庞大宗教社群结构,乃至寺庙城市。存世的大量铭文材料,见证了中世纪以后各地皇室成员,包括女性成员在这场运动中所起到的关键性作用。简言之,虔信运动、往世书的发展,敕造的湿婆教、毗湿奴教神庙,是同一场运动的不同方面,在本质上是对宗教社会资源的重组。

虔信运动开始在南方兴起的同时,南亚次大陆的北部正经历着一个重要的历史时期,即笈多王朝(319—485)的统治。这个庞大帝国是继孔雀王朝之后,又一个相对统一的王朝,由于这一时期大兴土木、技艺进步,诞生了梵语文学的最高成就,因而被视为印度的"黄金时代"。笈多王朝一开始对于宗教一直保持非常宽容的态度,佛教、耆那教以及婆罗门教的笈多造像存世众多,可见一斑。然而,这种平衡的局面被突如其来的匈奴打断:公元5世纪中期,匈奴开始攻打喀什米尔与五河流域,当时北方佛教的重镇受到极端的仇视和打击。借着这股风,原先与佛教、耆那教势均力敌的正统教派趁火打劫。当最终匈奴于半个多世纪后被笈多王朝打退的时候,正统派日见盛势,佛教则一蹶不振。

就是在这样的大背景下,作为统一国家融合地方文化的途径,梵语往世书——开始出现。其中,《薄伽梵往世书》可谓虔信主义思想最经典的表达,它所传播的早期毗湿奴信仰也被称为"薄伽梵信仰"(Bhāgavatism)。该往世书大约形成于7—10世纪的南印度,很可能是泰米尔地区。其中,包含大量关于黑天神的童年趣事与英雄事迹,以及毗湿奴十大化身的故事等。《薄伽梵往世书》广泛地流行于各地的毗湿奴信仰群体之中,大概是《薄伽梵歌》与《奥义书》之外最为流行的宗教典籍,并在各地都促生了格外丰富的音乐、舞蹈等叙述表演形式。[1] 事实上,薄伽梵信仰传统整体上就比较强调神的身体,或者说神的具象在场。"薄伽梵"一词在三四世纪的记载中,便已用来指称神像或舞神者。《薄伽梵往世书》中称:

---

[1] Rick, Jarow, *Tales for the Dying: The Death Narrative of the Bhāgavata-Purāṇa*, SUNY Series in Hindu Studies, Albany: State University of New York Press, 2003, p.6.

"虔信之爱、体验神灵、不系着于他物,这三件事同时发生。"注释者金岳(Hemādri)补充道:"当一个人礼敬完有形的神像,他会对真实产生直接的认识,(且这种真实)显现为这个人自身;由此他便产生了一种虔信之心、一种无穷无尽的爱,能够驱散无明的遮障之力,他由此而获得自足。"[1]虔信之爱是借由神像发动的,但这只是途径,不是目标。虔信最终所要达到的是认识到自身与至高神之为一体[2]——这显然是奥义书思想模型在一神教中的运用。毗湿奴在此颁布了诫命:"〔我〕作为世界的掌控者,作为阿特曼寓居在一切之中;而愚蠢的人无视我的存在,他只崇拜偶像,仿若将供品献入灰烬之中。"[3]除广为流传的毗湿奴-黑天神话之外,往世书借由《摩诃婆罗多》的人物和场景贯穿,反复回到继绝王开篇提出的疑问:"一个赴死的人应该做些什么"[4],这个亘古谜题或许是该往世书能够吸引大量受众的原因之一;而最后一篇(第十二篇)则是摩揭陀地区的王朝世系。

由此可见,往世书一方面容纳着广阔的神圣起源、宇宙图景,另一方面又传递着各地的政治文化记忆、宗教习俗和民间传说。通过往世书的书写,许多本非婆罗门教内部的文化信仰元素或隐或显地融入本地化的神话叙事当中。此外,往世书作为某种意义上的规定性文本,还记录了适用于本地的历法、仪轨、庆典和诸多艺术建筑的创制守则。恰恰是通过这样一种全面的宗教生活规范,各地的一神信仰得到确立和巩固。因此,可以说往世书是虔信主义思想得以扩散和确立的一种非常重要的表达方式和传播形式。往世书也不仅以教派倾向相区分,更以地方传统甚至种姓相区分。[5]所以,与其说往世书是统治者、宗教家以及信徒用以宣布"整个世界就是如此"的手段,不如说是以此声明"这就是我们的世界"。

---

[1] BhP 11.2.42ab: bhaktiḥ pareśānubhavo viraktir anyatra caiṣa trika eka-kālaḥ. 本章《薄伽梵往世书》(Bhāgavata Purāṇa, BhP) 原文皆引自 GRETIL 电子版。

[2] 当然,这样的不二论只是主流神学思想之一,也有强调人神区分的差别不二论、二元论等。

[3] BhP 3.29.22 arcādāv arcayet tāvad īśvaraṃ māṃ svakarmakṛt. yāvan na veda svahṛdi sarvabhūteṣv avasthitam. 另参见 Bühnmann. *Pūjā: A Study in Smārta Ritual*, 1988, p.83。

[4] BhP 1.19.37cd: puruṣasyeha yat kāryaṃ mriyamāṇasya sarvathā.

[5] 在各地不同种姓间流传有不同的种姓往世书,参见 Ludo Rocher, *The Purāṇas, A History of Indian Literature* Vol.II Fasc.3, ed. Jan Gonda. Wiesbaden: Otto Harrassowitz, 1986, p.72ff。

通过虔信诗歌与往世书，虔信主义带来的绝非一种宗教，而是一个高度地方化、社群化的宗教谱系，甚至可以说，虔信主义本身就是一种地方信仰的生成机制。事实上，"绝大多数印度教徒仍然以地理定义自己（的宗教归属）"。这一传统其实从 1 世纪时就已昭然若著了：

> 从东海到西海（即孟加拉湾和阿拉伯海），两座山（即喜马拉雅山和温迪亚山脉）之间的区域，被智者称为"雅利安之地"。在黑羚羊按天性排列的地方，那应被称为祭祀的国度；而超出那个地方，便是蛮族之地。再生族（即高种姓，尤其是婆罗门）应当尽一切可能定居在这样的国度；而一个奴仆（即首陀罗）如果不想饿死，则可以到任何一个地方生活。（《摩奴法典》2.23—24）[1]

这也是为什么，如果要了解印度宗教，尤其是中世纪以后的印度宗教史，"每个人都应当将其研究限制在特定的地理区域内，熟悉其语言，以得到可靠的结果"[2]。比如泰米尔语、加纳达语、马拉提语，乃至更加晚近才形成书写传统的印地语等等。不仅如此，虔信主义渗透之广，甚至超出了传统意义上的婆罗门教或印度教系统，为伊斯兰教在南亚的传播和发展也提供了重要的社群建构模型。

不论是通过便于传唱的诗歌还是大部头的往世书，是使用梵语还是地方语言书写，虔信主义的诸类表达可以说遍布整个中世纪乃至近当代的南亚。作为历史现象，我们很难用简单的话语来概括它是什么——具体信仰的神、表达崇拜的方式，包括经典、语言、仪轨，以及信仰群体的社会关系与活动可能都千差万别。但就公元 500 年到 1700 年兴起于各地的宗教思潮及相应的信仰社群来看，虔信主义具有一种鲜明的精神特征：即个体信仰者对人格化神的虔信；更加重要的是，在社会性的层面上，当信仰者之间共享一位神、分有神的爱时，便以此为纽带形成了一定规模的信仰社群。这个社群一方面侍奉神，一方面互相支持，且后者可能比前者更为重

---

[1] 转引自 Wendy Doniger, "On Being Hindu," *On Hinduism*, Oxford University Press, 2014, p.7.
[2] Gudrun Bühnemann, *Pūjā: A Study in Smārta Ritual*, Nobili Research Library, 1988, p.11.

要。[1] 其实，"虔信"之名来源于词根 bhaj，正意味着分有、分享。[2] 而虔信主义之信徒，则被称作"分享者"（bhakta）。美国学者霍利（John S. Hawley）曾将虔信主义运动的复杂现象总结为四个统摄性的主题：

1. 虔信主义运动的一大特征是传唱虔信主义歌曲，一般由地方圣贤用方言写成；

2. 它表达了经由这些诗人－圣人而产生的彼此结盟的情谊；

3. 这种思想展现了一种倾向，即一切社会阶层、一切性别的人都是潜在的分享者；

4. 鼓吹个人神圣经验的培养，而与外在的对仪式的恪守相对，或至少以前者为上。[3]

如果说沙门运动开辟了非婆罗门教的异见传统，突破了吠陀传统的宗教垄断权；那么虔信主义则是在婆罗门传统的社会结构中，通过神学的方式，突破了个别阶层对这种救赎权利的垄断。虔信主义的极端形式"臣服"（prapatti），将原先无法享受祭祀的首陀罗等低等种姓乃至贱民阶层，都纳入了神恩辐射的范围之内，只要他接受特定的入道仪式（或谓灌顶）。因为神恩并不是出生决定的，而是由人的信力所决定的。[4] 在这个意义上，虔信主义是一个在形式上看似独断却主张着平权的努力：它虽然用救赎的许诺让人臣服在神的脚下，却通过这一相对平等的机制，促进了社会阶层之间的融合，至少在地方层面上，提供了一种所有人都能够共享的宗教场域和社会场域。

经历了虔信主义洗礼的中世纪南亚宗教，仿佛获得了另外一个生命，从一个多神的、与神保持在主客对待关系中的宗教，变成了一个（轮换制）

---

[1] A.K. Ramanuja, tr. *Hymns for the Drowning Penguin Books*, 1993, pp.143-146.

[2] Norman Cutler, *Songs of Experience: The Poetics of Tamil Devotion*, Indiana University Press, 1987, p.1.

[3] John Stratton Hawley, *A Storm of Songs: India and the Idea of the Bhakti Movement*, Harvard University Press, 2015, p.6.

[4] 与虔信运动相交织的还有大家更加熟悉的密教传统，不仅仅是佛教的密教，而是整个印度宗教领域的密教化过程。二者都主张破除固有的社会等级制度，试图建立新的权力结构，产生了非常相似的社会作用；但是二者在文献依据和教义思想上又断然有别，虔信运动倾向于通过个体与神的关系消解社会阶层的隔离和神圣权力的垄断，而密教思想主张对制度的直接僭越。二者的关系实际比此更加复杂，我们暂且只说虔信运动。

单一神信仰的、强调与神一体的宗教意识形态。如果要对广义的印度教进行阶段区分的话，我们一般说：公元前1700—前700年属于吠陀宗教阶段；此后直至5世纪左右，盖属于婆罗门教（Brahmanism）阶段；而在5世纪之后，才称之为（狭义上的）印度教（Hinduism）。[1] 事实上，虔信主义并不是一个暂时的思潮现象，而是不断被各家各宗、各地各种姓所利用的身份构建方式：通过某一位特定的神灵，分享他的神爱、他的神庙、他的圣地空间，在定期进行的净食（prasad）、歌局（bhajan）当中，乃至贯穿一年四季的节日庆典里，才形成了实际意义上的信仰社群。十三四世纪以降，越来越多的虔信主义诗歌、歌曲用地方语言写成，这一传统盛行至当代，从未衰减。如麦德古卡尔（G. D. Madgulkar, 1919—1977）使用马拉提语（Marathi）方言而非梵语写成的《般达利加王》（Rājā Paṃdharīcā）一曲中，贯穿起了梵我同一的理想模型、地方信仰中具体的神明形象、作为该信仰的楷模或引导者的当地统治者和宗教家，唱道：

  无德（nirguṇa）自在天是无形的，它曾在一块砖上显现：
  双手叉腰，[2]〔那是〕纯粹精神的塑像。
  对其信徒而言，这上梵（parabrahma）静静伫立在毗摩河岸。
  它无疑是般达利加王虔信之所在的人形表现。……
  其味如纳蜜亚的牛奶米布丁，滋养着丘柯波的牛犊，
  这〔正〕是布兰达拉、瓦利和达马吉的至上自我（parātma）。

---

[1] 当然，印度教的概念从源头上来讲，并非传统内部，而是异教者所启用的称呼。德国学者艾克赛尔·迈克尔（Axel Michael）对印度教曾给出了五个方面的定义标准：（1）从南亚产生和传播；（2）主要通过特定的继承和婚姻制度来维系社会组织；（3）吠陀–婆罗门教的价值观、仪式、神话具有主导性的地位；（4）湿婆、女神、罗摩、黑天、象头神等作为神或神圣力量的示现被崇拜，或至少不被排斥；（5）与家族后人的救赎密切相关的"一致性习惯"（Identificatory Habitus）。
另外，关于更加宽泛意义上的印度宗教分期，请参见姜景奎《印度宗教的分期问题》，载《南亚研究》2005年第1期。其为五分法：
  初期的印度宗教（公元前3000年至公元前6世纪）；
  古代的印度宗教（公元前6世纪至公元7世纪）；
  中世纪的印度宗教（7世纪至18世纪中期）；
  近现代的印度宗教（18世纪中期至20世纪中期）；
  当代的印度宗教（20世纪中期以后）。

[2] 这是毗陀跋神（Vithoba）的经典形象。

五、结语：印度宗教的公共性与个人性

完成"二时"进香之后，走到神庙东侧尽头，礼拜者慢慢散开，步伐也渐行渐缓。[1]此时一部分人便径直离开神庙，而另一边却传来了熟悉的舞蹈节奏。我跟着几位年长的妇女前去探看，竟是一个小型的艺术节。表演在神庙"婚礼方殿"（Kalyāni Maṇḍapa）[2]北侧加建的长亭中进行，没有舞台和座席的界限，舞者和伴奏在聚光灯下，信徒们则自觉松散地在几步开外席地而坐，或于殿下廊间随意走动。这会儿第一支舞蹈表演的并非神庙主人湿婆与妻子的故事，却是耶输陀罗（Yaśodharā），黑天（Kṛṣṇa）的母亲——显然，印度教虽说分为湿婆教、毗湿奴教和萨克蒂教三大支，彼此的主神之间却绝非简单的排斥关系。他们更像是宇宙的不同面孔，而万物是其活动的身体。

上述热闹忙碌的宗教生活景象，充斥着色声香味触等强烈的感官刺激，错杂繁复的仪轨操作，情感浓烈的艺术表现。这一切对去过印度的人而言应该司空见惯，对熟悉中国本土宗教的学者而言可能也似曾相识，但对于通过主流思想文本了解印度宗教的人而言或许倒会略感陌生。至少，这与所谓重智慧、求解脱的南亚宗教印象似乎相去甚远。而这背后恰恰是印度宗教本身所具有的内在张力，也是本章通过几条线索希望呈现的复杂性。

婆苏闼·那罗延南（Vasudha Narayanan）在她就任美国宗教学会主席时说道："印度教传统（Hindu tradition），如同许多其他宗教一样，是纷繁复杂的，双语现象（diglossic）可谓无处不在。在男性中心的梵语文献与实践之间，本来就存在着显著的差异。而为了把自己塞进19世纪宗教观的束身衣中，印度教的呈现无疑又更加远离了它在地的实情。在一定程度上，这是因为于早期西方的印度学家和宗教学者过多依赖于男性婆罗门对这一传统的理解。当然这些本身并没有错；只是（在此之外），史诗故事及其各种演绎版本，信仰活动的各色形式，节日庆典，甚至对食物的偏执，

---

[1] 传统的印度教神庙都是坐西向东的。
[2] 婚礼方殿是一种与主殿脱离的神庙结构之一，属于节日方殿（Utsava Maṇḍapa）的一种，为每年庆祝湿婆神与妻子联姻的节日（Tirukkalyanam）而建。

在实际的印度教传统中，似乎比教义和哲学扮演着更加重要的角色。"[1]此言不虚，我们往往难以将印度本地之所见所闻与经典教材上描述的印度教对应起来；更加令人困惑的是，二者之间绝非没有共通性，却总是似是而非的关系，如同双影一般。哪个才是真正的印度教？进入20世纪后半叶，学者对印度教的理解其实已不同于往常，对它以实践（praxis）而非教义为中心，各传统之间只有家族相似而无共同本质等特点，[2]有了更加深刻的认识。自20世纪90年代以来，在"通俗宗教"（vernacular religions）研究范式的影响下，更多学者开始利用地方实践与文献素材，结合田野考察，来重新审视印度教发展的历程。[3]印度教是复数的。我们要问的其实不是"哪个是印度教"，而是"哪些印度教""谁的印度教"。这些问题的答案并不只在所谓的"正典"中，而常出没于使用方言创作的叙事、歌曲，在仪式性的行为和舞蹈戏剧里。而且，实际情况往往是高度复合性的。比如，通常意义上的印度教徒的宗教身份本身就是多重的，来源于不同的历史思想资源。"一个印度教徒，可以在过渡仪式中是一位婆罗门祭司，在哲学上是一位不二论者，在实践上是虔信主义，并且在流行宗教中信奉某位民间神。"[4]又比如，印度教的诸多属性和实践方式其实并不局限于尊崇吠陀圣典的"正统派"。如邓肯·德瑞特（Duncan Derrett）提到，在某种情况下，帕西人和穆斯林甚至也能"成为印度教徒"，参与到他们的活动中来。[5]因此，本章标题中有意避免使用"印度教"（Hinduism）一词来涵括讨论范畴，而在比较宽泛的意义上使用"印度宗教"（Indian Religions）这个概念，指所有在一定程度上沿用、改造

---

[1] Vasudha Narayanan, "Disglossic Hinduism: Liberation and Lentils," *Journal of American Academy of Religion*, vol.68 (4), 2000, pp.762-763. 作者借用语言学术语"双语现象"来比喻印度教内部实际上有许多非同质的宗教实践传统，它们各有自己的表达方式，也包括不同的语言。作者认为，正因此，我们应该广泛听取了解它们不同的思想世界和宗教生活，而不应单方面执着于某些看似主流的婆罗门传统。

[2] Gavin Flood, *An Introduction to Hinduism*, Cambridge University Press, 1998, pp.7-8.

[3] 以谢尔顿·波洛克等人为代表的学者，尤其重视梵语与地方语言之间的张力，及二者在历史文化中并存乃至竞争的关系。19世纪的印度学逐步转化为具体的印度历史、文学和宗教研究。Sheldon Pollock, "The Cosmopolitan Vernacular," *The Journal of Asian Studies*, No.57, 1998, pp.6-37.

[4] Michaels, *Homo Ritualis: Hindu and Its Significance to Ritual Theory*, 2016, p.3.

[5] See J. Duncan M. Derrett, *Religion, Law and the State in India*, Faber and Faber Press, 1968, pp.46-51. 转引自 Wendy Doniger, *On Hinduism*, 2014, p.97。

或重新发明吠陀 – 婆罗门传统的、发展于南亚次大陆的宗教形式。

在我前往印度考察以前，也曾下意识地认为印度宗教的代名词是"解脱"，一种与此世生活彻底的断裂。根据不同教派，或称其为"涅槃"（nirvāṇa）、"全知"（kevala）云云，无不以"寂静"（śānti/śānta）为特征，目标是远离烦恼炽热、轮回之苦。这些吠檀多、佛教、耆那教、瑜伽等宗教实践流派的解脱理想及其所代表的诸种解脱之道，无疑是印度宗教极其重要而有代表性的方面，从救赎论的角度来说甚至是至高的意义所在。然而，我们常常忘记了那个希望通过宗教实践所克服的"炽热"世界，更故意遗忘了整个宗教传统中与智慧解脱分庭抗礼的、在现实中更加主流的实践派——古称"业道"，主张通过祭祀等仪式性活动达到解脱。对于社群性质的祭祀活动，从日常礼拜、节庆到定期朝圣，印度各地的教徒显然都不敢轻易懈怠，甚至是无比热衷的。话说回来，哪怕是独自完成的修行活动本身又何尝不是无比漫长、灼热劳苦的呢？最早的苦行在《梨俱吠陀》（9.113）中就被称作"tapas"，本意为"热"。[1] 印度宗教的终极目的与其着力点是高度个人性的，但在日常行为层面又是高度公共性的；它的目标是寂静的、清凉的，其途径却是异常丰富活跃而又执着热烈的。

表 8-1　印度教的内在张力结构 [2]

	结构性方面的建制：公共的宗教		反结构性方面的反抗：个人的宗教
	大传统	小传统	
文本层面	吠陀等	地方往世书等	虔信主义
仪式层面	吠陀仪轨	地方祭祀	
社会组织层面	种姓等级制度	教派和地方信仰	
神话层面	泛印度众神	地方众神	

---

[1]　意大利著名作家罗伯托·卡拉索（Roberto Calasso）便以"热情"（ardor）命名自己一部基于印度宗教思想的小说。Roberto Calasso, *Ardor*, tr. Richard Dixon, Farrar Straus and Giroux, 2014.
[2]　A.K. Ramanujan, *Speaking of Śiva*, Penguin, 1973, "Introduction"，作者结合了特纳（Victor Turner）的理论框架，将印度教复杂的内部张力结构分为结构性和反结构性两大方面，总结为表 8-1。

第九章　阿曼苏丹国的伊巴德派

伊巴德派（al-Ibāḍiyyah），得名自阿卜杜拉·本·伊巴德（'Abduallah b. al-Ibāḍ），是伊斯兰教历史上最早形成的教派——哈瓦利吉派（al-Khawārij，意为出走者）唯一留存至今的分支。伊巴德派现今仍是阿曼苏丹国（The Sultanate of Oman）的主要教派。此外，北非利比亚的纳夫萨山区（al-Nafūsah）、阿尔及利亚的米扎卜地区（Mizāb）和突尼斯的朱尔巴岛（al-Jurbah）仍存有少数伊巴德派社群。

伊斯兰教的主要教派虽为逊尼派和什叶派，但其历史上最早形成的教派却是哈瓦利吉派。哈瓦利吉派反对穆斯林共同体最高权力的家族化与部落化，却因此在穆斯林共同体早期发展中逐步失去宗教与政治动员的基础。曾为哈瓦利吉分支的伊巴德派，则以兼具包容性和灵活性的政治、宗教主张和制度化、组织化发展，在边缘地区得以生存和发展，并坚持其平等主义、宽容等宗教与政治原则，在逊尼派和什叶派之外进行宗教与政治实践。

一、伊巴德派形成的历史背景

7世纪的阿拉伯半岛，社会形态经历剧烈而深刻的转变，从无政府状态的部落社会迅速发展为国家层次的社会。转变的契机，正是610年穆罕默德在麦加以先知身份建立了伊斯兰教。622年穆罕默德迁徙麦地那后，以《麦地那宪章》（Constitution of Medina）为基础，结合克里斯玛权威和军事力量，建立政教合一的乌玛（al-Ummah），并逐渐统一了阿拉伯半岛。早期穆斯林认为，乌玛的建立是必要的，其一切主权归于真主，由真主的代理人代为行使主权、进行统治，确保穆斯林在现世恪守真主律法，以在后世得到救赎。[1] 而在福山（Francis Fukuyama）看来，麦地那乌玛是在阿拉伯部落社会基础上建立的"利维坦"国家的雏形，是伊斯兰世界进行国家建设的开端。[2]

穆罕默德去世后，穆斯林围绕乌玛最高领导的选任条件、选任机制、合法性等根本性议题产生分歧。穆罕默德的友伴、同样出自古莱氏（Quraysh）部落的艾布·伯克尔（Abū Bakr）、欧麦尔（'Umar）、奥斯曼（'Uthman）和穆罕默德的堂弟阿里（'Alī）相继担任乌玛最高领导者哈里发（Khalīfah）。第三任哈里发奥斯曼因执政不公被穆斯林包围官邸，最终未经审判被杀害。第四任哈里发阿里继任不久，便遭遇统治集团内部对其合法性和权威的挑战，继而引发穆斯林内战。隋芬（Ṣiffīn）之战中，阿里被迫接受其对手、奥斯曼的堂弟穆阿维叶（Mu'āwiyah）一方提出的仲裁。此时，一些穆斯林坚持"惟有真主才可裁决"（Lā Ḥukm Illā Lillāh, Judgement belongs to God alone），认为阿里接受人的仲裁即为自动放弃真主赋予他的执政合法性，因而要求阿里放弃仲裁、认罪忏悔。在遭到拒绝后，他们推举非先知家族，非古莱氏部落出身、绰号为"有疤者"（Dhū al-Thafināt）[3] 的阿卜杜拉·本·瓦海卜·拉西比（'Abduallah b. Wahab al-Rāsibī）为伊玛目（Imām），与阿里决裂并离开库法（al-Kūfah），前往纳赫拉万（al-Nahrawān）。这些出走的穆斯林，被称为哈瓦利吉，他们反对乌玛最高权力家族化、部落化，坚持真主对乌玛的主权。

哈瓦利吉成员的身份、他们反对阿里的原因，以及"惟有真主才可裁

---

[1] See Patricia Crone, *God's Rule: Government and Islam*, Columbia University Press, 2004, pp.6-8.

[2] 参见弗朗西斯·福山：《政治秩序的起源：从前人类时代到法国大革命》，毛俊杰译，广西师范大学出版社2014年版，第175页。

[3] "有疤者"这一绰号表明伊本·瓦海卜勤于礼拜而在额头上留下伤疤，意指其信仰虔诚。

决"这一口号的真正内涵迄今未有定论。据《泰伯里史》(*The History of al-Ṭabarī*)记载,哈瓦利吉是一些诵经者,在逼迫阿里接受仲裁后,又因不满仲裁结果而反对阿里接受仲裁。[1] 马丁·海因兹(Martin Hinds)对隋芬之战前库法三大政治力量进行分析后提出,哈瓦利吉是一些早期征服者,因不满阿里的利益分配方式而离开,谋求库法自治。[2]

西方学者对哈瓦利吉群体成员原有身份和出走原因等分析存在分歧,但对于他们推举伊本·瓦海卜为新的伊玛目、反对阿里并出走纳赫拉万的历史叙事并无分歧。由此可以看出,哈瓦利吉派对于穆斯林共同体构建过程中无可回避的根本性议题形成了自我认知,其核心在于:乌玛的一切主权归于真主;由伊玛目代表真主行使主权;宗教虔诚是伊玛目合法性的首要来源,而非先天出身;一旦伊玛目的行为触犯真主律法,他便失去合法性;在伊玛目失去合法性后,穆斯林应推选新的伊玛目领导建立真正的乌玛;若他不肯忏悔或主动退位,穆斯林有权反对他。他们指责阿里和穆阿维叶的支持者同为"不信道者",是出于自身喜好、现实利益和宗派主义而追随他们,而非为建立真正的乌玛。

基于此,相比哈瓦利吉派和伊巴德派这样的他者化命名,这些群体成员更倾向于自称"穆哈基迈"(al-Muḥakkimah),以明确的平等主义的政治和宗教主张构建身份认同,由此形成伊斯兰教历史上第一个政治宗教派别。

同样基于此,一些西方学者将哈瓦利吉派定义为"平等主义者",有学者认为他们仍受部落社会影响而追求平等的社会关系,福山则认为他们可能从穆罕默德的宣教中得到了最符合逻辑的推论:"穆罕默德的继承人只要是穆斯林就够,不管他是不是阿拉伯人,也不管他出自哪个部落。"[3] 无论是部落社会不分阶层的平等或是穆罕默德宣扬的"穆斯林皆为兄弟"

---

[1] Edited by Ehsan Yar-Shater, Tabari, translated and annotated by G. R. Hawting, *The History of al-Ṭabarī, Volume XVII: The First Civil War*, State University of New York Press, 1996, p.79.

[2] Martin Hinds, "Kufan Political Alignments and Their Background in the Mid-Seventh Century A.D.," *International Journal of Middle East Studies*, Vol. 2, No. 49, Cambridge University Press, 1971, pp. 346-367.

[3] 弗朗西斯·福山:《政治秩序的起源:从前人类时代到法国大革命》,毛俊杰译,广西师范大学出版社 2014 年版,第 191 页。

的平等，在阿拉伯社会突破部落迈向国家这一组织方式的历史背景下，哈瓦利吉派成员对平等的个体追求，与国家发展这一群体目标所要求的权力集中和社会分层有所冲突。但是，作为历史在场者的哈瓦利吉派，是无法脱离其时空限制看到阿拉伯和穆斯林群体发展对国家建制的需求。尤其是，阿拉伯人和穆斯林的国家建制之路，以穆罕默德在麦地那建立的政教合一的乌玛为其开端。哈瓦利吉派在政教合一的框架内，诉诸宗教赋予其追求政治平等的合法性。因此，阿拉伯帝国发展之初，不仅要处理作为其社会基础的部落与生俱来的宗派主义离心力，也要面对作为国家建制起点的乌玛政教合一框架下产生的教派主义离心力。哈瓦利吉派正是在这一历史背景下形成和发展的。

哈瓦利吉派出走后不久，阿里因不满仲裁的最终结果对己不利，决定与穆阿维叶再战隋芬。阿里大军出战途中，先行前往纳赫拉万，意图消灭哈瓦利吉派以确保无后顾之忧。据《泰伯里史》记载，纳赫拉万的哈瓦利吉成员原有4000人，在阿里一方威吓劝诱下许多人离开，伊本·瓦海卜麾下仅余2800人左右。面对近七万人的阿里大军，他们坚称阿里若不为接受仲裁而忏悔，则宁可战死，也不接受他的统治。[1] 双方力量悬殊，战斗在一日之内结束，伊本·瓦海卜与哈瓦利吉精锐悉数战死，仅余四五百伤者得以幸存。

纳赫拉万之战对于哈瓦利吉派群体认同的构建，如同穆罕默德的外孙、阿里之子侯赛因（al-Ḥusayn）殉难之于什叶派形成一样有着重要意义。自纳赫拉万之战后到阿拔斯人（al-'Abbāsiyyah, Abbasid）统治前期，哈瓦利吉派不曾再推举新的伊玛目，其发展整体而言组织化程度不高。但是，对于阿拉伯帝国中央和地方主政者而言，哈瓦利吉派一直是威胁其统治的一支极为活跃的反对力量。这一群体的凝聚力和动员能力，正是来自伊本·瓦海卜等人反对阿里而出走，以及在纳赫拉万的"殉道"。这些事件成为哈瓦利吉成员集体记忆的核心，也成为无论是出于宗教理想还是现实利益而对政治秩序不满的穆斯林认同和效仿的对象。"穆哈基迈"这一

---

[1] Edited by Ehsan Yar-Shater, Tabari, translated and annotated by G. R.Hawting, *The History of al-Ṭabarī, Volume XVII: The First Civil War*, State University of New York Press, 1996, pp.130-131.

身份使他们借由宗教赋予自身政治抗争以正当性，而纳赫拉万的哈瓦利吉式"殉道"更是使这一正当性得以神圣化。

纳赫拉万战役是哈瓦利吉派唯一且最后一次共同对敌。此后，该派陷入群龙无首的局面，剩余力量主要活跃于库法和巴士拉（al-Baṣrah）。661年伍麦叶人（al-Umayyah, Umayyad）掌权后，人为制造的社会不平等，使得被边缘化的阿拉伯和非阿拉伯穆斯林对其统治极为不满，从而为哈瓦利吉派的后续发展提供了极大的空间。但是，哈瓦利吉派虽在库法和巴士拉等地发展壮大，成为巴士拉总督齐亚德·艾比希（Ziyād Abih）颇为忌惮的力量，却未能走上整体性的组织化发展之路，其成员组成复杂，流动性较大，力量碎片化分布。库法的哈瓦利吉派在 678 年几乎被消灭殆尽，此后哈瓦利吉派势力主要集中于巴士拉发展。

哈瓦利吉派内部因对其他穆斯林的态度不同、对谋求自身发展的手段和方向意见不一而有所分化，主要派别有：以纳菲阿·本·艾兹拉格（Nāfi' b. al-Azraq）为首的一派，认为其他穆斯林等同于不信主道的异教徒，因此，以暴力手段对付他们是合乎教法的，主张以暴力手段推翻伍麦叶统治者。以艾布·比拉勒·塔米米（Abū Bilāl al-Tamīmī）为首的另一派，则认为其他穆斯林误解《古兰经》经文，行为上误入歧途，但只要他们认主独一，就仍可认为是穆斯林，因而不可对他们动武，不可侵占他们的财产。他们从根本上弃绝暴力，认为暴力与伊斯兰教宽容的价值观不符，主张只有在遭受侵略、面临杀戮的情况下才可动用武力以求自保。相应地，他们主张以忍耐应对伍麦叶统治者的暴政。另有以阿卜杜拉·本·萨法尔（Abduallah b. al-Ṣafār）为首的一派，他们在宗教主张方面趋同于艾兹拉格一派，认为其他穆斯林都是异教徒，但在政治上则倾向于艾布·比拉勒一派的不作为。艾布·比拉勒一派坚持温和无为，被艾兹拉格等主张暴力手段的哈瓦利吉成员蔑称为卡阿达派（al-Qa'adah），意即静止无为者。

艾布·比拉勒出身塔米姆（Tamīm）部落，曾亲历纳赫拉万战役。目睹战斗血腥惨烈、亲人友伴遭受屠戮后，他开始反思，认为这次杀戮并非阿里一人之过，哈瓦利吉派也难辞其咎。他认为穆斯林之间即使存在分歧，也不应发展到兵戎相见、血流成河。纳赫拉万战役后，他和部分幸存者前往巴士拉，开始四处宣讲，主张温和无为，反对暴力冲突，一时应者云集。他们大多同艾布·比拉勒一样，因纳赫拉万战役而心有余悸，开始排斥暴力冲突，尤其在穆斯林之间。塔米姆部落在巴士拉的首领虽然不属于哈瓦利吉派，但支持艾布·比拉勒的主张。当时塔米姆部落在巴士拉颇有势力，因而成为温和派的坚强后盾。

艾布·比拉勒等温和派坚持非暴力原则，在巴士拉总督齐亚德的严酷手段下，以忍耐和避让换取生存和发展空间。齐亚德对背后有塔米姆部落支持、政治上温和无为的温和派也留有余地，甚至延揽部分教徒在他手下任职。齐亚德之子伊本·齐亚德（Ibn Ziyād）继任后，对付哈瓦利吉派的手段更为毒辣，对温和派势力也毫不手软，温和派的传教活动被迫转入地下，发展严重受挫，甚至面临生存危机。艾布·比拉勒被迫反抗，但他并未以暴抗暴，只是选择离开巴士拉，以此表示对伊本·齐亚德暴政的谴责。680年，他号召温和派成员随他一同出走，但出走意味着从原来的隐匿状态转为公开身份，必然会招致伊本·齐亚德的追捕而危及生命，最终应者寥寥，他只带着40名塔米姆人在半夜悄悄离开巴士拉，前往艾赫瓦兹（al-Ahwāz）。此后他再度向温和派成员发出号召，仍未得到回应，最终在礼拜时被伊本·齐亚德的军队围攻杀害。

艾布·比拉勒这一为反对暴政、寻求公正的牺牲赋予哈瓦利吉运动新的凝聚力和发展动力，他也被穆斯林边缘群体视为以"牺牲"行动赋予其政治抗争合法性的代表人物。被哈瓦利吉其他派别蔑称为"卡阿达"的温和派成员，不论是出于漠视艾布·比拉勒的号召而导致他被杀的愧疚，还是因为无法再合理化其政治上的不作为，在683年和其他哈瓦利吉成员一同前去支援伊本·祖拜尔（Ibn al-Zubayr），当时伊本·祖拜尔被伍麦叶军队围困于麦加，而麦加天房也在攻城时遭到火器攻击而受损。麦加解围后，哈瓦利吉各派曾想尊奉出身古莱氏部落的伊本·祖拜尔为其新主，并要求他按照哈瓦利吉的政治主张重新定义哈里发奥斯曼和阿里的合法性，在遭到伊本·祖拜尔的拒绝后，他们愤然离开麦加，返回巴士拉。此后，当伊本·祖拜尔利用伍麦叶人权力真空期将势力扩张到巴士拉时，哈瓦利吉各派在最高权威伊玛目缺位、组织化程度极低的情况下，由于因应伊本·祖拜尔统治的分歧而走向最终决裂，甚至发展到相互为敌。

艾兹拉格不愿接受伊本·祖拜尔的统治，主张离开巴士拉。而萨法尔和阿卜杜拉·本·伊巴德等人则不愿离开，主张按兵不动。最终，艾兹拉格带领300人前往艾赫瓦兹，寻求在当地建立一个哈瓦利吉派政权，这一派后来发展为以暗杀等暴力手段为标志的极端派别——艾兹拉格派。而留在巴士拉的萨法尔和伊本·伊巴德也带领各自的追随者继续发展，形成中间派——萨法里派和温和派——伊巴德派。因此，683年也被认为标志着伊巴德派的正式形成。

非伊巴德派学者基于伊巴德派与哈瓦利吉派在乌玛最高权力问题上持有相同的政治主张，而将伊巴德派视为哈瓦利吉派的分支，且是哈瓦利吉派唯一留存至今的分支。而当代伊巴德派学者大多否认伊巴德派与哈瓦利吉派之间的历史渊源。霍夫曼（Valerie J. Hoffman）对这一问题进行考察分析后认为，当代伊巴德派学者支持泛伊斯兰主义的发展，寻求与逊尼派的合作，为此极力否认与哈瓦利吉派的关系，盖因哈瓦利吉派受到其极端派别影响，被其他穆斯林定义为叛教者而遭到排斥。[1] 阿曼宗教部主编的《伊巴德派辞典》（*Dictionary of Ibadi Terminology*）对"哈瓦利吉"一词的释义则表明，前代伊巴德派学者并不否认他们与哈瓦利吉派的渊源，原因在于他们认为"哈瓦利吉"一词指称的是隋芬战役中不接受除真主之外的仲裁，政治上与阿里决裂的群体。[2]

由此可以看出，无论当代伊巴德派回避与哈瓦利吉派的关系与否，伊巴德派在宗教与政治主张上和哈瓦利吉派之间一脉相承，同样坚持平等主义主张。基于此，本章认同伊巴德派是哈瓦利吉派唯一留存至今的派别这一立论。

一些西方学者对哈瓦利吉派别的粗略分类及其真实性提出异议。他们认为，逊尼派穆斯林史家和学者常以三分法对所谓的宗教"异端"派

---

[1] See Valerie J. Hoffman, "Historical Memories and Imagined Communities: Modern Ibadi Writings on Kharijism," *On Ibadism*, Georg Olms Verlag, 2014, pp.137-150.

[2] Ministry of Endowment and Religious Affairs, *Dictionary of Ibadi Terminology*, vol.1, Sultanate of Oman, 2008, p.331.

别进行简单分类，并以核心人物的姓氏为其派别命名。逊尼派传统历史叙事认为哈瓦利吉派在683年因其教义的极端与温和之别一分为三：追随纳菲阿·本·艾兹拉格的最为极端的派别——艾兹拉格派；追随阿卜杜拉·本·伊巴德的最为温和的派别——伊巴德派；以及位于两者之间，追随伊本·萨法尔的中间派别——萨法里派。而库克（Cook）认为只有艾兹拉格在历史上真实存在，"伊本·伊巴德"和"伊本·艾斯法尔"是根据三分法，对应"伊本·艾兹拉格"而创。[1] 勒温斯坦（Lewinstein）认为"萨法里"一词更可能指称那些虽分属各派，但都虔诚敬主的早期哈瓦利吉成员，他们因彻夜祷告和勤于礼拜而脸色灰白。[2] 更多学者认可三个派别的历史真实性，但对其分类的依据提出异议，以及对伊本·伊巴德和伊本·萨法尔二者作为温和派领导者的真实性进行考证。威尔金森（J. C. Wilkinson）认为，萨法里派是真实存在的，因为在阿曼和北非有许多关于该派别的记述，但萨法里派和伊巴德派的分野并非教义，而是其成员的部落属性：早期伊巴德派成员多属南阿拉伯人，而哈瓦利吉其他派别成员则来自北阿拉伯人。他进一步提出，阿曼人和其他南阿拉伯人在其核心人物伊本·艾什阿斯·铿迪（Ibn Ash'ath al-Kindī）和叶齐德·本·穆海莱卜·阿兹迪（Yazīd b. al-Muhallab al-Azdī）先后起事失败后，才以伊巴德派的组织形式凝聚力量，共同反抗北阿拉伯人的统治霸权。[3]

尽管上述问题无法形成定论，可以确定的是，作为伊斯兰教历史上第一个形成的政治宗教派别，哈瓦利吉派虽然因为纳赫拉万之战而陷入群龙无首的弱组织化状态，但其追求社会平等、以"真主的法度"为穆斯林群体最高规范的政治与宗教主张，得到伍麦叶治下的弱势边缘群体和不满伍麦叶人世俗倾向的穆斯林群体的认同，从而得以在库法、巴士拉等地继续发展。此后，哈瓦利吉派屡屡挑战伍麦叶人的权力结构，与什叶派一同成为伍麦叶人的竞争性力量。随着哈瓦利吉派与伍麦叶人之间陷入抗争与镇

---

[1] John C. Wilkinson, *Ibāḍism: Origins and Early Development in Oman*, Oxford University Press, 2010, p.155.
[2] Keith Lewinstein, "Making and Unmaking a Sect: The Heresiographers and the Ṣufriyya", *Studia Islamica*, No. 76, Maisonneuve & Larose, 1992, pp.75-96.
[3] See John C. Wilkinson, *Ibāḍism: Origins and Early Development in Oman*, Oxford University Press, 2010, pp.157-159.

压的循环，哈瓦利吉内部在发展策略和与其他穆斯林的关系等问题上产生了原则性的分歧。其核心领导缺位和弱组织化状态，使之无法像伍麦叶人和什叶派一样拥有除核心认同之外的组织资源得以超越分歧，最终无可避免地走向分裂，其力量进一步碎片化。在伍麦叶人统治中期和阿拔斯人统治初期强化中央集权、打压威胁其统治的力量，竞争对手什叶派组织动员能力更为强大的背景下，哈瓦利吉各派力量发展受限、渐至衰落，唯余伊巴德派在有限的空间内继续发展。

伊巴德派，得名自阿卜杜拉·本·伊巴德，这是毫无疑义的，而争议则在于是否可以据此认为他就是伊巴德派的创建者。《伊斯兰百科全书》（The Encyclopaedia of Islam）中"伊巴德派"词条在介绍其早期核心人物时，称伊本·伊巴德可能是创建者之一，他在艾布·比拉勒之后成为哈瓦利吉温和派的领导人，他的继任者是贾比尔·本·宰德（Jābir b. Zaid）。[1] 而威尔金森则认为伊本·伊巴德在伊巴德派产生过程中起了重要的作用，但真正的创建者是贾比尔·本·宰德。多数西方学者在谈及这一问题时，认为该教派得名自创建者伊本·伊巴德。而伊巴德派学者在这一问题上则是已有定论。2012年3月阿曼宗教部举办的伊巴德派研讨会指出，阿曼和北非的伊巴德派学者，都认同贾比尔·本·宰德是该派创建者，这是无可争辩的。《伊巴德派辞典》中"伊巴德派"词条开宗明义指出，伊巴德派一词指称伊玛目贾比尔·本·宰德的追随者。[2] 利比亚的伊巴德派学者阿穆尔·纳米（Amr Ennami）在其著作《伊巴德派研究》（Studies in Ibadhism）中阐明贾比尔是伊巴德派的教法渊源。[3] 产生这些争议的原因，一方面在于伊本·伊巴德的生平经历史料记载甚少，另一方面在于贾比尔·本·宰德在哈瓦利吉温和派发展前期一直没有明确公开身份，在双重模糊的语境中，学者们各执一词也不足为奇。

阿拉伯史籍中关于伊本·伊巴德的重大叙事，其一是艾布·比拉勒死

---

[1] Clifford Edmund Bosworth, *The Encyclopaedia of Islam: H-Iram,* Vol.3, E.J.Brill, Leiden, 1986, p.648.
[2] Ministry of Endowment and Religious Affairs, *Dictionary of Ibadi Terminology,* Vol.1, Sultanate of Oman, 2008, pp.2-3.
[3] Amr Ennami, *Studies in Ibadhism,* Ministry of Endowment and Religious Affairs, Sultanate of Oman, 2008, p.129.

后,他成为巴士拉哈瓦利吉温和派公开的领导人,并在683年与艾兹拉格、萨法尔等人一起带领哈瓦利吉教徒前去保卫麦加;其二是他和伍麦叶哈里发阿卜杜·马立克·本·麦尔旺('Abd al-Malik b. Marwān)保持通信,公开与之辩论,议题主要涉及对哈里发奥斯曼和伍麦叶人统治的立场;以及对哈瓦利吉派,尤其是极端派别艾兹拉格派的态度。除此之外,史籍中对他的记载寥寥无几。关于这一点,可能的原因在于,当时的非伊巴德派学者对这一派别漠不关心,而后期的伊巴德派学者更倾向于凸显贾比尔。但伊本·伊巴德向其他穆斯林公开阐明温和派宗教主张和政治立场的行为,使其成为基本转入秘密活动的温和派的幕前代言人,较之于贾比尔等其他隐匿无为的温和派核心人物,更为其他穆斯林所熟悉,因此他们将这一温和派力量冠以他的名号。

贾比尔·本·宰德在阿拉伯史籍中留下的记载较为详尽。公元639年(伊历18年),他出生于阿曼尼兹瓦(Nazwa)附近,属于阿兹德(Azd)部落。年少时他随家人离开阿曼前往巴士拉,至年长便在巴士拉和希贾兹(al-Ḥijāz)向圣门弟子拜师求学,随后又四处寻访搜集关于先知圣训圣行的确切传述,他还曾拜访穆罕默德的遗孀阿以莎('Ā'ishah),求教圣训圣行的相关问题。最终他成长为学识渊博的经注学家,被穆斯林尊为可靠的传述学家,以及巴士拉最权威的教法学家之一,在穆斯林中威望甚高,备受尊崇。贾比尔虽然不曾公开领导温和派的政治活动,但一直凭借渊博的宗教知识,以《古兰经》和圣训为阐释基础,为温和派坚定其宗教主张提供法理支持。伊巴德派学者认为贾比尔是该派早期发展过程中的精神领袖和灵魂人物,这是合理的。

较之伊本·伊巴德,贾比尔具备更为渊博的宗教学养和更受认可的宗教资历,将温和派朴素的宗教主张系统地进行阐述,最终确立教义。在伊巴德派典籍中,两人都曾被尊称为穆斯林的伊玛目,但伊本·伊巴德并非因为他的宗教知识和地位而被赋予这样的称号,只为表彰其保卫麦加有功。另一方面,据称伊本·伊巴德与阿卜杜·马立克通信辩论,公开宣传温和派的宗教主张,是得到贾比尔的授意。当时,哈瓦利吉极端派艾兹拉格派四处进行暴力活动,温和派力量亟需和极端派划清界限,在伍麦叶统治者的强权下保存自身寻求发展。贾比尔一直不愿公开身份，这可能是因为他在巴士拉是一个外乡人，他所属的阿兹德部落也不如塔米姆部落势力庞大，故而由出自塔米姆部落的伊本·伊巴德依仗其部落力量走向台前。同时，伊巴德派这一称谓，一开始并不为温和派教徒接受，直到公元893年，马格里布伊巴德派学者阿姆鲁斯·法特赫（'Amrus al-Fath）才在其著作中首次接受其他穆斯林给予的这一标签。

在伊本·祖拜尔统治时期，伊巴德派不曾遭受迫害，与之和平共处，在秘密状态下积极传教。692年，伊本·祖拜尔败于伍麦叶将领哈查只（al-Ḥajjāj）之手，巴士拉重回伍麦叶人治下。隔年，哈查只受命出任伊拉克总督，着手平定当地什叶派和哈瓦利吉派的动乱。哈查只以手段强硬闻名于世，在他任内，伊拉克局势稳定下来。当时，伊巴德派已转入隐匿状态，政治上不同于艾兹拉格派的暴烈，几无作为。贾比尔也积极建立与哈查只的私交，通过哈查只亲信一度与他保持良好的关系，据说他还从哈查只那儿支领薪水。因而哈查只并未将伊巴德派视为哈瓦利吉派的分支而一并镇压，这一时期形势对伊巴德派发展有利。

贾比尔抓住这一时机，在秘密状态下坚持宣传伊巴德派的温和主张，尤其在他所属的阿兹德部落中积极传教。当时伍麦叶哈里发派任呼罗珊（Khurāsān）的总督穆海莱卜·本·艾比·苏福拉（al-Muhallab b. Abī Sufrah）也是出自阿兹德部落，贾比尔便常常前去拜访穆海莱卜家族成员，宣传其宗教主张，争取赢得这一权势显赫的家族对伊巴德派的支持。据说，穆海莱卜的女儿阿提凯（'Atikah）后来成为一名虔诚的伊巴德派信徒。同时他还派宣教士前往也门、哈德拉毛（Ḥaḍramawt）、阿曼、马格里布地区等地传教。

对伊巴德派宽容的哈里发阿卜杜·马立克去世后，伊巴德派和哈查只的关系开始恶化，贾比尔等伊巴德派核心人物被流放阿曼，或者直接下狱。被囚禁的人中有贾比尔的学生和继任者艾布·欧贝德·塔米米（AbūUbayda al-Tamīmī）。艾布·欧贝德可能是个波斯人，是塔米姆部落的释奴。《伊斯兰百科全书》称他可能为哈瓦利吉派最伟大的学者和政治家,在伍麦叶统治后期对伊巴德派的发展厥功甚伟。[1]公元714年,哈查只死后,叶齐德·本·穆海莱比接任伊拉克总督,艾布·欧贝德和其他伊巴德派教徒得以获释。根据史籍所载贾比尔的卒年,此时他可能从流放地阿曼回到巴士拉,但不久他便过世了。艾布·欧贝德成为巴士拉伊巴德派领袖、隐蔽时期的第二任伊玛目。他作为贾比尔的学生,也是一名杰出的宗教学者、经注学家和传述学家。艾布·欧贝德领导初期,延续贾比尔时期的政治策略,争取与伍麦叶主政者和平共处。当时在任的伊拉克总督叶齐德·本·穆海莱比,因其手足至亲阿碧凯是一名虔诚的伊巴德派教徒,与伊巴德派保持密切关系。伍麦叶哈里发欧麦尔二世上台后,因其信仰虔诚,使得伊巴德派迫切希望拉拢他支持他们的宗教主张,成为他们的伊玛目。艾布·欧贝德曾派人率领一个代表团前去大马士革,此行结果未知,唯一所知的是欧麦尔二世任命伊巴德派教徒伊亚斯·本·穆阿维叶(Iyās b. Mu'āwiyah)为巴士拉法官。这一时期,在政治上较为宽松的环境下,伊巴德派势力发展极快。

好景不长,欧麦尔二世的继任者叶齐德二世主政后,大肆屠杀亲近伊巴德派的穆海莱比家族。他们的遭遇激起与他们同属阿兹德部落的伊巴德派教徒对叶齐德二世的极大不满,伊巴德派内部再次出现要求结束政治上的无为,起而反抗伍麦叶人暴政的呼声。艾布·欧贝德一开始并不想改变,但迫于几位重要的宗教学者都支持这一要求,只能顺应潮流,决定尽快公开身份展开政治活动。

巴士拉伊巴德派的发展策略发生重大转折后,艾布·欧贝德凭借自身出众的政治才能,在贾比尔奠定的基础上,进一步确立伊巴德派的政治理论和政治制度。同时,在其他宗教学者的帮助下,将伊巴德派的传教活动进一步组织化、规范化,力求扩大传教的广度和深度,为建立伊玛目政权做好准备。

他开始在巴士拉秘密培训宣教士,并建立了三级议会制度,使传教活动开始制度化。这三级议会制度为:

---

[1] Clifford Edmund Bosworth, *The Encyclopaedia of Islam: H-Iram*, Vol.3, E.J.Brill, Leiden, 1986, pp.649-650.

谢赫议会。这一层级议会由伊巴德派的核心宗教学者组成，遵循"舒拉"（al-Shūrā）原则进行民主协商，主要为教派发展制定规划，对重要问题通过讨论协商作出决策。谢赫议会只在夜间召开会议，非核心与可被信任的成员不得参加。

大众议会。这一层级的议会与谢赫议会不同，其成员与召开的方式并无相关规定。具备声望的宗教学者召集在其领导下的伊巴德派成员宣讲宗教知识或是就某个政治议题进行动员。此类会议还为妇女专门准备房间以便她们参与。

宣教议会。这一层级的议会由志愿参加宣教工作或是想要学习教义的学生组成。此类议会的召集常以秘密形式进行。相传艾布·欧贝德常在一处山洞中向其学生传授伊巴德派相关宗教知识。[1]

二、伊巴德派温和的信仰观念

哈瓦利吉各派决裂后，伊巴德派在其产生初期便逐步确立了基本宗教信仰。宗教上，伊巴德派在真主独一、真主与人的关系以及人与人之间的关系三个层面上就穆斯林关切的核心教义问题提出了自己的宗教主张，尤其对于与其他穆斯林的关系提出了较为温和、具有包容性的主张。

伊巴德派坚持真主独一，反对按照《古兰经》经文的字面意思描述真主形象的神人同形论，要求对诸如真主有知觉、听觉、视觉，以及面、手等经文内容以"符合其最完美"的意思加以解释；强调信仰的表白必须伴之以行为，犯下大罪的穆斯林不会进入天堂。[2]在教法上，伊巴德派主张严格遵奉《古兰经》的启示，强调以《古兰经》、圣训和公议（Ijmā'）为立法依据，必要时可运用类比（Qiyās）和推理（Ra'y），不拘泥于任何一

---

[1] See Amr Ennami, *Studies in Ibadism*, Ministry of Endowment and Religious Affairs, Sultanate of Oman, 2008, pp.103-106.

[2] Ibid., pp.184-189.

个教法学家或学派，主张变通。[1]

对于不接受哈瓦利吉信仰和主张的其他穆斯林，伊巴德派和哈瓦利吉极端派存在根本性的分歧。极端派认为其他的穆斯林都是不信主道者，将他们所在之地视为合法的战场，意即对他们使用武力是合乎教法的。其他穆斯林若不按照哈瓦利吉派的教义作信仰表白，就应从肉体上消灭他们。其他穆斯林的财物也可随意侵占，他们的眷属可随意杀害俘虏。而伊巴德派将穆斯林分为三个层级：认主独一、表白信仰并身体力行的虔信者；认主独一、表白信仰但行为有偏差者；以及不信主道、以物配主者。根据这一区分，他们在与其他穆斯林交往中的态度也分为：结交；避开有敌意的对手；对方立场不明时持中间态度。伊巴德派既反对艾兹拉格派将哈瓦利吉派之外的其他穆斯林视为不信道者或以物配主者，也不认为他们是正信的穆斯林，而是拒绝领受真主恩典的伪信者。在这一定义下，非伊巴德派穆斯林仍被视为认主独一信徒或是同一礼拜朝向的信徒，仍与伊巴德派同属乌玛成员，对于他们伪信的惩罚则留待后世，而非必须在现世实施。由此，伊巴德派成员得以构建更具包容性的人际关系：可以和其他穆斯林和平共处，"人不犯我，我不犯人"，不主动使用武力，对其他穆斯林主动进攻或抗争并非必须履行的义务，只在遭遇进攻面临杀戮的情况下为求自保才可反抗；反抗并非必需，允许在受到迫害的情况下，依据"塔基亚"（taqiyyah，谨防）原则隐瞒其教派身份；当选择反抗的穆斯林达到40人及40人以上时，可实行"牺牲"原则，牺牲并非必需的义务，但凭自愿；禁止肆意杀害不愿按照伊巴德派教义作信仰表白的其他穆斯林，如若必须向他们使用武力，则要在之前声明，这是由于他们不接受伊巴德派教义而造成的；不得将其他穆斯林的财物视为战利品任意侵占，只能拿走属于自己的那部分，不可杀死他们的妻儿或是以他们的妻儿为奴，不可杀死伤者或继续追击被击败的敌人。此外，哈瓦利吉极端派禁止"塔基亚"原则，禁止与其他穆斯林通婚；禁止食用其他穆斯林宰杀的食物。而伊巴德派则原则上允许本派教徒与其他教派通婚；只要是奉真主之名宰杀的食物都允许

---

[1] See Amr Ennami, *Studies in Ibadism*, Ministry of Endowment and Religious Affairs, Sultanate of Oman, 2008, pp.154-161.

食用。

伊巴德派和逊尼派在基本教义上极为相近。两者之间的分歧主要在于对哈里发奥斯曼后期的统治和哈里发阿里在隋芬战役中接受仲裁持不同态度。伊巴德派对伍麦叶和阿拔斯哈里发基本持否定态度，认为他们不具备担任乌玛领袖的资质。除此之外，伊巴德派和逊尼派对《古兰经》某些章节经文的解读有不同，主要涉及是否以被造物人的五感和躯体比拟真主；两者礼拜的姿势和规范等方面有所不同。伊巴德派和什叶派因为对第四任哈里发阿里的态度有根本性的分歧，因而差异较大。

三、伊巴德派独特的伊玛目制度

伊巴德派为穆斯林乌玛的领袖确立了不同于哈里发的称谓——伊玛目。伊巴德派宗教学者以《古兰经》、圣训为建立伊玛目制度的理论根源，认为伊玛目领导穆斯林乌玛是真主的敕令之一。伊玛目的权威来自全体穆斯林的授权，双方之间通过宣誓效忠订立盟约。伊巴德派主张伊玛目代表的更多是宗教责任，而非政治权威。

原则上，伊巴德派认为一个国家只应存在一个伊玛目，只有当国家被暴政所分裂时才允许有例外。但是，伊巴德派在形成过程中，长期面临伍麦叶统治者的迫害，领导者一方面坚持温和非暴力的原则，另一方面要确保成员的人身安全和教派的生存发展，因此，伊巴德派形成了独特的伊玛目制度。伊玛目政权的发展随着外界政治环境的变化分为四个阶段，即"隐蔽时期"（al-Kitmān）、"牺牲时期"（al-Shārī）、"显现时期"（al-Ẓuhūr）和"防卫时期"（al-Difā'）。这一伊玛目制度是伊巴德派政治智慧与实用主义的明证，也为其后续政治发展提供了更为灵活宽松的组织框架。

根据"塔基亚"原则，伊巴德派成员为求自保允许隐瞒真实的宗教身份，这一时期即为隐蔽时期。贾比尔·本·宰德本人在哈查只将其驱逐出巴士拉之前都不曾公开表明身份，在他领导下的伊巴德派处于典型的隐蔽时期。根据"塔基亚"原则,在隐蔽时期,伊巴德派教徒隐瞒自己的身份、为同门保密是必须履行的义务之一。伊巴德派教徒可以接受当权者的任命,出任宣礼员、宗教学校教师等不会伤害同门的职位,以此作为掩护保证自身安全。在遇到迫害时,伊巴德派成员也可假称自己遵奉其他教派。在隐蔽时期,伊巴德派处于秘密活动状态,伊玛目也无须公开身份。

"牺牲"一词,在伊斯兰教语境中有其特定含义,即放弃现世的生命,以换取在末日审判时进入天堂。一些学者认为"牺牲"是效仿先知穆罕默德,当追随他的穆斯林人数达到40人时,他奉到真主的启示才开始公开在麦加传教。回溯伊巴德派的历史,纳赫拉万和艾布·比拉勒的出走和牺牲,是对暴政的反抗和谴责,也是伊巴德派群体认同的核心。伊巴德派的"牺牲"并非必须履行的义务,要求至少40名成员自愿表露信仰,在"牺牲"伊玛目的领导下出走,以自我牺牲反抗暴政,寻求建立真正的乌玛。牺牲时期是对显现时期后公开宣布建立政权的过渡准备。

当伊巴德派成员人数达到敌对者的一半,在外部条件充分的情况下,伊巴德派必须公开宣布建立政权,选举伊玛目。这一时期即为显现时期。这一发展阶段的确立是基于乌玛政教合一的特性。伊巴德派认为自己信奉的是最正确的主道,他们有义务为主道而向其他穆斯林宣教,使他们重回正道。因此,在自身力量壮大到足以自保时,建立政权是成员的神圣义务。从隐匿时期转入显现时期的时机,由伊玛目决定。显现时期可看作伊巴德派发展最重要的阶段,相应地,也是伊巴德派最强盛的时期。

最后一个阶段防卫时期,仍然是伊巴德派为求自保而确立的。当显现时期的伊巴德派政权遭遇外敌攻击时,以"虔诚"作为首要条件当选的伊玛目可能不具备能力进行防御,亟需选择一位具备军事才能的伊玛目领导成员保卫政权。这一时期的伊玛目,在防御战争结束后,应自动退位。在这一点上,伊巴德派回归非暴力原则,预设这一限制,以免防卫时期的伊玛目滥用暴力,使伊玛目政权沦入暴君之手。[1]

阿曼伊巴德派学者萨利米(al-Sālimī)曾指出,真正的伊巴德派知

---

[1] See Adam R. Gaiser, *Muslims, Scholars, Soldiers: The Origin and Elaboration of the Ibāḍī Imāmate Traditions*, Oxford University Press, 2010, pp.19-138.

识像一只鸟,蛋下在麦地那,孵化在巴士拉,最终孵化出的鸟飞到了阿曼。萨利米所说的真正的伊巴德派知识包罗万象,但追溯这一派别的历史起源和早期发展,不难看出"真正"一词如同上文福山所言,哈瓦利吉派及其分支伊巴德派从穆罕默德宣教中得出了最符合逻辑的结论,意即平等主义主张。

在伊玛目选任方面,伊巴德派坚持基于"真主之下人人平等"这一先决条件,主张任何一个穆斯林,都有资格成为乌玛的领袖——伊玛目,不考虑其种族、出身、地位等先天因素,应以其对真主的虔诚与个人能力为标准。这一主张表明伊巴德派认为乌玛主权归于真主,因此拒绝逊尼派和什叶派的主张,反对将穆斯林共同体的最高权力家族化和部落化。同时,回应哈里发奥斯曼、阿里以及之后的伍麦叶和阿拔斯哈里发是否具备合法性这一问题,伊巴德派认为,当选的领袖如若行为不端,悖逆《古兰经》和圣训,又拒绝忏悔,则丧失领导资格,乌玛的穆斯林大众有权将其罢黜。

而在伊玛目选举问题上,伊巴德派遵循由第二任哈里发欧麦尔确立的"舒拉"原则,奉行民主选举制。这一选举主要由宗教学者协商决定。宗教学者是伊巴德派伊玛目制度中另一个极为重要的角色,伊巴德派的宗教学者地位平等,并无等级高低之分。他们决定伊玛目的人选,对伊玛目的权力形成制衡,集最高立法权和司法权于一身。他们以虔诚的信仰、渊博的学识、出众的品行得到政权内部全体伊巴德派成员的授权,成员们相信他们在影响整个社团前途的重大事件上会作出正确决定。除了在政治上发挥作用之外,他们还为伊巴德派成员提供精神指引。

在选举的程序上,伊巴德派规定:首先由伊巴德派宗教学者选定候选人,其次,由一位宗教学者提名他支持的伊玛目人选,其他宗教学者对这一人选进行集体表决,一旦支持的人数达到6名,该名候选人就可当选。当多名候选人符合当选伊玛目的条件时,通常由宗教学者们根据现实条件决定最佳人选。若在较为稳定的政治环境下,则首选精通教法者;若在遭受外敌侵略的情况下,则以军事才能杰出者为佳。为免引起内部纷争,伊玛目人选一旦确立,便不得推脱拒绝,否则视同叛教。确定伊玛目人选后,便进行宣誓效忠的仪式，通过这一仪式伊玛目和全体伊巴德派成员订立盟约，得到他们的授权而确立政治权威。伊巴德派成员聚集一堂，宗教学者和各部落首领必须到场，若一些部落缺席宣誓仪式，则被视为默认接受当选伊玛目的领导。当选的伊玛目一一接受所有在场成员的宣誓效忠，之后，当选者由一名宗教学者托举起右手当众宣誓。如此，双方订立盟约，履行各自的权利和义务。在宣誓仪式结束后，如有部落不愿承认当选的伊玛目，为避免伊巴德派分裂，伊玛目有义务说服该部落接受他的权威，甚至可以动用武力。伊巴德派为维持伊玛目和全体伊巴德派成员的关系，确立了"归属"（al-Wilāyah）与"解离"（al-Barā'ah）两大原则。"归属"原则规定：伊玛目如无合理原因不得自行退位，伊巴德派成员如无合法理由也不得要求伊玛目退位。若伊玛目因身体健康问题而无法继续胜任，得到宗教学者一致同意后可退位。如若健康虽然受损，但不影响履行伊玛目的义务，在得到宗教学者一致同意后也可继续留任。"解离"原则规定：伊玛目行事如若违背伊巴德派教义教法时，应先由宗教学者对其劝诫令其改过，如他不思悔改，宗教学者经过协商一致同意后可将其罢免。

伊玛目作为伊巴德派政权的最高领导者，得到政权内部所有伊巴德派成员的授权而享有最高的个人权力，同时必须履行保护政权内部所有成员生命财产安全的义务，必须公正处理一切内部事务，必须身先士卒保卫政权。基于伊巴德派尊崇的民主、平等理念，伊玛目的权力必须受到一定的限制，他的权威更多地为履行宗教责任服务，而非为确立政治上的独裁。因此，伊玛目在处理政权内部事务时，并不具备至高无上的权力，而由一个协商委员会进行辅佐、加以制衡。协商委员会由伊玛目和十四名成员组成，这十四人通常是权威宗教学者，委员会仍以伊玛目为首。协商委员会根据实际需要召开会议，在没有征得委员会其他成员一致同意时，伊玛目不能独断专行。此外还设有一个大众议会，由协商委员会全体成员、宗教学者和部落首领组成，在伊玛目认为必要时召集，对伊玛目做出的一些决策进行协商审议。在一些重大事务上，部落首领必须先与全体部落成员商议决定后，再回到大众议会进行协商。

对伊玛目应具备的素质，伊巴德派规定如下：原则上，伊玛目必须身体健康、睿智练达、处事公正、诚实勇敢，能够根据教法公正处理伊玛目政权内部的各种事务，公平对待所有伊巴德派成员，保护他们的人身安全和财产。凡是品行有缺，如易妒、好斗、软弱、狂热、狡诈、意志不坚、背信弃义，或是身体残缺，如眼盲、耳聋、喑哑，便视为丧失备选资格。伊巴德派还规定几类人不具备成为伊玛目的资格，一类是奴隶，由于奴隶并非自由人，不具备领导自由人的能力和资格；另一类是妇女，伊斯兰教由于女性先天的生理原因视其污秽而低于男性，因此妇女也不具备领导乌玛的资格；还有一类是未成年人，由于未成年人心智还不成熟，不具备在处理重大事件时做出正确决定的能力，因此也不具备领导乌玛的能力和资格。最后，通奸者所生之子也不具备资格。根据个人资质，信仰最虔诚、最为精通教法的伊玛目，被称为博学的伊玛目，他被视为强势的伊玛目，在作决策时可不需要仰赖宗教学者。防卫伊玛目的当选是为了带领成员抵御外敌，虽然具备军事才能，但他被称为弱势的伊玛目。因为在伊巴德派看来，他并非宗教学者出身，不具备宗教学养，在处理政事时，必须与宗教学者协商。他的权力被压缩到最小，若不与宗教学者协商，他无权征收天课、无权决定财政支出、无权任命总督、无权号令军队，也无权裁决成员之间的争端。

  伊玛目政权所辖疆域内各地方的事务，主要由地方总督和部落首领一同进行管理。地方总督的选举与伊玛目选举有类似之处，首先由伊玛目在与协商委员会商讨后任命，再获得当地部落首领及其成员的宣誓效忠后正式上任。宣誓仪式同样类同于伊玛目的宣誓仪式，代表总督与当地居民订立盟约，明确彼此的权利和义务。地方总督在处理当地政务时，也设有咨询议会，主要由当地的显贵、宗教学者和部落首领组成。总督可能会受到协商委员会成员的弹劾，如若伊玛目和宗教学者认为理由合法且充分，就会将他罢免。

  伊玛目除派遣总督管理地方行政事务外，还会选派法官负责当地的司法。法官由宗教学者提名推荐，伊玛目最终决定人选，其权威无须当地居民的宣誓效忠就可确立。一旦任命，法官便脱离伊玛目的管辖，独立自主行使立法权和司法权，只在遇到重大事务时上禀伊玛目请求裁夺。在处理争端时，部落成员个人之间的分歧由法官进行仲裁；但部落之间的争端则需由伊玛目出面裁决。伊巴德派司法体系最为核心的原则是法律面前人人平等，再次体现这一教派追求平等的理念。

伊玛目政权的财政收入主要来自伊巴德派成员交纳的天课，以及对其所辖的非伊巴德派成员征收的人头税。理论上，对政权内部财政收入的支出和使用状况进行监督，是伊玛目的职权之一，但也必须与宗教学者进行协商。这些收入必须用于有益于政权内全体成员的事业，任何不当的挪用或滥用都被视为大罪，要受到教法的惩罚。

伊巴德派在军事上所作的规定尤为体现其排斥暴力的根本原则。为防止伊玛目拥兵自重、使政权落入独裁，承平时期伊玛目政权不得设立常规军队。遇到战争时，无论是内部的威胁还是外部的侵略，伊玛目都有权号召辖下各部落派出武装力量保卫政权。因为双方之间订有盟约，响应伊玛目号召是各部落应尽的义务。战争结束后，应召而来的武装力量将立即解散。[1]

四、结语：教派与身份认同构建

穆罕默德去世后，乌玛最高权威的确立引发穆斯林内部冲突。穆斯林不得不对最高权威的合法性、真主与穆斯林的关系、穆斯林彼此之间关系等一系列问题，基于自身利益做出回应，并以经训为依据进行合法性和认同构建。伊巴德派正是在这一历史背景下产生和发展的。

哈瓦利吉坚持"唯有真主才能裁决"而出走并于纳赫拉万一战牺牲，以及艾布·比拉勒与温和派成员以出走和自我牺牲反抗伍麦叶人，都形成伊巴德派的早期集体记忆，并以此为基础构建群体核心认同：坚持乌玛主权归属于真主，真主面前人人平等，反对穆斯林乌玛最高权力的家族化与部落化，穆斯林只要符合条件都有权担任乌玛最高领袖伊玛目。在伊本·伊巴德、贾比尔·本·宰德等人的领导下，伊巴德派进一步确立温和

---

[1] Hussein Ghubash, *Oman: The Islamic Democratic Tradition*, Routledge, 2006, pp.35-44.

的信仰观念，主张构建包容性的人际关系，反对诉诸暴力。

在构建教派认同的同时，伊巴德派宗教学者逐步将其温和的政治与宗教主张系统化与制度化，以巴士拉为中心对穆斯林进行动员，在阿曼、北非等伍麦叶人和阿拔斯人统治的边缘地区寻求组织化发展，并因应现实灵活调整进行宗教和政治实践，最终得以留存发展至今，成为阿曼苏丹国的主要教派。

第十章　伊、叙的国家文化安全问题

阿拉伯民族主义、世俗主义一直是阿拉伯复兴社会党的核心意识形态信条。出于种种原因，20世纪80年代以来伊拉克、叙利亚复兴党政权都经历了意识形态蜕变，由强调泛阿拉伯统一逐渐转向强调本国国族认同，由温和的世俗主义原则逐渐转向政府公开倡导的统合性的、温和的、去政治化的伊斯兰价值观。在这一过程中，前伊斯兰时期的古代近东文明遗产越发得到凸显，成为政府巩固国内团结、论证政策合法性乃至强化领导人个人崇拜的工具；伊斯兰话语、实践、团体则成为服务本国内政外交政策的工具。这一意识形态蜕变导致伊拉克、叙利亚两国公民认同碎片化，不同教派、族裔间裂痕加深，国家文化安全面临危机，其极端表现之一就是极端组织"伊斯兰国"对古代近东文明遗产和少数宗派文化遗产的系统性破坏。

一、文化遗产破坏所引发的新问题

自 2014 年 6 月崛起以来，极端组织"伊斯兰国"就以其狂热意识形态和诸多暴行引发了国际社会的广泛谴责，其暴行之一就是对伊拉克、叙利亚重要文化遗产的破坏及其相关媒体宣传。在"伊斯兰国"控制地区惨遭破坏的不仅包括伊拉克哈特拉古城、尼姆鲁德古城，叙利亚巴尔米拉古城遗址等古代近东文明遗产，还包括相对受到媒体忽视的大量伊斯兰文明遗产，如许多什叶派、雅兹迪人、苏非派乃至逊尼派的圣墓。对于"伊斯兰国"这种破坏遗产的行为，西方学者提出了诸多解释，如强化宗教话语与成员招募说、走私文物以获取非法收入说、针对少数族裔的文化清洗说、出于传播目的的表演说、动员凝聚群体内成员说等等。[1] 现有研究者多聚焦于"伊斯兰国"极端分子破坏行为的动机，而非破坏对象的选择；侧重破坏行为策划者、执行者在资金、宣传、招募等方面的外部考虑，而相对忽视了其动机形成的国内意识形态话语背景。本章尝试以"伊斯兰国"极端分子的破坏遗产行为为切入点，考察其之所以将上述两类遗产作为破坏目标的国内意识形态背景，剖析复兴党执政时期伊、叙两国意识形态蜕变对国族认同建构和国家文化安全的严重负面影响。

广义的国家文化安全指主权国家的主流文化价值体系以及建立于其上的意识形态、社会基本生活制度、语言符号系统、知识传统、宗教信仰等主要文化要素免于内部或外部敌对力量的侵蚀、破坏和颠覆。其两个基本表征和条件即国家拥有充分完整的文化主权，且国内各民族之间具有高度一致的民族文化认同。[2] 作为"一战"后欧洲殖民帝国在中东幕后交易的产物，现代伊拉克、叙利亚自诞生伊始就在构建公民共享的国族身份认同、维护国家文化安全上面临重大挑战。就这一目标做出最重要，也是影响最持久努力的，当属分别于1963年、1968年在叙、伊执政的两国阿拉伯复兴社会党。夺取政权后，复兴党的核心纲领——阿拉伯民族主义、世俗主义和社会主义——迅速成为官方意识形态以及政府教育、宣传工作的中心主题。然而，这一官方意识形态内部却始终蕴含着两组张力，即泛阿拉伯民族主义与本土爱国主义、世俗主义与伊斯兰宗教传统之间的张力。这两组张力绝不仅限于理论家的意识形态论战，而是与复兴党精英所面临的地

---

[1] See Sofya Shahab & Benjamin Isakhan, "The Ritualization of Heritage Destruction under the Islamic State," *Journal of Social Archaeology*, Vol. 18 (2), pp. 213-214; Chiara De Cesari, "Post-Colonial Ruins: Archaeologies of Political Violence and IS," *Anthropology Today*, Vol. 31, No. 6, pp. 23-24; Benjamin Isakhan & José Antonio González Zarandona, "Layers of Religious and Political Iconoclasm under the Islamic State: Symbolic Sectarianism and Pre-Monotheistic Iconoclasm," *International Journal of Heritage Studies*, 24:1, pp. 1-2.

[2] 石中英：《论国家文化安全》，载《北京师范大学学报（社会科学版）》2004年第3期。

区和国内权力斗争、特定的社会宗教生态所带来的治理挑战交织叠加,直接影响到两国政府政策选择的方向和空间。正是在上述思想张力和现实政策挑战的大背景下,如何在阿拉伯民族主义话语体系内定位既存的古代近东文明遗产,如何调和世俗主义意识形态与伊斯兰宗教治理间的张力,就成为伊、叙两国复兴党精英不得不面对的艰难议题。

二、近东文明遗产的三次角色转换

20世纪40年代以来,古代近东文明遗产在伊、叙复兴党官方民族主义话语体系中的定位和角色两次发生蜕变,最终悲剧性地沦为"伊斯兰国"等极端组织有意破坏的目标。

1. 泛阿拉伯主义意识形态谱系中的古代近东文明

19世纪中叶至20世纪初期,西方学者开始对埃及和奥斯曼帝国阿拉伯行省前伊斯兰时期的大型艺术品、文字遗存、建筑等进行系统性发掘,相关成果在西方引起巨大轰动,而西方学者主导下的埃及和西亚考古学也逐渐走向科学化。[1] 同一时期,受到西方学者对近东古代文明研究成果的影响,少数阿拉伯知识分子开始传播某些基于前伊斯兰时期文明遗产的地方民族主义思潮,埃及的法老主义和大叙利亚地区的腓尼基主义等思潮在这一背景下孕育而生。对"一战"结束以来伊拉克、叙利亚历届政府和泛阿拉伯主义知识分子而言,对前伊斯兰时期文明遗产的定位带有浓厚的政治意涵:一方面,关于前伊斯兰文明的知识带有明显的西方殖民学术色彩,与阿拉伯世界占主导地位的伊斯兰文明传统差异巨大;另一方面,强调这些文明遗产可能有助于塑造国民对新兴国家的自豪感,但又与非阿拉伯、非伊斯兰的分离性地方民族主义瓜葛不清。

基于上述考虑,在英国委任统治和哈希姆家族统治时期的伊拉克

---

[1] 拱玉书:《西亚考古史》,文物出版社2002年第1版,第103—106、137—141页;刘文鹏:《埃及考古学》,生活·读书·新知三联书店2008年第1版,第18—25页。

(1920—1958),具有泛阿拉伯主义倾向的伊拉克政府在伊斯兰文明遗产和古代近东文明遗产之间明显强调前者。这一倾向清晰地反映在该时期伊拉克的历史教科书、博物馆建设和考古发掘活动之中,其代表人物即曾担任伊拉克教育部长和文物局主任的泛阿拉伯主义思想家萨提·胡斯里(Sāṭi ʻal- Ḥuṣrī,1883—1968)。两次大战之间,胡斯里大力推动伊国内伊斯兰考古遗迹的发掘,建立了多座阿拉伯-伊斯兰主题的博物馆。在其主持编写的伊拉克小学教材中,他在"祖国的历史"(tārīkh al-waṭan)与"民族的过往"(māḍī al-ummah)之间做出了明确区分,规定教材要强调"阿拉伯民族统一的思想以及伊拉克的阿拉伯属性",表示"历史教育首要意义上必须被导向泛阿拉伯主义教育"。在教材中,古代美索不达米亚民族被称为"伊拉克的古代居民",以区别于"前伊斯兰时代的阿拉伯人",即"生活在也门、叙利亚、埃及、伊拉克那些讲阿拉伯语的王国的居民——希木叶尔人、台德木尔人、奈伯特人、加萨尼人、孟迪尔人和喜克索斯人"。[1] 至于前伊斯兰时期遗产与伊斯兰遗产的相对重要性,胡斯里则毫无疑问地指出,伊斯兰-阿拉伯文化已经彻底改变了那些采纳这一文化的人,从那时(伊斯兰教兴起)直到现在,他们只会在哈立德·本·瓦利德等穆斯林-阿拉伯英雄或者哲学家麦阿里等人身上——而非法老或苏美尔国王身上——找到自己的"精神祖辈"。[2] 在同时期的叙利亚,复兴党创始人之一米歇尔·阿弗拉克(Michel Aflaq, 1910—1989)同样反对对本土非伊斯兰文明遗产的过度强调。阿弗拉克认为,"如果承认我们国家所经历的每一个文明阶段都构成一个特殊的民族并将之复兴,那每个(阿拉伯)国家都会出现多种多样的这类'民族主义'"。事实上,穆斯林-阿拉伯人之前诸文明的遗产已经融入了穆斯林-阿拉伯文明,并成为其中隐含的组成部分。[3] 在他看来,伊斯兰文明遗产才是阿拉伯民族认同的核心,因为"伊斯兰是一场

---

[1] See Amatzia Baram, "A Case of Imported Identity: The Modernizing Secular Ruling Elites of Iraq and the Concept of Mesopotamian-Inspired Territorial Nationalism, 1922-1992," *Poetics Today*, Vol. 15, No. 2, pp. 289-292.

[2] See Amatzia Baram, *Culture, History and Ideology in the Formation of Baʻthist Iraq, 1968-89*, St. Martin's Press, 1991, pp. 26-27.

[3] Ibid., p. 27.

阿拉伯运动，其意义即在于阿拉伯民族主义的复兴与完善"，而先知穆罕默德生活和传教时期——而非遥远的前伊斯兰时代——则构成了阿拉伯人历史的制高点。[1]

值得注意的是，自20世纪20年代末期以来，部分阿拉伯知识分子已开始尝试将前伊斯兰的古代近东诸文明纳入泛阿拉伯主义的叙事框架，其最重要的理论支撑即欧洲历史比较语言学家所提出的"闪米特移民浪潮说"。根据该学说，巴比伦人、亚述人、迦勒底人、迦南人、腓尼基人、阿拉米人、希伯来人以及阿拉伯人都是不同时期迁出阿拉伯半岛并定居在不同地区的闪米特祖先的后裔。更重要的是，这一学说很快就被编入伊拉克和叙利亚的小学历史教科书，关于前伊斯兰时期其所在国本土的文明成就也进而成为课本讲授的重要内容。[2] 尽管早期的教科书仍在古代近东诸民族与阿拉伯人之间做出明确区分，但激进的泛阿拉伯主义者很快就借用血缘或亲族类比乃至"证据"将古代美索不达米亚"阿拉伯化"。1931年的伊拉克历史教材强调迁出半岛的闪米特各民族"最主要的血统还是阿拉伯血统……闪米特人被阿拉伯人同化；除了少数希伯来人和阿比西尼亚人外，他们都成为阿拉伯人"；伊文物部门官员甚至指出古代苏美尔人颅骨、骨架与当代伊拉克人的相似性。[3] 可以说，亲缘论、闪米特移民浪潮说等学说的共同目标都是将古代近东民族"阿拉伯化"，从而解决"异质文明"在阿拉伯民族主义叙事中的地位问题。

2. 复兴党政府推动下古代近东文明的"阿拉伯化"

自20世纪70年代初开始，伴随着地区政局、社会思潮的波动以及新任领导人的出现，伊拉克、叙利亚复兴党政权官方意识形态逐渐开始向淡化泛阿拉伯统一、强化本国认同、国内团结乃至领导人个人崇拜的方向倾

---

[1] Akram Fouad Khater, "Syrian Michel Aflaq Addresses the Relationship Between Arabism and Islam, 1943," *Sources in the History of the Modern Middle East*, Wadsworth/Cengage Learning, 2011, p. 133.

[2] Stéphane Valter, *La construction nationale syrienne : Légitimation de la nature communautaire du pouvoir par le discours historique*, CNRS Éditions, 2002, p. 171.

[3] See Amatzia Baram, "A Case of Imported Identity: The Modernizing Secular Ruling Elites of Iraq and the Concept of Mesopotamian-Inspired Territorial Nationalism, 1922-1992," *Poetics Today*, Vol. 15, No. 2, pp. 294-296.

斜。吊诡的是，伊、叙复兴党官员和知识分子正是在这一时期将前伊斯兰时期古代文明遗产系统性地"阿拉伯化"。早期泛阿拉伯民族主义理论家对前伊斯兰遗产所秉持的"文明摇篮论"乃至宽泛的"文化传承论"，至70年代末期已被"直接后裔论"所取代，苏美尔人、巴比伦人不只是"伊拉克人"，而且是"我们古代的祖辈"（ajdāduna al-qudamā'）、"我们的父辈"（ābā'una）。究其原因，在权力巩固阶段，伊、叙复兴党新一代领导人仍需在泛阿拉伯主义与地方爱国主义之间保持某种平衡，在其前任执政者是激进泛阿拉伯主义者（叙利亚）或孤立主义者（伊拉克）的情况下，贸然放弃泛阿拉伯主义对于巩固新政权合法性而言显然并非明智。将本国古代文明遗产"阿拉伯化"，一方面可巩固新执政集团的泛阿拉伯合法性，另一方面也可使相关文化符号更容易被合理合法地挪用，服务于官方意识形态向地方爱国主义的转向。

　　基于对20世纪早期相关理论观点的继承和深化，伊、叙复兴党理论家主要从族群来源和语言亲缘关系两个角度来实现对古代近东文明的"阿拉伯化"。根据"闪米特移民浪潮说"，所有或绝大多数闪米特人在史前时期和有文字记载的时期都来自阿拉伯半岛。在伊拉克的官方历史叙事中，从阿卡德人、巴比伦人到阿拉伯人的诸闪米特民族构成了一个完整的民族谱系，这些重要文明都是"（阿拉伯）民族子孙人格的体现"，所以他们应该都被视为阿拉伯人。在叙利亚，公元前第四千纪，"阿摩立特阿拉伯人"从阿拉伯半岛迁居至幼发拉底河和尼罗河谷地；公元前第三千纪，"迦南阿拉伯人"从阿拉伯半岛或波斯湾迁居至叙利亚；阿拉米人则被描述为"那些长期居住在阿拉伯半岛的迁居不定的贝都因民族"中的一支。[1] 语言亲缘关系则被视为证实族群亲缘关系的直接证据。同一时期，伊拉克民族主义理论家则认为，阿拉伯半岛上贝都因人所说的语言最接近于方言分化前半岛居民所说的原始阿拉伯语，而巴比伦语与阿拉伯语之间的差别几乎可以忽略不计，这足以证明巴比伦人与阿拉伯人之间的亲缘关系。叙利亚

---

[1] Amatzia Baram, "Mesopotamian Identity in Ba'thi Iraq," *Middle Eastern Studies*, Vol. 19, No. 4, pp. 442; Stéphane Valter, *La construction nationale syrienne : Légitimation de la nature communautaire du pouvoir par le discours historique*, CNRS Éditions, 2002, pp. 127-129.

官方话语中则强调埃卜拉语是"某些贝都因阿拉伯部落"在定居化之前所说语言的源头;乌加里特人口大多数是迦南人,讲一种近似于阿拉伯语的方言;虽然在铭文中使用阿拉米语,但"巴尔米拉人在日常生活以及与周边贝都因人的交往中可能说阿拉伯语",从而暗示了埃卜拉人、乌加里特人、迦南人、巴尔米拉人的阿拉伯民族性。[1] 可以说,20世纪70年代末期以来,上述"阿拉伯化"的古代历史叙事已成为伊拉克、叙利亚官方民族主义话语的重要组成部分。

3. 对古代近代文明符号的政治性挪用

20世纪70年代中后期以来,伊拉克、叙利亚复兴党政府的民族主义意识形态发生明显转向,这一转向也敏锐地折射出整个阿拉伯世界以及伊、叙两国国内政局的变动。70年代初开始执政或掌权的哈菲兹·阿萨德和萨达姆·侯赛因都有意扭转其前任政府激进的泛阿拉伯主义政策,拒绝为阿拉伯革命而牺牲本国利益的政策取向。1978年《戴维营协议》签订以来泛阿拉伯政治的彻底衰落,也为叙、伊两国政府在泛阿拉伯民族主义和本国爱国主义之间重建平衡,甚至向后者倾斜提供了有利的语境。在这一背景下,凸显本国已然"阿拉伯化"的前伊斯兰时期文化遗产,进而强化国内团结、增进国民自豪感,已成为叙、伊两国政府"合理合法"的选择。在伊拉克,萨达姆始终强调伊拉克无以比拟的悠久历史,多次指出当西方人还"生活在山洞里没有文明"时,伊拉克作为一个统一的民族已经相继创造了苏美尔、巴比伦、亚述文明;同时强调伊拉克人一定会重现辉煌,因为"苏美尔、巴比伦、巴格达、亚述……以及乌尔不会停留在谷底和顶峰之间的中游"。[2] 而巴沙尔·阿萨德执政以来,叙利亚政府在媒体和教育领域坚持阿拉伯民族主义话语的同时,开始越来越多地强调叙利亚民族国家认同的核心地位,叙利亚古代文明对人类文明所作出的决定性的贡献——

---

[1] Amatzia Baram, "Mesopotamian Identity in Ba'thi Iraq," *Middle Eastern Studies*, Vol. 19, No. 4, pp. 442; Stéphane Valter, *La construction nationale syrienne: Légitimation de la nature communautaire du pouvoir par le discours historique*, CNRS Éditions, 2002, pp. 102, 104, 132-133.

[2] Amatzia Baram, *Saddam Husayn and Islam, 1968-2003: Ba'thi Iraq from Secularism to Faith*, Woodrow Wilson Center Press, 2014, pp. 306-307.

"第一个字母的发明、第一首音乐作品的创作、第一次农业革命、小麦的种植、至今所知的第一件乐器……第一个数据库管理和图书馆系统"——得到无保留的大力颂扬；在2002—2003年版历史教科书中完全放弃了传统的跨国别、泛阿拉伯叙事模式，在内容组织和叙事线索方面为每个阿拉伯国家独立开辟一章。[1]

这种强调本土文化延续性、历史功绩的民族主义历史叙事，在国家面临外部压力时往往能起到激发国内团结和国族认同的积极效果。然而，伊、叙复兴党政府的问题却在于将这一历史叙事——包括前伊斯兰时期的历史元素——过度政治化，将之作为为政府政策背书的工具，最终导致了民族主义话语的变质。20世纪70年代末期起，萨达姆开始利用亚述和新巴比伦国王驱逐或俘虏犹太人的史实，来作为伊拉克领导反抗犹太复国主义、解放巴勒斯坦斗争的历史证据，进而表明自己的国家将"在整个阿拉伯民族解放事业中扮演明确的泛阿拉伯领导者的角色"[2]。1990—1991年海湾战争前夕，萨达姆在公开和私下场合又多次声称"从苏美尔人时期这里就是我们土地的一部分"，从而论证兼并科威特的历史合法性。[3] 在叙利亚，阿拉伯民族主义与犹太复国主义之间的斗争被表述为历史的重演，因为早在公元前10世纪至前8世纪，叙利亚的阿拉米王国已不得不面对不同希伯来王国的"扩张主义目标"；此外，通过强调古代"亚述扩张主义"的威胁，叙复兴党也将其与伊拉克对手间的龃龉"历史化"。[4] 挪用前伊斯兰历史符号来论证政权合法性，乃至塑造对领导人的个人崇拜，则对复兴党民族主义话语的公信力造成了更大伤害。在官方知识分子、政府官员甚至

---

[1] See Eyal Zisser, *Commanding Syria: Bashar al-Asad and the First Years in Power*, I.B. Tauris, 2007, p. 57; Monika Bolliger, "Writing Syrian History While Propagating Arab Nationalism: Textbooks about Modern Arab History under Hafiz and Bashar al-Asad," *Journal of Educational Media, Memory & Society*, Vol. 3, No. 2, pp. 102-103.

[2] Amatzia Baram, "Mesopotamian Identity in Ba'thi Iraq," *Middle Eastern Studies*, Vol. 19, No. 4, pp. 444-445.

[3] Amatzia Baram, "A Case of Imported Identity: The Modernizing Secular Ruling Elites of Iraq and the Concept of Mesopotamian-Inspired Territorial Nationalism, 1922-1992," *Poetics Today*, Vol. 15, No. 2, pp. 312-313; Amatzia Baram, *Saddam Husayn and Islam, 1968-2003: Ba'thi Iraq from Secularism to Faith*, Woodrow Wilson Center Press, 2014, p. 307.

[4] Stéphane Valter, *La construction nationale syrienne : Légitimation de la nature communautaire du pouvoir par le discours historique*, CNRS Éditions, 2002, pp. 129-130.

他本人的描绘中,萨达姆成为伊拉克漫长历史中可比肩于萨尔贡二世、汉谟拉比、尼布甲尼撒和先知穆罕默德的伟大人物;他像吉尔伽美什一样统一了民族,并且和其他"古代伊拉克国王"一样深受人民的爱戴;他又像美索不达米亚丰产神泰姆兹(Tammuz),是"一位智慧、有经验、拥有全新原则的领袖……在缺席了长达700年后又回到了领导岗位"[1]。萨达姆作为古代美索不达米亚诸文明继承者、维护者的形象也大量出现于各种宣传材料、艺术作品之中。[2]至此,对伊斯兰主义极端分子而言,巴尔-夏明神庙、拉玛苏、伊什塔尔城门等文化遗迹已不仅是前伊斯兰时期"偶像崇拜"的遗迹,或是西方殖民者强行植入并为复兴党政府所倡导的"外来"民族主义的标识,同时也成为政权统治合法性以及领袖个人崇拜的象征符号。在伊、叙复兴党民族主义话语严重蜕化变质的语境下,上述遗迹也很自然地成为极端组织"伊斯兰国"有意选择攻击的目标。

三、党派世俗化宗教观的两次蜕变

20世纪80年代以来,伊拉克、叙利亚复兴党政权官方的世俗主义纲领几乎同时出现转向,伊斯兰话语、实践和宗教团体在社会中的影响力持续上升。其两个阶段的蜕变,为极端组织"伊斯兰国"的组织和意识形态在伊、叙两国的孵化、传播提供了温床。

1. 从伊斯兰教的"复兴党化"到官方伊斯兰价值观

20世纪80年代初期,叙利亚、伊拉克两国宗教治理政策几乎在同期都发生明显转向。在叙利亚,1978—1982年叙利亚穆斯林兄弟会发动反政

---

[1] 韩志斌:《伊拉克复兴党民族主义理论与实践研究》,中国社会科学出版社2011年第1版,第263页; Amatzia Baram, "A Case of Imported Identity: The Modernizing Secular Ruling Elites of Iraq and the Concept of Mesopotamian-Inspired Territorial Nationalism, 1922-1992," *Poetics Today*, Vol. 15, No. 2, pp. 309-310; Amatzia Baram, *Saddam Husayn and Islam, 1968-2003: Ba'thi Iraq from Secularism to Faith*, Woodrow Wilson Center Press, 2014, pp. 307-308.

[2] See Kanan Makiya, *The Monument: Art and Vulgarity in Saddam Hussein's Iraq*, I.B. Tauris, 2004, pp. 53, 71-72; Chiara De Cesari, "Post-Colonial Ruins: Archaeologies of Political Violence and IS," *Anthropology Today*, Vol. 31, No. 6, p. 25.

府武装叛乱；1982年哈马事件后，穆兄会和极端伊斯兰主义势力基本被清除出叙利亚，但叙利亚逊尼派宗教社群内部出现领导层真空，哈菲兹·阿萨德政府在逊尼派民众中的支持度和合法性也遭遇重大打击。在伊拉克，出于对政府世俗化政策和对宗教机构控制的不满，1977年什叶派社群在纳杰夫和卡尔巴拉发动叛乱，1979年伊朗伊斯兰革命的爆发则对伊拉克复兴党政权构成严重威胁。如何在打压宗教积极分子、压制伊斯兰主义潮流的同时，改善政府的宗教形象和合法性，成为萨达姆政府面临的重大挑战。

为了缓解政权合法性危机，叙、伊复兴党政府都尝试对伊斯兰教治理政策进行适当调整，对国内日趋保守的宗教氛围做出一定程度的回应和让步的同时，试图在政权的世俗主义面向和多数民众的宗教情感间维持平衡。这种艰难的平衡政策体现在官方教育媒体、立法等各个方面。第一，教育领域，叙利亚、伊拉克中小学宗教教育课、思想政治－公民文化课都涉及宗教教育内容，主要讲授宗教经典文本以及先知和圣门弟子生平、宗教信仰（'aqīdah）、宗教义务（'ibādah）、道德准则（akhlāq）等内容，明确地将伊斯兰宗教教育与爱国主义、阿拉伯主义教育紧密结合，且呈现出高度统合性的逊尼派伊斯兰取向。教科书陈旧、课时量少、考核要求低、师资质量欠佳等问题，则反映出这一时期叙、伊复兴党政府有意淡化宗教教育的整体方针。[1] 第二，官方媒体中，20世纪80—90年代叙、伊两国政府开始给予伊斯兰宗教节庆、场合乃至宗教人士更大的媒体空间，以表达对伊斯兰宗教传统与情感的尊重。在伊拉克，复兴党和宗教基金部在重要的宗教节庆场合都会举办公开的会议和宴会，伊拉克官方媒体则对萨达姆访问什叶派圣地、参加宗教仪式等具有明显宗教意涵的事件进行详细报道。[2] 在叙利亚，官方媒体一方面对阿萨德参与伊斯兰节庆仪式、接受国内外领导人和重要人士节日祝贺进行了大量报道，另一方面在版面安排、

---

[1] See Joshua Landis, "Syria: Secularism, Arabism, and Sunni Orthodoxy," *Teaching Islam: Textbooks and Religion in the Middle East*, Lynne Rienner Publishers, 2007, pp. 178-192; Amatzia Baram, *Saddam Husayn and Islam, 1968-2003: Ba'thi Iraq from Secularism to Faith*, Woodrow Wilson Center Press, 2014, pp. 66-70.

[2] See Ofra Bengio, *Saddam's Word: Political Discourse in Iraq*, Oxford University Press, 1998, p. 179; Amatzia Baram, *Saddam Husayn and Islam, 1968-2003: Ba'thi Iraq from Secularism to Faith*, Woodrow Wilson Center Press, 2014, pp. 76-77.

社论内容中又常常对伊斯兰宗教节日做出"最小化"的处理；叙国家电视台增设了《古兰经》诵读节目，少数宣扬宗教间对话、反对萨拉菲主义的宗教学者开始规律性地出现在官方电视节目之中，叙政府则逐渐取消对伊斯兰出版物的严格审查制度以及对宗教广播的禁令。[1] 第三，宗教相关立法领域，叙、伊复兴党政府在执行带有伊斯兰色彩的法律法规方面并无明显作为，但在改善妇女法律地位方面却明显趋于保守。在伊拉克，有关酒精饮品消费、斋月饮食方面的法律法规仍未得到强制执行，但复兴党政府基本放弃了"将妇女从经济、社会、司法的陈规旧俗中解放出来"的目标，《个人身份法》的改革长期停滞不前，两伊战争期间，伊拉克政府采取的多种措施更是与男女平等的目标南辕北辙。在叙利亚，政府废除了禁止在教育系统及公共服务部门任职的女性职员佩戴头巾和面纱的法律，世俗主义者提出的修订《个人身份法》——尤其是其中关于一夫多妻制和男女不平等继承权的部分——的提议，在20世纪80—90年代也长期遭到搁置。[2]

不难发现，20世纪80年代起，叙利亚、伊拉克复兴党政府在意识形态层面已然放弃了将宗教排除在国家教育、文化、司法系统之外的世俗主义原则，转向政府控制下统合性的、温和的、去政治化的伊斯兰价值观。然而，这种意识形态转向背后却包含着深刻的内在矛盾。一方面，放弃国家与宗教完全分离的原则，就意味着政府要采取某种宗教立场。叙、伊复兴党政府在教育、新闻、历史叙事中所宣传的都是带有统合色彩的逊尼派伊斯兰教原则，推广逊尼派哈奈菲教法学派的信仰与实践，有意或无意地忽略了伊斯兰教内部教派差异。尽管传达的宗教观念具有明显的温和性，但以牺牲宗教少数群体的信仰实践独立性为代价，来迎合占人口主体或政治主导地位的逊尼派的宗教观念和情感，显然无助于塑造超越宗教、教派分歧的公民身份认同。另一方面，尽管叙、伊复兴党政府及亲政府宗教学

---

[1] See Mordechai Kedar, *Asad in Search of Legitimacy: Message and Rhetoric in the Syrian Press under Ḥāfiẓ and Bashār*, Sussex Academic Press, 2005, pp. 101-106; Line Khatib, *Islamic Revivalism in Syria: The Rise and Fall of Ba'thist Secularism*, Routledge, 2011, pp. 91, 155-156.

[2] See Amatzia Baram, *Saddam Husayn and Islam, 1968-2003: Ba'thi Iraq from Secularism to Faith*, Woodrow Wilson Center Press, 2014, pp. 56-59; Line Khatib, *Islamic Revivalism in Syria: The Rise and Fall of Ba'thist Secularism*, Routledge, 2011, pp. 98-102.

者支持去政治化的伊斯兰、谴责政治和极端伊斯兰主义团体，但为服务于特定的政策目标，20 世纪 80 年代以来两国政府已开始频繁将伊斯兰教政治化、工具化，如两伊战争和海湾战争期间萨达姆政府就曾大量挪用"圣战"等伊斯兰宗教语汇。[1] 这种对伊斯兰宗教语汇、符码高度政治化的挪用，很容易在党内引发意识形态混乱，其争议性也为伊斯兰主义反对派的借用和再解读提供了自然的对象。

2. 从被动消化到主动挪用伊斯兰教

20 世纪 90 年代以来，尽管面临不同的政治环境，但伊、叙复兴党执政精英却都进一步偏离官方世俗主义纲领，甚至不惜采取主动挪用伊斯兰教资源的宗教治理政策。

海湾战争结束后，伊拉克萨达姆政府面临着巨大的国际、国内压力和严峻的社会经济形势。对 1991 年叛乱的严酷镇压使得政府与什叶派和库尔德人的关系更加紧张；国际社会制裁下，伊拉克经历了灾难性的通货膨胀，基本物资匮乏，失业率、文盲率、犯罪率攀升等痛苦现实；寻求在泛阿拉伯世界的领导权已成为不现实的目标。在这一背景下，萨达姆发起的"信仰运动"（ḥamlah īmāniyyah）已不再满足于被动适应整体趋保守的社会政治潮流，而是着眼于主动利用伊斯兰教来"消化"国内外政治、经济和精神危机，相应地伊斯兰教也被置于官方意识形态话语的中心位置。首先，在教育领域，20 世纪 90 年代以来伊拉克复兴党政府大大提升了宗教课程在基础教育中的地位，不仅将《古兰经》与圣训的学习列为公立教育的核心领域，还延长了宗教课程的学习时间、降低了授课年限，明确鼓励学生假期间前往清真寺学习《古兰经》诵读课程，强制要求所有教师——而非仅仅宗教课程教师——参加关于伊斯兰教知识的考试，提升了宗教课程教师的待遇；此外，萨达姆还建立了多所官方伊斯兰高等教育机构。[2] 其次，在立法领域，基于伊斯兰教法的原则，明显强化了对娱乐设施和酒

---

[1] See Ofra Bengio, *Saddam's Word: Political Discourse in Iraq*, Oxford University Press, 1998, pp. 182-189.
[2] See Amatzia Baram, *Saddam Husayn and Islam, 1968-2003: Ba'thi Iraq from Secularism to Faith*, Woodrow Wilson Center Press, 2014, pp. 254-256, 264-265.

精类饮品消费的限制，还对《刑法典》进行了一系列修订，宣布对部分犯罪行为执行沙里亚法的刑罚。[1]最后，在社会文化领域，"信仰战役"期间萨达姆加大了对清真寺建设的投入，大力支持纳杰夫和卡尔巴拉的什叶派圣地；在妇女问题上，萨达姆多次公开表示妇女应以家庭生活为重心，强调生育是宗教义务之一，倡导更保守的服饰准则。[2]需要强调的是，与80年代企图在世俗主义原则与伊斯兰价值观之间达成平衡的政策相比，"信仰运动"期间伊斯兰教已悄然渗入了伊拉克复兴党官方意识形态的核心，伊复兴党高层官员也经历了"再伊斯兰化"教育，党的自我定位也出现动摇。萨达姆强制要求各省党委以上高层干部在指定的宗教进修机构学习《古兰经》和圣训课程，课程长达两年，并将党员干部的晋升与宗教课程进修经历相挂钩；政府还放松对军队中礼拜场所的控制，鼓励旅以上的单位在其驻地修建清真寺。伊政权二号人物伊扎特·易卜拉欣·杜里（'Izzat Ibrāhīm al-Dūrī）甚至公开表态指出，复兴党不是一个伊斯兰"宗教政党"，但也不再是"一个传统的革命政党……而是伊斯兰使命和阿拉伯使命的政党"。[3]可以说，在伊斯兰教治理政策方面，萨达姆执政后期已从伊斯兰教的"复兴党化"转向复兴党的"伊斯兰化"。

受惠于其在海湾战争期间的立场选择，20世纪90年代叙利亚享受了十年相对平稳的发展时期，哈菲兹·阿萨德政府也延续了其温和、平衡的伊斯兰治理政策。这一政策方向直至2000年巴沙尔·阿萨德执政才发生明显转向。2000—2005年，巴沙尔在复兴党、政府机构、军队内与元老派集团斗争激烈，改革进程面临体制惯性的巨大阻力，同期还要应对复杂的地区和国际局势。为了在国内争取尽可能广泛的社会、政治力量的支持，自执政伊始巴沙尔就通过媒体、立法、政令等方式向逊尼派群体释放善意。2000年，他撤销了其父亲于1982年颁布的关于禁止各级教育系统中女性学生佩戴头巾的法令，2003年又颁布法律允许服兵役的士兵在军营

---

[1] See Amatzia Baram, *Saddam Husayn and Islam, 1968-2003: Ba'thi Iraq from Secularism to Faith*, Woodrow Wilson Center Press, 2014, pp. 261, 265-267.

[2] Ibid., pp. 253, 262-263, 301-304.

[3] Ibid., pp. 258-260, 263.

中进行礼拜。[1] 叙官方媒体则对新总统参与伊斯兰宗教节庆、赴麦加小朝（'Umra'）进行了大幅报道；巴沙尔作为一名虔诚穆斯林的图像——礼拜中的巴沙尔、手拿念珠的巴沙尔、手握或亲吻《古兰经》的巴沙尔——在叙国内公共场合和宗教场所中迅速传播。[2] 另一方面，为赢取宗教人士群体支持，叙政府放松对公共空间宗教性表达的控制，重建全国性的欧莱玛代表机构，提升清真寺工作人员的工资水平，批准了某些司法地位模糊的苏非道团的合法地位，压制叙国内女权主义运动的声音。直至21世纪第一个十年中期，叙国内清真寺、伊斯兰教育与慈善机构仍持迅速增加的趋势：根据叙宗教基金部的数据，至2007年底叙全国已有正式清真寺1569座，非正式清真寺7162座；2006年，叙全国共有各级伊斯兰宗教学校976所，每周讲授课程量超过40万节，而世俗性的文化机构仅有84所，每年举办活动数量不超过100次。[3]

尽管发生上述政策转向的时间、具体内容及其对官方意识形态的影响深度并不一致，但深入利用伊斯兰话语和宗教团体服务于内政外交需要，已成为叙、伊复兴党政府宗教治理政策的一大共同特点。一方面，无论是20世纪90年代以来的伊拉克，还是2000年以来的叙利亚，两国政府都越来越多地利用宗教话语服务于其外交政策。在伊拉克，萨达姆政府利用其于80年代建立的"人民伊斯兰会议组织"，将之作为隐形的外交平台，力图解除国际社会对伊拉克的制裁、缓解海湾战争后伊拉克所面临的孤立局面，同时与各国伊斯兰主义反对派进行接触，将自身描绘为反抗美军和以色列人对伊斯兰圣地占领的穆斯林抵抗政权。[4] 在叙利亚，2003年伊拉克战争爆发后抵抗美军占领成为叙官方电视台宣传的首要议题，叙利

---

[1] 李海鹏：《世俗主义与叙利亚复兴党的宗教治理》，载《当代世界与社会主义》2021年第5期。

[2] See Eyal Zisser, "Syria, the Ba'th Regime and the Islamic Movement: Stepping on a New Path?", *The Muslim World*, Vol. 95, No. 1, pp. 54-55; Paulo G. Pinto, "God and Nation: The Politics of Islam under Bashar al-Asad," *Syria from Reform to Revolt, Vol. 1: Political Economy and International Relations*, Syracuse University Press, 2015, p. 158.

[3] See Line Khatib, *Islamic Revivalism in Syria: The Rise and Fall of Ba'thist Secularism*, Routledge, 2011, pp. 137-138.

[4] See Samuel Helfont, "Saddam and the Islamists: The Ba'thist Regime's Instrumentalization of Religion in Foreign Affairs," *Middle East Journal*, Vol. 68, No. 3, pp. 359-361.

亚大穆夫提发布法特瓦，宣称用所有可能的方式抵抗"占领军"是所有穆斯林——无论男女——的个人义务（fard 'ayn）。[1]2005年黎巴嫩前总理哈里里遇刺案后，叙政府面临空前国际压力。也正是在这一时期，政府支持者首次提出"安拉保佑你，叙利亚"的口号——与之共同出现的则是巴沙尔头像以及一面叙利亚地图形状的国旗，同年巴沙尔在大马士革大学的一次讲话中援引了同一表达，随后这一口号迅速成为叙国内广受支持的爱国口号。[2]另一方面，伊、叙两国政府都不惜利用国外政治伊斯兰乃至激进伊斯兰主义势力，作为平衡外部威胁的工具。在伊拉克，自80年代起萨达姆就借助特定的官方平台与研究机构在国际伊斯兰主义积极分子中建立起亲伊拉克的网络。海湾战争后，伊政府积极利用这些网络来实现伊拉克的战略目标，即解除国际社会对伊拉克的制裁、缓解海湾战争后伊拉克所面临的孤立局面，甚至颠覆敌对政权。为此，伊政府与反对外国军事占领的科威特、埃及、沙特的伊斯兰主义反对派团体建立联络渠道，甚至与本·拉登之类的极端伊斯兰主义者建立了利益性的合作关系。[3]在叙利亚，为制衡美国的外交和军事威胁，2003年后叙军事情报机构开始与前伊拉克复兴党成员、基地组织建立策略性合作关系，为后二者在叙境内招募、训练、运送外国和本国圣战分子进入伊拉克提供便利。

就影响而言，20世纪90年代以来伊拉克、叙利亚政府伊斯兰治理政策的明显转向——伊斯兰元素和实践大量进入教育、文化、司法乃至党建领域，积极利用伊斯兰宗教话语和团体服务于内政外交需要——不仅标志着伊、叙复兴党世俗主义意识形态的彻底蜕变，对两国国内文化氛围、社会凝聚力乃至国家安全也产生了重要而危险的影响。首先，宗教教育中的统合性和政策实践中的差异性，客观上凸显了宗教、教派间的信仰实践差异和裂痕以及政府的立场偏倚。1990年代伊拉克政府编写的《伊斯兰教

---

[1] Charles R. Lister, *The Syrian Jihad: al-Qaeda, the Islamic State and the Evolution of an Insurgency*, Oxford University Press, 2015, p. 34.

[2] See Paulo G. Pinto, "God and Nation: The Politics of Islam under Bashar al-Asad," *Syria from Reform to Revolt, Vol. 1: Political Economy and International Relations*, Syracuse University Press, 2015, pp. 156-157.

[3] See Samuel Helfont, "Saddam and the Islamists: The Ba'thist Regime's Instrumentalization of Religion in Foreign Affairs," *Middle East Journal*, Vol. 68, No. 3, pp. 361-362.

育》教材尽管采用了最具包容性的叙事方式，但在清真言、礼拜方式、对四大哈里发评价等问题上仍然无法秉持中立的立场——教材中所教授的逊尼派传统就明显不同于什叶派学生在家庭中所受的教育，这种逊尼派－什叶派教义分歧也因对宗教教育的强调而变得更加清晰可见。在对宗教仪式和宣教活动的管控方面，伊政府对什叶派的限制却明显多于逊尼派。[1] 在叙利亚，巴沙尔政府在鼓励宗教宽容与对话的同时，对什叶派的传教活动又采取有意庇护的立场。其结果就是国内不同群体对政府宗教政策反响不一，教派间裂痕加深。萨达姆试图用统合性的伊斯兰化政策赢取各教派的支持，但引发了什叶派对政府歧视和不公正的不满；在和谐共处、相互尊重、珍视多元性的官方话语背后，叙利亚不同教派间刻板印象乃至敌意依旧严重。[2] 其次，政府所倡导的非政治化的伊斯兰与其将特定伊斯兰元素政治化、工具化的政策之间存在巨大张力，且二者都面临失控的风险。"信仰运动"期间，尽管萨达姆相信将"虔诚的复兴党员"送入宗教学院将有助于政权监控、操纵伊斯兰主义团体，但很多复兴党员却被萨拉菲主义学说俘获。这一批"萨拉菲－复兴党员"在 2003 年后迅速转变为逊尼派教派主义者，成为与扎卡维网络合作、推动"伊斯兰国"在伊拉克崛起的重要力量。[3] 在叙利亚，巴沙尔政府对国内外极端伊斯兰主义者的利用最终引火烧身。受周边国家安全局势影响，自 2007 年底起，极端伊斯兰主义团体开始向叙境内目标发动袭击，叙国内安全局势明显趋于紧张。更危险的是，有跨国圣战经验的极端伊斯兰主义团体开始在叙境内进行招募，来自农村或城市边缘地区的青年贫困群体成为重要的招募对象。这些圣战萨拉菲主义团体进一步推动了反什叶派、反阿拉维派的定叛思潮在叙国内的传播，进一步激化了叙国内的教派矛盾话语。[4] 可以说，极端组织"伊斯兰国"所体现的定叛萨拉菲主义思潮的兴起，以及前者对伊斯兰少数宗

---

[1] See Amatzia Baram, *Saddam Husayn and Islam, 1968-2003: Ba'thi Iraq from Secularism to Faith*, Woodrow Wilson Center Press, 2014, pp. 281-284, 315.

[2] See Annika Rabo, "Conviviality and Conflict in Contemporary Aleppo," *Religious Minorities in the Middle East: Domination, Self-Empowerment, Accommodation*, Brill, 2012, pp. 136-137, 139-141; Nibras Kazimi, *Syria Through the Jihadist Eyes: A Prefect Enemy*, Hoover Institution Press, 2010, pp. 61-70.

[3] See Michael Weiss and Hassan Hassan, *ISIS: Inside the Army of Terror*, Regan Arts, 2015, pp. 23-25.

[4] 李海鹏：《世俗主义与叙利亚复兴党的宗教治理》，载《当代世界与社会主义》2021 年第 5 期。

派及其文化遗产的攻击，与伊、叙复兴党政府的意识形态蜕变以及伊斯兰治理政策选择有着密切关系。

四、文化遗产与伊叙国家文化安全

文化安全是国家安全的重要保障，而意识形态安全则是文化安全的核心内容。[1]对阿拉伯复兴社会党而言，阿拉伯民族主义和世俗主义一直是其核心意识形态信条。然而，基于复兴党意识形态体系固有的内在张力、所在执政国特有的社会－宗教文化生态以及地区与国内政治秩序失序下权力斗争的扭曲效应，伊拉克、叙利亚复兴党政权自执政以来都经历了明显的意识形态蜕变。民族主义层面，伊、叙复兴党官方意识形态从强调泛阿拉伯统一逐渐转向强调本国国族认同，在这一过程中前伊斯兰时期的古代近东文明遗产越发得到凸显，逐渐成为巩固国内团结、论证政策合法性乃至强化领导人个人崇拜的工具。世俗主义层面，两国政府从一种在政权的世俗主义纲领与民众的宗教传统及情感之间维持平衡的政策，逐渐转向政府公开支持下的统合性、去政治化的温和伊斯兰价值观，伊斯兰话语、实践、团体在官方教育、媒体、司法、文化系统中可见度与影响范围也不断扩大，甚至成为伊、叙政府用来服务于本国内政外交需求的政策工具。

就其影响而言，上述蜕变趋势严重动摇了复兴党意识形态的可信度，其种种政策表现成为不同反对派团体攻击的目标，也导致伊、叙两国公民认同碎片化，不同教派族裔间的猜忌和裂痕重新浮现甚至深化。种种消极影响的极端体现之一，就是极端组织"伊斯兰国"中来自伊、叙本土的领导层打着"抹除以物配主和异端的一切痕迹"的口号，对古代近东文明遗

---

[1] 全国干部培训教材编审指导委员会组织编写：《推动社会主义文化繁荣兴盛》，党建读物出版社、人民出版社 2019 年第 1 版，第 33—34 页。

产和少数宗派文化遗产大肆进行系统性破坏。[1] 就其行为和宣传策略而言，"伊斯兰国"可能更多旨在凝聚内部成员、招募潜在的国际支持者甚至倒卖文物筹集资金，然而这种"遗产恐怖主义"客观上却抹除了用以塑造不同社群间集体认同的物质基础和空间。应该说，作为一个民族主义、世俗主义执政党，伊拉克、叙利亚复兴党却在20世纪80年代以来主动推动意识形态层面的"去复兴党化"，结果导致国家共享的公民文化撕裂，国家文化安全面临空前危机。

从2010年末"阿拉伯之春"爆发，到2014年极端组织"伊斯兰国"迅速崛起，再到2019年3月美国主导的"打击'伊斯兰国'全球联盟"宣布解放"伊斯兰国"在伊拉克和叙利亚控制的所有领土，阿拉伯世界的宗教景观已发生重大变化：极端伊斯兰主义势力陷入蛰伏期；以萨拉菲主义为代表的保守伊斯兰势力影响力下降；温和、去政治化的"自由伊斯兰"阵营壮大；以穆兄会为代表政治伊斯兰阵营的影响力则经历挫败；逊尼派－什叶派关系则随着伊朗地区影响力的上升而进一步政治化、安全化。与此同步，出于政权巩固、国际形象建构、经济多元化改革等因素的考量，在埃及、沙特等国新一波的国族建构浪潮中，民族国家边界内的国族主义得到空前凸显，伊斯兰教、泛阿拉伯主义等跨国身份认同的重要性普遍被淡化，前伊斯兰时期的文化遗产得到了更多的重视和挖掘。[2]

与埃及、沙特等国相比，伊拉克、叙利亚两国公民在身份认同方面却呈现出强教派族裔认同、弱国家认同的局面。2003年伊拉克复兴党政府被以美、英为首的联合部队推翻。此后，尽管经历了2006—2007年教派内战、2014—2016年"伊斯兰国"军事扩张等两次严重的国家安全危机，但伊拉克仍艰难维系着教派族裔分权的协和民主（consociational democracy）政体。在这一制度框架之内，中央政府已无力干预库尔德地区的教育自主

---

[1] Benjamin Isakhan & José Antonio González Zarandona, "Layers of religious and political iconoclasm under the Islamic State: Symbolic Sectarianism and Pre-Monotheistic Iconoclasm," *International Journal of Heritage Studies*, Vol. 24, No. 1, p. 5.

[2] See Saudi Commission for Tourism & Antiquities, *Saudi Arabia…Meeting Place of Civilizations*, 2013; Ofir Winter and Assaf Shiloah, "Egypt's Identity during the el-Sisi Era: Profile of the 'New Egyptian'," *Strategic Assessment*, Vol. 21, No. 4 (2019), pp. 71-75.

权。在阿拉伯地区，相互竞争的教派和伊斯兰主义政党则迫使中央政府在教育领域延续对伊斯兰宗教科目、历史的强调，推动社会宗教氛围的保守化。被释放的媒体自由以及族际暴力期间的政治动员，则加深了国内和跨国的教派族裔认同。[1] 在经历长达十年的内战暴力之后，叙利亚复兴党政权虽然成功维持了统治，但其国家治理能力和合法性都遭到了严重破坏。也正因如此，当前叙政府在强调自身温和、改革、反教派主义的官方伊斯兰宗教话语的同时，在经济领域放任家族、部落、社群填补了政府的诸多重要职能，在政治、安全领域则将宗教议题彻底安全化，试图通过重建正式和非正式的制度网络、从思想和组织两个层面对宗教领域进行系统化管制。[2]

由此可见，政治历史遗产、族际暴力以及制度设计等因素，共同造成了当前伊、叙两国强教派族裔认同、弱国家认同的局面，也成为两国国家文化安全的最大挑战。但可以肯定的是，任何强化或重塑伊、叙国族认同的尝试，都必须建立在彻底清理、扬弃复兴党意识形态遗产的基础之上。不同时期复兴党政权的世俗主义取向、对从古代近东到伊斯兰兴起各时期文明遗产的同等认同以及对伊斯兰遗产的"文化化"处理方式，仍将是两国政府借以重建公民身份认同、维护国家文化安全的重要意识形态资源。借政治层面的"去复兴党化"而彻底否认复兴党的意识形态遗产，则可能成为当前乃至未来伊、叙两国国家建设、国族建构进程中的重大文化安全隐患。

---

[1] See Phebe Marr with Ibrahim al-Marashi, *The Modern History of Iraq*, Fourth Edition, Westview Press, 2017, pp. 328-338.

[2] See Rahaf Aldoughli, "Departing 'Secularism': Boundary Appropriation and Extension of the Syrian State in the Religious Domain since 2011," *British Journal of Middle Eastern Studies*, Vol. 49, No. 2, pp. 17-21.

下 篇
政教关系问题研究

第十一章　当代土耳其的政教关系

土耳其曾被视为一个榜样——在伊斯兰国家成功建立了世俗－民主制。[1] 世俗主义／世俗化是凯末尔主义的现代化留给土耳其的重要遗产。自20世纪40年代实行西式多党民主制以来，尽管也出现了伊斯兰主义复兴的势头，但以军方为代表的、根深蒂固的土耳其世俗建制足够强大，该国的世俗体制在20世纪结束时仍未受实质挑战。进入21世纪，埃尔多安等人创立和领导的正义与发展党（AKP，简称"正发党"）一党独大、长期执政，取得了空前的政治成功。[2] 正发党是土耳其的政治伊斯兰。种种迹象表明，过去十几年，土耳其的宗教与世俗之争愈演愈烈，世俗主义不断遭到不同形式的挑战，军方很可能也已被正发党"驯服"。2016年土耳其发生"7·15"未遂政变以来，埃尔多安的权力日趋巩固，这成为观察土政教关系的重要历史契机。"9·11"之后，讨论当代土耳其的政教关系，对于理解伊斯兰世界内部的变化以及广泛意义上的"文明的冲突"具有重要意义。[3]

---

[1] Daniel Pipes, "Democracy Is about More Than Elections: A Debate," in *Middle East Quarterly*, Summer, 2006.

[2] 早在2007年第二次赢得大选时，正发党在土耳其俨然就已"将自身塑造为代表土耳其大多数民意的政党"，昝涛：《变动不居的道路？》，载《读书》2007年11月；"正发党代表的就是温和的伊斯兰主义……在某种程度上，对凯末尔主义的民族主义的挑战已经在土耳其取得了胜利。"昝涛：《现代国家与民族建构：20世纪前期土耳其民族主义研究》，生活·读书·新知三联书店2011年版，第392页。

[3] 土耳其前总理、当代著名的国际政治学者艾赫迈德·达武特奥卢曾在发表于1999年的访谈中指出，在当代，对西方文明在哲学、理论和历史上最严肃的反应（tepki），也是最重要的可替代性选项，就是伊斯兰文明，也是在这个意义上，其在与西方的关系上出现了冲突的状况（çatışma hali）。See Ahmet Davutoğlu, *Küresel Bunalım*, Küre Yayınları, 2006, p. 225.

一、从描述性研究到规范性研究

在现代化研究、全球化时代穆斯林社会的变迁这些论域中，土耳其的现代变迁一直是国际学界重点关注的研究对象，尤其是围绕土耳其的世俗化/世俗主义、伊斯兰主义思想与运动，不同学科的研究可谓"备矣"，查阅既有的文献，不难发现一个特点，那就是大部分的研究属于事实性和现象性的描述以及解释，比如探讨凯末尔党人领导的自上而下的现代化进程，他们做了什么，为什么成功；再比如探讨土耳其伊斯兰复兴的种种表现，建立了多少清真寺，出了哪些思想家和领袖人物，建立了哪些伊斯兰主义组织和政党，都有些什么主张或行动，以及出现伊斯兰复兴的政治、经济、文化、社会、宗教和国际原因，等等。这些研究，无论是个案性的，还是长时段的，大多属于描述性的研究，它们在增加了我们的知识的同时，可能也增加了困惑，在这种情况下，规范性的研究就显得尤有必要。[1]

本章意在从规范性的角度讨论当代土耳其的政教关系。这不是关于某个具体问题的分析，而是就一个较为宏观性和理论性的问题进行辨析。政教关系涉及社会科学中两个相互区别又有密切关系的重要概念，即世俗主义与世俗化。由于世俗主义的核心是政教关系，本章所讨论的政教关系这一主题实际上主要就是与土耳其的"世俗主义"最为相关（甚至高度重合）的问题。本章不以世俗化作为讨论的主题，主要是因为世俗化牵涉的方面更广泛，而政教关系只是世俗化问题的一个重要方面。[2]

---

[1] 美国当代著名社会学家沃勒斯坦强调，"强固和划分描述性研究（研究特殊规律的）的人文学科和规范性的（研究普遍规律的）科学的方法论之争"是个"完全错误的辩论"。他认为："如果所有的分歧被认真地用以对真实世界进行描述和解释，那么这些分析必须同时是历史性的和体系性的。"参见沃勒斯坦：《沃勒斯坦精粹》，南京大学出版社2003年版，第4页。笔者赞同沃勒斯坦上述关于描述性（descriptive/idiographic）与规范性（normative/nomothetic）研究关系的观点，不过，在本章中笔者是在稍微不同的、更趋近字面意思的意义上使用这两个概念的，描述性指的是就特定现象或事物的表象进行描述，并提出初步的解释，规范性指的是在概念和理论清晰界定的前提下，对特定经验的解释、定性和验证。

[2] 虽然"世俗化理论"这个专门术语起源于1950—1960年间的研究，但该理论的关键概念可以追溯至启蒙运动。这个理论的核心意思就是："现代化必然导致同样在社会和个人心灵中的宗教衰退。"彼得·伯格等：《世界的非世俗化》，李骏康译，上海古籍出版社2005年版，第3页。世俗化在社会-文化层面，主要表现为文化和日常生活逐渐摆脱宗教的影响，人们更加重视现世生活的享受。长期以来，世俗化被视为一个值得肯定的积极趋向，被当成现代化的一个重要标志。

历史地看，世俗主义曾具有更为丰富的内涵。[1]台湾版的《大美百科全书》中的"secularism"被译成了"现世主义"："一种建立在自然道德原则基础上，并独立于启示宗教或超自然主义之外的伦理体验。首先由英格兰霍利约克（George J. Holyoake）约于1846年作为一种正式哲学体系提出。其第一主张是思想自由，即每个人为自己思考的权利。……现世主义坚持现存生活的善是一种真实的善……加入物质生活乃是一种智慧、慈善和责任。"[2]

随着历史的发展，世俗主义日益将政教分离作为其核心观念。"在20世纪，世俗主义被普遍认为一种意识形态，宣扬在政治、社会和教育机构中根除宗教的影响。作为一种世界观，世俗主义普遍强调宗教和政治领域的分离。"[3]仅从政教分离的角度来说，世俗主义是一种原则和意识形态，它的本质一般被描述为"政教分离"，世俗主义者具有推动和实现政教分离的主观目的；世俗化强调的是一个过程或趋势，也就是在不同领域推行或实现世俗主义之政教分离原则的过程。[4]

以西方的历史经验看，世俗化表现在政治上主要是政教分离，是宗教的建制、价值观与理念不再能够影响政治事务与政治过程，宗教人物的宗教权威不再同时具有或转化为政治权威。理论上，政治制度成为一种纯粹世俗而不带有神圣性的制度，政府（国家）成为一种全然世俗性的政府。[5]

---

[1] 尽管说法颇多，但关于世俗主义的不同定义可以概括为如下五点：（1）世俗主义是一种要求摆脱基督教全面控制的社会运动和意识形态体系；（2）世俗主义强调以人为本，反对以神为本，强调此岸的价值，忽视彼岸的重要性；（3）世俗主义是历史地产生的一个现代事物，其活动与影响至今不衰；（4）世俗主义是现代性的重要维度之一；（5）世俗主义的出现促进了基督教自身的变革。昝涛：《反思"世俗化"的概念与命题》，载许章润、翟志勇主编：《世俗秩序：从心灵世界到法权政治》，法律出版社2013年版，第66—67页。

[2] 《大美百科全书》，第24卷，（台湾）光复书局1991年版，第326页。

[3] Mahmood Monshipouri, *Islamism, Secularism, and Human Rights in the Middle East*, Lynne Rienner Publishers, 1998, p. 11. 转引自吴冰冰：《阿拉伯世界的世俗主义与世俗化》，载《阿拉伯世界研究》2006年第5期，第39页。

[4] 吴冰冰：《阿拉伯世界的世俗主义与世俗化》，载《阿拉伯世界研究》2006年第5期，第40页。

[5] 专门研究法国现代思想的日本学者内田树总结了世俗主义的基本要点："世俗主义，简单地说，就是一种宗教不卷入政治过程的理念。换句话说就是'政教分离'。在战争、外交或者财政与司法等不同领域，当需要解释国家行为时，不诉诸宗教。并不会因为神怎么说而如何，决策的形式是：为了国家的利益，从各种选项中选择'更好的东西'。这就是世俗主义。法国虽然是政教分离的发达国家，但是在法国，首先是从学校教育排除基督教这个方面开始的。"内田树、中田考：《一神教と国家：イスラーム、キリスト教、ユダヤ教》，东京：集英社，2014，第118—119页。

美国1791年的《权利法案》首次在宪法上承认了宗教多元化本身可能具有积极的合理性，申明国会不应制定任何有关"确立某种宗教"或"禁止其自由活动的法律"，这为世俗政府管理宗教信仰自由和多元化的社会提供了一个成功的范例；美国宪法禁止对公职人员进行宗教考试，确保了宗教信仰自由和政教分离。[1] 到20世纪初，欧洲各国基本上都实现了世俗化，从而确立了政教分离或国家管理下的宗教自由原则[2]。

刘小枫指出，建制教会与政治权力的分离是政教分离的第一项原则，建制教会与公共秩序的分离是政教分离的第二项原则。在政教分离的第一项原则下，建制宗教非国教化了，指建制宗教不受国家权力支持，建制宗教亦没有义务为国家政权的正当性提供支持。由于牧职阶层不再是国家权力结构中的一个部分，宣教及地方教会对听众或地区公民没有强制力，教会成了个体资源的团社活动；教义的统一性强制力亦随之减弱了，以致出现与建制教会的信仰系统相分离的个体化信仰：信仰意蕴的个体趣味化。在这一意义上宗教自由的含义就发生了转变：近代初期的宗教自由只是一个宗教建制内的正统与非正统之间的竞争性概念，即反对既存的建制化宗教正统，新教以抗罗宗的形式，既打破了中世纪公教的建制化正统，又建立了新的建制化正统；在政教分离意义上的宗教自由，严格来说，是所有建制化宗教正统宣称的消失，宗教私人化表明正统性概念被个人的宗教趣味取代了。[3]

当代土耳其的重要时代特征是伊斯兰主义的复兴。首先讨论世俗主义的理论和概念，是因为伊斯兰主义的复兴在政教关系的意义上是对世俗主义的挑战。20世纪晚期以来，随着世界范围内宗教复兴运动的发展，与现代化理论密切相关的世俗化理论已经被很多社会科学家认为是成问题的。当年阐述世俗化理论的著名代表彼得·伯格在1999年时说："由历史学家和社会科学家宽松地标签为'世俗化理论'的所有著述，在本质上都是错

---

[1] 郎友兴：《世俗化及其倾向性》，载《世界宗教研究》1995年第2期。
[2] 关于这两者的区别，下文将更多地涉及。
[3] 刘小枫：《现代性社会理论绪论》，上海三联书店1998年版，第460—462页。

误的。"[1] 人们日益清楚地意识到，世俗化并不意味着宗教虔诚的降低或消失，西方的数据也显示，大部分人仍然笃信宗教，只有很少的人宣称自己是无神论者。只是去教堂的人确实减少了很多。"说宗教已经衰落，是非常片面的。"[2] 毋宁说，人们仍然信教，但不再愿意归属于教会。格雷姆·史密斯（Graeme Smith）认为："世俗主义并不是基督教的终结，也并不是西方文化无神特性的表现。而是说，我们应该把世俗主义视为基督宗教的最新的表达形式。"[3]

伊斯兰复兴是自20世纪60年代末叶以来普遍出现的一种社会和政治现象，对当代中东社会乃至整个世界都有深刻影响。关于"伊斯兰复兴"，吴云贵先生指出："从分析、研究的观点出发，我们不妨沿用'伊斯兰复兴'来描述本世纪（20世纪）70年代以来部分传统上以伊斯兰教为国教或居民的主要宗教信仰的国家里在宗教社会思潮、社会运动方面出现的一系列明显的变化和趋向。"[4] 吴先生说，复兴是"指同战后民族主义、伊斯兰主义、伊斯兰现代主义思潮居主导地位的五六十年代相比，传统宗教观念、宗教形式、宗教感情、宗教价值一定程度的回升和强调"。吴先生将近代伊斯兰复兴运动划分为两个类别：一为传统主义，即在倡导改革和复兴的同时，尤为珍重和留恋传统伊斯兰文化的价值，其价值取向是内在的和历史的，对外来文化和伊斯兰文化中不合口味的内容采取批判和排斥的态度；另一种为现代主义，即在力主改革与复兴的同时，尤为重视时代精神，强调宗教应当与外部社会环境相趋同、相适应，其价值取向是现实的和开放的，对外来西方文化采取融合和利用的态度。[5] 近现代伊斯兰复兴运动就是"在传统主义与现代主义的大致交替的发展中前进的"。[6]

---

[1] 彼得·伯格等：《世界的非世俗化》，李骏康译，上海古籍出版社2005年版，第3页。
[2] Graeme Smith, *A Short History of Secularism*, I. B. Tauris, 2007, pp. 1-2.
[3] Ibid., p. 2.
[4] 吴云贵：《当代伊斯兰复兴之浅见》，载《世界宗教文化》1987年第2期。
[5] 吴云贵：《穆斯林民族的觉醒：近代伊斯兰运动》，中国社会科学出版社1994年版，第2页。伊斯兰复兴不能被等同于伊斯兰原教旨主义，美国著名的中东史学家卡尔帕特曾指出："伊斯兰原教旨主义用最简单的定义来表达，是指首先回归到《古兰经》和《圣训》以组织与调节穆斯林个人和集体生活。这一看法的含义是，任何的信仰、态度、制度和活动凡是同宗教法律不一致的都必须放弃和改变。"凯马尔·H. 卡尔帕特：《当代中东的政治和社会思想》，陈和丰等译，中国社会科学出版社1992年版，第610页。
[6] 金宜久：《伊斯兰文化与西方》，载《二十一世纪》（香港）2002年2月号。

很多学者意识到当代伊斯兰复兴运动的政治性，并认为其政治意义超过宗教意义，"它的目标是政治伊斯兰化，建立神职人员占统治地位的伊斯兰神权国家，但并不是恢复传统的哈里发制度，并不要求完全打破现代社会的基础"。日本学者小杉泰辨析了伊斯兰"复兴"的概念与结构，他提出：在伊斯兰复兴运动中，"伊斯兰"是一个超越民族的、由不同信仰层次和社会性统一综合起来的社会政治实体——伊斯兰共同体（"乌玛"）。这一实体具有统一性和唯一性。它必须是政教合一的政治结构，而不只是精神上的共同体。它以伊斯兰教法为基础，以实施伊斯兰法为目标。和实现伊斯兰共同体这一最终目标相比，在一国实行伊斯兰法和单独建设伊斯兰国家，只是伊斯兰复兴运动的临时目标。[1] 日本学者大河原知树和堀井聪江指出，所谓"伊斯兰复兴"，尤其是伊斯兰原教旨主义的抬头，一方面是有其极端例子，"但更多的是穆斯林根据伊斯兰的价值观，寻求国家与社会的变革"，他们认为，讨论这个问题的核心是关注伊斯兰教法（沙里亚[2]），"沙里亚在伊斯兰教义中具有根本的重要性"，是"能够代表伊斯兰价值的事物"，而"国家与社会的伊斯兰化，几乎就等于说是导入沙里亚"。[3]

对土耳其的世俗主义、伊斯兰主义的研究可谓汗牛充栋。从研究方法上来说，主要分为描述性研究和规范性研究两类。描述性研究的经典作者是伯纳德·刘易斯（Bernard Lewis）[4] 与尼亚孜·伯克斯（Niyazi Berkes）[5]，他们对土耳其现代化 / 世俗化的历史进程进行了详细的描述性研究，由于深受现代化理论的影响，通常被人诟病"目的论"色彩过强。[6] 另一种描述性研究是对更为具体问题的研究，比如研究某一个思想者、宗

---

[1] 《世界宗教资料》1986 年第 1 期，转引自董正华：《伊斯兰复兴运动中的"原教旨主义"：现实与历史的成因》，载《战略与管理》2001 年第 6 期，http://www.aisixiang.com/data/90137-3.html。（访问日期 2018 年 2 月 12 日）

[2] 伊斯兰教法，用阿拉伯语说就是沙里亚（原意是通往泉水的路），这是一种宗教法，并不是国家决定的法律，而是从对天启的解释推导出来的道德和法律的规范而来。

[3] 大河原知树、堀井聪江：《イスラーム法の「変容」：近代との邂逅》，东京：山川出版社，2014 年，第 1—7 页。

[4] Bernard Lewis, *The Emergence of Modern Turkey*, Oxford University Press, 1969.

[5] Niyazi Berkes, *The Development of Secularism in Turkey*, McGill University Press, 1964.

[6] 昝涛：《历史学与意识形态——土耳其现代史研究的几种范式》，载《北大史学》2007 年。

教领袖或某个社会运动（如努尔库、葛兰运动[1]等）。谢里夫·马丁（Şerif Mardin）的《现代土耳其的宗教与社会变迁》[2]一书是研究努尔库运动的经典之作。哈坎·亚乌兹（Hakan Yavuz）和埃斯波西托主编的《土耳其的伊斯兰与世俗国家：葛兰运动》代表了早期对宗教性社会运动——葛兰运动——进行专门研究的开创性成果。[3]

关于土耳其伊斯兰主义的描述性研究，最重要的应该是出版于2004年的《现代土耳其政治思想》丛书的第6卷"伊斯兰主义"。该书的特点是集历史性、现实性和专题性于一体，并通过添加大量的方框内容和图片，详细地勾勒了伊斯兰主义思潮在土耳其的历史变迁。[4]哈坎·亚乌兹运用建构主义理论，从社会运动的角度研究了土耳其的伊斯兰复兴问题，他认为是个人建构了社会现实，他将伊斯兰主义运动界定为"认同运动"（identity movement）。[5]《现代土耳其政治思想》丛书的第6卷中也有两篇论文专门讨论了正发党，一篇是关于正发党与伊斯兰主义的关系，另一篇是对正发党的来历和主张的简介；[6]还有就是收录了哈坎·亚乌兹一篇讨

---

[1] "The Nurcu Movement"，有人译为"努尔库"运动，但根据土耳其语发音，应该为"努尔朱"，"nur"是光明之意，"Nurcu"有光明主义或光明主义者之意，故该运动也被称作"光明道路运动"，本章从旧译"努尔库"。关于"Fethullah Gülen"目前中文译法很多，媒体和报刊上多译作"费图拉·居仑"或"法土拉·葛兰"。"葛兰"这一译法大概是从台湾来的，并已被大多数学术期刊所纳纳。本章从"菲图拉·葛兰"这一译法。以葛兰为名的运动，往往被社会学家称为"葛兰运动"（Gülen Movement），在土耳其，关于葛兰运动则有多种叫法，如"社团"（cemaat）、"服务运动"（hizmet hareketi），正发党政府为了打压它则称其为"平行国家"（paralel devlet）或"平行结构"（paralel yapı），现在则更多称其为"葛兰恐怖主义组织"（FETÖ）。李智育：《从"政治机会结构"理论视角看土耳其"葛兰运动"的发展》，载《现代国际关系》2015年第4期，第14—20页。

[2] Şerif Mardin, *Religion and Social Change in Modern Turkey: The Case of Bediüzzaman Said Nursi*, State University of New York Press, 1989.

[3] See Hakan Yavuz and Esposito, eds., *Turkish Islam and the Secular State: the Gülen Movement*, Syracuse Uni. Press, 2003.

[4] See Yasin Aktay, ed., *Modern Türkiye'de Siyasi Düşünce, Cilt 6, Islamcılık*, İletişim, 2004.

[5] See Hakan Yavuz, *Islamic Political Identity in Turkey*, Oxford Press, 2003.

[6] Nuh Yılmaz, "İslamcılık, AKP, Siyaset," Yalçın Akdoğan, "Adalet ve Kalkınma Partisi," in Yasin Aktay, ed., *Modern Türkiye'de Siyasi Düşünce, Cilt 6, Islamcılık*, İletişim, pp.604-631.

论"民族观念运动"[1] 的文章,其中也涉及正发党,如亚乌兹教授所言,当时,正发党的政治方案尚未形成,自身还处在身份形成的过程中(kimlik oluşturma sürecinde),只能笼统地说它是务实的(pragmatizm),同时,在社会与文化上是保守的(muhafazakar),经济上是自由的(liberal),政治上还是国家主义的(devletçi)。另外,正发党也提出了国家的目标是"紧跟全球化"(küreselleşmeye ayak uydurarak)。[2]

关于正发党的专门研究在过去十年中发展迅速。土耳其学者余米特·吉兹莱(Ümit Cizre)于2008年主编了《土耳其的世俗与伊斯兰政治:制造正发党》一书,[3] 他将正发党定性为"一个务实-保守的与对伊斯兰敏感的政党"(a pragmatic-conservative and Islam-sensitive party)。作者一方面看到了正发党政府在埃尔多安领导下积极加入欧盟,并在严苛的世俗主义框架内尽可能承诺与践行"文-武关系、司法、议会程序、少数族群权利、国家安全和宏观经济管理以及公共部门的改革",以加速入盟进程,另一方面也见证了正发党改革的停滞。2009年,土耳其的亲世俗主义的和左翼的学者们出版了一本论文集《正发党之书:一个转型的资产负债表》[4],该书收录了13篇论文,大多数作者都是土耳其的知名学者,他们从不同角度对正发党进行了研究,包括政治、经济、文化、宗教、人权和外交等,可以说,这本论文集是关于正发党的最权威的作品汇集,不过其特点是表现出典型的亲世俗主义的倾向性,其中,门德列斯·齐纳尔

---

[1] "民族观念运动"(Milli Görüş Hareketi)是一场主要由土耳其前总理纳杰梅丁·埃尔巴坎领导的、从20世纪70年代开始一直持续至今的伊斯兰政治运动。它代表"中小企业与商人"的政党登上政治舞台,"……一向也是带有'伊斯兰氛围'的势力,主张民族精神的发扬,提倡伦理和道德观念,在经济政策上反对'自由竞争的体制',拥护'国家部分地干预经济秩序',反对欧盟、美国和以色列……。与土耳其的大部分伊斯兰主义势力保持一定的距离"。关于"民族观念运动"从创立到正发党的演变,参见土耳其学者伊莱特·埃尔图格鲁(İlter Ertuğrul)所著《共和国史手册(1923—2008)》(Cumhuriyet Tarihi El Kitabı, 1923 ~ 2008)中的简述(因笔者手头暂无该书土耳其文版,幸有日文版可参阅,イルテル·エルトゥールル:《現代トルコの政治と経済—共和国の85年史(1923 ~ 2008)》,佐原彻哉译,东京:株式会社世界书院,2011,第256—258页);另参见郭长刚:《土耳其"民族观念运动"与伊斯兰政党的发展》,载《阿拉伯世界研究》2015年第5期。

[2] M. Hakan Yavuz, "Milli Görüş Hareketi: Muhalif ve Modernist Gelenek," in Yasin Aktay, ed., Modern Türkiye'de Siyasi Düşünce, Cilt 6, Islamcılık, p.602.

[3] Ümit Cizre, ed., Secular and Islamic Politics in Turkey: The Making of the Justice and Development Party, Routledge, 2008.

[4] İlhan Uzgel, Bülent Duru, eds., AKP Kitabı: Bir Dönüşümün Bilançosu, Phoenix Yayınevi, 2009.

（Menderes Çınar）认为，像民族观念运动这样的政治伊斯兰，并不是真的想把宗教从国家的控制下解放出来，相反，他们是要保持国家对宗教的掌控，为了使社会伊斯兰化而支持国家；正发党没有一个使现存国家结构伊斯兰化的方案，而是要保留现行国家结构，他们的目标是针对中央集权化国家管理结构的无效率和社会的不安定，也就是说正发党没使土耳其政治更加自由化的使命，它的立场主要是防御性的，即掌握并保持权力，对于本国保守的／伊斯兰主义的那部分，他们的目标是像"2·28"进程[1]一样将其压制住[2]。2010年，由威廉·哈勒（William Hale）与艾尔贡·厄兹布敦（Ergun Özbudun）主编的《土耳其的伊斯兰主义、民主和自由主义：正发党的个案》出版。该书的对话对象是东方学的那种对伊斯兰的偏见，主要是用正发党的改革主义特征来反驳东方学的偏见。在结论部分，作者们认为在2009年的时候，正发党似乎来到了一个十字路口，要么继续其民主化改革，要么退化为一个更加伊斯兰主义的、更加集中权力的政党，且可能引发更大的世俗主义的反弹，甚至是军事政变。[3]

在规范性研究方面，安德鲁·戴维森（Andrew Davison）关于土耳其世俗主义的研究颇具启发性，他辨析了世俗化的"分离论"和"控制论"，并在这一理论分疏的视野下，重点考察了土耳其共和国早期的世俗主义思潮和世俗化进程。戴维森指出，土耳其的世俗化属于强调消除宗教的公共影响的法国式积极世俗化，强调国家控制宗教，不是简单的政教分离；土耳其国家不仅控制伊斯兰教，而且还提升国家版本的伊斯兰教。[4]

在《剑桥土耳其史》第四卷中，珍妮·怀特（Jenny B. White）也在相当程度上从规范性的角度讨论了土耳其的世俗主义和伊斯兰主义。作者注意到，土耳其共和国自成立以来就致力于处理伊斯兰教应该在公共和政治领域扮演什么样角色的问题。凯末尔主义的西方化改革，结果是伊斯

---

[1] 这个说法源于1997年2月28日土耳其军方发动的针对伊斯兰主义的繁荣党"软政变"。
[2] See İlhan Uzgel, Bülent Duru, eds., *AKP Kitabı: Bir Dönüşümün Bilançosu*, Phoenix Yayınevi, 2009, pp.312-313.
[3] See William Hale and Ergun Özbudun, *Islamism, Democracy and Liberalism in Turkey: The Case of the AKP*, Routledge, 2010.
[4] See Andrew Davison, *Secularism and Revivalism in Turkey: A Hermeneutic Reconsideration*, Yale University Press, 1998.

兰教从公共和政治领域被驱离。怀特强调，凯末尔时期的宗教政策更像是"政权还俗主义"（laicism），即让宗教从属于国家，而不是世俗主义（secularism）。在土耳其实行的并不是政教分离，而是国家试图控制宗教，政府不仅禁止宗教参与政治活动，还控制着宗教教育，甚至对在公共场所佩戴宗教饰品也进行干预。怀特指出，直到1980年代伊斯兰主义政党才开始广泛参与政治，自那以来，政治伊斯兰势力逐步壮大，并开始与世俗精英开展激烈对抗。[1]

哈坎·亚乌兹在2009年出版了一本专门探讨正发党各项政策的著作——《世俗主义与土耳其的穆斯林民主》，其中他用比较大的篇幅讨论了与世俗主义有关的问题，并在规范研究的意义上对正发党与世俗主义的关系做了更为详细的辨析。亚乌兹教授认为，从公开的资料来看，正发党不能被认为是一个伊斯兰式政党（Islamic party），因为并没有证据表明正发党要将土耳其伊斯兰化或实行沙里亚。他探讨了正发党软化自身伊斯兰主义立场的原因：外在的欧盟进程或北约成员对土耳其的规定性、土国内以军方为代表的世俗主义势力的压力、在自由化和全球化进程中土耳其市民社会的变化，等等，这些因素共同促进了正发党的温和化。总之，亚乌兹认为，是日常政治的现实最终压倒了意识形态和教条。在该书中，亚乌兹教授注意区分了世俗主义的不同形态：分别包括强调疏离宗教、强调宗教控制和利用宗教以及强调宗教信仰自由。[2]

与亚乌兹教授的前书旨趣相近的新近研究是托帕尔（Semiha Topal）的论文，[3] 在文章中，作者在规范的意义上讨论了世俗主义在西方的不同理解，并将凯末尔党人在土耳其贯彻的世俗主义定性为法国式的积极世俗主义，作者认为，土耳其实行这种世俗主义的原因是为了反对旧政权（奥斯曼国家）与强大的欧莱玛（宗教学者）阶层，以及针对社会上存在的、

---

[1] Jenny B. White, "Islam and Politics in Contemporary Turkey," in Reşat Kasaba, ed., *The Cambridge History of Turkey*, vol. 4, Cambridge University Press, 2008, pp.357-380.

[2] See M. Hakan Yavuz, *Secularism and Muslim Democracy in Turkey*, Cambridge University Press, 2009.

[3] Semiha Topal, "Everybody Wants Secularism—But Which One? Contesting Definitions of Secularism in Contemporary Turkey," in *International Journal of Politics, Culture, and Society*, Vol. 25, No. 1/3 (September 2012), pp.1-14.

作为强大的合法化工具的、公共领域中的伊斯兰教。作者建议，土耳其人要想在世俗主义的定义上达成一致，首先需要将世俗主义视为一个手段而不是目标，世俗主义者应该认可世俗主义是确保各种不同的信仰和非信仰自由实践的工具，同样地，正发党应该让其保守的民众确信，他们也必须学会与不同信仰的人和平相处，就像他们过去的奥斯曼祖先所做的一样。[1]

此外，国内学者哈全安教授、郭长刚教授各自在研究中都曾涉及正发党问题。哈全安教授在《土耳其通史》中有一章专门讨论正发党，详述了正发党登上政治舞台的背景及其经济、政治和社会主张；[2]郭长刚教授的论文《土耳其"民族观念运动"与伊斯兰政党的发展》认为，正发党是土耳其"民族观念运动"的流变，他将正发党定性为寻求在凯末尔主义和"民族观念运动"之间进行调和："如果说凯末尔主义者是坚定的世俗主义者和西化主义者，是国家权力的实际掌控者，埃尔巴坎领导的'民族观念运动'是坚定的伊斯兰主义者和反西方主义者，是寻求替代凯末尔主义道路的挑战者的话，那么流变于'民族观念运动'的正发党则寻求二者的调和。"[3]

以上综述主要涉及一些代表性作品。从研究内容上说，以文化、社会和思想的研究为主。与本章旨趣相近的是戴维森、亚乌兹等学者的规范性研究。他们对世俗主义/政教关系的辨析，是本章探讨相关问题的基础，事实上，对世俗主义的规范性辨析，也是讨论伊斯兰主义复兴问题的基础和前提。因为，如果没有对世俗主义的清楚认知，就谈不上探讨伊斯兰主义挑战世俗主义的问题。前述研究因为发表时间较早，因而没有结合最近土耳其政局的发展来考察正发党对土耳其世俗主义的态度和挑战，尤其是在土耳其宗教事务部的角色、军方的地位等方面，最近几年又发生了一些新变化，而亚乌兹等学者在自己作品中一直将土耳其军方视为最重要的世俗主义变量，对宗教事务部的角色的考察也流于泛泛。

---

[1] Semiha Topal, "Everybody Wants Secularism—But Which One? Contesting Definitions of Secularism in Contemporary Turkey," in *International Journal of Politics, Culture, and Society*, Vol. 25, No. 1/3 (September 2012), p.13.
[2] 参见哈全安：《土耳其通史》，上海社会科学院出版社 2014 年版，第 246—270 页。
[3] 郭长刚：《土耳其"民族观念运动"与伊斯兰政党的发展》，载《阿拉伯世界研究》2015 年第 5 期。

伊斯兰主义的复兴,并不是人们的宗教虔诚发生了改变,其实质是伊斯兰重新进入到政治和公共领域。本章主张以是否导入或复兴沙里亚(sharia)来检讨土耳其的伊斯兰主义复兴问题:如果只是以在伦理层面提倡复兴伊斯兰的个人价值观念和道德为目标,那么,这属于社会-文化层面的伊斯兰复兴运动,它并不挑战世俗主义的政教分离原则;如果主张在公共和政治领域中导入或复兴沙里亚,以取代世俗法律,甚至建立教权国家(如伊朗式体制),这就是意图颠覆世俗主义。在本章的意义上,建立更多的清真寺、提倡回归传统价值观,并不被认为是颠覆世俗国家。这个区分既是内容,也是标准。

笔者关心的问题是:既然要讲当代土耳其的政教关系,那么,这个"当下时代"是怎么来的?它与之前的时代有何继承性/延续性和不同?也就是说,土耳其的政教关系在过去和现在有什么特点?在全球伊斯兰复兴的时代背景下讨论土耳其的政教关系,无法避免的一个疑问就是土耳其世俗主义的危机,亦即,当代土耳其的伊斯兰主义复兴是不是已经改变了土耳其原有的政教关系,从而已经制造了实质性的世俗主义的危机,或者还没有达到实质性危机的程度,而只是存在某种潜在的担忧?本章尝试在规范性的意义上初步地回答这些问题。

二、社会世俗化与伊斯兰政治化

土耳其共和国的世俗化要处理的是奥斯曼帝国的传统与遗产,世俗主义就是要确立新国家的新基础。奥斯曼帝国时代的一个重要特征是国家控制宗教,这一传统被共和国继承和发扬。[1] 通过君主颁布的世俗法和官僚体制的扩张,奥斯曼帝国从未成为严格意义上的伊斯兰神权国家。[2]

在奥斯曼帝国,君主位居顶端,集各项大权于一身,既是帝国最高的

---

[1] See Soner Cagaptay, *The Rise of Turkey: The Twenty-First Century's First Muslim Power*, University of Nebraska Press, 2014, pp.147-148; M. Hakan Yavuz, *Secularism and Muslim Democracy in Turkey*, Cambridge University Press, 2009, p.19.

[2] See M. Hakan Yavuz, *Secularism and Muslim Democracy in Turkey*, p.19.

世俗君主（苏丹，Sultan），又拥有"哈里发"（Khalifa）的称号。苏丹之下设立国务会议，由数名大臣、大法官和国务秘书组成。

奥斯曼帝国基于伊斯兰教法进行统治，社会政治生活的各方面——司法、税收、军队、学校等——至少要在理论上按照伊斯兰教法的原则进行统治。穆斯林在奥斯曼帝国处于优越地位。[1] 奥斯曼土耳其人信奉的是逊尼派伊斯兰教，追随较为温和的哈乃斐教法学派。[2] 在奥斯曼帝国时代，负责管理伊斯兰宗教事务的职位是谢赫·伊斯兰（sheikh al-Islam），由君主任命。16 世纪之后，负责宗教教育和教法实践的欧莱玛（ulema）阶层已经被完全整合进国家官僚体制，其任命和薪水由国家负责，这是奥斯曼帝国实现政治控制的重要和有效的方式。[3] 较新的研究认为，哈里发体制具有世俗性，欧莱玛阶层具有相当的自主性，能够在一定程度上限制君主的权力。[4] 奥斯曼帝国的君主有权力发布卡农（kanun），即一种以上谕形式出现的、被书写和编纂出来的世俗法律，理论上必须与伊斯兰教法相一致。卡农来自突厥-蒙古传统，强调统治者维护法律、秩序和共善的角色。卡农有助于建立一个宗教法律之外的世俗领域，这一传统对 20 世纪奥斯曼帝国的世俗化具有重要影响。[5]

从奥斯曼帝国晚期开始，学习西方进行现代化就是土耳其精英的追求。到 20 世纪初青年土耳其党人时代，以西方化为特征的奥斯曼帝国的

---

[1] 林佳世子：《オスマン帝国 500 年の平和》，东京：讲谈社，2016，第 245 页。

[2] See Soner Cagaptay, *The Rise of Turkey: The Twenty-First Century's First Muslim Power*, University of Nebraska Press, 2014, p. 148.

[3] See M. Hakan Yavuz, *Secularism and Muslim Democracy in Turkey*, Cambridge University Press, 2009, pp.18, 19.

[4] 日本学者、号称日本伊斯兰法研究第一人的中田考在其关于哈里发体制的最新研究中指出，不宜使用源于基督教-欧洲历史经验的"政教合一"概念来看待哈里发体制，他认为，基于伊斯兰法的起源是神启而称之为宗教法，是不合适的，在伊斯兰教中，法与宗教和政治是完全分离的，哈里发政权不只是在行政上，而且在司法方面也可以说是与宗教分离的"世俗"政体。参见中田考：《カリフ制再興——未完のプロジェクト、その歴史・理念・未来》，书肆心水，2015，第 208—209 页。

[5] M. Hakan Yavuz, *Secularism and Muslim Democracy in Turkey*, Cambridge University Press, 2009, p.18.

现代化已经进行了一百多年。[1] 但帝国推行现代化的目标，不是要削弱伊斯兰教的影响，而是在继续维系伊斯兰特性和地位的同时，平行地发展出一套西方化的机制，目的是富国强兵，这些改革仍然是通过伊斯兰予以合理化的。[2]

1923 年土耳其共和国成立后，凯末尔大力推行世俗化改革，主要内容包括：废除哈里发；伊斯兰教各机构的财产收归国有；禁止苏菲教团的活动；废止伊斯兰教法典，采用欧洲的法律体系；推行欧式服饰，采用欧洲的历法和纪元；改革文字，废弃阿拉伯字母，改用拉丁拼音文字；实行小学义务教育，严格管制宗教学校；扩大民主，给妇女参政和参加社会生活的权利等。凯末尔党人是一批出身于军人阶层的进步主义者，他们把传统宗教树立为保守的、落后的、坏的内部敌人，世俗化就是从组织上消除建制宗教的各种影响，在教育上完全排斥宗教，重建法律的来源。通过废除苏丹和哈里发，建立起人民主权原则，凯末尔党人就改变了政制合法性的基础。世俗化剥夺了伊斯兰教的传统权威和社会纽带作用，这一空白需要用新的原则和符号来填充，这就是民族主义。

凯末尔党人对宗教的态度和立场受其所处时代的某些重要思潮的深刻影响。凯末尔的思想并非其个人的原创，土耳其人在这方面的思想也不是原创性的。在凯末尔求学经历中，世俗主义、进步主义、民族主义、实证主义、科学主义等来自西方的思潮，对他世界观的形成产生了深远影响。凯末尔自小并没有受过系统的宗教训练，对宗教也一向持有某种远距离的态度。凯末尔及其同时代的进步主义者都是科学主义者、实证主义者，在他们的历史观中，人类历史就是科学与宗教不断斗争的漫长过程，而斗争的必然结果就是科学的胜利，就是科学成为新的信仰体系；与此相对，他

---

[1] 1911 年，一位在北非前线的奥斯曼军官修书给自己的一个欧洲女性朋友，在信中有这么一句话："你们的文明，简直就是副毒药，可它使人清醒，让服用者不能也不再想入睡；吃了它的人会感到，一旦闭上自己的眼睛，将必死无疑。"转引自 Fatma Müge Göçek, *Rise of the Bourgeoisie, Demise of Empire: Ottoman Westernization and Social Change*, Oxford University Press, 1996, p. 117. 写这封信的军官就是恩维尔（Enver Pasha），他是奥斯曼帝国末期青年土耳其党人的领袖，一度成为一人之下万人之上的人物，但他既无缘做治世之能臣，更不能做乱世之枭雄，只能在帝国于"一战"中土崩瓦解后亡命欧洲，客死他乡，郁郁而终。

[2] M. Hakan Yavuz, *Secularism and Muslim Democracy in Turkey*, Cambridge University Press, 2009, p.20.

们认为,"宗教是虚构的现象,是由其先知在具体的历史条件下创造的";他们视宗教为进步的障碍,为了实现民族的进步,就必须尽量压制乃至消除宗教的影响,并逐步以科学指导人类生活的方方面面。这种激进的科学主义发展到极端甚至认为应该废除诗歌,因为诗歌是"不科学的"。哈尼奥卢提到,19世纪中期有一种名为"庸俗唯物主义"的德国哲学,"它将唯物主义学说通俗化,把唯物主义、科学主义和进化论的普通观念融合为一种简单的信仰,并坚持科学对社会的作用"[1]。这种思潮和运动在德国的影响微不足道,却对近代土耳其的一代精英产生了深刻影响,这种影响在奥斯曼帝国的最后几十年非常普遍,在其影响下产生的一种信念就是:要"摒弃宗教信仰"。青年土耳其党人及凯末尔主义者的意识形态基础就是这种"庸俗唯物主义"。

现代土耳其国家意识形态被概括为"凯末尔主义",它包括共和主义、民族主义、平民主义、世俗主义、国家主义、革命主义六大原则,被称为"六个箭头"(altı oku)。世俗主义在土耳其是最具社会影响力的原则。正如卡尔帕特所言:"现代国家——也就是民族主义,不管是土耳其还是阿拉伯的民族主义——不可能永远同有组织的宗教行动相一致,特别是鉴于政治制度迟早需要从非宗教方面来证明其行为的正确。民族主义不可避免地要使世俗主义成为其自身生存的一个条件。"[2] 当代土耳其世俗主义的原则明确体现在1982年宪法的前言中,[3] 其潜台词是:民族国家的逻辑大于宗教的逻辑,民族国家的需要大于宗教的需要,国家大于宗教,国家高于宗教,宗教的普世主义必须让位于国家理性,必须让位于国家利益。

土耳其共和国在成为世俗民族国家时,一开始选择的策略就是:不完全从宗教领域退出。其主要原因是,凯末尔党人对伊斯兰教有自己的理解,他们认为正统伊斯兰教具有根深蒂固的排他性特征,因而,他们认为国家

---

[1] M. 许克吕·哈尼奥卢:《凯末尔传》,时娜娜译,商务印书馆2017年版,第48—49页。
[2] 凯马尔·H. 卡尔帕特编:《当代中东的政治和社会思想》,陈和丰等译,中国社会科学出版社1992年版,第21页。
[3] 如前言中说,本宪法体现着如下原则之一:任何违反土耳其民族利益,有损于土耳其国家和领土完整,违反土耳其历史和价值观念,违反阿塔图尔克的民族主义、原则、改革和现代化使命的思想和观点不受保护的原则,以及根据政教分离的原则,绝对不许以神圣宗教信条干预国家事务和政治的原则。

负有"驯化"伊斯兰的使命,这也是土耳其共和国延续奥斯曼帝国控制宗教的传统,创立了宗教事务部的原因。[1] 当代土耳其激进世俗主义派仍然坚持这样理解伊斯兰教,为土耳其实行激进世俗主义进行辩护,强调世俗主义不只是哲学原则,更是法律机制。[2]

1923年建国后在土耳其一直执政到1950年的共和人民党,强调的是科学的、理性的社会组织,同时,强调个人虔敬的重要性,而不是倾向于无神论。共和党人对信仰的这一解释类似于清教式的世俗主义,即强调《古兰经》的重要性,以及摆脱信徒个人与真主之间的中介的必要性。[3] 土耳其共和国的世俗主义还规定了宗教信仰之自由和信仰的私人化原则,国家表示不会支持任何宗教,各宗教一律平等。

在向民主制转型的同时,土耳其社会的伊斯兰复兴也如火如荼地开展起来。凯末尔世俗化改革的重点对象是逊尼派伊斯兰,他们的反弹表现为:建立清真寺,印刷《古兰经》,支持到麦加的朝觐等。1980年军人干政后,土耳其国内的政治情况完全改观。政治极端主义被镇压而归于沉寂,宗教机构、宗教观点和宗教象征物重新流行。很多之前的右派分子转向了逊尼派伊斯兰,这样,宗教就取代了他们以前的意识形态。1997年的"2·28软政变"之后,世俗建制更加强调传统饰物(比如伊斯兰头巾)的政治性,要坚决予以打压。但这么做的结果是使宗教进一步政治化了:凡是世俗国家反对的,政治伊斯兰就支持。在土耳其的数个法令中,在国家机关,包括大学,佩戴伊斯兰头巾都被视为是对国家的世俗主义宪法原则的反对,故一直被禁止。因此我们可以看到,世纪之交的土耳其,伊斯兰头巾成了最大的政治。其中的逻辑就是:世俗国家将宗教符号予以政治化,伊斯兰主义者接受之,并通过组成政党,谋求控制国家权力,再以宗教自由的名义为被政治化的符号松绑。不过,埃尔多安政府拒绝将伊斯兰头巾与反世俗主义相联系。

对土耳其民众来说,伊斯兰不只是超验意义上的个人信仰,它还是认

---

[1] See M. Hakan Yavuz, *Secularism and Muslim Democracy in Turkey*, pp.149, 152, 153.

[2] Ibid., p.156.

[3] See David Shankland, *The Alevis in Turkey*, Routledge Curzon, 2003, p.14.

同构建、归属感、价值伦理、生活方式、对正义的追求等，它涉及很多方面，也因此，伊斯兰容易成为反抗不公的一种动员工具。另外，伊斯兰主义还扮演了批判现代性的重要角色。[1]

从政教关系的角度说，宗教的政治化是民主化时代的典型特征，其原因除了政治解严外，更有世俗化本身的影响。民主化是对宗教管制的放松，宗教的公共性同时被释放了出来，政治是最重要的公共领域，以宗教参与政治就成了自然的选择，在土耳其这个方面最主要的表现就是组织政党，通过议会进行斗争。建立政党是土耳其伊斯兰政治化最主要的表现。伊斯兰主义政党代表的是底层民众，是现代化和世俗化中被边缘化的群体。

正发党与它之前的伊斯兰主义政党，比如繁荣党（RP），并没有本质区别，如果说有，那就是它自己与前任主动切割，更加讲求策略，更加温和。比如正发党刻意强调自身保守民主党的身份，而不是伊斯兰认同。正发党为了适应现实，最初是对其亲伊斯兰的一面有所收敛，一直不将自身定义为穆斯林民主党，而是自认为保守民主党，该党的领导层也是表现出忠于共和国的核心价值与西方民主价值的样子。这样，他们就能比民族观念运动的其他"后裔"获得更广泛的支持。[2]

但是，正发党对自身的伊斯兰主义、民族观念运动的疏离，并不意味着它切断了与土耳其伊斯兰运动的关系。[3] 只要有需要，它仍然会去讨好自己的保守主义选民。正发党内存在两条路线，其一是温和现代主义的1980年代的祖国党路线，其二是民族观念运动的保守路线，这样的双元路线，使得它也能够获得大部分传统的民族观运动和宗教运动组织的支持，并使一些其他的中右政党被边缘化。[4]

---

[1] Haldun Günalp, "Modernization Policies and Islamist Politics in Turkey," in Sibel Bozdoğan and Reşat Kasaba, eds., *Rethinking Modernity and National Identity in Turkey*, University of Washington Press, 1997, pp.57-58.

[2] See Ümit Cizre, ed., *Secular and Islamic Politics in Turkey: The Making of the Justice and Development Party*, Routledge, 2008, p.3.

[3] 伊莱特·埃尔图格鲁指出，正发党的创立者们是非常现实主义的，他们在接受了"体制是无法否定的现实"的基础上，改变了繁荣党的政策和主张；但在另一方面，其与伊斯兰主义势力的关系，与"民族观念运动"阶段相比，也变得更加紧密了。参见イルテル・エルトゥールル：《现代トルコの政治と経済—共和国の85年史（1923～2008）》，佐原彻哉译，东京：株式会社世界书院，2011，第258页。

[4] See Ümit Cizre, ed., *Secular and Islamic Politics in Turkey: The Making of the Justice and Development Party*, Routledge, 2008, p.6.

三、正发党挑动的世俗主义争议

正发党并没有正式地挑战共和国的世俗主义原则,尤其是在埃尔多安执政之初,正发党仍然公开坚持和遵守世俗主义的原则。比如,2003年在第一次正发党的议会党团会议上,作为党主席的埃尔多安概述了正发党的政策要点,其中他提及:"我们接受如下原则作为我们党的基石:土耳其共和国的统一与完整、团结的架构、世俗的(laik)、民主的与社会的法治国……"[1] 这其实是土耳其1982年宪法的内容。正发党的党章如此说:"(本党)将宗教视为人类最重要的机制之一,而世俗主义是民主制的前提以及自由与良知的保障。本党反对将世俗主义解释和扭曲为宗教的敌人……我们党拒绝利用神圣的宗教价值和族性来实现政治目的。"[2]

按照亚乌兹教授的看法,在土耳其的现实政治的框架中,由于限制基于宗教或种族的政治,正发党要想合法地活动,只能使用"保守民主派"的自我认同,并为了务实的目的,否定自身在起源上与伊斯兰主义的关联。但正发党的自我认同是有矛盾的,反映出其身份的复杂性,亦即摇摆于保守伊斯兰主义和民主主义之间。[3] 埃尔多安本人在伊斯兰主义问题上有不良记录,也是世俗派不信任正发党的重要原因。1994年,埃尔多安曾说:"感谢真主,我支持沙里亚。"[4] 埃尔多安还曾强调世俗主义与穆斯林身份不兼容。[5] 这些都促使人怀疑其真实动机。所以,正发党是否存在使土耳其全盘伊斯兰化的议程,人们不得而知。

那么,从公开的言行来看,正发党对当代土耳其世俗主义秩序的挑战主要体现在哪些方面呢?检视正发党执政的二十余年,不难发现,有几项议题是最具争议的:领导人的夫人戴头巾,推动居尔当选为总统,实行更严格的清真食品法,推动取消女性在公共场所戴头巾的禁令,实行更严格

---

[1] See Yasin Aktay, ed., *Modern Türkiye'de Siyasi Düşünce, Cilt 6, Islamcılık*, p.626.

[2] M. Hakan Yavuz, *Secularism and Muslim Democracy in Turkey*, Cambridge University Press, 2009, pp.149, 152, 153.

[3] Ibid., p.4.

[4] *Milliyet*, November 19, 1994.

[5] See M. Hakan Yavuz, *Secularism and Muslim Democracy in Turkey*, Cambridge University Press, 2009, p.4.

的禁酒令，力图推动使通奸成为罪行，让宗教中学的毕业生更容易进入大学，挑逗世俗主义的定义问题，使童婚合法化，使宗教事务部日益伊斯兰化，"驯化"土耳其军方，等等。到今天，上述这些议题，正发党大部分都实现了，尽管最初他们遭到激烈的反对，甚至在2008年一度面临政党被解散的风险。不过，引发争议的上述议题大部分是关于社会生活方式的，而这些议题也往往被视为正发党挑战世俗主义的表现。这可以说是有土耳其特色的教俗之争，简言之，在土耳其，教俗之争的核心议题是围绕生活方式进行的。而根据门德列斯·齐纳尔的看法，像头巾问题、宗教学校的学生安排的问题，算不上什么严重的伊斯兰主义，这些议题和主张为土耳其中右翼政党所共有。[1] 限于篇幅，这里只讨论与本章的议题更为直接相关的话题，首先是关于正发党如何挑动世俗主义争议的问题。

过去这些年，正发党时不时挑动"世俗主义"议题，并在土耳其伊斯兰主义发展的框架中实现了"重新定义"世俗主义。这里所谓伊斯兰主义发展的框架，意思是这种关于世俗主义的重新定义，并不全是正发党的创新，毋宁说它是土耳其伊斯兰主义的一向主张，之所以要围绕世俗主义的定义做文章，主要是因为世俗主义建制过于强大，放弃世俗主义短期看是做不到的，而且风险过大。

2006年，埃尔多安就曾表达对世俗主义的"新定义"："世俗主义的第一个维度是国家不应该按照宗教法构建……世俗主义的第二个维度是，国家应该保持中立，要平等对待各种不同的宗教信仰，并应该成为个人的宗教和信仰自由的保护者……因为上述特色，世俗主义是共和国基础性的、不可分割的原则。从民族解放运动以来穆斯塔法·凯末尔的正确决断，以及反映这些决定的理念，也已经被我们的民族完全内化，并成为不可分割的理念，这些必须被骄傲地捍卫。我认为，我们必须小心翼翼地避免把〔世俗主义〕的不可分割的理念变成'社会不满'的领域。因此，对我们来说，有必要保护这些理念的含义和精神……"[2]

---

[1] See İlhan Uzgel, Bülent Duru, eds., *AKP Kitabı: Bir Dönüşümün Bilançosu*, Phoenix Yayınevi, 2009, p.314.
[2] See M. Hakan Yavuz, *Secularism and Muslim Democracy in Turkey*, Cambridge University Press, 2009, p.159.

亚乌兹教授认为，由于正发党之前的伊斯兰主义政党都被解散了，其理由就是反对世俗主义，因而，正发党只能采取极其谨慎的迂回策略，所以，埃尔多安在上述言论中充满了矛盾，一方面要批评原有的世俗主义，另一方面还要表现得像是捍卫凯末尔主义。[1]

正发党内保守伊斯兰主义的代表人物之一是布伦特·阿伦奇（Bülent Arınç）。2006年时任大国民议会发言人的阿伦奇引发了围绕世俗主义的激烈争论。他说，公共利益应该由人民的利益而不是国家的利益来决定，国家不能禁止或限制对每个人来说都有效的权利，不能针对人民中的特定群体，必须基于此对世俗主义进行重新解释。他将世俗主义界定为维系社会和平与妥协的机制，要求国家对信仰持中立态度，为信仰和崇拜的表达提供机会和自由，说国家应该保护个人践行宗教信仰的自由。这在当时引起了土耳其军方总参谋长的激烈反应，认为阿伦奇是伊斯兰主义者，要颠覆世俗主义国家。[2]

2011年正发党在第四次全国代表大会上发布了《2023年政治愿景》，其中就比较系统地阐述了正发党的世俗主义主张。实际上，正发党表面上并不否定世俗主义，但在坚持政教分离的前提下，它更加强调宗教信仰不受政治权力干预的自由，强调不同信仰的和谐共处。相对于凯末尔党人以政治管控宗教的、积极的世俗主义来说，强调宗教信仰自由则是一种消极的世俗主义，必将为宗教活动打开更大的空间。其具体内容如下：

> 在基本的人权与法律的基础上，我们想再次强调我们对于世俗主义原则（laiklik ilkesi）的理解。世俗主义应该被理解为这样一个原则，即国家与所有的宗教和信仰团体保持同等的距离（eşit mesafede durduğu），任何人不得因其信仰（inanç）而受到压制，防止一种宗教凌驾于其他的宗教之上，并且将信仰自由作为民主制不可缺少的一部分。

---

[1] See M. Hakan Yavuz, *Secularism and Muslim Democracy in Turkey*, Cambridge University Press, 2009, p.160.

[2] Ibid., p.161.

正发党坚持以上原则，我们将世俗主义视为国家对社会上所有的信仰和观点（inanç ve görüşler）都能公平对待（tarafsızlık olarak）。正发党既不将世俗主义视为反宗教，也不将其等同于非宗教（dinsizlik）；有些人将世俗主义说成反宗教的而以此诋毁世俗主义，正发党反对这种做法，我们将世俗主义视为所有宗教和信仰的保障。

对正发党来说，世俗主义是一种宗教和良知自由（vicdan hürriyeti）的保障（sigorta），是与各种宗教和信仰有关的崇拜得以自由安排的保障，是信仰宗教者解释他们的宗教信仰，以及无信仰者可以安排他们的生活的保障，也就是说，正发党将世俗主义视为一个自由与和平的原则（bir özgürlük ve barış ilkesi）。

正发党反对把神圣的宗教价值运用于政治，亦反对将宗教作为获取政治、经济或其他利益的工具。

一个民主的国家是要让差异可以共处，在这样的国家中人们如果因为其信仰而受到压制，制造对宗教信仰人士的压力，多元主义、共存的意愿、宽容与对话就会消失。

正发党认为，煽动和因其选择和生活方式而歧视信教的人，或者利用宗教给有不同生活方式的人施加压力，都是不可接受的。这是反民主的态度，也与人权和自由相矛盾。[1]

仔细分析上述内容，我们可以发现，土耳其的世俗主义已经被正发党重新定义了。埃尔多安党人强调的世俗主义，其侧重点与历史上的凯末尔主义颇为不同，凯末尔主义的世俗主义强调将国家和政治从宗教中剥离出来，最大程度上将宗教的影响在各个公共领域予以弱化和边缘化，并强调国家对宗教的管控；埃尔多安强调的世俗主义说的是国家要平等对待不同信仰，其深意是强调穆斯林的信仰在威权主义的世俗模式下未获平等对待，戴头巾的权利等宗教自由过去未被充分尊重。正发党的世俗主义是有这样一个历史语境的。

---

[1] *Ak Parti 2023 Siyasi Vizyonu: Siyaset, Toplum, Dünya*, Eylül 30, 2012, pp.24-25; 该文本的下载地址为：http://www.akparti.org.tr/media/272148/2023-vizyonu.pdf（访问日期2023年6月12日）。

2016年4月25日,土耳其大国民议会议长伊斯梅尔·卡赫拉曼(Ismail Kahraman)公开发表言论,宣称土耳其要制定宗教性宪法,新宪法中不该有世俗主义的位置。这个表态在土耳其引起了轩然大波,人们普遍表示担心土耳其将彻底伊斯兰化,世俗主义国家体制将被颠覆。最大的反对党共和人民党(CHP)以及各种女权组织都表示,土耳其的现代国家体制包括民主制度都建立在世俗主义的前提下,否则,土耳其将沦为一个教权国家,他们对卡赫拉曼发出了严厉批评,并将这股怒火引到对执政的正发党的批评上来。

卡赫拉曼很快就澄清了自己的说法,并说这只是他个人的意见,不代表正发党。随后,正发党的不同领导人,包括名义上已经脱党、持守中立的总统埃尔多安,都纷纷表示那是卡赫拉曼个人的意见,不代表正发党的意见。但是,反对派仍不买账,坚持认为,如此重要的政治人物怎么可以信口雌黄,毕竟他不是在做家长里短的聊天,而是在公开场合谈国民都关注的修宪问题,所以,这不可能是卡赫拉曼个人的想法,而是代表了执政集团整体的或者说正发党核心的目标,他们坚决要求卡赫拉曼辞职。[1]

2016年4月26日,卡赫拉曼召开了一个记者招待会,他发表的声明如下:

> 在伊斯坦布尔大学组织的、以"新宪法、新土耳其"(Yeni Anayasa, Yeni Türkiye)为主题的研讨会上,我表达了与新宪法有关的个人观点(şahsi düşüncelerim)。
>
> 在我全部的讲话中,我强调了有必要对在1937年进入宪法的 laiklik 这个术语进行定义。
>
> 这个概念,在我们的政治生活中,以及在司法实践中,被作为限制和破坏个人及社会的权利与自由的工具来使用,为严重的不公平对

---

[1] Burak Bekdil, "Turkey's Parliament Speaker Calls for a 'Religious Constitution'," in *Middle East Forum*, May 6, 2016, 参见网址: http://www.meforum.org/5999/turkey-constitution[2018-02-12](访问日期2023年6月12日),相关报道还可以参见 *Hurriyet Daily News*, April 27, 2016.

待开辟了道路。这种无权状态出现的基本原因，就是世俗主义这个概念没有被定义。

我们的现行宪法中，宣称土耳其是一个民主的、世俗的与社会的法治国，但由于没有界定世俗主义，就为围绕宗教与良心自由这些概念的争议留下了空间。

为了防止漫无边际的、过分的以及分裂人民的争论，就必须对世俗主义的定义，以防止图谋不轨的评论的形式、以明白而纯粹的形式加以描述，就必须防止其被利用。

根本上说，世俗主义就是人们可以自由地（özgürce）进行与各种宗教和信仰有关的崇拜，它宣称了对宗教的确信，信仰者在这方面的生活安排是有保障的，从这个角度说，世俗主义就是自由与社会和谐（toplumal barış）的原则。

在我的"宪法是宗教性的"宣言中，我无非是想表达这样一个愿望，即我们的宪法为宗教和良知自由提供条文和精神上的保障。

世俗主义，为不同信仰团体确保的自由，必须在法律中可以找到，国家和民族未曾直面的世俗主义的描述和事件必须在新宪法中可以找到。

我的讲话必须以理智、逻辑和常识性的思维来理解。至于其他的评价所炒作的，显然是用心不良。[1]

在澄清和辩解之后，卡赫拉曼关于世俗主义的言论引发的风波已经过去了，土耳其主流舆论中没有放弃世俗主义的主张。放弃世俗主义，很难说是不是正发党的真实意图。卡赫拉曼的做法很可能是，先由一个正发党高层领导人表达"自己"的观点，然后正发党拭目以待这个观点会引起怎样的反应，如果老百姓强烈反对的话，正发党就会强调说，这观点是该领导人的个人观点，与正发党无关。一段时间以后，正发党的另外一个领导

---

[1] https://www.cnnturk.com/turkiye/tbmm-baskani-kahramandan-laiklikle-ilgili-yeni-aciklama; http://www.hurriyet.com.tr/meclis-baskani-kahramandan-yeni-laiklik-aciklamasi-40095021[2018-02-12].（访问日期2023年6月12日）

人会再提出一个类似的观点,但更易于老百姓接受。这时候,如果老百姓的反应不那么强烈的话,他们会继续着手落实该观点的具体内容。所以,用这种做法,他们寻找最适当的时机达成自己的目的。如果老百姓一开始的反应就不太强烈的话,他们着手落实自己观点的具体内容就容易得多。

借这个争议之机,正发党把自己关于世俗主义的理解和界定又讲了一遍。埃尔多安强调的是政府公平对待各种宗教,与各宗教保持同等距离。还强调应该回到自己2011年访问埃及期间对世俗主义的解释:有世俗的政体,但没有世俗的人(无国教、有信仰),世俗主义不等于无神论(dinsiz)。实际上埃尔多安所谓回到2011年的解释,也就是正发党《2023年政治愿景》中的表达。

从卡赫拉曼这个事件和正发党以及埃尔多安的态度看,他们并没有完全放弃世俗主义,但对世俗主义强调的侧重点有所变化,综合来看,土耳其原有的政教关系尚未受到根本性的冲击。但正发党高层不断"试水"的做法,使他们的真实目的蒙上了一层迷雾。

四、政治伊斯兰化的宗教事务部

土耳其宗教事务部(Diyanet İşleri Başkanlığı)[1]是理解土耳其政教关系的重要切入口。宗教事务部建立于1924年3月3日,它自陈是奥斯曼帝国时代的谢赫·伊斯兰(有译为"大教长")这一机构的继承者。[2] 土耳其宗教事务部首次于1961年出现于宪法文本中。不过,这在当时遭到了一些知识分子和政客的抱怨,他们认为宗教事务部的存在有违共和国的世俗主义原则,理由是:既然共和国是世俗的,那么它的体制里就不该有宗教人士,国家和宗教事务应该分离,国家体制中存在一个提供宗教服务

---

[1] 当前雇员超过了10万人,有中央和地方两级机构。在中央层面包括:部长、副部长、宗教事务高等委员会、《古兰经》认证委员会、宗教服务部、宗教教育部、朝觐部、宗教出版部、外事部;在地方层面有省级和县级的穆夫提办公室、教育中心和《古兰经》课程。具体可以参见该部门的官方网站:www.diyanet.gov.tr。

[2] http://www.diyanet.gov.tr/tr-TR/Kurumsal/Detay//1/diyanet-isleri-baskanligi-kurulus-ve-tarihcesi [2018/2/12].(访问日期2023年6月12日)

的部门，违背了确保信仰和良心自由的世俗主义原则。[1] 不过，1971年土耳其宪法法院做出判决，宗教事务部不是一个宗教机构，而是一般性的行政机构，故与世俗主义原则不矛盾。[2] 在1982年宪法中规定："在一般行政体系中的宗教事务部，忠于世俗主义原则（laiklik ilkesi），不参与任何政治观念和思想，目的是民族的团结与统一，有专门的法令规定其职责。"[3]

有不少研究关注了土耳其宗教事务部的政治化。但在笔者看来，讨论土耳其宗教事务部的政治化这个问题没有多大意义。如前所述，该机构作为附属于总理的一个政府部门，本身就被认为是一般性的行政机构，它当然是国家政治的一部分，从来就不是独立的，也就无所谓政治化。它的设立其实对国家的世俗主义政治来说是一把"双刃剑"。因为，其角色是随着掌握政府和国家权力的集团的变化而变化。在正发党上台之前，多种政治势力包括军方都曾力图影响和控制宗教事务部，以实现自己的政治目标。[4] 当世俗主义者掌握了政府和国家权力的时候（在正发党之前，基本上都是这样），宗教事务部就被用来保护和捍卫世俗主义，推广国家认可的世俗版本的伊斯兰教，打压传统宗教人士的社会权威，防止社会的伊斯兰化。[5] 但国家和政府的主人是会换的，当正发党这样具有伊斯兰主义背景的政治势力控制了政府的时候，假以时日，宗教事务部自然也会随着风向而改变。

冷战结束以后，一方面是国内社会层面的伊斯兰复兴，另一方面是宗教在国际政治中的角色日趋活跃和重要。土耳其宗教事务部的财政和政治权力也在日益增长，尤其是在正发党时代，宗教事务部从以往国家设定的捍卫世俗主义的角色，变成了正发党和埃尔多安的政治工具。在正发党时

---

[1] See İrfan Bozan, *Devlet ile Toplum Arasında: Bir Okul: İmam Hatip Liseleri, Bir Kurum: Diyanet İşleri Başkanlığı*, TESEV Publishing, 2007, pp. 57-59.

[2] Hadi Adanalı, "The Presidency of Religious Affairs and Principle of Secularism in Turkey," in *The Muslim World*, 98: 2-3 (2008), pp. 234-238.

[3] http://www.diyanet.gov.tr/tr-TR/Kurumsal/Detay//1/diyanet-isleri-baskanligi-kurulus-ve-tarihcesi[2018/2/12].（访问日期2023年6月12日）

[4] Ceren Lord, "The Story Behind the Rise of Turkey's Ulema," https://merip.org/2018/02/the-story-behind-the-rise-of-turkeys-ulema [2018/2/12].（访问日期2023年6月12日）

[5] See İştar Gözaydın, *Diyanet*, İletişim, 2009, pp. 245-246; İsmail Kara, *Cumhuriyet Türkiyesi'nde Bir Mesele Olarak İslam*, Dergah, 2008, p. 51.

代，宗教事务部的预算是之前的4倍，达到23亿美元。

埃尔多安时代的政教关系最重要的表现是两个方面：一是，如前所述，伊斯兰的政治化取得了巨大的成功，这就是伊斯兰主义的正发党自身作为一个政治伊斯兰势力长期掌握了政府的权力；二是在正发党和埃尔多安的控制下，土耳其宗教事务部的日趋"伊斯兰化"，这个定性是相对于国家法律对该机构的规定而言，如前述，宪法规定土耳其宗教事务部是一个政府行政机构，而不是宗教机构，但在正发党时代，土耳其宗教事务部日益发挥着服务于伊斯兰复兴的功能。

土耳其宗教事务部在正发党时代的政治化的表现，是日益听命于正发党和埃尔多安，发布保守主义的和有利于当权者的教令——"法特瓦"（fatwa）。最近也是最重要的一个例子是2016年7月15日"未遂政变"发生后，宗教事务部迅速站在正发党政府和埃尔多安一边，紧急动员全国的宗教人士发动民众上街支持政府。当埃尔多安发出让民众上街阻挡军人的呼吁后，土耳其国家宗教局随即通知全国近9万座清真寺念传统阿拉伯语的赞词，以警示民众发生了大事，念完赞词之后又用土耳其语号召民众上街反对政变。被称作"索俩"（sela）的古老赞词相当于"穆斯林的动员令"，它具有宗教功能，常常在遇到重大事件时念诵。土耳其当时有8000万人口[1]，但国内清真寺数量较多，不到1000人就拥有一座清真寺。当配备了扩音器的清真寺宣礼塔传出动员教众反对政变的声音后，其在特定范围内所产生的影响力则超过了所有现代媒介。一个值得注意的现象是：当人们谈论土耳其的伊斯兰复兴时，总是提到更多清真寺的兴建。事实上，正发党在执政期间兴建了成千上万的清真寺，包括土耳其最大的位于伊斯坦布尔最高山顶（Çamlıca）的清真寺。

因而，2016年的"未遂政变"也被认为是宗教事务部地位迅速上升的一个转折。2016年8月初，土耳其宗教事务部召集了全国舒拉（şura）会议，并针对"葛兰恐怖主义组织"（FETÖ）做出了17条决议，之后又向全球以8个语种发布了关于"葛兰恐怖主义组织"的报告。[2] 土耳其宗教

---

[1] EIU, *Country Report: Turkey*, October 18th 2017, p.12.

[2] "FETÖ abuse of religion exposed in 8 languages," in *Daily Sabah*, December 12, 2017.

事务部的决议和报告主要是否定和攻击葛兰运动，认为其是一个滥用宗教的秘密组织，表面温和，实则包藏祸心。在"未遂政变"后，土耳其宗教事务部成为捍卫埃尔多安政权，打压葛兰运动的重要力量。

土耳其宗教事务部日趋伊斯兰化的表现就是时不时发布具有中世纪色彩的教令，引发土耳其社会的教俗之争。据俄新社2017年12月27日报道，土耳其国家宗教事务局近期发布教令称，如果丈夫称其妻子为"姐妹或母亲"，两人就将被视为"已经离婚"。但如果双方之前未曾离过婚，仍可再次结为夫妻。该报道还称，土耳其宗教事务局此前曾出台离婚教令，规定夫妻两人可通过电话、传真或电子邮件等方式离婚，只需男方3次说出或写出"talaq"（阿拉伯语，意为"离婚"），但妻子必须确认信息发送者是否系其丈夫。[1]

关于土耳其婚姻法律方面的问题，三次"talaq"是传统上有教法基础的关于穆斯林离婚/休妻的规定（triple talaq），尤其是哈乃斐（Hanafi）教法学派比较盛行此种方法。不久前，印度出台法律要严格限制这种做法——印度拟立法禁止穆斯林男子"立即离婚"的行为，即说三次"talaq"即可休妻的行为。此前最高法院已裁定此行为不合宪法，但这类现象屡禁不止，因此惩罚违反者的议案已交印度国会讨论，如果通过，则违反者可能将被判处为期三年的有期徒刑。实际上，在2016年12月，欧洲法院判定"talaq"离婚在欧盟属于非法。有些伊斯兰国家也以世俗法律禁止了三次"talaq"离婚的做法。

至于称妻子为母亲、姐妹之类的问题，也是跟教法学有关的知识，这与一种被译为"随哈尔"（al-zihār；土耳其文是zıhar）的行为有关（相关经文的依据，可以参见《古兰经》4:22—23；58:2—4）。

根据笔者查阅的原始资料，前述"法特瓦"是土耳其宗教事务部的宗教事务高等委员会（Din İşleri Yüksek Kurulu）做出的，按照土文的报道，只有当其丈夫带着离婚的意图（boşanma niyetiyle）说"你是我的妈妈""你是我的姐妹"时，才可以算离婚。"如果一个男人在说这些话时，

---

[1] 严翔：《土耳其：丈夫只需称妻子为母亲或姐妹即可视为与之离婚》，载人民网：http://m.people.cn/n4/2017/1227/c57-10318784.html[2018-01-12]（访问日期2023年6月12日）。

意图借此解除婚约，那么在此情况下，'随哈尔'赎罪就是必要的"。也就是说这种离婚方式是不被鼓励的，需要"赎罪"。对于"随哈尔"，宗教事务高等委员会定义如下：一个男人的妻子，被其丈夫类比为他的母亲、姐妹、姑、姨这些绝对禁止与之婚配的人中的一个，或者被说成是这些人的背、肚子或小腿等被禁止的（haram）器官。该委员会补充说，如果是为了表达爱和尊敬，男人对妻子，说"你是我的妈妈""你是我的姐妹"，这种情况虽然也是不鼓励的，但若只是出于口头习惯而不带有[离婚]意图，就没有必要赎罪。[1]

根据资料，"随哈尔"作为伊斯兰之前的"蒙昧时代的习俗"（cahiliyet adetleri）以及一种离婚的方法是伊斯兰教曾经禁止的行为。根据土文的报道，我们可以看出土耳其宗教事务部也并不是要鼓励或者说积极肯定通过"随哈尔"离婚的行为。然而，对于这样的一个问题，土耳其的国家宗教部门在当下拿出来说事，并认为这种做法可以当作离婚的依据，本就是个颇能引发争议的问题。

前述问题在当代的出现，实际是正发党治下的土耳其日益从世俗道路退却的某种迹象和表达形式（虽然还没有达到实质性的变化）。这也是为什么世俗主义者自始至终都不相信伊斯兰主义者的原因。世俗主义者不相信"民主保守主义"的说辞，他们认为：伊斯兰主义，无论激进或保守的，甚至是自由的，不管加上什么定语，目标都是沙里亚化。在这些跟宗教有关的有争议的问题上，正发党的态度、倾向性和作为不断地引发世俗主义者的怀疑。

五、"已被驯化的土耳其军队"？

军队一直是土耳其最重要的世俗主义堡垒和捍卫者。在1938年10月29日，也就在凯末尔去世前不久，他还给土耳其军队留下很高的期许，说

---

[1] http://t24.com.tr/haber/diyanet-esine-anam-bacim-diyen-erkek-bosanmis-sayilir,520163[2018-02-12].（访问日期2023年6月12日）

他们肩负着保卫土耳其共和国、打败国家内外威胁的重任。这段话现在刻在位于安卡拉的凯末尔陵墓的一面墙上，在非常醒目的位置，笔者试译其土耳其文版如下：

> 他们的胜利与业绩跟人类的历史同步，任何时候都高举胜利与文明的火炬，这就是英雄的土耳其军队！既然你们曾经在最为危险和困难的时刻使你们的国家免于压迫、灾难与敌人的入侵，我毫不怀疑，在这个共和国硕果累累的时代，在配备所有现代武器和军事科学手段的情况下，你们将以同样的忠诚履行你们的职责。我和我们伟大的民族确信，你们时刻准备着完成你们的使命，捍卫土耳其人祖国与同胞的荣誉和尊严，使其免于各种威胁，不管这威胁是来自国内还是国外！[1]

凯末尔留给军队的这段话，类似于"遗嘱"，经常成为军人干政的借口。土耳其军人在干政的过程从没有建立过长期军事统治，完成恢复秩序的任务后就回到军营里，重新让文官进行自由的活动。忠于国父的原则和遗产，是军队政治教育的重要内容。用 1980 年军人干政的主导者凯南·埃夫仑（Kenan Evren）将军的一句话来说就是："土耳其武装力量……总是忠于凯末尔主义、忠于国父、忠于他的教导与原则，从未脱离国父所设定的道路。而且，他们是国父之革命与训诫以及土耳其共和国之福祉的最忠诚、最有力的捍卫者与保护者。"土耳其军人历次干政都有法律依据，埃夫仑说："1980 年 9 月 12 日，土耳其武装力量根据军队的《国内职责法典》干预〔政治〕，接管了国家的管理，《国内职责法典》赋予了军队'捍卫与保护土耳其共和国'的责任。"

不过，埃夫仑将军提到的这一条已经于 2013 年 7 月在正发党的主导下被修改了。原《国内职责法典》的第三十五条是这么说的："武装力量的职责是按宪法规定保护与捍卫土耳其国土与土耳其共和国。"修改后变为："武装力量的职责是保卫土耳其国土免受外来威胁和危险，是确保作

---

[1] 译自笔者本人从阿塔图尔克陵拍摄的图片。

为一种威慑的军事力量之维系与加强,是根据议会决议完成海外任务,以及帮助维持国际和平。"很显然,新法典更强调军方对付外来威胁的作用。同一法典的另一条把军队的职责定义为:"有责任学习和运用兵法,以保卫土耳其国土、独立和共和国。"这一条修改后,就把军队的职责限定为"有责任学习和运用兵法",后面的干脆删掉了。这样一个法律的变化,已经清楚地体现出土耳其军队地位历史性的巨大变化。如果不理解这一点,就很难理解这次"7·15"政变的性质。

2013年正发党力主修改军队的《国内职责法典》,其背景是2007年所谓的"电子干政"事件。2007年,出身于正发党的居尔(Abdullah Gül)参选总统时,军队对其不满,认为他不能捍卫世俗主义(总统在土耳其人心目中具有世俗主义符号的功能,但居尔的夫人戴头巾),故4月27日晚军队在自己的网站上挂出了一个电子备忘录,申明了坚定捍卫世俗主义的立场,这个备忘录由总参谋长亚萨尔·卜余卡内特(Yaşar Büyükanıt)亲自执笔。有人称之为"电子干政"(e-darbe)。[1]

不过,军方最终并没有干预,居尔在第二次选举中最终顺利当选为土耳其第十一任总统。正发党在这个过程中并没有屈从军方的压力,它自始至终宣称将继续坚持土耳其的世俗主义方向,坚持加入欧盟的国家政策,继续推进土耳其的经济发展。军方没有干预的原因是它日益失去民意的支持,而干政更可能引发土耳其的经济倒退和社会动荡,军方不愿意背负这样的罪名。

2007年的"电子干政"是土耳其军队最后一次正式地、高调地、立场统一地表达对世俗主义原则的忠诚与捍卫。因为在这之后,土耳其军队就陆续陷入了几件所谓的政变大案之中,牵涉面极广,数百名军官被捕。报道称,这是因为埃尔多安一直图谋控制军队,清除其中的危险分子,在这一过程中,埃尔多安联合了葛兰的追随者,先是在军警、情报和法院系统里安插自己的人,然后让他们去秘密调查军队。自2007年开始,因涉嫌所谓"大锤案"(balyoz davası)、"额尔古涅昆案"(Ergenekon,即突

---

[1] *Milliyet*, Nisan 13, 2007.

厥人神话中的发源地）及相关其他案件，先后有几百名高级军官（包括前参谋总长和陆、海、空军司令）、警官、法官被抓，还有许多现役军官被迫退休。[1]2013年8月，涉于都斤山案的19名退役或现役军官被判处终身监禁，理由是他们属于自称捍卫土耳其民族认同和凯末尔世俗主义的极右翼恐怖组织，是渗透进国家体制的"隐秘国家"（derin devlet），他们密谋推翻埃尔多安的正发党政府。但是，案子的审判过程和证据都存在巨大争议。随着葛兰运动与埃尔多安集团关系的恶化，这些涉及大量军人的案子又一一被推翻了。[2]2014年3月，被监禁的"于都斤山案"涉案人员被释放，随后此案被定性为"葛兰恐怖主义组织"对军人的构陷。2015年3月，"大锤案"的涉案人员也被释放。负责"于都斤山案"的检察官已逃亡亚美尼亚，土耳其政府说他与葛兰关系密切。[3]之后，土耳其正发党政府对葛兰追随者的清洗日益扩大。

一般认为，通过与葛兰运动联手，正发党与埃尔多安已经"驯化"了土耳其军队，使其置于文官政府的控制之下。[4]正发党在过去正是利用欧盟对成员国资格的要求，一步步限制和排挤军方代表的世俗集团在土耳其政治舞台上的影响力，这有两层重要的意义：（1）结束了长期以来平民政治屡屡被军事政变（干预）所打断的历史；（2）通过打压军方的政治影响力，为保守的伊斯兰势力赢得了更大的发展空间，巩固了其在保守的、宗教虔诚的选民中的地位。军方一向是作为凯末尔主义的坚定捍卫者，"认为土耳其是世俗国家，所以才有民主，哪怕是温和的伊斯兰也不能与世俗主义并存"[5]。如果军方被驯服这个判断最终证明属实的话，那么可以说，在未来土耳其的政教关系中，一个最重要的世俗主义力量将缺席。

---

[1] See Soner Cagaptay, *The Rise of Turkey: The Twenty-First Century's First Muslim Power*, University of Nebraska Press, 2014, pp.49-51.

[2] Burak Bekdil, "Turkey's Intra-Islamist Struggle for Power," http://www.meforum.org/6155/turkey-islamist-vs-islamist [2018-02-17].（访问日期2023年6月12日）

[3] http://www.reuters.com/article/us-turkey-coup-trial-idUSKCN0XI1WS [2018-02-17].（访问日期2023年6月12日）

[4] 丹尼·罗德里克（Dani Rodrik）:《葛兰运动在土耳其》，载《南风窗》2013年第20期，http://www.nfcmag.com/article/4296.html[2018-02-12].（访问日期2023年6月12日）

[5] Ümit Cizre, "Ideology, Context and Interest: The Turkish Military," in Reşat Kasaba, ed., *The Cambridge History of Turkey*, vol. 4, Cambridge University Press, 2008, p.323.

六、余论：伊斯兰主义的新挑战

通过上述分析，不难发现，在正发党时代，土耳其的政教关系／世俗主义不断遭到保守伊斯兰主义的挑战，虽然尚无法判断正发党的真实意图，但历史地看，土耳其传统的世俗主义遭到的挑战，内含于其自身的特性之中。土耳其的世俗主义既是革命性的进步主义原则，又由威权主义予以保障。随着土耳其民主化进程的发展以及全球化进程中新兴保守中产阶层的兴起，伊斯兰主义政治成为以往被边缘化群体的参政方式，他们的合理化方式就是将自身描述为民主的拥护者、宗教自由的争取者和捍卫者。伊斯兰主义政治的这种挑战方式，部分地就是由土耳其传统的世俗主义所塑造的。不能说双方是水火不容的零和博弈，但双方的斗争性是明显的，既是意识形态的，更是利益的。

1. 土耳其世俗主义的危机，其实质是法国式单一共和制的现代性政治危机

法国的共和制模式源于1789年大革命，其神圣化的教条就是对共和制的单一化理解，共和政体的整合模式是根据"不管个人出身为何，都是共和国的平等公民"这一原则，用口号表达出来就是"自由、平等、博爱"，在这些价值之外，任何别的价值或认同都没有地位、不再重要。显然，上述共和制的原则是"抽象的、口号化的"，实际上也是专制的，因为它原则不容置疑。但在实践中，这又是有问题的，所谓共和制下的公民平等，并不会在同一化和单一化的条件下自然获得。它总是以抽象形式表达所谓"共和价值"。共和国由同一的、单一的公民构成，这样每个人就都是公民而不是个人。这实际上并不符合人类存在的真实状态，人类绝不仅仅是作为一个政治体所赋予的公民身份而存在，他们还有其他的身份，比如是女人或男人，属于某个种族或者宗教，等等。

强化以国家 – 共和制为中心的公民权，实际上等于是排除了多元性。在这个模式下，又延伸出禁止人们在公共场合佩戴明显有宗教含义的饰物，

这就是要人为地抹杀个人的身份，把人装进单一化的共和制的套子里。实际上，这里面的一个历史性的逻辑就是极端反传统，把传统视为落后的或者与共和国不相符的东西。

土耳其采纳了法国的政治模式。这个模式的基础也是源于共和制，以抽象的现代公民来代替具体的穆斯林或非穆斯林。在土耳其，共和国的价值是世俗主义的、现代的、欧洲式的，传统是落后的标志，是最终要消除的。这样的一种理解，其结果就是在公共领域中长期排斥了伊斯兰教，伊斯兰的公开表达不被鼓励，甚至被歧视和打压。然而，反抗也是从这里开始的，伊斯兰知识分子、行动者和政党，将自身描述为共和－世俗主义的受害者，从这个意义上发起了对世俗主义的攻击，从而造成了土耳其世俗主义的危机，这显然带有后现代反抗现代性的色彩。

正发党的主体性从"伊斯兰主义"转变为"穆斯林"，其与欧盟的接近被解释为"自反性现代性／行动"，也就是从对现代性的传统理解，转变到了一种风险社会的状态，"其中人们被期待生活在一个更大的多样性之中，由此构成不同、相互矛盾和全球性以及个人性的风险"。正发党对现代性的追求被视为是对凯末尔主义现代化方案在现代性新阶段一种"自我面对"和"自我批评"的进路。[1]

2. 长期以来，影响土耳其人对本国政教关系态度的是"恐惧感"

伊斯兰主义政党在土耳其一直不被世俗主义集团所信任。正发党自始至终为土耳其的世俗集团所担心，因为它无疑具有深深的伊斯兰主义的血统（Islamist pedigree），"正是正发党将其伊斯兰友好型的特征与'认真的民主方案'相结合，这才是（土耳其）共和国的世俗权力行使者所厌恶的"。[2]

对此，一位学者说得更为直白："恐惧是土耳其世俗主义的根本特征（Fear is the underlying characteristic of secularism in Turkey）。土耳其政治精

---

[1] See Ümit Cizre, ed., *Secular and Islamic Politics in Turkey: The Making of the Justice and Development Party*, London: Routledge, 2008, p.6.

[2] Ibid., 2008, p.1.

英恐惧的是'反动的伊斯兰'（reactionary Islam / irtica），换句话说，恐惧的是正在蔓延的或暴力的激进伊斯兰主义。如果说世俗主义已经成为社会大部分人内化了的话语，其主要原因就是这种恐惧的成功的再生产。土耳其的政治和知识精英一直在一种特定的关于伊斯兰教话语的基础上生产这种恐惧，这种话语将社会两极化为相互对立的集团——'好的穆斯林'与'坏的穆斯林'。在公共辩论中，这一话语通过一种对过去的特殊利用被再生产，它培育了一种与'坏的穆斯林'不断斗争并对之恐惧的状态。这种恐惧经常导致各行各业的世俗主义民众，包括大学教授和高级法官，加入军官势力中，去捍卫世俗的政权，他们通常聚集在国父陵（Anıtkabir），也就是土耳其共和国的创立者穆斯塔法·凯末尔·阿塔图尔克的陵墓前。"[1] "由于政治和知识的精英不断地将这个恐惧再生产和大众化，国家强制的凯末尔世俗主义作为一种意识形态，被渐渐地转变成了一种市民的意识形态（civil ideology）。"[2]

土耳其著名历史学家悉纳·阿克辛就是一个典型的世俗主义者。他在其著作中丝毫没有掩饰他对国父凯末尔的爱戴之情，并在字里行间为其进行了理性的辩护，这代表了土耳其现代精英的某种普遍立场。阿克辛将伊斯兰主义和原教旨主义等同，在他看来，他们都是要引入沙里亚的统治。阿克辛尤其讲到了伊斯兰主义政党善于伪装的一面，这种对政治伊斯兰的不信任态度在土耳其的世俗主义精英之中并不罕见。[3]

虽然土耳其的世俗建制派担心的是正发党有秘密的伊斯兰化计划，但有学者认为，政治伊斯兰在伊斯兰认同上有自相矛盾和不一致的地方，并且是交互式形成的，而这正是它的创造性和力量的源泉。无论是世俗派还是正发党的政治伊斯兰，都不是铁板一块或者单向度的。他们之间也不是只有冲突，还包括"接受自身某些权力的收缩，建立某些联系，避免冲突，

---

[1] Umut Azak, *Islam and Secularism in Turkey: Kemalism, Religion and the Nation State*, London: I. B. Tauris, 2010, "preface".

[2] Ibid., "preface," p. xiii.

[3] 参见悉纳·阿克辛：《土耳其的崛起》，吴奇俊等译，社会科学文献出版社2017年版。

以及着手一些'新鲜的'方向和结盟"。[1]

土耳其世俗国家的合法性很大程度上植根于将伊斯兰"他者化"为一种"非现代的东方特性"的符号。由此，世俗建制和正发党的冲突一开始就是注定了的。也正是为了反对正发党，土耳其的世俗力量组织了共和国历史上最为无情的，也正是最为极端化的反对正发党的运动。但困惑在于："这一〔反对正发党的〕运动所提出的问题是，土耳其世俗主义者的不安全感和不信任感是来自土耳其军方对一个有着反世俗案底的执政党的伊斯兰化政策的担忧，还是他们恐惧由欧盟所启迪的改革将把政治权力转移到选举出来的文官手中。"[2]

3. 当前，土耳其政教关系并没有发生实质性的改变。未来土耳其政教关系的发展，更多地取决于埃尔多安个人

从政教关系的角度看，土耳其的伊斯兰复兴主要是社会-伦理意义上的文化复兴，而不是全面恢复沙里亚的政治伊斯兰主义；土耳其的世俗主义尚未在根本上被挑战或撼动，没有发生根本性的变化。

如果伊斯兰复兴的终点是建立伊朗的那种教权体制，从这个角度说，土耳其离这个"终点"还很遥远。目前还很难看出其终点是什么。从伊朗的历史经验来看，其教权国家的建立是在推翻王权专制的基础上建立的。对土耳其来说，并不存在一个可以被推翻的目标。土耳其的世俗主义体制是一个体系，其根本之处是宪法，从埃尔多安的修宪来看，他并没有接受有人提出来的废除世俗主义，他要的是总统制，而总统制的通过，又使得埃尔多安的个人权势增强。如果2019年他在土耳其转变为总统制之后参加并赢得第一届选举（目前来看，已成事实），那么，土耳其政教关系的走向将更多地系于埃尔多安个人的身上，尽管不确定性仍然很大，但也使人们的观察更加聚焦了：埃尔多安是满足于当一个"苏丹"，还是有更大

---

[1] Ümit Cizre, ed., *Secular and Islamic Politics in Turkey: The Making of the Justice and Development Party*, Routledge, 2008, p.3.

[2] Ibid., 2008, pp.1-2.

的雄心推动"哈里发"的历史性复活？[1] 目前，对埃尔多安来说，其实是一个问号："既集大权，干何大事？"

另一个方面，再以伊朗的历史经验来看，埃尔多安自己显然不是霍梅尼式的人物，他没有霍梅尼那样的宗教权威和威望。具有宗教威望的葛兰，自20世纪末以来就住在美国，更重要的是，他现在是埃尔多安的死对头。自2016年的"未遂政变"以来，土耳其最大的政治，对内是清剿"葛兰恐怖主义组织"，对外是打击库尔德分裂主义。目前还看不出，埃尔多安有将土耳其转变为伊斯兰国家（Islamic state）的计划、方案或迹象。我们至多可以说，埃尔多安及其集团在土耳其所做的事情，无非是要巩固权力，并以各种"小动作"坐实凯末尔党人长期生产的那个对宗教狂热的恐惧。激进的世俗主义者和伊斯兰主义者仍在"合谋"以不同的方式来延续那个恐惧，为其再生产做着自己的贡献。

关于正发党与埃尔多安时代，因为距离今天太近，而且还在演进中，并不是一个完整意义上的研究对象，因而，以追踪性的、报道性的研究为主，其共同特点是：在初期，大部分人对正发党的改革主义持肯定态度，同时也看到了其日趋保守化的倾向。学者们从最初的乐观主义已经逐渐变成了担忧。实际上，后来的历史发展也印证了他们早前的忧虑。从后来的评价看，原先对正发党持肯定态度的评论，也随着现实的变化而发生了逆转。尤其是在西方，从肯定和支持转向了对埃尔多安的否定乃至"妖魔化"。[2]

比较而言，正发党、埃尔多安并没有提出完全不同于过往的新主张，或者说出现了历史的断裂，只能说，正发党的时代不一样，它最终是政

---

[1] 关于埃尔多安的哈里发呼声，不绝于耳。埃尔多安对这些提法的态度，很像典型的东方专制者，就是保持隐秘性和神秘感，不表态，不露声色，让别人猜不透。当然这里面仍然是千头万绪，并不只是土耳其一个国家的问题，更多的逊尼派占主导的伊斯兰国家怎么反应也是个问题，当然也包括欧盟和美国的态度。

[2] 关于西方对埃尔多安妖魔化的讨论和分析很多，土耳其的埃尔多安支持者往往认为埃尔多安是当代世界上被西方妖魔化最严重的领导人。如土耳其专栏作家所言："绝大多数土耳其人相信，土耳其与埃尔多安之所以成为被攻击的目标，是因为他对不公正的世界秩序的批评"；"自从埃尔多安公开直接地挑战这个不公平、不平等的世界秩序以来，各大国就费尽心思要扳倒埃尔多安。"Merve Şebnem Oruç, "Erdoğan vs the unjust world order," in *Daily Sabah*, March 26, 2016; Meryem Ilayda Atlas, "Erdogan and the demonization industry of the West," in *Daily Sabah*, March 25, 2017; Soumaya Ghannoushi, "Why Is Erdogan Being Demonized In The West?" http://www.huffingtonpost.com/soumaya-ghannoushi/why-is-erdogan-being-demo_b_11112764.html[2018-02-09].（访问日期2023年6月15日）

治伊斯兰在政党控制政治的意义上取得了成功。尤其是与繁荣党相比，其成功就更加明显。正发党的另一独特之处在于成功地实现了政治的"个人化"，也就是推出和塑造了埃尔多安这个极具个人魅力的政治领袖，他也是土耳其历史上继国父凯末尔之后最具影响力的领导人。他可能是新的"国父"，尽管在民族国家诞生的意义上，只有一个国父，但如果那个国家的体制在一个新领袖的带领下发生根本的变化，如果这个新的体制最终落实，那么，相对于凯末尔·阿塔图尔克，埃尔多安就潜在地成了"新国父"。通过在土耳其实行普京模式，埃尔多安在连续担任三届总理之后，于2014年成为土耳其总统，并以个人魅力和对正发党的控制力，使土耳其已经成为事实上的总统制国家，2017年，修宪公投获得通过后，土耳其转变为总统制国家，埃尔多安在2018年、2023年连续赢得了总统选举。基于此，我们可以说，未来土耳其的政治走向很大程度上主要取决于埃尔多安个人的志向。

4. 伊斯兰主义是当下中东政治的主流，这是理解伊斯兰国家发展方向的关键

面对西方崛起之挑战，围绕如何实现复兴与富强，穆斯林精英们也提出过很多方案，大致有两种思潮：一是西方化的世俗主义；二是伊斯兰主义。19世纪中叶奥斯曼帝国的变革就是不彻底的西方化，后来的凯末尔主义、阿拉伯社会主义等也都是走西化的世俗主义道路，坚持国家控制宗教。伊斯兰现代主义影响更大。其典型代表是穆斯林兄弟会，它最早出现在埃及，在中东很有影响，如摩洛哥、突尼斯、叙利亚、卡塔尔等，土耳其的正发党也是穆兄会式的。如果说有"土耳其模式"，那么，它以前是凯末尔主义的世俗化模式，21世纪就是穆兄会式的正发党模式。当下的土耳其模式已不是历史学家所津津乐道的凯末尔主义。

现实的变化将日益改变人们对历史的认识和解释。在传播日益发达的21世纪，基地组织（al-Qaeda）、所谓"伊斯兰国"（ISIS）等激进和极端势力极大地影响了人们对伊斯兰的认知。进入近代以来，穆斯林社会经历了且正在经历着深刻的变革，这是世界近现代历史的一个重要组成部分。

穆斯林对自身的现代变革有过很多认真的探索。迄今，整体而言，世俗主义的很多模式已经失败或正在遭遇挑战，不同形式的伊斯兰主义正日益上升为主流。这说明，一方面，穆斯林社会仍在积极探索其现代道路，另一方面，他们的探索日益具有伊斯兰特色。在今天的穆斯林社会，那些没有任何伊斯兰主义色彩的政治将越来越难以立足。[1]

本章从规范性的角度讨论了当代土耳其的政教关系，目的是对该国的现当代历史特征尤其是所谓伊斯兰主义问题有一个更为清晰的判断。宗教与世俗之争，向来被认为是土耳其现当代历史的重要面相。然而，本章强调，"教－俗关系"不只关乎史实，也是建构的。世俗主义不只是对土耳其现代化／世俗化历史进程在某个层面上的总结和表达，也是重要的国家意识形态，它建构了人们对伊斯兰主义的恐惧。人们对土耳其政治伊斯兰尤其是正发党的认识，受到了世俗派所制造的恐惧的影响，即认为正发党有秘密计划，要使土耳其伊斯兰化。[2] 从规范性研究的角度说，只有在清晰地界定世俗主义、政教关系和所谓伊斯兰主义的基础上，我们才能判断土耳其是否正在经历正发党领导下的伊斯兰化，或出现了世俗主义的退潮。对土耳其正发党／埃尔多安的认知，从接近真相的角度来说，是非常困难的，因为离现实太近，暂没有一手的核心资料，人们被各种信息和说法所包围，这也是本章引入历史视角和规范性讨论的原因。

---

[1] 参见昝涛：《从世界历史看后 IS 时代的中东》，载《环球时报》2017 年 12 月 6 日。
[2] See Ümit Cizre, ed., *Secular and Islamic Politics in Turkey: The Making of the Justice and Development Party*, Routledge, 2008, p.1.

第十二章　黎巴嫩的教派政治体制

黎巴嫩官方认可的宗教群体有 18 个，包括什叶派、逊尼派、德鲁兹派、阿拉维派和伊斯马仪派等 5 个穆斯林群体，马龙派、希腊东正教、希腊天主教、亚美尼亚天主教、亚美尼亚东正教、叙利亚东正教（Syriac Orthodox）、叙利亚天主教（Syriac Catholic）、亚述人（Assyrian）、迦勒底人（Chaldean）、科普特人、基督教福音派和罗马天主教等 12 个基督徒群体，以及犹太人。根据 2018 年的人口统计数字，黎巴嫩穆斯林群体总数为 382 万人，基督徒群体总数为 169 万人，犹太人为 4800 人。在穆斯林群体中，逊尼派为 172 万，什叶派为 174 万，德鲁兹派为 29.6 万，阿拉维派为 5.6 万；在基督徒群体中，马龙派为 93.5 万，希腊东正教为 33 万，希腊天主教为 21 万，亚美尼亚东正教为 9.5 万，亚美尼亚天主教为 2.2 万，叙利亚东正教为 2.1 万，叙利亚天主教为 1.3 万，基督教福音派为 2.1 万。[1]这种复杂的民族宗教格局，在 19 世纪中叶多次引发教派冲突。在外部大国的干预之下，黎巴嫩逐渐形成了教派政治体制。教派政治体制的核心要素是通过在不同教派之间分配政府职位和议会议席，以实现不同教派力量之间的平衡。在外部，大国干预与全球格局和中东的地区战略格局都会对黎巴嫩的教派政治体制产生影响；在内部，不同教派之间人口和大众动员

---

[1] Lebanese Forces, Bi al-Arqam: Adad al-Lubananiyin bi hasab al-Tawa'if, in https://www.lebanese-forces.com/2019/07/27/politics-lebanon/. （访问日期 2023 年 6 月 12 日）

能力差异带来的力量对比变化，会引发黎巴嫩教派政治体制的调整。

一、黎巴嫩教派政治体制的形成过程

黎巴嫩共和国位于亚洲西部，地中海东岸，面积为1.045万平方公里，其中陆地面积为1.023万平方公里。黎巴嫩的地形总体上从西向东分为五个地带：西部沿地中海的海岸，平均宽度约为3公里的沿海平原，从北向南延伸的黎巴嫩山，贝卡谷地，以及最东边的前黎巴嫩山（Anti-Lebanon Mountains）。在地中海沿岸地带，从北到南分布着的黎波里、贝鲁特、赛达和苏尔等港口城市。黎巴嫩分为8个省，分别是阿卡尔省（Akkar）、巴勒贝克-希尔米勒省（Baalbek-Hermel）、贝鲁特省、贝卡省（Beqaa）、黎巴嫩山省（Mount Lebanon）、纳巴提耶省（Nabatieh）、北方省和南方省。2003年之前，阿卡尔省为北方省的一部分，巴勒贝克-希尔米勒省为贝卡省的一部分。在省之下设县，全黎巴嫩共26个县。

贝鲁特以东的黎巴嫩山地区，是德鲁兹派和马龙派聚集的地区。德鲁兹派分布在贝鲁特东南方，主要是从贝鲁特到赛达的内陆山地，包括黎巴嫩山省的马滕县（al-Matn）、巴卜达县（Baabda）、阿莱县（Aley）、舒夫县（Shuf），纳巴提耶省的麦尔季欧云县（Marjaayoun）、哈斯拜亚县（Hasbaya），贝卡省的拉沙亚县（Rashaya），以及贝鲁特。[1] 马龙派分布在贝鲁特东北方，主要是从贝鲁特到的黎波里的沿海和内陆山地。马龙派和德鲁兹派大体上以贝鲁特为界分布在黎巴嫩山的北部地区和南部地区。17世纪，马龙派开始南下进入德鲁兹派聚居的黎巴嫩山南部地区。"到18世纪中叶，马龙派-德鲁兹派教派实力平衡已完成了不可逆转的变化……人口规模方面，马龙派不仅在北部的卡斯赖旺-马滕地区建立起绝对的人口优势，在传统德鲁兹派聚居区也成为无可争议的多数群体。"[2]

---

[1] 参见李海鹏：《中东多元社会中的政治与族群认同》，世界知识出版社2020年版，第3页。
[2] 同上书，第64页。

18世纪初，以黎巴嫩山地区为核心，谢哈布家族建立了半自治的酋长国（1711—1842），其北、东、南分别是奥斯曼帝国的黎波里总督、大马士革总督和赛达总督辖区。巴希尔·谢哈布二世（Bashir Shihab II, 1767—1850, 1788—1840年在位）从逊尼派伊斯兰教转而皈依马龙派。埃及统治者穆罕默德·阿里向奥斯曼帝国索取叙利亚地区作为其参与镇压希腊独立战争的补偿，遭到拒绝，因而在1831年开始进攻叙利亚，并直逼奥斯曼帝国的安纳托利亚腹地。1832年，穆罕默德·阿里之子易卜拉欣帕夏进占黎巴嫩山地区，巴希尔·谢哈布二世选择与埃及人合作。1839年易卜拉欣帕夏在尼济普击败奥斯曼帝国军队。面对奥斯曼帝国有可能被穆罕默德·阿里控制的局面，欧洲列强进行干预。1840年7月15日，英、俄、普鲁士、奥地利与奥斯曼帝国签订《黎凡特和解协定》（Convention for the Pacification of the Levant），规定穆罕默德·阿里须退出除埃及外其所占领的所有土地。埃及人退出黎巴嫩后，巴希尔·谢哈布二世被迫逃亡马耳他，奥斯曼帝国恢复对黎巴嫩山地区的控制。

1841年10月，黎巴嫩山地区的马龙派和德鲁兹派爆发冲突，奥斯曼帝国随即于1842年1月完全取消谢哈布家族的半自治酋长国。根据奥地利总理梅特涅（Klemens von Metternich）的建议，1843年1月奥斯曼帝国对黎巴嫩开始实施一种介于直接统治和半自治酋长国之间的治理形式，即设立南北两个州（qaim-maqamate），二者以贝鲁特-大马士革公路为界。北部以马龙派等基督宗教派别为主，由马龙派任州长；南部由德鲁兹派任州长，尽管该地区内也有为数不少的马龙派。两个州长都向奥斯曼帝国赛达总督报告。[1] 这种双州体制开启了黎巴嫩以教派政治体制解决教派冲突和教派矛盾的先河。1845年，教派冲突再度爆发。10月，根据奥斯曼帝国外交大臣沙基布艾芬迪（Sekip Effendi）颁布的《沙基布条例》（Sekip Reglement），双州体制正式确立。根据《沙基布条例》，双州的州长由奥斯曼帝国赛达总督任命，每个州长由一个委员会协助，马龙派、德鲁兹派、希腊天主教、希腊东正教和逊尼派各有两名成员，包

---

[1] See William Harris, *Lebanon: A History, 600-2011*, Oxford University Press, 2012, p.151.

括一名顾问和一名法官，什叶派有一名成员担任顾问，没有法官。双州体制一直实行到1860年。马龙派和德鲁兹派作为两大主要势力，分别得到法国和英国的支持。

欧洲列强之间的争夺也深刻影响到奥斯曼帝国治下的黎巴嫩地区。1852年11月，在法国的压力下，奥斯曼帝国同意天主教教士持有伯利恒圣诞教堂的钥匙，这引发俄国的不满，因为俄国一直认为根据1774年《库楚克凯纳吉条约》（Treaty of Kuchuk Kainarji），其对于奥斯曼帝国境内的东正教徒享有保护权。[1]在奥斯曼帝国拒绝做出让步的情况下，俄国对奥斯曼帝国宣战。1854年，由于担心俄国要独吞奥斯曼帝国，英国和法国加入奥斯曼帝国一方，对俄发动克里米亚战争。6月，除俄国之外的欧洲列强达成《四点方案》，要求"俄国放弃对土耳其基督徒的保护权，他们的安全将在五国（奥地利、英国、法国、普鲁士和俄国）与土耳其政府达成一致后得到保证"[2]。1856年2月18日，根据列强的要求，奥斯曼帝国颁布《改革御诏》（Khatti Humayun），保证其"人民拥有宗教信仰自由"[3]。这一政策引发奥斯曼帝国境内穆斯林的不满，并激起一系列冲突。1860年，在黎巴嫩山地区再次爆发了德鲁兹派和马龙派的冲突，并蔓延到大马士革。这引发法国的干涉，6000名法军于1860年8月在贝鲁特登陆。

奥斯曼帝国经过与英、法、俄、普鲁士和奥地利五国谈判，于1861年7月决定在黎巴嫩山地区设立自治省，由奥斯曼帝国任命一名黎巴嫩山地区之外的基督徒担任省长。1864年9月，六方签署经过修订的《组织条例》（Reglement Organique）。根据条例规定，自治省（mutasarrifiye）省长由奥斯曼帝国任命，出自黎巴嫩山地区之外，应为非马龙派的基督徒，为部长级，获得帕夏头衔。设立行政委员会协助省长，成员包括4名马龙派人士、3名德鲁兹派人士、2名东正教徒、1名希腊天主教徒、1名什叶派人士和1名逊尼派人士。行政委员会通过选举产生，每两年更换三

---

[1] 参见奥兰多·费吉斯：《克里米亚战争：被遗忘的帝国博弈》，吕品、朱珠译，南京大学出版社2018年版，第134页。

[2] 同上书，第236页。

[3] 参见卡罗琳·芬克尔：《奥斯曼帝国：1299—1923》，邓伯宸、徐大成、于丽译，民主与建设出版社2019年版，第485页。

分之一的委员会成员。相应地,奥斯曼帝国以贝鲁特为中心,将黎巴嫩山周边地区设立为新的赛达省,并在1865年将之并入以大马士革为中心的叙利亚省。[1]自治省的制度一直实行到1915年。黎巴嫩山自治省包括7个县和2个行政区,分别是杰津县(Jizzin)、舒夫县、马腾县、基斯拉万县(Kisrawan)、贝特伦县(al-Batrun)、库拉县(al-Kura)和扎赫拉县(Zahle),以及代尔·卡马尔(Deir al-Qamar)和希尔米勒行政区。贝鲁特、的黎波里和赛达等重要的沿海港口都不在黎巴嫩山自治省的辖区之内。

二、法国委任统治与教派政治体制

1914年第一次世界大战爆发,奥斯曼帝国与德国和奥匈帝国结盟,组成同盟国,英、法、俄、意等国则组成协约国。1915年,杰马勒帕夏(Cemal Pasha)受命统辖奥斯曼帝国的大叙利亚地区,他废除了黎巴嫩山地区的自治省制度。英国在1915年到1916年与法国和俄国达成《赛克斯－皮柯－萨宗诺夫协定》(Sykes-Picot-Sazonov Agreement),决定把从黎巴嫩直到土耳其奇里乞亚的沿海地区交给法国;与此同时,英国驻埃及高级专员麦克马洪在与麦加的谢里夫侯赛因的通信中,表示阿勒颇－哈马－霍姆斯－大马士革以西地区不会交给阿拉伯人。1917年5月,法国任命乔治－皮柯(Georges-Picot)为大叙利亚地区的高级专员。1918年9月,艾伦比(Edmund Allenby)将军率领英军突破奥斯曼帝国在巴勒斯坦北部的防线,法军进入贝鲁特,并恢复了此前的自治省制度。1919年11月21日,法国新任驻叙利亚高级专员亨利·古罗(Henry Gouraud)抵达贝鲁特,"他的首要任务就是和费萨尔一起,划出法国在叙利亚的势力范围"[2]。在1920年4月意大利的圣雷莫会议上,法国获得了黎巴嫩和叙利亚的委任统治权,并于7月25日占领大马士革,驱逐了费萨尔。此时法国已经决定将贝鲁特、贝卡谷地、的黎波里、赛达、苏尔和阿米勒山等地区与黎巴

---

[1] See William Harris, *Lebanon: A History, 600-2011*, Oxford University Press, 2012, pp.160-161.
[2] 詹姆斯·巴尔:《瓜分沙洲——英国、法国与塑造中东的斗争》,徐臻译,社会科学文献出版社2018年版,第107页。

嫩山地区合并，组成"大黎巴嫩"（Greater Lebanon）。1920 年 9 月 1 日，古罗宣布大黎巴嫩成立。

法国在黎巴嫩设立"大黎巴嫩行政委员会"（The Administrative Committee of Greater Lebanon），由法国高级专员任命的来自六个宗教派别的 15 名成员组成，包括 6 名马龙派人士、3 名东正教徒、2 名什叶派人士、2 名逊尼派人士、1 名德鲁兹派人士和 1 名希腊天主教徒。法国在黎巴嫩推行委任统治，总体上依然是按照 1861 年黎巴嫩山自治省的思路，即推行教派政治体制。大黎巴嫩从奥斯曼帝国的叙利亚省兼并了巴勒贝克、贝卡、拉沙亚和哈斯拜亚等四个县，以及贝鲁特、的黎波里和赛达等港口，面积几乎扩大了三倍。根据 1932 年人口普查的结果，黎巴嫩基督徒群体总数为 61.4 万，穆斯林群体总数为 43.2 万，犹太人为 4000。在基督徒群体中，马龙派为 35.1 万，东正教为 13.3 万，希腊天主教为 7.6 万；在穆斯林群体中，逊尼派为 19.4 万，什叶派为 16.7 万，德鲁兹派为 6.2 万。[1] 行政委员会的构成基本反映了黎巴嫩新的教派人口比例格局。1922 年 3 月，法国决定设立"黎巴嫩代表委员会"（Lebanese Representative Council）取代行政委员会，由选举产生的 30 名代表组成，任期四年。该机构依然按照教派人口比例分配名额，只具有咨询职能。1923 年 9 月，国联将黎巴嫩和叙利亚的委任统治权正式授予法国。

从 1920 年到 1926 年是过渡期。1926 年，黎巴嫩第一部宪法生效，大黎巴嫩改为黎巴嫩共和国。根据宪法的规定，黎巴嫩设立参议院和议会，实行两院制。参议院由 16 名成员组成，分别是 5 名马龙派、3 名逊尼派、3 名什叶派、2 名东正教徒、1 名天主教徒、1 名德鲁兹派和 1 名其他少数教派成员；议会即原来的黎巴嫩代表委员会。为了获得尽可能多的黎巴嫩人支持法国统治，1926 年宪法规定，黎巴嫩总统由马龙派担任，总理由逊尼派担任，议长由什叶派担任。至此，在行政和立法机构中按照教派人口比例分配名额的教派政治制度完全成型。"权力分享增加了贝鲁特和黎巴嫩山地区基督教显贵家族小集团的影响力，以及周边地区什叶派和逊尼派封建地主家

---

[1] Lebanese Forces, Bi al-Arqam: Adad al-Lubananiyin bi hasab al-Tawa'if, in https://www.lebanese-forces.com/2019/07/27/politics-lebanon/.（访问日期 2023 年 6 月 15 日）

族的影响力。在逊尼派决定接受黎巴嫩从叙利亚独立出来之后,沿海城市逊尼派权贵的影响力也增加了"。[1]1927年10月通过的宪法修正案决定取消参议院,议会成为唯一的立法机构,原来的参议院并入议会。通过1927年和1929年的宪法修订,总统的权力得到进一步加强,任期从3年延长到6年,成为黎巴嫩权力架构的核心,法国支持由马龙派担任的总统。

1940年,法国在第二次世界大战中战败,向德国投降。戴高乐领导的自由法国运动要求贝鲁特的法军投身抵抗运动,但法国驻贝鲁特的高级专员和法军总司令却投靠了维希政府。为了获得阿拉伯人的支持,1941年5月,英国宣布"支持阿拉伯人的理想事业。这意味着英国政府会用实际行动支持黎巴嫩和叙利亚独立"。[2]1941年6月8日,英军和自由法国运动的军队联合发动对叙利亚和黎巴嫩的军事行动,并分别6月23日和7月12日占领大马士革和贝鲁特。自由法国运动控制了叙利亚和黎巴嫩之后,仍然想维持法国的殖民统治,并不想支持两国独立。英国向戴高乐施加压力,要求他支持在黎巴嫩和叙利亚进行选举,"只有通过选举,才能把法国逐出民族主义情绪和反法情绪激烈的叙利亚和黎巴嫩的权力中心,从而避免在巴勒斯坦爆发骚乱"。[3]自由法国运动被迫接受在黎巴嫩和叙利亚举行选举。1943年8月28日,黎巴嫩举行了议会选举,基督徒和穆斯林按照六比五的比例分配议席,即议会中有30个基督徒议席,25个穆斯林议席。9月21日,马龙派政治家贝沙拉·扈利(Bechara Khoury)当选总统,他任命逊尼派政治家里亚德·苏勒哈(Riyad al-Sulh)出任总理。

1943年11月11日,法国当局逮捕了新当选的总统和总理,试图恢复对黎巴嫩的控制;但在英国的压力下,不得不于21日释放被关押的黎巴嫩官员。1945年5月,在德国投降之后,法国对叙利亚发起攻击,试图压制谋求独立的势头。但是法国已经失去了控制叙利亚和黎巴嫩的能力,1946年4月,法国从叙利亚撤军;12月,法国完成从黎巴嫩撤军。法国

---

[1] Philip G. Roeder and Donald Rothchild , eds., *Sustainable Peace: Power and Democracy after Civil Wars*, Cornell University Press, Ithaca, First Edition, 2005, p.225.
[2] 詹姆斯·巴尔:《瓜分沙洲——英国、法国与塑造中东的斗争》,徐臻译,社会科学文献出版社2018年版,第235页。
[3] 同上书,第269页。

对叙利亚和黎巴嫩的委任统治正式结束，两国最终赢得完全独立。

三、黎巴嫩教派政治体制调整阶段

1942年6月，英国安排扈利与埃及首相纳哈斯（Nahas）和叙利亚总理马尔达姆（Jamil Mardam）在开罗会面。"三人关于黎巴嫩的阿拉伯定位达成共识。"[1]1943年9月19日，扈利与里亚德·苏勒哈达成被称为《民族宪章》（National Pact）的协议，确立了内外两方面的平衡原则：在对外方面，作为独立国家的黎巴嫩是阿拉伯世界的一部分，但是要保持与西方的联系；在对内方面，在教派之间分配权力，马龙派担任总统，逊尼派担任总理，什叶派担任议长，议会席位按照基督徒与穆斯林之间六比五的比例分配。《民族宪章》确立了黎巴嫩内政外交的基础，尤其是教派政治体制作为国家根本政治制度。

随着冷战的开启，在中东地区形成了亲苏阵营和亲西方阵营。1955年，通过在捷克斯洛伐克与苏联进行军火交易，埃及成为中东地区亲苏阵营的领袖；1956年苏伊士运河国有化和抗击英、法、以色列三国入侵，埃及总统纳赛尔成为阿拉伯民族主义的领袖。沙特、约旦、伊拉克等君主制阿拉伯国家则持亲西立场。在黎巴嫩，1952年开始担任总统的夏蒙（Camille Chamoun, 1900—1987, 1952—1958年任总统）坚持亲英立场；德鲁兹派领导人卡迈勒·琼布拉特（Kamal Junblatt, 1917—1977）1949年成立社会进步党（Progressive Socialist Party/PSP），采取支持阿拉伯主义和左翼的立场。政治立场与教派因素相结合，使得黎巴嫩社会的分化更为严重。

1957年，美国总统艾森豪威尔推出艾森豪威尔主义，即在中东地区要以武力支持任何受到亲苏势力威胁的国家，夏蒙领导的黎巴嫩是中东地区唯一一个公开表态支持的阿拉伯国家。1958年，以社会进步党为核心的左翼及其穆斯林盟友与右翼马龙派爆发武装冲突。最终夏蒙放弃连任总统的诉求，由福阿德·谢哈布（Fuad Chehab, 1902—1973, 1958—1964年任总

---

[1] William Harris, *Lebanon: A History, 600-2011*, Oxford University Press, 2012, p.196.

统）担任总统。谢哈布在内政和外交层面坚持平衡的原则。在内政方面，他主张马龙派要与穆斯林分权，通过一系列的发展项目开发以穆斯林人口为主的经济落后地区；在外交方面，他主张保持与埃及、叙利亚等阿拉伯左翼共和制国家的友好关系。

  1948年巴勒斯坦战争之后，大批巴勒斯坦难民进入黎巴嫩。当时巴勒斯坦的阿拉伯人总数约140万，约有五分之一的巴勒斯坦人因为战争逃离巴勒斯坦，其中10万人进入黎巴嫩成为难民。1967年第三次中东战争之后，阿拉伯国家大多支持巴勒斯坦人的武装斗争。但在黎巴嫩，马龙派政治势力意图对巴勒斯坦武装加以限制，而穆斯林则在总体上支持巴勒斯坦武装。1969年，黎巴嫩军队和巴勒斯坦武装在黎巴嫩多个地区爆发激烈武装冲突。11月3日，在埃及总统纳赛尔的斡旋下，黎巴嫩军队与巴勒斯坦解放组织领导人阿拉法特在开罗达成《开罗协议》（Cairo Agreement），给予巴勒斯坦武装在黎巴嫩境内行动的自由。在马龙派看来，这侵害了黎巴嫩的主权，因此对巴勒斯坦人的不满加剧。从赫卢（Charles Helou, 1912—2001, 1964—1970年任总统）到弗朗吉亚（Suleiman Frangieh, 1910—1992, 1970—1976年任总统）两任总统期间，巴勒斯坦问题与黎巴嫩国内的教派和政治立场问题挂钩，引发黎巴嫩国内政治力量的进一步两极分化。

  20世纪70年代，围绕着左右两翼政治立场分化、基督徒和穆斯林宗教差异和是否支持巴勒斯坦武装等问题，黎巴嫩形成了对立的两大阵营。在右翼马龙派方面，核心是皮埃尔·杰马耶勒（Pierre Gemayel, 1905—1984）于1936年组建的长枪党（Kataeb Party），夏蒙于1958年组建的自由国民党（National Liberal Party），以及苏莱曼·弗朗吉亚代表的家族势力。这些政治势力主张由马龙派主导黎巴嫩，与美国等西方国家保持密切关系。其他马龙派势力则包括雷蒙德·埃代（Raymond Edde, 1913—2000）于1942年成立的民族联盟（National Bloc）、持谢哈布主义立场的萨尔基斯（Elias Sarkis, 1924—1985, 1976—1982年任总统）、马龙派宗教领袖以及军队中的马龙派军官。在黎巴嫩左翼及其穆斯林盟友方面，包括代表德鲁兹派的社会进步党，包括黎巴嫩共产党和黎巴嫩复兴党在内的其他黎巴嫩左翼，包括巴勒斯坦解放运动在内的巴勒斯坦武装，以及黎巴嫩逊尼派和什叶派政治力量。两大阵营之间存在尖锐分歧，最终于1975年爆发内战。

1976年，以皮埃尔·杰马耶勒领导的长枪党、夏蒙领导的自由国民党和刚卸任总统职位的弗朗吉亚为主组成黎巴嫩阵线（Lebanese Front）。各政治派别的民兵组织则于同年组成黎巴嫩力量（Lebanese Forces），包括长枪党的"长枪党正规力量"（Kataeb Regulatory Forces/KRF）、自由国民党的"猛虎民兵"（Tigers Militia）、弗朗吉亚家族的"马拉达旅"（Marada Brigade）、1969年从长枪党分裂出来的"黎巴嫩抵抗运动"（Lebanese Resistance Movement，亦称"组织"/al-Tanzim）以及1975年成立的"雪松卫士"（Guardians of the Cedars/GoC）等。黎巴嫩力量武装由长枪党成员和自由国民党成员出任司令和副司令。

1969年，以社会进步党为核心组成"修正阵线"（Revisionist Front），全称民族进步政党与力量阵线（Front of National and Progressive Parties and Froces/FNPPF），1975年改称黎巴嫩民族运动（Lebanese National Movement/LNM），包括黎巴嫩的各派左翼政治势力。黎巴嫩民族运动与巴勒斯坦解放组织等巴勒斯坦武装派别结盟，与黎巴嫩阵线和黎巴嫩力量针锋相对。

黎巴嫩什叶派在伊斯兰主义的旗帜下动员和组织起来，形成黎巴嫩左右两翼之外的第三股势力，是黎巴嫩内战中出现的影响最为深远的事件。1974年3月17日，什叶派宗教学者穆萨·萨德尔（Musa al-Sadr, 1928—1978）宣布成立"被剥夺者运动"，即阿迈勒运动（Amal）。1982年，以色列入侵黎巴嫩，侯赛因·穆萨维（Husayn al-Musawi）等人脱离阿迈勒运动，在伊朗的支持下成立伊斯兰阿迈勒运动，哈桑·纳斯鲁拉（Hasan Nasrallah）等人随即加入。1985年2月16日，该组织正式以真主党（Hezbollah）的名义宣布成立。阿迈勒运动和真主党的出现，反映了1978年穆萨·萨德尔失踪、1978年和1982年以色列入侵黎巴嫩以及1979年伊朗伊斯兰革命给黎巴嫩局势带来的变化。伊斯兰主义超越黎巴嫩左右翼政治立场的分歧，成为黎巴嫩什叶派组织动员的思想基础。与此同时，黎巴嫩什叶派也日益成为叙利亚和伊朗在黎巴嫩的稳固盟友。

在阿迈勒运动与真主党之间也存在竞争和冲突。"阿迈勒运动代表叙利亚政权对巴勒斯坦人作战，真主党在革命的伊朗的帮助下抵抗以色列占领军。"[1] 1988年4月，阿迈勒运动以武力将真主党武装从黎巴嫩南部逐出。随后在争夺贝鲁特南郊和贝卡谷地的武装冲突中，真主党取得了优势。1989年2月，双方达成第一个协议，但没有得到有效执行。随着伊拉克入侵科威特带来的地区局势变化，在伊朗外长韦拉亚提（Ali Akbar Velayati）和叙利亚外长沙雷（Farouq al-Sharaa）的斡旋下，阿迈勒运动主席纳比赫·贝里（Nabih Berri）和真主党总书记苏卜希·图菲利（Subhi al-Tufayli）于1990年11月9日达成协议，双方化解矛盾，真主党武装回归黎巴嫩南部。[2]

1989年10月22日，黎巴嫩议会成员在沙特塔伊夫举行会议，最终达成《塔伊夫协议》（The Taif Agreement）。根据协议，议会议席由基督徒和穆斯林按一比一的比例均分。协议还提升了逊尼派总理和什叶派议长的权力，同时削弱了马龙派总统的权力，使得基督徒社群与穆斯林社群之间的权力更为平衡。[3] 11月5日，黎巴嫩议会批准了该协议。1988年9月，阿明·杰马耶勒（Amine Gemayel, 1982—1988年任总统）任命黎巴嫩军队司令米歇尔·奥恩（Michel Aoun, 2016年至今任总统）为看守政府总理。由于奥恩属于马龙派，黎巴嫩民族运动认为这违反了1943年《民族协议》关于总理由逊尼派担任的原则，因此坚决加以反对，逊尼派的总理萨利姆·胡斯（Selim Hoss, 1929—1989）拒绝辞职，黎巴嫩出现双政府的局面。1990年10月13日，叙利亚军队强力驱逐了奥恩，黎巴嫩内战结束。

---

[1] William Harris, *Lebanon: A History, 600-2011*, Oxford University Press, 2012, p.251.

[2] See Na'im Qasim, *Hezbollah*, Daralmahaja, Beirut, Eighth Edition, 2011, p.161.

[3] The Taif Agreement, in https://www.un.int/lebanon/sites/www.un.int/files/Lebanon/the_taif_agreement_english_version_.pdf.（访问日期2023年6月15日）

四、黎巴嫩教派政治体制的新格局

黎巴嫩内战的结束,也意味着马龙派主导地位的终结,叙利亚获得对黎巴嫩的绝对支配地位。1991年5月22日,黎巴嫩与叙利亚签署《兄弟关系、合作与协作条约》(Treaty of Brotherhood, Cooperation, and Coordination),将叙利亚在黎巴嫩的支配地位以条约的形式确定下来。

"直到2004年,黎巴嫩政治在大马士革的控制之下由三部分组成:叙利亚的附属,叙利亚的盟友,以及叙利亚的反对者。"[1] 总统拉胡德(Emile Lahoud, 1998—2007年任总统)、阿迈勒运动、弗朗吉亚家族等被视为叙利亚的附属;伊朗支持的真主党是叙利亚的盟友,拉菲克·哈里里(Rafic Hariri, 1944—2005)领导的逊尼派和瓦利德·琼布拉特(Walid Junblatt)领导的社会进步党也支持叙利亚。反对叙利亚的势力包括前总统阿明·杰马耶勒、前总理米歇尔·奥恩和黎巴嫩力量领导人萨米尔·贾加(Samir Geagea)。1985年3月12日,萨米尔·贾加获得对黎巴嫩力量的控制权,并于1986年清除了竞争对手胡贝卡(Elie Hobeika, 1956—2002)。萨米尔·贾加领导的黎巴嫩力量与长枪党分离,1990年之后从民兵武装转变为政党,一直与叙利亚及其支持的黎巴嫩政府对抗。

1979年和1994年,埃及和约旦先后与以色列实现和平,1991年海湾战争后伊拉克受到削弱和孤立,伊朗和叙利亚成为反对以色列的"抵抗轴心"。在黎巴嫩国内,1989年的《塔伊夫协议》、1990年奥恩被驱逐和阿迈勒运动–真主党协议,建立起叙利亚的绝对支配地位和阿迈勒运动–真主党的合作关系。伊朗–叙利亚轴心和阿迈勒运动–真主党合作关系,成为黎巴嫩政治格局的基本框架。1991年,黎巴嫩各民兵组织解除武装,而真主党因为在黎巴嫩南部和贝卡西部负有抵抗以色列占领的职责,因此成为唯一保留武装的组织,这赋予真主党在黎巴嫩特殊的地位。叙利亚的支配地位和真主党的特殊地位成为西方国家和黎巴嫩亲西方势力的心病。2004年9月2日,美国和法国联合在联合国安理会推动通过1559号决议,

---

[1] William Harris, *Lebanon: A History, 600-2011*, Oxford University Press, 2012, pp.264-265.

主旨是要结束叙利亚在黎巴嫩的驻军和解除真主党的武装。

拉菲克·哈里里是黎巴嫩的逊尼派,1966年赴沙特工作,1970年开始经营自己的工程建筑公司,并将业务逐渐扩展到银行、保险、房地产和电信等领域,成为富豪。1992年,他当选黎巴嫩议会议员,并被任命为总理。由于与总统拉胡德的矛盾,他于1998年辞职。2000年他再次出任总理,由于在2004年反对拉胡德延长总统任期再次辞职。以他于1995年创立的"未来运动"(Tayyar al-Mustaqbal/Future Movement)为核心,包括瓦利德·琼布拉特的社会进步党和部分马龙派政治势力,成为反对拉胡德总统、反对叙利亚占领的反对派。拉菲克·哈里里代表的是沙特等亲西方阿拉伯国家。在2003年伊拉克战争之后,沙特与伊朗的矛盾趋于尖锐。拉菲克·哈里里领导的黎巴嫩反对派意在配合美、法等国,在黎巴嫩打压伊朗和叙利亚的影响力。2005年2月14日,拉菲克·哈里里遭炸弹袭击身亡。4月7日,联合国通过1595号决议,要求对袭击事件展开调查;在巨大的压力下,4月26日,叙利亚完成从黎巴嫩的撤军。叙利亚从1990年到2005年在黎巴嫩维持了15年的支配地位至此正式终结。

2005年3月8日,真主党、阿迈勒运动等亲叙利亚政治力量举行了大规模游行示威支持叙利亚;3月14日,未来运动、社会进步党及黎巴嫩力量等马龙派反叙利亚政治力量也举行了针锋相对的游行示威。前者被称为"三八集团"(March 8 Bloc),亲叙、亲伊朗、支持真主党,以什叶派为主;后者被称为"三一四集团"(March 14 Bloc),亲沙特、亲西方,反叙、反伊朗、反对真主党,以逊尼派、德鲁兹派和马龙派为主。两大政治势力的斗争成为主导2005年以来黎巴嫩政治发展的主线。黎巴嫩教派政治平衡的天平,从双州和自治省时期的马龙派与德鲁兹派平衡,到委任统治时期的马龙派与逊尼派平衡,再到内战时期的基督徒与穆斯林平衡,到2005年之后演变为什叶派与其他宗教派别的平衡。推动黎巴嫩教派政治演化的因素,既包括国际局势、地区战略格局的变化,也包括黎巴嫩人口结构和教派政治动员的变化。

1989年,真主党召开第一届大会,选举苏卜希·图菲利为总书记。1991年5月22日,真主党召开第二届大会,选举阿巴斯·穆萨维(Abbas al-Musawi, 1952—1992）为总书记。1992 年 2 月 16 日，阿巴斯·穆萨维遭以色列袭击身亡，两天后哈桑·纳斯鲁拉当选为新任真主党总书记。在纳斯鲁拉的领导下，真主党开始积极参与黎巴嫩政治。1992 年，真主党首次参加黎巴嫩议会选举，获得 8 个席位。2005 年 4 月，真主党首次参与政府，获得一个部长席位。2006 年 2 月 6 日，真主党与奥恩领导的自由国民阵线（Free Patriotic Movement）达成合作协议。自由国民阵线是奥恩于 1994 年创立的。奥恩 1990 年战败流亡后，于 2005 年回到黎巴嫩，并于次年重新当选议员。与奥恩领导的自由国民阵线的合作，在很大程度上扩展了真主党以及"三八集团"的政治空间。

在议会中，"三一四集团"拥有 55% 的席位，是多数派；"三八集团"拥有 45% 的席位，是少数派。由于不满总理亲西方的立场，2006 年 11 月 11 日，隶属于真主党和阿迈勒运动的政府部长辞职，要求成立民族团结政府，政府中分配给"三八运动"的部长职位应为"三分之一加一"，即在政府中获得超过三分之一的席位。由于政府的关键决定需要三分之二的内阁投票结果通过，这样"三八运动"就获得了对政府关键决定的否决权。[1] 总理西尼乌拉（Fouad Siniora）对此加以拒绝，黎巴嫩政治陷入僵局。2008 年 5 月 16 日，黎巴嫩各派政治力量在卡塔尔多哈达成协议，决定政府设立 30 名部长职位，其中"三八集团"获得 11 席，即比三分之一多一席。

原定于 2013 年举行的议会选举，一直推迟到 2018 年 5 月 6 日才得以举行。在议会的 128 个席位中，"三八集团"获得 68 席，其中阿迈勒运动获得 15 席、真主党获得 13 席、自由国民阵线获得 19 席；"三一四集团"获得 42 席，其中未来运动获得 19 席、黎巴嫩力量获得 13 席、长枪党获得 3 席。社会进步党则超脱于两大阵营的对立之外，在议会选举中获得 9 席。[2] "三八集团"中代表自由国民阵线的奥恩当选总统，"三一四集团"中代表未来运动的萨阿德·哈里里（Saad Hariri）继续担任总理。在黎巴

---

[1] See Na'im Qasim, *Hezbollah*, Daralmahaja, Beirut, Eighth Edition, 2011, p.260.

[2] Carla E. Humud, *Lebanon's 2018 Elections*, CRS Insight, May 11, 2018, in https://sgp.fas.org/crs/mideast/IN10900.pdf.（访问日期 2023 年 6 月 15 日）

嫩的政治版图中，真主党拥有自己的武装，真主党及其政治盟友在议会中占据简单多数，其马龙派盟友担任总统，什叶派盟友担任议长。尤其是在2011年叙利亚危机爆发之后，伊朗－叙利亚轴心更为稳固并向伊朗倾斜。沙特由于陷入也门内战，其对黎巴嫩盟友的支持力度下降，并逐渐从地中海东岸地区淡出。黎巴嫩的教派政治体制，已经演化为真主党一家独大的格局。

第十三章　美国的宗教自由与宗教宽容

一、新大陆上的宗教自由

在美国马萨诸塞州南部的小镇普利茅斯，屹立着一座高大雄伟，但已经门可罗雀的纪念碑：先驱者国家纪念碑（National Monument to the Forerunners）。这座纪念碑的主体，是高大的信仰女神，脚踏五月花号到达美洲时所停靠的那块礁石，以充满神圣的姿势，手指头上的苍天。她的下面分别坐着自由、法律、教育、道德四小神。碑身上雕刻着早期移民如何从欧洲上船，如何经过了长途跋涉，如何在普利茅斯登上美洲大陆的过程。在普利茅斯，1620年五月花号最早靠岸的这个小镇，这座现在已经很少人光顾的纪念碑，记载着欧洲人最早来到美国的理由：宗教迫害；也描画着初来乍到的清教徒在这块陌生的土地上所要建造的希望：宗教自由与和平。

一百多年后，当美国独立的枪声在附近的康科德和列克星顿响起的时候，也许这些欧洲人的后裔已经不再记得他们的祖先来到这里的直接原因；也许，他们所要追求的合众国，比起五月花号的乘客们那简单而天真的希望来，已经复杂得多了。所以，当诸多宏伟的纪念堂和纪念碑在华盛顿市区建造起来后，普通美国人就慢慢忘记了普利茅斯这座据说在雕塑上完全是一个失败的纪念碑。

虽然这座纪念碑在雕塑上没有什么名气，但是它所描绘的主题，却始终提示着人们，究竟是什么使欧洲人远渡重洋，定居在这个蛮荒之地。尽管今天的旅游者们已经不再记得，但美国的国父们并没有完全忘记，解决宗教冲突，应该是美国区别于古老的欧洲的一个重要特点。因此，当他们在美国宪法的第一修正案里简单明了地规定了宗教自由的时候，美国，就成功地解决了宗教冲突问题。清教徒们的梦想果然在新大陆实现了；普利茅斯这位寂寞寒酸的信仰女神才变成了纽约那个盛气凌人的自由女神。

究竟是什么，使这些清教徒的后裔，成功地建立了一个没有宗教冲突与迫害的国家呢？是因为清教徒尤其懂得宽容和自由吗？

五月花号上的清教徒在新英格兰定居下来七十多年后，在普利茅斯以北不远的另外一个小镇塞勒姆，发生了北美殖民地历史上著名的女巫案。1692 年，塞勒姆的一个女孩突生怪病，当地的医生断定是有人施了巫术。这一诊断引起了全城的巫术恐慌，人们开始在整个塞勒姆搜捕女巫，结果绞死了十九个被怀疑是巫师的人，还用石头砸死了一个男人。直到事情牵连到了波士顿的市长夫人，人们才感到其中有什么不对，女巫案才告平息。塞勒姆，至今还是美国最有名的鬼城；塞勒姆女巫案，成为美国清教徒历史上很不光彩的一页，以至于后来出生在塞勒姆的作家霍桑都耻于和参与了女巫案的祖父同一姓氏。而在霍桑所写的《红字》中，我们更可以直接了解到，美国的新教那时候并不理解什么是宽容。[1]

塞勒姆女巫案所体现的这种疯狂和歇斯底里，说明清教徒虽然自己追求宗教自由和宽容，但当他们施行起宗教迫害来，却丝毫不亚于他们的欧洲前辈。因此，美国解决宗教冲突问题，绝对不是因为清教徒的精神气质里一开始就包含着宽容和自由的成分。无论是英国清教，还是新教的其他教派，虽然可能催生了资本主义精神（普利茅斯和塞勒姆都迅速繁荣起来，塞勒姆甚至很早就开始了和中国的海上贸易），但是其中绝不会直接包含宗教自由的种子。

---

[1] See Paul Boyer, Stephen Nissenbaum, *Salem Possessed: The Social Origins of Witchcraft,* Harvard University Press, 1974.

新教不仅没有和宗教自由直接相连，而且恰恰是新教的各个派别，使欧洲的宗教迫害变得尤其激烈和残酷。宗教之间的冲突，自古以来就是一个世界性的问题，解决宗教冲突的政治和文化努力，也从来没有中断过。不过，宗教冲突真正成为一个激烈而迫切、不得不解决的政治问题，无论从宗教上，还是从政治上，都是近代以来新教兴起以后的现象。

就拿英国来说，亨利八世本来是为了摆脱罗马教廷的控制，才创立了圣公会。但是，从新教兴起之后，支持天主教和新教的国王轮流登基，都会迫害与自己不同的教派。而英国的新教之内又分成了不同的教派，教派之间又彼此迫害。结果，本来是为了争取自由的新教，反而带来了更多的宗教迫害。一位英国绅士在信中慨叹，也许那些被迫害的天主教徒说得对："出于纯粹宗教原因的迫害，是新教的第一原则，新教正是在这一原则之上，奠定了它在英国的政治基石。"[1]

新教的倡导者路德和兹温格利一开始极为反感罗马教廷的宗教迫害，大力提倡"良心的信仰"，主张因信称义。但是，他们的教派后来也和国家政权结合起来，在实践中放弃了宗教自由的主张。很多路德宗和兹温格利宗的国家，极力迫害他们认为的宗教异端。比如再洗派（Anabaptism）就遭到了极为血腥的迫害。历史学家们甚至普遍认为，欧洲16世纪对再洗派的迫害，已经超过了当初罗马帝国对早期基督教的迫害。这些迫害，正是直接导致很多再洗派教徒逃亡美洲的原因。[2]

当这些新教徒来到美洲后，他们对欧洲的宗教迫害当然仍心有余悸。不过，很多殖民者最初想要做的，并不是建立一个容忍多元宗教的国家，而是希望建立一个只有自己所属的宗派的官方教会，在这里不再有欧洲那样的宗教分歧和宗教斗争。于是，他们热心地在新大陆传播宗教。比如，1607年，弗吉尼亚的殖民地上就建立了圣公会，成为弗吉尼亚的官方教会。他们要求人们每天要来教堂两次，压制所有不同的教派，凡是有公职的人，都必须向教会宣誓。殖民地政府还用税收来支持教堂，不遗余力地

---

[1] *A letter from a gentleman in the city, to a gentleman in the country. About the odiousness of persecution wherein the rise and end of the penal laws for religion in this Kingdom, are consider'd*, Edinburgh, printed by John Reid, 1688.

[2] See John Horsch, *Mennonites in Europe*, Scottdale, Pa.: Mennonite Pub. House, 1950.

惩罚破坏安息日、渎神、不信三位一体或上帝的教导的罪行，甚至用死刑来判处最后一项。同样，来到新英格兰的清教徒坚信，他们的宗教是唯一正确和完美的宗教。他们要在新世界创造一个崭新的统一教会。于是，他们同样用税收来支持教会，命令人们必须前往教堂，只有教徒才有投票权，所有的异端都被赶出殖民地。马萨诸塞湾的殖民地政府在他们的法律条文中宣布："上帝不会允许任何国家主动宽容任何假宗教。"像弗吉尼亚和新英格兰各地的这种官方统一教会，一直持续到独立战争时期，甚至到19世纪才告终结。[1]

从欧洲的情况可以看到，当时宗教迫害与宗教冲突的根源，在于政教结合。各个宗教之间的教义分歧本来是很正常的事情。如果各教派之间和平共处，在理论上相互竞争，本来不会造成血腥的迫害。但是，一旦某个教会得到国家的支持，甚至被尊为国教，它就可以用政治力量来维护自己的独尊地位，迫害别的宗教教派。美洲早期殖民者因为坚信自己的宗教是唯一正确的，他们的指导思想，是通过在新大陆上建立绝对统一的教会，来避免宗教冲突。究其根本，这和罗马天主教、英国圣公会等欧洲教会的做法没有根本的不同。并且，虽然美洲最开始是一个未经开垦的宗教处女地，但因为各种原因受迫害的教徒都会来到这里，在这里建立统一教会的可能性比在欧洲还要小。当然，在各殖民地之间没有联系的时候，在弗吉尼亚这样较小的地域之内建立官方宗教，还不是完全没有可能的事情。但这样的宗教理想，与后来联邦党人建立统一的美利坚合众国的愿望，无疑是相冲突的。无论是从各教派之间平衡力量的考虑，还是从建立统一联邦对抗英帝国来考虑，实现各教派之间的宽容和自由，已经成为统一的美国非常必要，且唯一可能的宗教政策。

不过，正如赖特指出的，当时所谓的宗教自由，并没有面向所有的宗教。虽然宗教自由的法律有效地取消了各地的官方教会，但是，宗教自由主要是基督教各宗派之间的自由，甚至只是新教各派之间的自由。即使在

---

[1] Sherryl Wright, *Does Majority Religion Rule the Bench? A Study of United States Supreme Court Treatment of Minority Religions,* Ph. D Dissertation, The Iliff School of Theology and The University of Denver (Colorado Seniunary), 2002, pp.48-49.

罗得岛，虽然犹太人和天主教徒可以居住，并实践自己的宗教仪式，但他们没有选举权，也不得担任公职。宾夕法尼亚州1790年制定的宪法不再要求只有基督徒才能享有公职，但是却仍然要求，公职人员必须信仰上帝，信仰未来的奖赏和审判。宾州的这一规定比罗得岛的开放一些，原则上允许犹太人和天主教徒担任公职，但是不信仰犹太基督教系统的宗教的人却没有这一权利。最极端的例子是马里兰州，公职人员要向上帝宣誓的要求直到1961年才被最高法院认为违宪而撤销。[1]

二、信仰宗教的自然权利

如果把美国的宗教自由完全归结为各教派之间的力量制衡，当然有失公允。美利坚究竟如何从一个新教民族变成一个信仰自由的合众国，以及这种自由背后为什么有那么强烈的新教色彩，这里还有更多理论上的原因。

人们都记得《独立宣言》里那段著名的话："我们认为这些真理是自明的：人人生而平等，他们从他们的造物主那里被赋予了某些不可转让的权利，其中包括生命、自由和追求幸福的权利。——为了保障这些权利，才在人们之间成立了政府。政府的正当权力来自被统治者的同意。"[2] 北美十三块殖民地之所以要脱离大英帝国，其根本原因就在"他们的造物主"那里。而这十三个殖民地之所以充满信心地支持这份宣言，其动力也在上帝那里："为了支持这个宣言，并对神意的庇护充满了信心，我们谨以我们的生命、我们的财产和我们神圣的荣誉相互保证。"[3] 在这份美国政治史上第一重要的文献里，上帝的神意被当作独立和立国的最终依据。

---

[1] Sherryl Wright, *Does Majority Religion Rule the Bench? A Study of United States Supreme Court Treatment of Minority Religions*, Ph. D Dissertation, 2002, p.49.
[2] 本章中所引的《独立宣言》原文，均来自卡尔·贝克尔：《论〈独立宣言〉：政治思想史研究》，彭刚译，江苏教育出版社2005年版。此处所引在第121页。
[3] 同上书，第125页。

按照贝克尔的说法，杰斐逊的初稿并不是这样的，而是"我们认为这些真理是神圣而不可否认的：人人生而平等独立，从这一平等的出身，他们就得到了与生俱来而不可转让的权利，其中包括生命的保全、自由和追求幸福的权利……"但经过斟酌之后，他加上了"他们从他们的造物主那里被赋予了某些"的字样。亚当斯则把"神圣而不可否认的"改为"自明的"。[1]

同样，结尾的那段话里，本来也没有"并对神意的庇护充满了信心"，这句话是大陆会议要求加上去的。[2]

这份非常简短但又至关重要的文献，当然是经过严格的字斟句酌之后形成的。杰斐逊不能满足于"与生俱来"的说法，而一定要强调，这与生俱来的权利乃是造物主所赋予的，这样才能强调其神圣的本质。再加上这个修饰语后，亚当斯认为，"神圣"一词也就可以删去了。此外，大陆会议还要在结尾强调，他们之所以能够以生命、财产和神圣的荣誉保证，是因为他们对神意的庇护充满信心。

正如贝克尔指出的，《独立宣言》的理论依据，是17世纪、18世纪早已非常流行的自然权利学说。而美国国父们的直接理论来源，正是洛克所修正过的自然权利和社会契约论。[3]

在《政府二论》里，洛克进一步阐明了由霍布斯提出的自然状态和自然权利的学说，并明确指出，自然状态里的人是完全自由和平等的，自我保存是上帝赋予每个人的不可转让的权利。[4]英国政治哲学中的自然法学说，直接来自阿奎那以来的自然法理论。而按照阿奎那的说法，自然法完全是上帝的意志在自然中的体现。自然法之所以是不言自明的，正是因为它最终来自上帝。霍布斯和洛克的自然法学说虽然和中世纪的这一学说非常不同，但其基本构架并没有改变。霍布斯在《利维坦》里，和洛克在《政府二论》里的推理逻辑都是，自然法之所以重要，是因为它来自神法。

---

[1] 卡尔·贝克尔：《论〈独立宣言〉：政治思想史研究》，彭刚译，江苏教育出版社2005年版，第129页。
[2] 同上书，第120页。
[3] 同上书，第17页。
[4] 参见洛克：《政府论》（下），叶启芳等译，商务印书馆1964年版。

这正是美国国父们起草《独立宣言》时的立论基础：这些权利之所以是不可转让和不言自明的，是因为它们是造物主所赋予的。

也正是基于这一自然权利学说，洛克大量地谈到了宗教宽容的问题。他写于1690年的第一封信，也就是人们熟知的《论宗教宽容：致友人的一封信》，是政治哲学史上的经典文献，也是讨论宗教宽容问题最重要的文献之一。

这封信的写作背景，正是上述英国绅士所谈到的，天主教和新教，以及新教各教派之间的一片混战。[1] 而洛克为这一混乱状态开出的药方，则是"因信称义"的新教神学与社会契约论的政治哲学的一种结合。

首先，洛克强调，对上帝的信仰和拯救是人们内心里的事情，不可能通过政治的强制手段来达成。这种灵魂之事的标志在于每个人发自内心的虔诚和德性，需要在和自己的欲望与欠缺的斗争中形成。任何一个不关心自己的拯救的人，怎么可能关心别人的拯救？那些靠暴力手段强迫别人信仰的人，并不是出于对别人的爱或友谊，而是出于权力欲，这是一种非常不符合基督教精神的世俗欲望。只有异教徒才会用武力来强迫别人信某种宗教，基督徒必须靠理性来让人向善。

我们前面已经看到，新教各宗派不仅没有减弱宗教迫害，甚至还大大加强了宗教迫害。为什么同样是从新教教义出发的洛克，会得出和这些新教徒完全相反的结论呢？果真像洛克说的那样，这些新教徒根本就没有理解新教的真正含义吗？

我们若是细细揣摩洛克的这些说法，就会发现，洛克对信仰和拯救的理解，和那些迫害异教徒的新教徒并没有根本的不同。洛克同样认为，只有基督教信仰才是唯一正确的宗教信仰，只有新教所提倡的"因信称义"才是真正恰当的宗教态度；在宗派林立的新教中，他也相信存在着真假正误的区别。但是，洛克和那些宗教迫害者根本不同的一点在于，他认为，真正的基督徒，不应该以友爱的名义，强迫别人像自己一样信仰，而是要在理性上战胜或劝化别的教派。

---

[1] 参见洛克：《论宗教宽容》，吴云贵译，商务印书馆1996年版，第1页。

如果说那些迫害别人的新教徒都只是出于权力欲，宗教只是他们争权夺利的借口，我想这一定是过于简单的讲法。大多数真诚的新教徒本来就是出于虔诚的信仰，才坚定地认为自己的宗教是唯一正确的；而他们之所以要强迫别人改宗，也是真诚地出于坚定的信仰，想帮助别人获得救赎。否则，我们就无法理解，为什么那些在欧洲备受歧视的教徒，到了美洲还要建立唯我独尊的官方教会。

　　洛克同样认为，基督教的信仰才是真正的信仰，而且在千差万别的教派当中，一定有对的也有错的；教派纷争的局面，并不利于纯正的基督教的发展。不过，他认为，任何教派都不能因为这一点，就用政治手段强迫别人改宗，因为，上帝并没有赋予任何人这样的权利，而且任何人都不能武断地认为，自己的信仰就比别人的更正确。最后的审判权，在上帝那里。他的一个重要理由是，既然那些异端在末日审判时会遭到上帝的惩罚，此时的人们又何必越俎代庖，做这种费力不讨好的事情呢？

　　洛克把"因信称义"的神学理论推到了极端。但是，就连路德宗和兹温格利宗都没能坚持政教分离的立场，而是陷入了宗教迫害的陷阱中。那么，洛克和美国的洛克主义者为什么能如此坚决地贯彻宗教宽容的主张呢？这还来自他的另一套思想资源：社会契约论。

　　我们前面已经简单提到，洛克继承了霍布斯关于自然权利和社会契约的基本观念。在他们看来，自然状态中的人拥有上帝赋予的自然权利，但是自然状态必然会演变为战争状态。为了避免战争状态，同时又维护上帝赋予的这些权利，人们需要结合成政府，并通过社会契约，把某些权利转让给政府。但是，那些来自上帝的基本权利是不能转让给政府的；政府不仅无权，而且没有能力干预这些权利，而只能从外部保护。在洛克看来，宗教信仰，当然是上帝给人的最重要的权利之一。那么，只有上帝有权干涉人的信仰问题，而政府是不能插手的。因此，"我认为下述这点是高于一切的，即必须严格区分公民政府的事务与宗教事务，并正确规定二者之间的界限。……在我看来，国家是由人们组成的一个社会，人们组成这个社会是为了谋求、维护和增进公民们自己的利益。所谓公民利益，我指的是生命、自由、健康和疾病以及对诸如金钱、土地、房屋、家具等外在物的占有权"[1]。政治根本不能也不应该延伸到灵魂拯救的问题上去,因为,第一,"谁也没有责成官长比他人更多地来掌管灵魂的事。我可以用上帝的名义说,并未授予他这种权力"。第二,"掌管灵魂的事不可能属于民事官长,因为他的权力仅限于外部力量,而纯真的和救世的宗教则存在于心灵内部的信仰,舍此没有任何东西能够为上帝所接受"。第三,"灵魂拯救的事不可能属于官长掌管,因为即令法律和刑罚的威力能够说服和改变人的思想,却全然无助于拯救灵魂"[2]。

宗教改革虽然从神学上规定了因信称义的基本立场,但是传教与发展的实践使虔诚的教徒不断滑入宗教迫害的泥潭之中。宗教迫害所带来的血腥争斗,并不能给他们带来消除宗教纷争的目的。鉴于这一情况,社会契约论者洛克清醒地看到,要在根本上消灭宗教纷争,不能靠一派吃掉另一派的方法,而必须使宗教与政治从根本上分离开来。放弃了宗教权力的政治可以走上最现实和最理性的实践道路,放弃了政治权力的宗教,也可以使灵魂的事回归到灵魂本身,而不必再借助于不属于灵魂的政治武器。

洛克结合了因信称义的神学和社会契约的政治理论,提出以政教分离来解决宗教问题的主张,成为第一个提倡宗教宽容的政治哲学家。在美国这个有着深厚的新教传统,而又主动把自己的立国原则奠基于自然权利和社会契约论之上的国家,她所提倡的宗教宽容,当然有着浓重的洛克色彩。

三、弗吉尼亚的宗教自由

美国国父们并不是一开始就一致主张宗教自由的。美国宪法第一修正案中的宗教自由条款,也是在经过了各方反复的磨合与论辩之后,才最终形成的。

在宗教问题上最保守的,当属乔治·华盛顿和约翰·亚当斯。他们

---

[1] 洛克:《论宗教宽容》,吴云贵译,商务印书馆 1996 年版,第 5 页。
[2] 同上书,第 6—7 页。

认为，官方宗教制度会成为新生的合众国的道德基础，于是在很多公众场合诉诸基督教教义。华盛顿甚至明确要求，美国军队要向上帝发誓。虽然他们也不乏反对宗教迫害的言论，但他们还是要依靠宗教制度来维护社会稳定。[1]

不过，国父中的大多数人出于不同的原因，认同宗教自由。但其基本观念，都秉承了从洛克到《独立宣言》中所强调的天赋人权的说法，即，上帝赋予了人们不可转让的自然权利，其中包括宗教信仰的权利。更加强调民主制度的，担心官方宗教会破坏民主政治；更加强调宗教自由的，担心政治的干涉会破坏人们的宗教信仰。因此，他们大多同意，政教必须分离，宗教自由必须得到保护。[2]

在宗教自由问题上的第一步实质举措，应该是弗吉尼亚州对宗教自由问题的开创性规定。我们前面已经看到，弗吉尼亚1607年建立的圣公会，是北美殖民地中的第一个官方教会。针对弗吉尼亚的这一问题，梅森、麦迪逊、杰斐逊都先后尝试提出保障宗教自由的一种法律形式。

1776年，梅森起草了《弗吉尼亚权利宣言》，这一天才的文件在很多方面都成为后来《独立宣言》的蓝本。而其中第十六条对宗教自由的表述，更是美国宗教自由的最初法律形式。在梅森的草稿中，这一条是这样写的："宗教，或者说我们对我们的造物主所负的责任，以及传播它的形式，只能靠理性和说服来指导，而不能靠强制或暴力；因此，在宗教活动中，任何人都应按照良心的指挥，享有最充分的宽容，不能受官长的惩罚和限制，除非有人在宗教的幌子下破坏社会的和平、幸福和安全。这是所有人相互实践基督徒的忍耐、爱和仁慈的责任。"

这一文件获得了广泛的认可。但是，麦迪逊却认为，梅森所沿用的洛克的"宽容"一词不妥。因为这个词暗示，某些人或某个机构有宗教上的特权，他们居高临下地宽容那些不属于这一机构或教派的人。因此，这个词就没有把宗教自由当作自然权利的一部分，无法使所有公民享有充分的

---

[1] Sherryl Wright, *Does Majority Religion Rule the Bench? A Study of United States Supreme Court Treatment of Minority Religions,* Ph. D Dissertation, 2002, p.53.

[2] Ibid., p.49.

平等和自由。于是，麦迪逊把这一条修改为："宗教，或者说我们对我们的造物主所负的责任，以及传播它的形式，只能靠理性和说服来指导，不能靠强制或暴力；所有人都有权根据良心的指挥，充分而自由地进行宗教活动；没有人或人群应该因为宗教而得到某些薪俸或特权……"

麦迪逊的这一稿不仅改掉了梅森稿中的"宽容"一词，而且其矛头直指弗吉尼亚的官方教会圣公会，遭到了很多弗吉尼亚人的反对。于是，麦迪逊只好退一步，删去了关于宗教特权的句子。但这一文件的最终形式还是保留了他针对梅森作的修改："宗教，或者说我们对我们的造物主所负的责任，以及传播它的形式，只能靠理性和说服来指导，不能靠强制或暴力；所有人都有权根据良心的指挥，充分而自由地进行宗教活动；这是所有人相互实践基督徒的忍耐、爱和仁慈的责任。"[1]

在很多方面参考了这一《弗吉尼亚权利宣言》的杰斐逊并没有把宗教内容写进《独立宣言》。但是，1779年，他在弗吉尼亚议会上提出了著名的建立宗教自由的法案，把宗教自由问题进一步推进到具体的立法之中。

杰斐逊首先提出主张宗教自由的原因："首先，人们的意见和信仰并非来自自己的意志，而是来自其心灵所能接受的外界迹象。"这一条在后来通过的议会文件中删去了，但这一带着明显洛克痕迹的哲学主张，表明了杰斐逊思想的复杂性，即，他并不是无原则地主张自由意志，而是把心灵对外部事物的被动接受与自由意志相结合。而这一切的根源，都在上帝那里。于是，他紧接着讲出了第二个原因："全能的上帝创造了自由的心灵，并让心灵保持自由，不受任何约束的限制，以此证明他的无上意志。"因为上帝赋予了自由的心灵，所以，"一切用世俗的惩罚、负担、剥夺公民资格来影响心灵的企图，只会养成虚伪和卑鄙的恶习，是违反我们的宗教的神圣创造者的意图的。宗教的神圣创造者作为肉体和心灵的主宰，不喜欢使用压迫两者中任何一种的手段来传播宗教，尽管无所不能的他完全有能力这样做"。基于上述原因，杰斐逊认为，那些把信仰强加给别人，认为自己的意见和思维方式是唯一正确的标准的立法者和统治者，不论世

---

[1] Daniel L. Dreisbach, "George Mason's Pursuit of Religious Liberty in Revolutionary Virginia", in *The Virginia Magazine of History and Biography,* vol. 108, no. 1 (2000), pp.5-44.

俗的还是教会的，其实都是不虔诚的，他们所建立的都是伪宗教。而这样的立法者和统治者却遍及世界的各个部分，也存在于历史上的多数时期。强迫人们向自己不信的教会交纳钱财，就是有罪的和僭政式的；强迫人们支持某种宗教教条，也是剥夺其固有的宗教自由。无疑，杰斐逊这里明确批评了弗吉尼亚的圣公会及其宣教和征税办法。

除去关于信仰自由这种自然权利的主张外，杰斐逊和洛克一样，也诉诸社会契约论之下政教分离的基本观念，并批评弗吉尼亚对公职人员宗教信仰的要求。他说："我们的公民权利不依靠我们的宗教见解，就像不依靠我们的物理学或几何学见解一样；因此，一个公民除非表明信仰或不信仰这种或那种宗教，否则就被剥夺公民权，宣称他不值得公众信任，没有资格担任有报酬的公职，这种做法等于是剥夺他和他的公民同胞一样因自然权利而具有的特权和利益。"自然权利本来就来自神法，因此，剥夺自然权利，也就是亵渎了神法，那么，"用垄断世上的荣誉和报酬的办法来贿赂那些表面上信仰和遵奉一种宗教的人，实际上是败坏本来想予以鼓励的那种宗教的原则"。他进一步指出："人们的意见不是公民政府的职责范围，不受它的管辖；听任行政长官在意见领域内滥用权力，随便假定一些原则或倾向不良就不准信仰或传播，这是一种危险的错误，会立即把全部宗教自由回调。"不过，杰斐逊还是给政府在非常时期干预宗教事务留下了一点余地："当一些原则突然变成公然破坏和平与秩序的行为时，公民政府为了其正当目的应要求其官员进行干涉。"

上述这些论证，与洛克在《论宗教宽容》中的说法如出一辙，一方面是基于新教这种"良心宗教"的理解，另一方面是基于自然权利与社会契约论的政治哲学观念。于是，杰斐逊代表州议会提出："我们，弗吉尼亚州议会兹规定，不得强迫任何人举行任何宗教礼拜仪式，或资助任何圣地或牧师，也不得由于其宗教见解或信仰而对其人身或财产施加限制、强制或折磨，一切人均可自由表明并通过说理坚持其宗教见解，决不可因此而缩小、扩大或影响其公民权。"

在这份法案的结尾，杰斐逊指出，虽然按照法律规定，他们这一届议会无权限制以后各届议会的行为，因此不可宣布这份法案是不可撤销的，但他还是强调,这里所宣布的,乃是人类的自然权利,以后谁要撤销这项法案,那就是对人类自然权利的侵犯。[1]

杰斐逊所提出的这一法案在弗吉尼亚得到了广泛的支持。1786年初,弗吉尼亚议会通过了这一法案。到这个时候,不仅梅森那里含义模糊的"宽容"概念不见了,而且,麦迪逊遭到反对而不得不删除的内容,也被加进了法律规定之中。宗教自由问题,首先在弗吉尼亚取得了丰硕的成果。

四、美国宪法第一修正案

在1787年通过的美国宪法中,并没有关于宗教自由的条款,同时也没有任何别的关于个人权利的规定。在制宪会议中,很多代表就对此表示了异议。当时对此的一般反应是,对人权的规定是没有必要的,因为国家本来就没有限制人民自由的权力。比如,宪法里没有赋予联邦政府限制言论的权力,为什么还要规定人民有言论自由的权利?宪法里没有规定联邦政府有宗教迫害的权力,为什么还要规定人民有宗教自由的权利?[2]

作为美国宪法之父的麦迪逊并不认为这些权利是不重要的,但他还是没有把各州代表们提出的权利法案写进宪法正文,因为他担心,这样就会使反联邦党人借机抬头,破坏联邦党人已经取得的优势,从而破坏国家的稳定。因此,梅森等反联邦党人虽然极力呼吁加入权利法案,1787年宪法里还是没有相关的规定。

宪法制定出来后,在法国任外交官的杰斐逊致信麦迪逊指出,宪法中没有权利法案这一点令他非常不安。虽然杰斐逊不属于联邦党人,但他在读了《联邦党人文集》后,衷心钦佩其中的许多观点。而麦迪逊虽然一

---

[1] 参见托马斯·杰斐逊:《建立宗教自由法案》,见《杰斐逊选集》,朱曾汶译,商务印书馆1988年版。译文有改动。

[2] See George Anastaplo, *The Amendments to the Constitution: A Commentary,* Baltimore: John Hopkins University Press, 1995, p.11; 也可参见邱小平:《表达自由:美国宪法第一修正案研究》,北京大学出版社2005年版。

直警惕反联邦党人，但是对杰斐逊的意见还是虚心听取。于是，经过几次通信，麦迪逊被杰斐逊说服了。他同样意识到，对于新生的美国，一份权利法案是至关重要的。于是，他也积极活动，极力促成这些修正案的通过。1789年，麦迪逊在众议院宣布了制定权利法案的计划，随后，众议院组成委员会提出了各项修正案，并得到参众两院通过。国会总共提出了十二项修正案，1791年，其中十项被通过，就是美国宪法的第一到第十修正案。

其中的第一修正案规定："国会不制定下列法律：确立宗教或禁止自由宗教活动，限制言论、出版、人民和平结社的自由，以及向政府请愿诉冤的自由。"其中关于宗教的规定，一般被称为"确立条款"（不得确立宗教）和"自由条款"（不得禁止自由宗教活动）。这短短的规定，确立了美国宗教自由和言论自由的基本政策，使美国成为第一个在法律中明确保护宗教自由、提倡宗教宽容的现代国家。

十个修正案的通过，当然有着复杂的政治背景。比如，其中重要一点，就体现了反联邦党人出于各州利益，限制联邦权利的考虑。因此，当这些修正案刚刚通过时，都只是对联邦政府的限制，并没有限制各州政府。在很长时间里，各州仍然在做着一些违背修正案的事情，而不会受到法律的干涉。直到南北战争时期，按照第十四修正案，这些对联邦政府的限制，才变得同样适用于各州政府。[1]

如果仅从内容上看，十个修正案并没有比1787年宪法增加多少内容，因为这些规定其实都可以从宪法中引申出来。既然如此，美国的这些国父们为什么还要如此煞费苦心，一定要增加这看上去不无重复的修正案呢？尤其是远在法国的杰斐逊，为什么一封信接着一封地，一定要说服麦迪逊呢？阿纳斯塔普罗认为，把这些权利写入法律，是要让美国人民明确知道，自己可以利用哪些权利来限制政府，其实并不是多此一举的重复规定。其真正意义在于，对人民个体权利的规定，可以有效地限制政府的权力，从而更有力地促进法律面前的节制、自由和平等。[2] 阿纳斯塔普罗道出了这

---

[1] George Anastaplo, *The Amendments to the Constitution: A Commentary*, p.57.

[2] Ibid., p.46.

些修正案的法律实践意义；但为什么限制政府如此重要？作为立法者的杰斐逊和麦迪逊难道不更关心政府的稳固，反而热衷于限制自己的权利吗？这背后更重要的，乃是权利法案，尤其是第一修正案所体现的政治哲学理念。

在众议院最初提出的权利法案中，宗教自由和言论自由本来是相互独立的两条；后来参议院就把它们合为一条，但仍然没有放在第一位；而最后通过的形式，则把宗教问题和言论自由问题合为一条，变成了第一修正案。而后面的几条修正案，则更多涉及技术问题。

第一修正案无异于对《独立宣言》第一段话中对上帝赋予的自然权利的法律诠释。而这一点，即，造物主赋予的自然权利不容伤害和限制，正是美国可以合法地脱离英联邦、独立建立合众国的理论基础。这一条的意义，还不仅仅在于为美国公民提供限制政府的法律依据，更重要的是，它以法律的形式把美国立国的法律理由表现出来。美国之所以能够独立于英联邦而成为美利坚合众国，就在于她能为美利坚的人民保障英帝国所无法保障的自然权利。如果美国不能保障人民的宗教自由，她又和清教徒们当年弃如敝屣的欧洲王国有何区别呢？

比起《独立宣言》和弗吉尼亚关于宗教自由的两个文件，美国宪法和它的修正案在措辞上都要严谨得多。我们在里面再也找不到"上帝""造物主""基督徒"这样的字样，让人觉得这似乎并不是一个基督教国家的法律文件。因此，那些口口声声念着上帝的国父们制定的美国宪法一直沿用至今，在如今这个完全宗教多元的时代依然完全适用。这一点无疑标志着美国宪法伟大的开创性。

但是，这开创性并不能真正掩盖它背后的基督教色彩，因为第一修正案与洛克的《论宗教宽容》，梅森和杰斐逊的宗教自由主张都一脉相承。正是这种基督教色彩，成为美国宗教自由政策后来种种问题的根源，同时也使它不可能照搬到别的国家。

阿纳斯塔普罗看到，宪法修正案这样保护美国人对"神圣"的崇拜，同时也保证了，这个国家的任何公共政策都不会神圣到不容置疑的程度。

哪怕宪法本身，也是可以怀疑和修正的。[1] 换句话说，第一修正案之所以如此规定，其实隐含了一个前提，也就是自然权利和社会契约学说的前提：有一个超验的神圣存在，是这个神圣存在赋予了人们不可剥夺的自然权利。人们对这个神圣存在所负的责任，都是每个人自己灵魂上的事情，一个合格的政府应该保证人们追求这种神圣生活的自由，但是不能干预人们追求神圣生活的方式。人们可以按照基督教中的任何一个教派来理解这个神圣存在，甚至也可以按照别的宗教的方式来理解这个神圣存在。言论自由同样也是这个神圣存在赋予的自然权利，任何世俗的政府都无权剥夺。

在美国的基本政治架构当中，上帝（或神圣的存在）、自然、人、政治都有着明确的位置。而这个结构，最终还是可以追溯到基督教神学理解。这个来自基督教的政治建构之所以把言论自由和宗教自由放在一起来保护，正是因为二者都是上帝赋予的，因而神圣不可侵犯。人们建立政府，只是为了解决人类世俗生活中不可解决的问题，从而保护这些神圣的权利，但政府本身并不具有神圣性。正像阿纳斯塔普罗所说的，这两项自由放在同一修正案里，并不是出于巧合，而是相互促进、相互加强的。甚至可以说，这两种自由，归根到底乃是一种自由。

正如赖特所说的，虽然美国倡导宗教自由和宗教宽容，但是这个国家"有一种很容易辨别的——政治上也可辨别的——民族气质，很大程度上是有神论的。这种民族气质当然在其主流宗教中尤其明显，因为正是这些宗教塑造了它，并反映了它的价值"[2]。因此，在1892年的一个案件中，最高法院明确宣布："这是一个基督教国家。"在1931年，它又一次强调："我们是一个基督教民族。"1954年，大法官沃伦说，只要是基督宗教，他都会捍卫其宗教自由。[3]

赖特强调，美国并不总是这么公开支持新教，但是美利坚民族的精神气质中，特别是其政治所体现的精神气质中，却有着极为浓厚的新教气

---

[1] George Anastaplo, *The Amendments to the Constitution: A Commentary*, p.58.
[2] Sherryl Wright, *Does Majority Religion Rule the Bench? A Study of United States Supreme Court Treatment of Minority Religions,* Ph. D Dissertation, 2002, p.62.
[3] Ibid., p.75.

质。而美国之所以强调宗教自由，恰恰是这种精神气质与社会契约论的政治制度结合，使美国人相信，宗教信仰是神圣不可侵犯的，是高于任何世俗权力的。这样一种神学和政治信念，使美国人原则上容许所有的人以自己的方式追求自己的宗教信仰，哪怕根本和基督精神毫无关系的宗教信仰。但这种精神气质的渊源使得它更易于保护新教和相近的其他宗教。对于根本不这样理解神圣，世界图景与此完全不同的宗教，就可能出现意想不到的问题了。

宗教自由之所以在美国成为政治上的可能，并不是因为美国和欧洲诸国的理念根本不同，而恰恰是因为美国更加彻底地贯彻了新教精神和社会契约的原则。这么说并不意味着，美国的宗教自由就是唯一可能的宗教自由的形式。这种宗教自由根深蒂固地带着它的文化背景所带来的限制，而且这种限制所造成的问题也越来越多。每当美国文明遭到危机的时候，它就会不断返回自己的源头去寻求解决方案，比如之前的小布什政府，就经常诉诸基督教的理念和价值。而这种态度不断遭到批评，因为他正在违背美国国父们政教分离的立国之道。要在现在的世界重新思考宗教问题，尤其是在一个没有基督教背景的国度，美国的经验无疑有着重要的价值，但是这种价值却不能过度夸大，否则就必将带来新的灾难。

五、宗教自由的实践例证

在宾夕法尼亚、印第安纳、俄亥俄、伊利诺伊等州，都生活着神秘的阿米什人。他们不用电，不用现代的纽扣，拒绝让人照相，穿着中世纪的长袍长裙，不用汽车而用马车，在家里主要用德语交流，不建教堂，在家里祈祷，不接受初级以上的教育，不参加政治生活，不为国家投票，而且还不接受美国的社会安全制度和医疗保险，哪怕在战场上也不杀人。最突出的特点是，他们虽然出生时就是阿米什人，但是在成年时还要受洗礼。正是因为这一点，他们才被称为"再洗派"（Anabaptism）。诞生于瑞士的阿米什教派在欧洲早已销声匿迹，但是在美国却依然有着相当多的人口。阿米什人的存在，非常有力地证明了美国宗教自由政策的彻底和有效。

阿米什教派是雅各·阿曼（Jakob Ammann, 1644—1730）创立的，本来是再洗派中的门诺派（Mennonite）的一支，但是阿曼认为，当时的门诺派过多向世俗势力妥协，已经偏离了门诺派的正统，他主张恢复到严格的门诺派。于是，他所领导的这支极端的再洗派，就以他的名字命名，称为"阿米什派"。阿米什派极端主张政教分离，把尘世的智慧都当作罪恶，不仅和各个教派发生激烈的冲突，而且其极端蔑视世俗政治和智慧的态度，也很难得到各国政府的容忍。于是，阿米什人在欧洲遭到了天主教、路德宗、加尔文宗、兹温格利宗、各世俗政府的多重镇压。很多阿米什人陆续逃到了美洲。留在欧洲的阿米什教派越来越小，最后被吞并到主流的门诺派之中，现在的欧洲，已经没有有建制的阿米什派教会了。

阿米什人到了美洲之后，同样遭到了各种问题。由于阿米什人是极端的和平主义者，坚决反对任何暴力，在美国的独立战争中，他们哪边也不支持，惹来了英美双方的敌意。第一次世界大战期间，美国参战后在青年人中普遍征兵，但阿米什人拒绝服兵役，凡是参加战争者都会被赶出教会，结果和美国政府形成了很多冲突。在以后的历次战争中，阿米什人总是遇到同样的问题。第二次世界大战粮食短缺的时候，阿米什人甚至拒绝使用政府发给的口粮供应，因为上面印有坦克、飞机和别的武器装备。等到1955年美国开始实行社会安全制度时，每个公民都被要求加入，但是阿米什人却拒绝接受社会安全号码与医疗保险，和政府之间形成了激烈的冲突。联邦政府一度留置阿米什人的财产。最后政府向阿米什人妥协，国会宣布，阿米什人可以免于社会安全号和医疗保险。阿米什人还有很多生活方式与美国的现代制度相冲突。比如，阿米什人拒绝用汽车，于是他们的马车就经常带来各种交通不便，甚至常常酿成交通事故。阿米什人的内部通婚制使他们当中的疾病越来越多，于1979年导致了大规模的脊髓灰质炎的流行。

最令政府头疼的，是阿米什人的教育观念。阿米什人的孩子，只上到八年级就不再上学了，但是大多数州的法律规定每个孩子都要接受义务教育。阿米什人常常从法律严格的州迁移到法律比较松弛的州来规避这个问题。1971—1972年的威斯康星诉尤德案（Wisconsin v. Yoder），就是由此引发的一起案件。

约拿斯·尤德、华莱士·米勒、阿丁·余特西都是阿米什人。威斯康星州政府起诉他们，因为他们违背了该州要求每个孩子上学都要上到16岁的规定。这三个家长拒绝让孩子们在八年级以后还上学，因为这和他们的宗教信仰相违背。审判结果，最高法院认为，第一修正案中关于宗教活动自由的个人利益，比州政府逼迫孩子们在八年级以后还上学所得到的利益要大。法院发现，小学阶段的价值和课程"与阿米什派宗教所要求的基本生活方式尖锐冲突"，而让孩子多上一两年学，并不会为公共教育带来多大利益。[1]

最高法院对威斯康星诉尤德案的判决，为以后处理这类冲突立下了基本范例。但更重要的是，这里体现了美国政府处理阿米什这类宗教的一贯立场。虽然阿米什的一些主张可能与美国的某些基本政策，比如征兵、社会安全、教育等相冲突，但是美国政府多数情况下还是允许他们因宗教理由而不受这些基本国策的约束。正如最高法院在对威斯康星诉尤德案的判决里所说的，个人宗教信仰的权利，比公共教育为州政府带来的利益还要重要。

政府作出这样的让步，并不是因为他们不关心国家利益和法律的尊严。战争、对全民的管理、公民的义务教育，当然都是维系国命的重要方面，在没有特殊情况的时候，绝对不能轻易让步。但是，在美国政府看来，这些政策之所以重要，只是因为它牵涉到世俗国家的命运，而世俗国家本身，却没有什么神圣的意涵。相比而言，每个公民个体对上帝的义务，以及上帝赋予他们的自然权利，却是属神的，哪怕只是乌茇之微的一个阿米什农民，他的神圣的宗教权利，也比泱泱大国的社稷重要。这是美国赖以立国的基本原则。

---

[1] Sherryl Wright, *Does Majority Religion Rule the Bench? A Study of United States Supreme Court Treatment of Minority Religions,* Ph. D Dissertation, The Iliff School of Theology and The University of Denver (Colorado Seminary), 2002, p.142.

不过，这种原则在实践中暴露出来的矛盾，也是非常明显的。国家政策对个体自由的这种让步，很容易对政治和社会造成伤害；尤其是，一旦有此先例，假借宗教之名破坏国家政策的行为就有了借口。因此，最高法院在处理这样的案子时非常谨慎小心，力求确切把握当事人是不是真诚地出于宗教目的。

因此，在处理阿米什一类的宗教问题时，政府总是和教徒们在具体事情上进行博弈。国家总是不情愿地作出一些让步，而阿米什人也要在美国现有的法律框架之内和政府讨价还价。双方在这样的讨价还价中达成一种相互妥协。在这样的情况下，只要内部不发生剧烈变化，阿米什教派在美国继续存在下去，并没有政治或法律上的障碍。而阿米什这个个案，非常生动地反映了美国宗教自由的政治实践。

美国的宗教自由，其基本原则，就是保障人们有充分的自由完成自己认为的对上帝（或别的超验存在）的神圣义务。如果这些宗教活动和国家政策发生冲突，政府就主要以法律为中介，与教徒们进行博弈。

类似的问题，还有摩门教的多妻问题。当然，现在正统的摩门，即"耶稣基督末世圣徒教会"已经放弃了多妻制；但是摩门教中仍有一些派别顽固地坚持多妻的制度。这种多妻制的宗教，给美国的基本国策同样造成了很大的威胁。虽然美国政府可以允许阿米什的孩子不上学，这次却不能轻易允许摩门教徒实行多妻制了，因为他们非常清楚，一旦开了这个先例，危害就会大得多。因此，美国政府从来没有明确认可某些摩门教徒的多妻制。不过，在这场博弈中，美国政府也并不轻易干涉。多妻者虽然违法，但只要他们不大肆宣扬，国家也不会主动插手，除非国家安全受到直接的威胁。另外，很多多妻的摩门教徒也采取了针对政府的相应对策。比如，他们每次结婚时都不去政府机关注册，这样，在法律上，多妻其实只是和几个女人同居，而和若干女人同居，并不违法。于是，靠了政府和摩门教徒双方的模糊对策，某些摩门教徒的多妻制事实上保存了下来，美国政府基本上把这个鸡肋搁置了起来。政府没有落下干涉宗教自由的罪名，而多妻制也不可能大肆宣扬起来。

六、弱小群体的宗教活动

我们上面已经看到,虽然第一修正案的表述是中性的,但是其思想根源却有着明显的基督教背景。美国国父们不仅自己成长在基督教文明的大环境中,而且他们在制定宪法的时候,所面对的,也主要是新教各个宗派,和少量的天主教与犹太教徒。至于众多的印第安人部落,他们根本就没有公民权,因此,印第安人的宗教当然没有被考虑在内。非洲裔的黑人当时是奴隶,同样没有公民权,即使他们带来了非洲的土著宗教,也不可能被纳入宗教平等的范围。

在这样的情况下,虽然新教各派别之间主张不同、特点各异,但是毕竟有着共同的背景,都比较容易接受第一修正案中对宗教的新教式理解;而美国政府面对这些新教群体,也比较容易管理。按照阿纳斯塔普罗的说法,在美国刚刚建国之后,国家与教会之间的合作很多,不仅没有人认为这违反了第一修正案中的确立条款(不得确立宗教),而且认为这是理所当然的。那个时候,人们所理解的确立条款的意思,是政府不得偏向于某个宗教而排斥其他教派,而不是像今天这样,认为政府和宗教团体之间不得有任何合作。[1]

阿纳斯塔普罗进一步认为,今天人们对确立条款的理解,即政府不得支持任何宗教团体,比如为教会学校提供资助,完全是一种误读。他还引《弗吉尼亚权利宣言》中明确的基督教痕迹为例,来证明政府和教会的合作完全是合理的。[2]

美国最高法院对这一条的实践是不是误读,在我们这些局外人看来,无关宏旨。但阿纳斯塔普罗的这种质疑还是非常有趣。他的这一说法,无异于公开承认,美国的宗教自由,本来就是基督教的一个产物,而基督教的宗教精神,本来就体现在美国宪法之中。所谓政教分离的理论基础,本

---

[1] See George Anastaplo, *The Amendments to the Constitution: A Commentary*, Baltimore: John Hopkins University Press, 1995, p.56.

[2] Ibid., pp.56-57.

来就悖谬地来自基督教自身。按照这一精神,美国政府应该对所有宗教一视同仁;但是这种对待各宗教教派的态度,恰恰基于某种来自基督教的精神气质。

因此,当美国的宗教状况逐渐发生变化,新教越来越不占统治地位的时候,对第一修正案的理解发生相应的变化,也并不是什么大不了的事。不过,阿纳斯塔普罗却一针见血地指出,这种变化会逐渐使人们忘记国父们本来的用意,而这种忘记是危险的;相比而言,倒是小布什政府和宗教越来越亲密的态度,显得更接近美国政教关系的本质,然而,这样一种似乎更接近国父精神的做法,反而在逐渐背离国父们制定宪法的目的。

随着黑人和印第安人逐渐在美国获得公民权,也随着美国领土的不断扩张,美国宗教状况变得日益复杂;各国移民的到来,尤其是第二次世界大战时期犹太人纷纷移居美国,为美国带来了各种各样的新宗教;天主教势力也在逐渐扩大,约翰·肯尼迪成为第一个信仰天主教的美国总统,今天的美国天主教,其势力已经不亚于任何一个单独的新教教派;此外,各种新创立的新兴宗教也在美国国土上生根发芽,慢慢繁荣起来。所有这些状况都使美国的宗教自由政策面临着巨大的挑战。

对于美国而言,小群体宗教未必是严格意义上的新宗教。比如佛教、伊斯兰教、犹太教,本来就是有着悠久传统的老宗教;但是对于美国政府,这些宗教所构成的问题,却是很新的问题。对于他们而言,这些新近传入的非主流宗教,就相当于新型宗教。

1972年的克鲁斯诉博托案(Cruz v. Beto)就是一个典型的案例。克鲁斯是个佛教徒,当时被关在得克萨斯的一个监狱里。他状告他所在的监狱,说他们不准他使用监狱里的礼拜堂,不准他给自己的师父写信,也不准他和监狱中别的犯人共享宗教物品。而得克萨斯州却积极鼓励别的囚犯参与宗教事务,政府出资,在监狱里设立天主教、犹太教和新教的礼拜堂,为他们提供宗教书籍,甚至还组织宗教活动、礼拜日的宗教学校。地方法院不予受理,认为那是监狱管理者的事,并且说:"因为法庭所不知道的合法的监狱纪律和安全原因,监狱里的囚犯可以不必享受同等的宗教活动。"上诉法院予以受理,认为得克萨斯州拒绝了克鲁斯的正当请求,不能像信仰别的宗教的囚犯那样追求自己的宗教信仰，此案应该受理。虽然此案的最终结果倾向于克鲁斯，但是法官仁奎斯特（Rehnquist）——也就是后来继任的首席大法官——的反对意见却代表了对待这类案件的一般态度。仁奎斯特不仅指出克鲁斯是个15年的抢劫惯犯的事实，和监狱是特殊场所这样的情况，并且问，监狱里有多少别的佛教徒，政府是否有义务为这么少数的人提供服务。仁奎斯特的反对意见，明显是出于佛教是小群体的事实，从而他拒绝给克鲁斯同等的权利。[1]

此案虽然克鲁斯获胜，但以后的类似案件中，最高法院却更大程度地允许监狱限制囚犯们的宗教权利。1979年，亚拉巴马监狱要求一个叫古尔顿（Goulden）的犹太教徒剃须剃发，而这违背了他的宗教信仰。当古尔顿上诉的时候，最高法院驳回了上诉，因此任何一级法庭都没有受理古尔顿的这一上诉。

另外一个和小群体宗教相关的著名案例，是1988年的林格诉西北印第安墓地保护协会案（Lyng v. Northwest Indian Cemetery Protective Association）。美国政府计划修建一条公路，而公路会穿过三个印第安部落传统上用于宗教活动的圣地。因为这三个部落的宗教要求，圣地必须安静和无人打扰，公路的修建必然会破坏这块圣地。此外，政府还要在此地伐木。西北印第安墓地保护协会采取行动，力图阻止美国农业部秘书在此的工作，于是引发了此案。审案过程中，辩论的焦点是，第一修正案是否不准政府在此地修建公路和采伐木材。结果以五票对三票否定了这一说法。虽然政府的行为会损害印第安人的宗教活动，但是这些损害是微乎其微的，并没有逼迫印第安人违背他们的信仰。不能要求政府活动"满足每个公民的宗教需求和欲望"，第一修正案并没有赋予任何组织以权力，来阻止并没有破坏宗教自由活动的公共项目。

第一修正案本来就是针对每个公民个体的，为什么政府不能满足每个公民的宗教需求和欲望呢？难道只有强行逼迫才构成侵犯宗教信仰自由吗？

---

[1] 案件可参考 http://caselaw.lp.findlaw.com/scripts/getcase.pl?court=us&vol=405&invol=319。（访问日期2023年6月12日）

对于这明显矛盾的说法，最高法院并不是一点理由也没有。在 1940 年的康特维尔诉康涅狄格州（Cantwell v. State of Connecticut）一案中，法庭判决宣布，第一修正案中的自由条款"包含两个概念——信仰的自由和行动的自由。第一点是绝对的，但是按照事情的性质，第二点不能是绝对的"[1]。也就是说，政府不能干涉公民信仰的自由，但是可以干涉公民的宗教活动。在林格诉西北印第安墓地保护协会一案中，直接的焦点并不在于印第安人的宗教是否人数很少，而在于政府的这种行为，针对的不是信仰，而仅仅是祭祀仪式。在他们看来，虽然这会妨碍三个印第安部落的宗教活动，但并不会伤害到他们的信仰。

而康特维尔诉康涅狄格州一案，因为所涉及的是信仰和言论问题，审判结果完全有利于小群体宗教。在那起案子中，康特维尔父子是耶和华见证派教徒。在他们所散发的宣传手册上，有一些对基督教，特别是天主教，很不恭敬的话，因此惹怒了路人，父子几人被抓了起来。他们向逮捕他们的康涅狄格州提出上诉。法院判决指出，虽然维护公共秩序是应该的，但是不能因此而侵犯宗教自由的权利。康特维尔如果不是出于宗教目的，他们的这些话就是有罪的；但是因为他们是出于信仰，康州政府无权干涉。[2]

我们惊讶地看到，在康特维尔一案中，最高法院宁可牺牲公共秩序，也要保护宗教自由，简直是过于宽大；而在林格一案中，却显得对印第安宗教极为蛮横无理。同样是小群体宗教，为什么耶和华见证派就得到照顾，印第安宗教就遭受歧视呢？其实原因不难理解。康特维尔一案涉及的是信仰，而林格一案涉及的是活动和仪式。按照信仰和活动分离的原则，哪怕康特维尔辱骂天主教也没关系，但印第安人就无权保护他们的圣地不受侵犯。

诚然，在这两起案件中，最高法院并没有直接歧视小群体宗教。但是，在他们的信仰和活动相分离的规定中，我们看到的却是基督教，特别是新教的浓重痕迹。因为，因信称义、强调信仰、不重仪式，正是新教的

---

[1] http://caselaw.lp.findlaw.com/scripts/getcase.pl?navby=case&court=us&vol=310&invol=296.（访问日期 2023 年 6 月 12 日）

[2] 同上。

特点。许多和犹太基督教有渊源的新兴宗教，也强调信仰；而本来非常看重仪式的天主教，现在也变得重视信仰了。但是，确有一些宗教，比如印第安人的宗教，不仅不看重信仰，甚至他们的宗教里可能就没有现代意义上的个体认信问题。也许仪式就是他们宗教的全部，他们也许只能在集体场合才能进行宗教活动。而像犹太教和伊斯兰教这样的宗教，律法的重要性也远远胜过个体信仰。面对这样的宗教，这种信仰与活动分离的原则必然会带来对宗教自由的破坏。

按照赖特的说法，在最高法院关于宗教自由的判例中，正统犹太教徒和印第安人没有赢过一个案子。[1] 大略而言，其原因或许就在于，犹太人和印第安人要求保护的，往往不是新教意义上的信仰自由，而是和宗教活动相关的内容。而克鲁斯的案件之所以获胜，犹太人关于剃须剃发的上诉却被驳回，或许也在于，二者所要求保护的宗教权利，其内涵是不一样的。

七、信仰自由与宗教宽容

到现在，信仰和活动之间的区分已经逐渐弱化了。不过，支配这一区分的道理依然存在。为了有效地实行管理，国家不可能对任何自称宗教的团体都一视同仁。当美国政府规定要保护宗教自由的时候，他们心目中其实有一个非常明确的宗教定义，即新教那样的才是真正的宗教。这倒不一定是出于文化偏见，而是美国立国所依赖的政治哲学所预设的。只有生命、言论、信仰、财产这些才算得上上帝赋予的自然权利，而律法、仪式、建筑、衣食等等，已经超出了自然权利的范围，是社会契约可以管辖的内容。不过，如果这些方面的活动是宗教所规定的，特别是，如果某些宗教的规定就是与国家的具体法令相违背，那就非常容易出现矛盾。我们前面看到的很多案例，比如威斯康星诉尤德案，康特维尔诉康涅狄格州案，都

---

[1] Sherryl Wright, *Does Majority Religion Rule the Bench? A Study of United States Supreme Court Treatment of Minority Religions,* Ph. D Dissertation, The Iliff School of Theology and The University of Denver (Colorado Seminary), 2002, p.144.

涉及这类问题。而在这个问题上引起最激烈争议的，莫过于1990年的俄勒冈人力资源部雇用分部诉史密斯案（Employment division, department of human resources of Oregon v. Smith）。

史密斯和布莱克是两个印第安人，按照自己宗教的要求服食了一种叫柏约他的仙人掌汁而被解雇，因为柏约他在俄勒冈被认为是毒品。史密斯和布莱克申请失业救济，却遭到拒绝，因为他们失业的原因是服食毒品。在俄勒冈州法庭，史密斯和布莱克败诉。但是最高法院宣布这一结果无效，命令俄勒冈法庭再审，看对违禁药品的仪式性使用是否违背了俄勒冈的毒品法。俄勒冈最高法院得出结论，虽然俄勒冈毒品法禁止在宗教仪式中服食毒品，但这一禁止似乎违反了自由条款。于是，这一案件归美国最高法院审理。而审理的结果是，俄勒冈的毒品法没有违背第一修正案中的自由条款。斯卡利亚法官认为，法院从来不会因为某人的宗教信仰而允许他违背别的法律。否则必将为各种违法的借口打下先例。这一判决引来了巨大争议。法官奥康尔虽然同意法院的结论，但是反对斯卡利亚的理由，他认为这必将毁坏法院支持宗教自由的一贯立场。而反对派的三个法官则指出，这一决定使宗教自由成了奢侈品，好像有秩序的社会不应该有，而"对小群体宗教的压制，成了民主政府不可避免的后果"。他们指出，斯卡利亚的说法根本讲不通，因为在康特维尔诉康涅狄格案和威斯康星诉尤德案中，都是因为宗教原因而允许公民享有别的法律所禁止的特权。[1]学者弗劳尔斯在评价此案的时候说，这一决定是灾难性的，势必使自由条款形同虚设。[2]

赖特指出，这一案件尤其具有讽刺意味的是，印第安宗教要求服食柏约他，就和基督教会要求圣餐礼时喝酒一样。[3]而柏约他在很多州已经开禁，只是俄勒冈还认为是毒品，但禁酒却是美国多数州普遍认可的。为什么基督教的圣餐礼就允许教徒喝违禁的酒，而印第安人的宗教仪式里就不

---

[1] http://caselaw.lp.findlaw.com/scripts/getcase.pl?court=us&vol=494&invol=872.（访问日期2023年6月12日）
[2] See Ronald Flowers, *That Godless Court?* Westminster John Knox Press, 2005, p.125.
[3] Sherryl Wright, *Does Majority Religion Rule the Bench? A Study of United States Supreme Court Treatment of Minority Religions*, Ph. D Dissertation, The Iliff School of Theology and The University of Denver (Colorado Seminary), 2002, p.178.

能喝违禁的柏约他呢？赖特甚至由这一案件得出结论，最高法院已经不再相信宗教自由。[1] 或许就像反对派法官指出的，也许是因为法院对毒品问题过于敏感，所以才在此案中给出这么保守的判决。

与这一案件相呼应，仁奎斯特法官还判处了另外一起极富争议的案件。这就是1993年的鲁库米·巴巴鲁·阿耶教会诉希亚里市政府案（Church of the Lukumi Babalu Aye v. City of Hialeah）。在佛罗里达，有很多加勒比移民，其中有一些是信仰萨泰里阿教的古巴人。这种新兴宗教是非洲约鲁巴人的宗教和天主教的一种结合。1992年，大约有五万萨泰里阿教徒生活在佛罗里达南部。他们相信，只有在他们献给神的牺牲复活之后，他们才能获得上帝赐予的好命运。而这一宗教用很多家禽家畜祭祀。萨泰里阿教宣布要在佛罗里达的希亚里市建立教堂，该市议会通过了一条法律，禁止以宗教名义杀害动物。在审理这一案件时，最高法院全体一致认为，该市的法律违背了自由条款。[2]

这样的结果当然有利于小群体宗教，但是，这一判决仍然引起了很大的争议。原因在于，法院判决中用到了"宽容"（tolerance）一词。这个词就暗示了，萨泰里阿教之所以可用动物祭祀，是因为他们是应该被宽容的宗教。也就是说，他们处于一个较低的位置，需要更高的组织和机构给予施舍。我们看到，这个词是洛克当年讨论宗教问题时的核心词汇，但是美国国父之一的麦迪逊却认为，这个词带有歧视色彩，不应写进美国的法律文件当中。而在这个案子中，最高法院却用这个居高临下的词来描述对待萨泰里阿教的态度。虽然法院判萨泰里阿教获胜，但是"宽容"一词所暗示的含义却令美国人非常不安。[3]

这两个案子看上去不同，但是其背后的问题仍然是一致的。之所以法庭可以全体一致判处萨泰里阿教徒获胜，是因为希亚里市的立法明显是为了限制宗教活动，而没有牵涉诸如税收、教育、禁毒等问题。但这一案件

---

[1] Ibid., p.219.

[2] http://www.oyez.org/cases/1992/91-948.（访问日期2023年6月12日）

[3] Sherryl Wright, *Does Majority Religion Rule the Bench? A Study of United States Supreme Court Treatment of Minority Religions*, Ph. D Dissertation, The Iliff School of Theology and The University of Denver (Colorado Seminary), 2002, pp.212-213.

的审判结果并不意味着，最高法院就完美地贯彻了宗教自由的原则。恰恰相反，哪怕是让小群体宗教获胜，这种居高临下的态度仍然体现了其根深蒂固的基督教立场。而这种立场之所以要求宗教宽容，正如洛克所说的那样，高度自信的基督徒不必用暴力手段来强迫别的宗教改宗，其宗教自由的实质，就是基督新教对别的宗教居高临下的宽容。一旦宗教问题和别的法律问题相结合，就像在史密斯案中那样，这同一个法庭又会从基督新教关于宗教的理解出发，判定教徒们的哪些权利可以保护，哪些则不可以。

总之，我们看到，由于美国宪法第一修正案对政治结构有明确的理解，他们对宗教自由的理解也有着很重的新教色彩。而在这一法律的实践过程中，必然总是出现宗教问题和其他问题的冲突与重叠。很多关于宗教问题的判例，都是在宗教自由与别的法律问题之间左右摇摆。各种新兴宗教的传入和出现，使美国的宗教自由原则面临着巨大的挑战。无论是信仰与宗教活动的分离，还是宗教宽容的重新提出，都是对这些挑战的回应。而每次回应，其思想资源仍要诉诸基督新教的宗教理解，这反而进一步加深了美国宗教自由原则背后的新教背景与各种小群体宗教之间的冲突。

第十四章　伊斯兰国家的政教关系类型

本章将围绕中东的伊朗、沙特、埃及和土耳其以及东南亚的印度尼西亚和马来西亚展开伊斯兰国家政教关系的论述。这六个国家同属伊斯兰合作组织成员，且各具特色：伊朗以伊斯兰教什叶派建国并且由教士担任国家最高领袖；沙特坐拥麦加和麦地那两大伊斯兰教圣地；埃及的爱资哈尔大学和清真寺是伊斯兰教逊尼派最高学府；土耳其是第一个执行世俗化和政教分离的伊斯兰国家；印度尼西亚拥有全球最多的穆斯林人口，但坚守宗教多元化；马来西亚的穆斯林人口持续增长且逐渐趋向伊斯兰化，未来的发展动向备受关注。本章首先讨论政教关系的分类标准和类型；再按照宗教在不同国家的政治地位进行重新分类，探讨政教之间的互动及对社会层面的影响；最后将对各国政教关系的演变及其对国际穆斯林社会的影响进行梳理和总结。

一、社会学视野中的政教关系

政教关系主要讨论国家和宗教或政治和宗教之间的关系，两者之间存在多样的方式和类型。约翰斯通将之归纳为宗教与政治关系连续体（见图14-1），连续体的两端分别是纯粹神权统治和极权体制，而政教完全分离则居中间位置。[1]

---

[1] 参见约翰斯通：《社会中的宗教——一种宗教社会学》，袁亚愚、钟玉英译，四川人民出版社2012年版，第234—236页。

图 14-1　约翰斯通归纳"宗教与国家可能的关系连续体"[1]

纯粹神权统治意味着由上帝来统治，宗教领袖对社会的统治被认为以上帝的名义并根据上帝的旨意进行。修正神权统治的国家在世俗事务上需服从宗教机构及其领导人，但仍然是以独立实体存在；国家政权依赖宗教权威，并被视为宗教的强制性代理机构以管制违反社会规范的人民。极权体制的国家由于不能根除宗教，于是设法控制或操纵它；宗教不是被控制成为国家的工具或强制力量，便是被列为非法组织。政教完全分离类型的宗教和政治有各自的活动领域，假定宗教是私人化的，而国家和政治则涉及世俗事务。政教部分分离类型的国家，宗教和政治都是社会制度，由各种亚群体及规范组成，政教之间互动频密且功能交叉重叠，此体制存在于北美和欧洲国家。但政教部分分离本身存在向连续体两端移动的倾向，或朝完全由宗教控制和统治方向发展，或朝完全由国家控制的方向发展。[2]

皮尤研究中心分析 199 个国家和地区的政府和宗教关系后得出四种类型：官方宗教、偏好宗教、无官方或偏好宗教、与宗教机构对立。在 43 个确立官方宗教的国家中，有 27 个以伊斯兰教为国教，包括埃及、伊朗、马来西亚、沙特。土耳其和印度尼西亚属偏好宗教的类型，土耳其偏向伊斯兰教，印度尼西亚则将伊斯兰教列入受国家认可的六个宗教之一。[3] 保罗·克利特（Paul Cliteur）和阿夫欣·埃利安（Afshin Ellian）以国家对宗教的立场为标准将政教关系分为：无神论模式、神权模式、国教模式、多元文化主义模式、不可知论或世俗化模式。神权政治意指

---

[1] 参见约翰斯通：《社会中的宗教——一种宗教社会学》，袁亚愚、钟玉英译，四川人民出版社 2012 年版，第 236 页。
[2] 同上书，第 236 页。
[3] "Many countries favor specific religions, officially or unofficially," *Pew Research Center*, October 3, 2017, https://www.pewforum.org/2017/10/03/many-countries-favor-specific-religions-officially-or-unofficially/, accessed 25 November 2021.（访问日期 2023 年 6 月 12 日）

由上帝的代表统治政府，其代表是具有政治野心的神职人员而非普通的政治家，因此在神权政体下的宗教无可避免具有政治性。沙特王室与宗教组织的合作并不存在政教分离，因而与伊朗一同列为神权模式。[1]

此外，王林聪根据制度分化把政教关系分为政教一体、政教合一、政教分离和事实上的政教分离。伊朗属政教一体模式，但早期的伊斯兰社会是凸现神圣性的神权制，而伊朗依据《古兰经》和安拉的传统治理国家则体现教权制。宗教领袖出任国家最高领袖，同时也存在教权主导的民主。沙特则属政教合一模式，王室与瓦哈比教派虽结合但相对独立。教士仅负责宗教事务，国王掌控国家政权并兼任最高宗教领袖，因此沙特的政教关系格局中政权始终高于教权。[2] 土耳其的强制性政教分离模式始于凯末尔在 1924 年废除哈里发制度并推动世俗化。然而他强调世俗化并非反伊斯兰教，并成立宗教事务局来指导和管理伊斯兰教以免它因政教分离而失去依托。埃及政权压制宗教势力以防止宗教干政，但伊斯兰教在社会和公共生活依然甚具影响。埃及仅实现了宗教与政治的分离，因此属于事实上的政教分离模式。[3]

伊斯兰国家由于宗教、民族和政治关系相互交织，因此政教关系类型分类也较为复杂。因为伊斯兰国家多以伊斯兰教为国教或受政府偏袒，宗教在政治、社会乃至公共领域都影响甚大。

二、政教关系的三种主要类型

宗教以各种形式进入国家的宪法框架，而国家也以不同的处理方式将宗教视为官方事务，包括将法律和宗教制度合并、资助或成立国教、将宗

---

[1] Paul Cliteur, Afshin Ellian, "The Five Models for State and Religion: Atheism, Theocracy, State Church, Multiculturalism, and Secularism", *ICL Journal*, Vol.14, No.1, 2020, pp.103-132.
[2] 王林聪：《中东国家政教关系的变化对民主实践的影响（上）》，载《西亚非洲》2007年第6期，第21—26页。
[3] 王林聪：《中东国家政教关系变化对民主实践的影响（下）》，载《西亚非洲》2007年第7期，第36—41页。

教法纳入国家法律等。[1] 传统和现代的穆斯林学者都相信宗教和国家不可分离。政府的重要性显现于它保护宗教和伊斯兰价值观的职责。[2] 因此,本章在文献综述的基础上根据伊斯兰教法和欧莱玛(伊斯兰教士)在不同国家政治地位的差异,将伊斯兰国家的政教关系分为:神权模式、国教模式和世俗模式。这三种模式与约翰斯通的分类相呼应,神权模式介于纯粹神权统治和修正神权统治之间;国教模式介于修正神权统治和政教部分分离;而世俗模式最接近政教完全分离。

神权模式以安拉的名义管治国家,因此伊斯兰教法和欧莱玛在国家宪法和政治制度中具有崇高地位。此模式优先考虑在宗教教义范围内严格而全面的宗教观念;也常指政府由特定的宗教机构组成,神职人员负责拟定法律而宗教警察负责执行。[3] 神权模式国家的宪法和最高法律皆奉伊斯兰教法为尊,国家最高领导同时拥有宗教和政治的权威与合法性。国家领导和法律必须遵循伊斯兰教义和教法,欧莱玛即便不是国家领袖也能以其宗教权威告诫当权者要捍卫伊斯兰教的神圣地位,从而影响政治和政策制定。

国教模式以伊斯兰教作为国家宗教。世俗宪法是国家最高法律,伊斯兰教法仅适用于特定的领域或群体,如穆斯林的个人宗教事务。国教促进了伊斯兰教的宗教垄断地位,伊斯兰教和欧莱玛由国家机构和公务员进行管理并给予资助。此外,国教的选择也涉及政府和宗教之间相互的政治算计。[4] 穆斯林人口占多数的国家设立伊斯兰教为国教并给予特权和资助,国教在政府授意下为政治服务既可稳定国家政权和社会秩序,同时也防止宗教异端或其他势力崛起。

世俗模式采用政教分离的形式。国家通过世俗化进程将宗教和公共领域分离,政治、社会、文化等领域因此摆脱宗教制度的掌控,宗教仅作为

---

[1] Larry Catá Backer, "Theocratic Constitutionalism: An Introduction to a New Global Legal Ordering," *Indiana Journal of Global Legal Studies*, Vol.16, No.1, 2009, pp.85-172.

[2] Muhammad Al-Atawneh, "Is Saudi Arabia a Theocracy? Religion and Governance in Contemporary Saudi Arabia," *Middle Eastern Studies*, Vol.45, No.5, 2009, pp.721-737.

[3] Larry Catá Backer, "Theocratic Constitutionalism: An Introduction to a New Global Legal Ordering," *Indiana Journal of Global Legal Studies*, Vol.16, No.1, 2009, p.108.

[4] Robert J. Barro, Rachel M. McCleary, "Which Countries Have State Religions?" *The Quarterly Journal of Economics*, Vol.120, No.4, 2005, pp.1331-1370.

私人化的个人事务。国家摆脱宗教制度的控制，或摆脱关于政治行为的宗教理论支配。[1] 此模式的国家以世俗宪法为最高法律，国家严格规范伊斯兰教的言论和活动。此外，国家也在政治方面压制宗教组织，避免其势力扩张而渗透或干预政治。

三、神权模式：伊朗、沙特

伊斯兰国家的政教关系离不开伊斯兰教法和欧莱玛，尤其"在一个身份、文化真实性和宗教权威引起许多人广泛共鸣的时代，我们几乎不能忽视欧莱玛与宗教传统的认同"[2]。伊朗和沙特同属神权模式，伊斯兰教和教法凌驾一切法律之上。两者最大的区别在于伊朗是总统共和制，议会由选民直接选举产生；而沙特是君主制王国，国王（或王储）兼任首相治理国家。通过伊斯兰教法和欧莱玛在两国政教关系的角色可再细分为：激进神权模式的伊朗和温和神权模式的沙特。

1. 伊朗：激进神权模式

1979年由霍梅尼带领的伊斯兰革命运动成功推翻世俗主义的巴列维王朝，建立了由欧莱玛担任国家最高领袖的伊朗伊斯兰共和国。伊朗的成功案例鼓舞了伊斯兰国家，伊斯兰政治力量在20世纪70年代至80年代间掀起伊斯兰运动思潮。伊朗的欧莱玛拥有重要的政治角色并在伊斯兰革命中占主导地位，他们曾在伊朗革命前领众起义反对卡扎尔（Qajar）统治者在1872年和1890年把烟草专卖特许权授予英国。起义和伊斯兰运动的成功，使伊朗在国内和国际政治中实现自由和独立的决心更加明确。[3]

---

[1] 参见贝格尔：《神圣的帷幕：宗教社会学理论之要素》，高师宁译，上海人民出版社1991年版，第128页，第154—155页。

[2] Muhammad Qasim Zaman, *The Ulama in Contemporary Islam: Custodians of Change*, Princeton University Press, 2002, p.180.

[3] Ali Farazmand, "Religion and Politics in Contemporary Iran: Shia Radicalism, Revolution, and National Character," *International Journal on Group Rights*, Vol.3, No.3, 1995, pp.227-257.

伊朗革命强调教士宗教权威的作用及对社会其他机构的控制权。[1] 第一，伊斯兰革命给作为伊斯兰教权威的毛拉带来巨大的公众影响力，其宗教权力范围扩展到社会层面，他们执行宗教戒律和习俗，传播宗教价值观，并保护伊朗文化的完整性。第二，伊朗国王推行现代化造成社会两极化，独裁政权使政治组织失去民心。国王、军方和小众富人继续控制国家，但地主、知识分子和中产阶级被排挤在权力之外。由于教士不受国家政策影响，因此在中下阶层及农村依然领导着社区。第三，霍梅尼主义者在政治上采取保守的宗教取向，强调以什叶派传统的基本原则来指导和解决当代问题。然而这一措施却引起宗教集团和社会精英的矛盾，包括国家对经济的干预方式和程度、民选议会与倾向宗教权威的宪法监护委员会之间的关系。由此可以说明，世俗化的政治体制可以对宗教权威起到结构性的限制。

尽管伊朗的世俗部分由民选议会操作和治理，但宗教权威却屡屡干预民主。霍梅尼以宗教和政治的双重合法性为基础建立政教合一、神权至上的伊斯兰共和国。最高领袖和宪法监护委员会（Guardian Council）凌驾于行政、立法和司法三权之上，宗教势力制约国家政治，反映了伊朗的政教关系。在国家行政上，总统候选人必须忠于法基赫原则，服从最高领袖；最高领袖有权介入总统候选人提名，批准总统选举，甚至拥有最高决策权罢免总统。在立法方面，虽然议会的议员由选举直选，但议会通过的法律仍需获得监护委员会批准才可正式生效。司法方面则是司法总监由最高领袖直接委任，因此对他绝对效忠，宗教力量直接控制了国家的司法部门。[2] 因此伊朗伊斯兰共和国的宪法秩序是宗教至上、实用主义的制度创新和1906年伊朗宪法遗留的结合，是强硬的神权宪政。[3]

此外，最高领袖的政治态度和决策也受其军事力量——伊朗革命卫队的影响。但哈梅内伊往后的最高领袖未必能够延续与革命卫队的共生关系，如果对革命卫队高度依赖则表示后者在政策上获得更多话语权；但若与之

---

[1] See Peter Beyer, *Religion and Globalization*, SAGE Publications Ltd, 1994, pp.160-184.
[2] 姜英梅：《伊朗伊斯兰共和国的政教关系》，载《西亚非洲》2005年第5期，第51—56页。
[3] See Ran Hirschl, *Constitutional Theocracy*, Harvard University Press, 2010, p.37.

保持距离以争取民心,革命卫队影响力便会下降。[1] 2021年伊朗总统选举,强硬保守派的莱希击败温和改革派的鲁哈尼成为新一任总统。莱希获得伊朗最高领袖哈梅内伊的认可和支持,更被视为其接班人。[2] 莱希对革命卫队委以重任及扩大其权力的决策顾全了他和哈梅内伊的利益,因为年迈的最高领袖正在为后哈梅内伊时代的伊斯兰共和国奠定基础,以确保强硬的伊斯兰政权在他离世后继续存在。[3]

2. 沙特:温和神权模式

沙特是君主制国家,国王同时是世俗王权和宗教的最高领袖。"沙特国王拥有麦加和麦地那神圣清真寺的监护权(两圣寺仆人),因此被赋予前所未有的合法性"。[4] 沙特王室在20世纪上半叶缺乏政治策略导致政权和家族多次受到威胁。为保证王室利益及统治权力,阿卜杜勒·阿齐兹国王(King Abdul Aziz bin Abdul Rahman)与其继任者创建独特的政治框架,严格遵守伊斯兰意识形态和价值观,最终使沙特王室的统治合法化。[5] 瓦哈比教派在沙特享有独尊的宗教地位,伊斯兰教以外的宗教均属非法,并且禁止在公共场所进行非伊斯兰教的宗教活动。[6] 法院在民事、刑事或个人身份问题上皆采用伊斯兰教法,但1965年国家成立专门的委员会处理所有商业纠纷,免除金融、银行和公司投资部门适用伊斯兰教义的规定。[7]

沙特的政教关系属于温和的神权模式。瓦哈比教派的欧莱玛在政治

---

[1] See Afshon Ostovar, *Vanguard of the Imam: Religion, Politics, and Iran's Revolutionary Guards*, Oxford University Press, 2016, pp.241-242.

[2] Hakki Uygur, "Iran Under Raisi's Presidency," *Insight Turkey*, Vol.23, No.3, 2021, pp.39-51.

[3] Saeid Golkar, Kasra Aarabi, "The IRGC in the Age of Ebrahim Raisi: Decision-Making and Factionalism in Iran's Revolutionary Guard," *The Tony Blair Institute for Global Change*, August 2, 2021, https://institute.global/policy/irgc-age-ebrahim-raisi, accessed 25 November 2021.

[4] Joseph A. Kechichian, "Saudi Arabia's Will to Power," *Middle East Policy*, Vol.7, No.2, 2000, p.47.

[5] Joseph A. Kechichian, "Saudi Arabia's Will to Power," *Middle East Policy*, Vol.7, No.2, 2000, p.47; Joseph A. Kechichian, "Succession Challenges in the Arab Gulf Monarchies," *Asian Report*, Asian Institute for Policy Studies, December 2015, p.52.

[6] "A Closer Look at How Religious Restrictions Have Risen Around the World," *Pew Research Center*, July 15, 2019, https://www.pewforum.org/2019/07/15/a-closer-look-at-how-religious-restrictions-have-risen-around-the-world/, accessed 25 November 2021.(访问日期2023年6月12日)

[7] See Ran Hirschl, *Constitutional Theocracy*, Harvard University Press, 2010, p.33.

和国家治理中仅扮演次要角色且忠于国王的权威,他们更多时候是在社会领域发挥其功能。瓦哈比教派创始人瓦哈卜(Muhammad Ibn Abd al-Wahhab)把统治国家的主体区分为欧莱玛(Ulama)和统治者(Umara),前者是解释伊斯兰教法的权威并为统治者提供咨询,后者在咨询欧莱玛后根据其解释执行伊斯兰教法治理国家。[1] 国王承诺并执行伊斯兰教法,而瓦哈比派为政权提供合法性,两者达成协议各取所需。在合作过程中,欧莱玛在社会和维护国家宗教方面保持核心作用;而国王咨询欧莱玛的意见,与他们协商并维护该阶层的利益。

自20世纪下半叶起,沙特的政教关系随着欧莱玛被纳入国家机构而发生变化。欧莱玛任职于沙特法律体系的主要权力机构,就伊斯兰教法的应用给予法律咨询和意见,负责王室和政治法令的制定和颁布。《沙特基本法》以《古兰经》和先知圣训作为国家宪法,因此政策必须符合伊斯兰教法。当国王推动的立法或政策不符合伊斯兰教法时,国王可借助欧莱玛发布宗教教令为其政策提供宗教合法性。[2] 不同于伊朗的立法必须由欧莱玛担任的国家最高领袖接纳和通过方可生效,沙特的欧莱玛则服务于国王的政权和政治需要。

阿诺·陶施(Arno Tausch)的研究发现,23.4%的沙特民众在政治连续性与变革中支持彻底变革、43.1%的人希望通过改革逐步改善、33.6%的人希望捍卫现有体系。支持彻底变革的因素包括女性拒绝一夫多妻制、拒绝女性的宗教角色、女权主义和贫穷;他们不认同国家也不认为宗教信仰对孩子很重要,选择远离宗教偏执并且接受民主。[3] 在高压的宗教和社会环境下能否撼动沙特的体制,则视乎国家的政治动向和政教关系的发展。

---

[1] Muhammad Al-Atawneh, "Is Saudi Arabia a Theocracy? Religion and Governance in Contemporary Saudi Arabia," *Middle Eastern Studies*, Vol.45, No.5, 2009, p.727.

[2] Ibid., pp.729-730.

[3] See Arno Tausch, *The Future of the Gulf Region: Value Change and Global Cycles*, Springer Nature Switzerland, 2021, pp.346, 360.

四、国教模式：马来西亚、印度尼西亚

马来西亚和印度尼西亚没有冗长的伊斯兰教历史包袱，因此两国的政教关系与中东国家相比相对简单。马来西亚和印度尼西亚皆设立伊斯兰教为国家宗教，但伊斯兰教在印度尼西亚仅作为六个官方宗教之一。两国法律以宪法为尊，伊斯兰教法仅落实于穆斯林的个人宗教事务。本章将马来西亚和印度尼西亚分别归类为一元国教和多元国教模式。

1. 马来西亚：一元国教模式

马来西亚在1957年脱离英殖民成为独立国家。英联邦的法律专家仿照英国君主立宪的议会民主制制定马来西亚宪法，同时依照英国君主立宪的传统将伊斯兰教定为国家宗教。[1]1970年拟定《国家原则》[2]传达国家意识形态，旨在团结国民。国家宪法为一切法律的根本，伊斯兰教法仅适用于穆斯林的个人宗教事务如改教、叛教、婚姻、财产继承、子女监护权等。国家亦确保伊斯兰法院在涉及穆斯林身份和地位的事务时具有司法管辖权。[3]2020年马来西亚人口普查数据显示穆斯林占全国总人口的63.5%。[4]

马来西亚宪法关于国家宗教的条款和讨论彰显伊斯兰教的特权。宪法虽以伊斯兰教为联邦宗教，但保证国民拥有信仰和实践宗教的自由和权利。唯第11（4）条款制定州法律与联邦宪法可以管制或限制面向穆斯林传播的任何宗教教义或信仰。因此，宪法保证的宗教自由是建立在维护联邦宗教的前提下。伊斯兰教享有的优势地位还反映在政府对其活动、宗教

---

[1] 参见陈中和：《多元族群社会的族群政治：马来民族主义和马来西亚的建国》，中国社会科学出版社2021年版，第1—2页。

[2] 马来西亚《国家原则》为：信奉上苍、忠于君国、维护宪法、尊崇法治、培养德行。马来西亚在1969年经历"5·13"种族冲突事件后拟定国家原则，在构思过程中受到印尼《建国五原则》的启发。详见吴珍妮、陆世敏：《自由开放态度对待各族差异 领略国家原则和谐共处》，载《星洲日报》2020年7月5日第27版。

[3] See Ran Hirschl, *Constitutional Theocracy*, Harvard University Press, 2010, p.132.

[4] See Department of Statistics Malaysia, *Key Findings Population and Housing Census of Malaysia 2020*, Department of Statistic Malaysia, 2022, p.33.

设施以及伊斯兰法律体系的资助与支持。[1] 马哈迪在20世纪80年代推行伊斯兰政策，伊斯兰教被纳入政府体制，由"神圣的官僚机构"（Divine Bureaucracy）掌管伊斯兰教的治理、宗教教义和宗教人员。[2] 马来西亚伊斯兰发展局等官僚机构负责制定伊斯兰信仰的标准，只有官方指定的伊斯兰教才能获得国家合法性和支持；同时规范穆斯林群体使其无法脱离伊斯兰教法的司法管制。这展现了伊斯兰教在马来西亚的超然地位，也刻画出它与其他宗教之间的不平等与不可逾越的边界。

此外，宪法保障马来人的地位并在第160（2）条款界定马来人的身份：以伊斯兰教为宗教信仰、以马来语为第一用语、遵循马来传统生活习俗。信奉伊斯兰教是作为马来人的先决条件；改教等同于挑战马来主权和伊斯兰主权，同时也失去马来人身份和民族特权。马来人与生俱来便信仰伊斯兰教，改教意味着要放弃特定的权利，因此穆斯林在宗教信仰问题上并不存在其他选择。例如，2007年发生的Lina Joy改教事件。一名自称已归信基督教的穆斯林妇女向伊斯兰法院提出改教申请被拒。案件经过长期的法律斗争后提交到马来西亚联邦法院，最后联邦法院一致裁定穆斯林个人宗教事务应由伊斯兰法院审理，因此维持伊斯兰法院拒绝改教申请的判决。[3]

同年，马来西亚天主教《先锋报》的马来文版本以"安拉"一词代指上帝，关于"安拉"的词语使用权在社会和宗教领域引发争议。[4] 穆斯林领袖认为"安拉"完全属于伊斯兰教的用词，而天主教领袖则认为这是一个中性词而不该限制其使用范围。2009年经吉隆坡高等法院裁定：禁止非穆斯林使用"安拉"字眼属违宪行为，因为此举侵犯言论和宗教自由的原

---

[1] 参见陈中和：《多元族群社会的族群政治：马来民族主义和马来西亚的建国》，中国社会科学出版社2021年版，第4页。

[2] See Maznah Mohamad, *The Divine Bureaucracy and Disenchantment of Social Life: A Study of Bureaucratic Islam in Malaysia*, Springer Singapore, 2020, p.3.

[3] Timo Kortteinen, "Islamic Resurgence and the Ethnicization of the Malaysian State: The Case of Lina Joy," *Sojourn: Journal of Social Issues in Southeast Asia*, Vol.23, No.2, 2008, pp.216-233.

[4] Dian Shah, "The 'Allah' Case: Implications for Religious Practice and Expression in Malaysia," *Oxford Journal of Law and Religion*, Vol.4, No.1, 2015, pp.141-146; Jaclyn L. Neo, "What's in A Name? Malaysia's 'Allah' Controversy and the Judicial Intertwining of Islam with Ethnic Identity," *International Journal of Constitutional Law*, Vol.12, No.3, 2014, pp.751-768.

则。然而该裁决被激进伊斯兰主义者视为将穆斯林皈依基督教的企图合法化，不满情绪持续在社会发酵。[1] 该案件经过多年的司法审核后，2014年6月23日联邦法院最终维持上诉庭禁止使用"安拉"字眼的裁决，《先锋报》的司法斗争随着审核申请被驳回而在2015年以失败告终。[2]

2. 印度尼西亚：多元国教模式

印度尼西亚是全球拥有最多穆斯林的国家，穆斯林占全国人口近90%。国家宪法并未确立伊斯兰教为唯一的国教，基督教、天主教、佛教、印度教和孔教也享有国家承认的同等地位。[3] 同时，《建国五原则》[4]（Pancasila）体现了国家认同以及对多元化的维护。虽然伊斯兰教并非唯一的宗教，但它是穆斯林的身份和集体认同的来源。奉行世俗主义的印尼首任总统苏加诺提出五项国家原则代替宗教团结国民，而其继任者苏哈托则在执政期间频繁参与宗教事务，包括提供资金以控制宗教事务、在学校监督宗教活动等。[5]

印度尼西亚将伊斯兰教和现代化融合，国家领导人寻求控制伊斯兰教，而非被伊斯兰教控制。[6] 它既是世界上穆斯林人口最多的国家，也是宗教多元的国家，两者相互平衡缓和了国家和宗教的关系。印度尼西亚的法律同样以世俗宪法为基础，伊斯兰教法仅适用于某些领域或区域。2001年伊斯兰教在亚齐（Aceh）有强烈分裂国家的举动，于是联邦政府同意给予亚齐特别自治权，并限制某些有争议的伊斯兰教法的编纂和实施。[7]

印度尼西亚的国教由国家宗教部负责管理和统筹，其中的伊斯兰教部门因不参与宗教教令（Fatwa）的制定和颁布而不能被称作欧莱玛机构。

---

[1] See Ran Hirschl, *Constitutional Theocracy*, Harvard University Press, 2010, p.10; Tamir Moustafa, "Judging in God's Name: State Power, Secularism, and the Politics of Islamic law in Malaysia," *Oxford Journal of Law and Religion*, Vol.3, No.1, 2014, pp.152-167.

[2] 《要求重审解禁阿拉字眼 马天主教会再遭法庭驳回》，载《联合早报》2015年1月23日第24版。

[3] See Ran Hirschl, *Constitutional Theocracy*, Harvard University Press, 2010, p.32.

[4] 《建国五原则》为：信奉上苍、人道主义、国家统一、民主政治、社会正义。

[5] See N. J. Demerath III, *Crossing the Gods: World Religions and Worldly Politics*, Rutgers University Press, 2003, pp.86-87.

[6] Ibid., p.90.

[7] See Ran Hirschl, *Constitutional Theocracy*, Harvard University Press, 2010, pp.32-33.

多数伊斯兰国家的宗教官僚机构皆由欧莱玛组成，并向穆斯林提供宗教指导。然而在印度尼西亚负责发布教令的机构是独立于宗教部的欧莱玛委员会。苏哈托在1975年成立印度尼西亚欧莱玛委员会（Majelis Ulama Indonesia）作为宗教咨询和国家的欧莱玛机构。这是国家建立和控制伊斯兰教公共表达的方式，也凸显新秩序时代使伊斯兰教官僚化的极端表现。然而，该组织一直是独立的准政府组织（Quango）。[1]

基督教和华人在印度尼西亚或被视为外来者，或成为歧视、暴力和社会暴乱的目标。1998年5月发生的排华事件对印度尼西亚华裔的观念转变产生重要影响。排华事件发生后，鼓励华裔争取承认其民族特性并消除对他们的歧视等观念开始涌现，并开始成立非政府组织为族群的权益奋斗。[2] 此外，印度尼西亚的亵渎法令也成为政府和社会对非穆斯林的镇压工具。[3] 前雅加达首长钟万学是一名华裔基督徒，他在2016年9月的竞选演说中引述《古兰经》并指控竞选对手企图利用宗教影响政治。伊斯兰教保守团体抨击他侮辱《古兰经》且对伊斯兰教不敬，并在雅加达召集抗议游行。欧莱玛委员会于2016年10月发布宗教意见书（Religious Opinion and Stance）认为钟万学的竞选演说亵渎欧莱玛和穆斯林，2017年钟万学被法院裁决亵渎宗教罪名成立，判处两年有期徒刑。此案件除了被批评具政治目的，也让社会审视印度尼西亚欧莱玛委员会的宗教立场。[4]

---

[1] See Norshahril Saat, *The State, Ulama and Islam in Malaysia and Indonesia,* Amsterdam University Press, 2018, pp.53-54, 69-71; Stewart Fenwick, "Eat, Pray, Regulate: The Indonesian Ulama Council and the Management of Islamic Affairs," *Journal of Law and Religion*, Vol.33, No.2, 2018, pp.271-290.

[2] Johanes Herlijanto, "The May 1998 Riots and the Emergence of Chinese Indonesians: Social Movements in the Post-Soeharto Era," *Asia-Pacific Forum*, No.27, 2005, pp.64-80.

[3] See Noorhaidi Hasan, "Religious Diversity and Blasphemy Law: Understanding Growing Religious Conflict and Intolerance in Post-Suharto Indonesia," *Journal of Islamic Studies*, Vol.55, No.1, 2017, pp.105-126; Victor Imanuel W. Nalle, "Blasphemy Law and Public Neutrality in Indonesia," *Mediterranean Journal of Social Sciences*, Vol.8, No.2, 2017, pp.57-82.

[4] Daniel Peterson, "The Majelis Ulama Indonesia and its Role in the Ahok Conviction," *Australian Journal of Asian Law*, Vol.21, No.1, 2020, pp.95-112.

五、世俗模式：埃及、土耳其

世俗模式通过政教分离将宗教撤出政治和公共领域，从而使其不再对社会产生影响。埃及和土耳其的政教关系采用世俗模式，两者的差别在于埃及的世俗化较土耳其温和。虽然两国都对伊斯兰组织和宗教力量进行管制和压制，但埃及并未剔除文化和社会生活中的伊斯兰教元素。土耳其则是强制将宗教逐出公共领域和社会生活，通过文化、宗教和社会等制度的改革来建构世俗化和现代化的土耳其。

1. 埃及：温和世俗模式

20世纪50年代纳赛尔带领埃及革命成功后，他主张发展现代化和推动经济，而非伊斯兰教法。埃及以西方式的法律部分取代伊斯兰教法，宗教仍然被尊崇和实践但却具有选择性。[1]埃及在1979年建立司法复核制度，刑法、经济、财产、投资等法规基本上与宗教无关。[2]

埃及采取温和的政教分离模式。虽然纳赛尔不反对伊斯兰教，但不允许宗教介入政治，因此屡次对阻碍其政治议程的伊斯兰激进分子如穆斯林兄弟会（穆兄会）进行压制和取缔。纳赛尔被暗杀后由萨达特继任总统，他释放了许多伊斯兰激进分子以寻求支持，同时弥补埃及世俗政治和宗教团体的隔阂。萨达特在1980年修改宪法将伊斯兰教法从"立法的主要来源之一"改为"立法的主要来源"，[3]以提升伊斯兰教地位的方式来增强政权合法性。然而萨达特最后也遭到恐怖分子暗杀。其继任者穆巴拉克在寻求政治合法性的过程中也试图拉拢伊斯兰教，但当伊斯兰激进分子采取反政府行动时即遭到政府压制。伊斯兰主义理论家库特布（Sayyid Qutb）的著作是穆兄会的思想来源，1966年纳赛尔政权以其著作含反国家意识为

---

[1] Ninian Smart, "Three Forms of Religious Convergence," edited by Richard T. Antoun, Mary Elaine Hegland, *Religious Resurgence: Contemporary Cases in Islam, Christianity, and Judaism*, Syracuse University Press, 1987, p.228.

[2] See Ran Hirschl, *Constitutional Theocracy*, Harvard University Press, 2010, p.39.

[3] Ibid., p.107.

由，对其处以绞刑。[1]

爱资哈尔是埃及强大的伊斯兰力量。自公元970年成立以来，爱资哈尔无论在宗教还是政治上都极具影响力。它是逊尼派最高的宗教机构，爱资哈尔教长被公认为埃及最高宗教领袖，它同时也是著名的清真寺和伊斯兰研究中心。由于其宗教和社会影响力，纳赛尔掌权不久后便将爱资哈尔机构纳入国家体制，除了为政府取得一定程度的宗教合法性，也能将宗教组织产生异议的可能性降至最低。[2]同时，爱资哈尔教长和穆夫提改由国家和总统任命，教长为政府服务并在重大事件上为政府发声缓和伊斯兰教和政治的紧张关系。[3]

穆斯林兄弟会成立于1928年，是20世纪伊斯兰教最早的激进政治组织和先锋。20世纪70年代穆兄会通过宗教学生运动控制埃及全国大学的学生会，学生积极分子毕业后任职于国家重要机构促使穆兄会的影响力渗透至国家机关。穆兄会以温和策略吸引群众并通过掌握工会和专业人士联盟拓展其在中产阶层的影响，同时追求组织的政治目标。[4]这是埃及社会的核心，也是政治和宗教竞相争夺的社会力量。穆兄会是结合宗教与政治的组织或政教合一的政党，以掌握政权为其终极目标，它成立的自由与正义党（自正党）在2011—2012年的埃及选举中赢得政权。穆兄会认为宗教组织的思想可以趋向保守，但在治理方面可以结合开放性和现代化。[5]因此，自正党在国家治理上采取相对温和的政治策略。

由于穆兄会过去和爱资哈尔对立，因此其主导的自正党执政后与爱资哈尔宗教权威的关系备受关注。穆兄会倾向保留爱资哈尔宗教权威的代表

---

[1] See N. J. Demerath III, *Crossing the Gods: World Religions and Worldly Politics*, Rutgers University Press, 2003, pp.67-69.

[2] Fiona McCallum, "Religious Institutions and Authoritarian States: Church-State Relations in the Middle East," *Third World Quarterly*, Vol.33, No.1, 2012, pp.109-124; Steven Barraclough, "Al-Azhar: Between the Government and the Islamists," *Middle East Journal*, Vol.52, No.2, 1998, pp.236-249.

[3] Malika Zeghal, "Religion and Politics in Egypt: The Ulema of Al-Azhar, Radical Islam, and the State (1952–94)," *International Journal of Middle East Studies*, Vol.31, No.3, 1999, pp.371-399.

[4] See Victor J. Willi, *The Fourth Ordeal: A History of the Muslim Brotherhood in Egypt, 1968-2018*, Cambridge University Press, 2021, pp.67-69, 100-101, 121-124.

[5] 李维建：《宗教与政治之间——埃及穆斯林兄弟会的组织特点与本质特征》，载金泽、李华伟编：《宗教社会学》（第五辑），社会科学文献出版社2018年版，第199—211页。

机构，以及最高宪法法院作为埃及宪法中伊斯兰教法条文的最终解释权。[1] 2011年的埃及革命和随后的宪法辩论为爱资哈尔在埃及法律中的角色提供了解决方案。这场辩论确立了埃及的国家法律优于伊斯兰教法的地位，尽管伊斯兰教法历史上有怀疑国家权威的传统，但埃及立法者成功巩固了法律权威归于国家的现代观念。[2] 这些事件显示出穆兄会和自正党在宗教与政治的角力中作出理性的决定。

2. 土耳其：强硬世俗模式

土耳其是首个进行强硬和激进世俗化改革的伊斯兰国家。[3] 凯末尔将社会从伊斯兰教框架中解放，以改变社会结构和重新定义政治共同体营造全新的土耳其民族归属感。1928年土耳其宪法撤销"伊斯兰教为国教"的条文，1937年"共和主义、民粹主义、无神论、世俗主义和改革主义"等字眼被置入宪法。[4] 宪法修正显示土耳其摆脱过去帝国传统迈向世俗化时代，亦反映现代土耳其对政教分离的坚持。凯末尔认为世俗化、宗教和政治分离是走向现代化的先决条件。严格的政教分离政策包括废除哈里发王朝、撤销伊斯兰教国教地位、关闭宗教学校、以拉丁字母取代阿拉伯文字、以公历取代伊斯兰教阴历、以西式帽子取代象征伊斯兰教的穆斯林帽子等。[5]

凯末尔的现代化计划涵盖符号、制度和功能的世俗化。[6] 符号世俗化以1928年的文字改革为关键，替换阿拉伯文字显示国家削弱与过去的联系，促使伊斯兰教象征退出社会生活领域。制度世俗化则是1924年废除

---

[1] Rachel M. Scott, "What Might the Muslim Brotherhood Do with al-Azhar? Religious Authority in Egypt," *Die Welt Des Islams*, Vol.52, No.2, 2012, pp.131-165.

[2] See Rachel M. Scott, *Recasting Islamic Law: Religion and the Nation State in Egyptian Constitution Making*, Cornell University Press, 2021, p.115.

[3] Nilüfer Göle, "Authoritarian Secularism and Islamist Politics: The case of Turkey," edited by Augustus Richard Norton, *Civil Society in Middle East*, Vol. 2, Brill, 1996, pp.17-44.

[4] See Ran Hirschl, *Constitutional Theocracy*, Harvard University Press, 2010, p.27.

[5] Metin Heper, "Does Secularism Face a Serious Threat in Turkey?" *Comparative Studies of South Asia, Africa and the Middle East*, Vol.29, No.3, 2009, pp.413-422.

[6] Talip Kucukcan, "State, Islam, and Religious Liberty in Modern Turkey: Reconfiguration of Religion in the Public Sphere," *Brigham Young University Law Review*, Vol.2003, No.2, 2003, pp.475-506.

哈里发和伊斯兰教长老制度，成立宗教事务局（Diyanet）管理宗教，旨在削弱伊斯兰教的制度力量及其对政治的影响。宗教事务局负责任命宗教领袖以预防激进的宗教力量，并将尊重国家和军队列为宗教义务。[1]此外，司法采用西方法典使法院体制世俗化、废除伊斯兰教法以减少宗教对社会的影响，教育体系则纳入国家统一管理，以此完成功能世俗化。土耳其"推动世俗化的动机是降低宗教的社会意义，并最终推翻带有伊斯兰教印记的文化和政治制度"[2]。一系列的改革推进至人民的日常生活领域，其目标为增强民众的民族意识及塑造一个属于土耳其人的现代国家。

虽然奥斯曼帝国遗留的伊斯兰教传统和信仰被凯末尔以另一种面貌或方式呈现，土耳其社会亦已经历世俗化和现代化的改变，但这些变化基本上仍难以撼动伊斯兰教的根基和印记。政府推进世俗化和限制伊斯兰教影响的努力无法阻止宗教成为土耳其主要的身份认同：土耳其人的身份认同来自土耳其民族和穆斯林的结合。[3]即使受到世俗主义的压迫，伊斯兰教在1950年通过政党机制回归公共领域，同时预示激进世俗主义、凯末尔和共和人民党的落幕。1950年的选举由民主党胜出，伊斯兰教在土耳其社会的地位逐渐提升并开始成为政治的重要组成部分。[4]

恢复中学的宗教教育被视为伊斯兰复兴的开端，学校开办宗教课程并采用教育部和宗教事务部合编的教材。由于凯末尔时期废除宗教学校导致缺乏宗教老师，因此政府开始在大学进行宗教教育培养师资。[5]土耳其的宗教教育经历了不同阶段的发展，1923年至1950年凯末尔废除宗教学校，1951年民主党执政后重新开办并在1967年普及到中学；1982的宪法规定学校的宗教教育成为必修课；1995年至2009年则增加国立大学的伊斯兰

---

[1] M. Hakan Yavuz, "Islam and Europeanization in Turkish-Muslim Socio-political Movements," edited by Timothy A. Byrnes, Peter J. Katzenstein, *Religion in an Expanding Europe*, Cambridge University Press, 2006, pp.225-255.

[2] Talip Kucukcan, "State, Islam, and Religious Liberty in Modern Turkey: Reconfiguration of Religion in the Public Sphere," *Brigham Young University Law Review*, Vol.2003, No.2, 2003, p.486.

[3] Ibid., p.489.

[4] Feroz Ahmad, "Politics and Islam in Modern Turkey," *Middle Eastern Studies*, Vol.27, No.1, 1991, pp.3-21.

[5] Bernard Lewis, "Islamic Revival in Turkey," *International Affairs* (London), Vol.28, No.1, 1952, pp.38-48.

神学院数量。[1]正义与发展党（正发党）执政土耳其后更将宗教学校塑造为表达和促进党的意识形态、创造新知识分子的工具。[2]宗教教育的蓬勃发展凸显土耳其的伊斯兰教复兴，伊斯兰信仰和思想随着学生进入社会而带动伊斯兰化的倾向。

正发党从2002年开始执掌土耳其政权，其政治特点是将伊斯兰教的传统生活方式与自由市场和全球化的西方价值观相结合。然而埃尔多安和正发党掌控政权却促使土耳其从凯末尔主义转向埃尔多安主义，后者优先考虑的是虔诚和忠于埃尔多安的穆斯林民族认同。[3]正发党利用伊斯兰教作为吸引保守派选民以及巩固埃尔多安政权的工具，并且通过宗教事务局的管道宣传埃尔多安的伊斯兰议程。[4]伊斯兰主义背景的正发党在执政期间，土耳其的政治和宗教明显趋向伊斯兰化，并且通过政策和话语测试土耳其社会对世俗化的态度。[5]无可避免的是，未来土耳其的政教关系依然交织在世俗主义者和伊斯兰主义者的辩论中。

六、扼要讨论：倾向神权抑或世俗

19世纪末世俗化开始登陆伊斯兰世界，并在20世纪50年代欧洲殖民结束后得到加强。世俗化带来的现代化、技术以及西方文化的渗透让穆斯林深感宗教信仰和生活受到威胁。[6]穆斯林受伊斯兰传统的影响，认为伊

---

[1] Giuli Alasania, Nani Gelovani, "Islam and Religious Education in Turkey," *Scientific Journal of International Black Sea University*, Vol.5, No.2, 2011, pp.35-50.

[2] Mustafa Kemal Coskun, Burcu Senturk, "The Growth of Islamic Education in Turkey: The AKP's Policies toward Imam-Hatip Schools," edited by Kemal Inal, Guliz Akkaymak, *Neoliberal Transformation of Education in Turkey*, Palgrave Macmillan US, 2012, pp.165-177.

[3] See Ihsan Yilmaz, *Creating the Desired Citizen: Ideology, State and Islam in Turkey*, Cambridge University Press, 2021, p.153.

[4] See Ihsan Yilmaz, *Creating the Desired Citizen: Ideology, State and Islam in Turkey*, Cambridge University Press, 2021, pp.221-259; Ihsan Yilmaz, James Barry, "Instrumentalizing Islam in a 'Secular' State: Turkey's Diyanet and Interfaith Dialogue," *Journal of Balkan and Near Eastern Studies*, Vol.22, No.1, 2020, pp.1-16.

[5] 昝涛：《延续与变迁：当代土耳其的政教关系》，载《西亚非洲》2018年第2期，第31—65页。

[6] Enzo Pace, "The Helmet and the Turban: Secularization in Islam," edited by Rudi Laermans, Byran Wilson, Jaak Billiet, *Secularization and Social Integration*, Leuven University Press, 1998, pp.165-175.

斯兰教的方式是穆斯林以自己的方法实现现代化的唯一途径。[1] 无论中东四国的政教关系倾向世俗模式或神权模式，伊斯兰教在各国的悠久历史使政府无法忽视其影响力。宗教不但保证政权的合法性，对其他穆斯林社会的影响也不容小觑。如果说西方国家将世俗化和现代化输出到全世界，中东伊斯兰国家输出的便是伊斯兰运动和教育。

伊朗以什叶派建国，霍梅尼和教士团体在1979年推翻巴列维王朝后建立政教一体、教权高于政权的国家。伊朗革命思潮席卷伊斯兰世界，"伊斯兰复兴遍及全世界，覆盖了从苏丹到印度尼西亚大部分伊斯兰国家，穆斯林政府和反对组织的领导人争相诉诸宗教，以寻求政治合法性和动员民众的支持"[2]。沙特政权极重视麦加和麦地那的神圣性及朝觐的便利，朝圣活动由沙特王子督促操办之余，亦动用大量资金供应朝圣者的起居饮食。此举确保朝圣活动在无政治或社会干扰下进行，也借此机会在伊斯兰社会奠定沙特政权的合法性及宗教使命。[3] 每年有成千上万的穆斯林到圣地朝觐并带来可观的经济效益，沙特同时借助"两圣寺仆人"的伊斯兰领袖影响力维系伊斯兰世界和伊斯兰国家的政治联系。

土耳其向世界展示伊斯兰国家可以与现代化和民主化兼容。然而伊斯兰复兴在土耳其形成世俗主义和伊斯兰主义的角力，[4] 两者势力旗鼓相当。埃及在政治上压制宗教，但却输出穆斯林兄弟会及其意识形态。[5] 此外，爱资哈尔大学也向其他伊斯兰国家输出宗教教育，它在马来西亚的伊斯兰教知识或宗教科学方面扮演重要角色。马来西亚的穆斯林学生到爱资哈尔大学接受教育，毕业自伊斯兰神学院或法学院的学生回国后成为中小学的

---

[1] See David Martin, "The Secularization Issue: Prospect and Retrospect," *The British Journal of Sociology*, Vol.42, No.3, 1991, pp.465-474.

[2] 埃斯波西托：《伊斯兰威胁——神话还是现实？》，东方晓、曲红、王建平、杜红译，社会科学文献出版社1999年版，第391页。

[3] See Joseph A. Kechichian, *Succession in Saudi Arabia*, Palgrave Macmillan, 2001, p.83.

[4] See Ayhan Kaya, "Democracy, Secularism and Islam in Turkey," edited by Johann P. Arnason, Ireneusz Pawel Karolewski, *Religion and Politics: European and Global Perspectives*, Edinburgh University Press, 2014, pp.115-139; Ioannis N. Grigoriadis, "Islam and Democratization in Turkey: Secularism and Trust in a Divided Society," *Democratization*, Vol.16, No.6, 2009, pp.1194-1213.

[5] See Zulkifly Abdul Malek, *From Cairo to Kuala Lumpur: The Influence of the Egyptian Muslim Brotherhood on the Muslim Youth Movement of Malaysia (ABIM)*, ProQuest Dissertations Publishing, 2011, pp.21-32.

宗教教师或大学的伊斯兰研究讲师，向不同阶段的学生传授伊斯兰知识。[1]由于马来西亚政府将民间的宗教教师纳入政府或教育机构而动摇了他们的宗教权威和社会意义，因此部分不认同政府或不愿被收编的毕业生选择加入政治理念对立的马来西亚伊斯兰党。[2]

印度尼西亚和马来西亚的穆斯林占全国人口半数以上，两国虽受伊斯兰化影响，但依然维持西方的民主模式治理国家。印度尼西亚和马来西亚在伊斯兰教方面深受中东伊斯兰国家的影响。埃及的库特布、伊朗的霍梅尼、巴基斯坦的毛杜迪是重要的伊斯兰主义宗教领袖，他们的思想通过留学埃及的学生传播至东南亚。20世纪70年代，库特布和毛杜迪的著作经马来西亚伊斯兰青年运动（Malaysian Islamic Youth Movement）推动而在马来西亚广泛传播并渗透政治领域，伊斯兰思想和教育的输出同时影响了印度尼西亚、泰国、菲律宾等国家的穆斯林。[3]无可否认，马来西亚和印度尼西亚在伊斯兰思想建构层面皆受益于中东伊斯兰国家。

不同国家的历史、民族、文化和社会背景各异，政教关系也随着政治和宗教的变化而改变。政教关系的类型和状态并非永恒，诚如约翰斯通所言，政教关系会随着社会、宗教、政治的张力而向连续体的两边移动，关键在于它是倾向神权还是世俗一方。伊斯兰国家的民族认同普遍来自宗教认同，因此对国家领导人而言，需要借助伊斯兰教的力量获得民众的支持以寻求政治合法性，但也忌惮宗教借由政治力量壮大反噬国家政权。此情况亦印证亨廷顿对伊斯兰国家提出的论点：赋予宗教权威只会为危险的神学政治打开道路，就像伊朗的阿亚图拉和阿富汗的塔利班一样。[4]

---

[1] Wan Kamal Mujani, Idris Abdullah, Ibrahim Abu Bakar, "The Role of the al-Azhar University in the Dissemination of Islamic Religious Knowledge in Malaysia," *Advances in Natural and Applied Sciences*, Vol.6, No.8, 2012, pp.1411-1413.

[2] Shiozaki Yuki, Kushimoto Hiroko, "Reconfigurations of Islamic Authority in Malaysia," *Asian Journal of Social Science*, Vol.42, No.5, 2014, pp.602-619.

[3] Holger Warnk, "Alternative Education or Teaching Radicalism? New Literature on Islamic Education in Southeast Asia," *Journal of Current Southeast Asian Affairs*, Vol.28, No.4, 2009, pp.111-132; M.Kamal Hassan, "The Influence of Mawdudi's Thought on Muslims in Southeast Asia: A Brief Survey," *The Muslim World*, Vol.93, No.3/4, 2003, pp.429-464.

[4] See Samuel P. Huntington, *The Clash of Civilizations and the Remaking of World Order*, Simon & Schuster Inc, 1996, as cited in Michael D. Driessen, "Religion, State, and Democracy Analyzing Two Dimensions of Church-State Arrangements," *Politics and Religion*, Vol.3, No.1, 2010, p.56.

第十五章　政教分离的两种模式比较

一、"宗教的美国、世俗的欧洲"？

这是一个祛魅的时代，也是一个复魅的时代。当基督宗教在欧洲花果飘零、摇摇欲坠之际，它在美国却枝繁叶茂、欣欣向荣。这一反差让人们不禁感到困惑：现代性究竟是宗教的墓地还是沃土？

40年前，大多数社会学家并没有上述的困惑，他们坚信宗教行将就木。这就是著名的世俗化理论：随着工业化、城市化和理性化的推进，宗教不可避免地走向衰微；世俗化是现代化的一个必然结果。[1]人类学家安东尼·华莱士在20世纪60年代曾在一本教科书中告诉学生："宗教演进的结局是灭绝。宗教认为超自然的力量和存在会影响自然却不受自然规律的支配，这种超自然信仰将会消失，最多成为一段有意思的历史。"[2]1968年，当时最有影响的宗教社会学家彼得·伯格甚至确切地给出了宗教寿终正寝的时间："到21世纪，宗教信徒只有在为数不多的小教派中存活，他

---

[1] See Peter L. Berger, *The Sacred Canopy: Elements of a Sociological Theory of Religion*, Doubleday, 1969; Steve Bruce (Editor), *Religion and Modernization: Sociologists and Historians Debate the Secularization Thesis*, Oxford University Press, 1992; Bryan Wilson, "Secularization: The Inherited Model," edited by Phillip E. Hammond, *The Sacred in a Secular Age*, University of California Press, 1985, pp.1-20.

[2] Anthony F. C. Wallace, *Religion: An Anthropological View*, Random House, 1966, p.265.

们相互取暖，对抗世界范围内的世俗文化。"[1] 如果届时人们还对宗教感兴趣，那么就去博物馆或者受现代性影响较小的偏僻农村去参观一下那些小教派吧。

这些看法并非毫无根据。基督教在西欧和北欧的衰落是不争的事实。以英国的苏格兰教会普查数据为例，该教会从1984年到1994年参加者人数下降了19%，从1994年到2002年，再次下降了18%。撇开这些冰冷的数字，一些直观的感受来得更为真切。2015年初我去瑞典的隆德大学访问，校园里有一座近千年历史的隆德大教堂，它见证了基督宗教在当地兴盛的历史荣光，可惜现在门可罗雀。访问期间我做了一个讲座，出于职业习惯，我顺便问了一下听课学生的宗教信仰，近三十位学生中只有三位认为自己有宗教信仰，其中一位还是信仰佛教。尽管我早已知道瑞典在全欧洲是世俗化程度最高的国家，但是这个结果还是令我惊诧不已。不止我一个人有这样的感受，彼得·伯格在《宗教美国，世俗欧洲？主题与变奏》的开篇也讲述了类似的经历。

然而，在大西洋对岸的美国，我们看到的是一幅截然不同的图景。美国是现代性最为宏展的国家，同时也是一片宗教热土。斯塔克和芬克的研究发现，自建国以来，美国的宗教参与程度持续上升，具有教会成员身份的人口比例从1776年的17%增加到1870年的35%，再到1980年的62%。[2] 1997年，在距离新世纪还剩下三年的时候，彼得·伯格承认："我想我和大多数其他宗教学家在20世纪60年代就世俗化所写的东西是个错误。我们的潜在论述是说世俗化和现代性携手并行。越现代化就越世俗化。它并不是个荒诞的理论，有些支持的证据。但是我想它基本上是错误的。今日世界上大部分国家确实是富有宗教色彩而不是世俗化的。"[3]

伯格放弃了世俗化理论，但思考仍在深入。他新编著的《宗教美国，世俗欧洲？主题与变奏》一书梳理了欧洲和美国不同的历史文化处境如何

---

[1] Peter L. Berger, "A Bleak Outlook Is Seen for Religion," *New York Times*, February 25, 1968, p.3. https://www.nytimes.com/1968/02/25/archives/a-bleak-outlook-is-seen-for-religion.html.（访问日期2023年6月12日）

[2] See Roger Finke, Rodney Stark, *The Churching of America, 1776-1990*, Rutgers University Press, 1992, pp.15-16.

[3] Peter L. Berger, "Epistemological Modesty: An Interview with Peter Berger," *The Christian Century*, Vol.114, No.30, October 29, 1997, p.974.

塑造了不同的宗教观以及不同版本的政教分离制度，而这些制度安排反过来又会影响宗教的发展，从而导致两者在宗教信仰方面的巨大差异。[1] 今天，宗教议题在欧洲再度彰显并引发各界焦灼不安，梳理伯格的论述或许会给我们一些新的启示。鉴于欧洲本身的多元与复杂，我们不妨重点比较一下法国与美国政教分离的情形。

二、法国模式：让国家免受宗教影响

对天主教的批判和清算，是法国确立政教分离原则的起点和最初的任务。启蒙思想家们对天主教十分反感，代表性人物就是伏尔泰。他称天主教会为"臭名昭著者"，教士是"文明恶棍"、教皇是"两足禽兽"，他毕生的事业就是要"粉碎这个邪恶势力"。世上没有无缘无故的恨，伏尔泰的尖刻与天主教本身的残酷不无关系。自16世纪始，天主教与新教在法国展开了近一百年的冲突，处于弱势地位的新教徒被大量屠杀。以圣巴托罗缪大屠杀为例，1572年8月到10月间，至少七万新教徒被天主教暴徒打死，大量尸体堆积在河道中长达数月，臭气熏天。面对如此人间惨剧，当时的教皇居然十分高兴，大肆庆贺并为此锻造纪念币！为了弥合裂痕，原本信奉新教的国王亨利四世做出妥协，改信天主教，并于1598年颁布《南特赦令》，宣布天主教为国教，与此同时，赋予新教徒信仰自由的权利，以及担任公职方面与天主教徒同等的权利。即使天主教被奉为国教，罗马方面仍然心有不甘，教皇克莱芒八世就曾谴责"《南特赦令》极为可憎，它给予每个人以信仰自由，而这是世间最有害的事情"。

天主教不仅对竞争对手新教冷酷无情，它所享有的特权也激起了法国其他社会阶层强烈的仇恨。教会和教士作为法国的第一等级，享有司法、财产、税收等方面的特权，这些特权成为"旧制度"的象征。在托克维尔看来，天主教之所以成为被憎恨的对象，"并非因为它是一种宗教教义，而是因为它是一种政治制度；并非是因为教士们自命要治理来世的事务，

---

[1] 参见伯格、戴维、霍卡斯：《宗教美国，世俗欧洲？主题与变奏》，曹义昆译，商务印书馆2015年版。

而是因为他们是尘世的地主、领主、什一税征收者、行政官吏；并非因为教会不能在行将建立的新社会占有位置，而是因为在正被粉碎的旧社会中，它占据最享有特权、最有势力的地位"。于是在后来的法国大革命中，拒绝妥协的教会和教士惨遭清算，很多修道院和教堂被焚烧，教会的土地和财产被瓜分。

鉴于天主教会的种种历史作为，启蒙思想家开始反思教会与国家的关系。他们认为世俗权力应该高于宗教权力，国家应免受宗教的影响，教会无权干预政治和社会生活。在此基础上实现广泛意义上的宗教宽容，而非某一个宗教独大。然而罗马教皇不愿放弃对法国天主教的控制，和平地"去教权化"变得渺茫。于是故步自封的教会成为众矢之的，反对派集结起来，他们想要摧毁的不仅是天主教会的特权，更涉及它背后的价值观与世界观。在启蒙思想家眼中，天主教阻碍了法国现代化的进程，它与自由、平等、博爱、科学、理性、俗世性等现代价值体系格格不入。与此同时，培养下一代世界观的学校系统从中世纪以来就控制在天主教会手中。于是教育系统的控制权就成为双方争夺的焦点，最后天主教会败下阵来。1882年法国的教会与学校正式分离，文化教育事业转而由国家主导，公共的世俗学校系统被建立起来。教学科目的设置由教育部决定，教育工作者被称为"教师军团"（Corps of teachers），他们集中受训，然后分配到全国，按照俗世性原则教化学生。宗教课程被剔除，教学和日常事务管理也没有为特定的宗教信徒提供任何职位。从此以后，学校系统就成为塑造法兰西民族性的一个重要工具，它们用自由、平等、博爱、俗世性等价值观来塑造法兰西国家认同。用伯格的话讲："法国的学校，确切地说是法国的学校教师，已经成为'俗世性'（Laicite）价值体系的传播者。该价值体系的强版本乃不遗余力地去反对宗教，最初意味着反对天主教会，弱版本则致力于确保把宗教一劳永逸地驱逐到私人领域中去。"[1]

1905年，法国颁布《政教分离法案》，规定教会与国家分离，人民享有教育自由和信仰自由。这就是法国版的政教分离：宗教属于私人领域，

---

[1] 伯格、戴维、霍卡斯：《宗教美国，世俗欧洲？主题与变奏》，曹义昆译，商务印书馆2015年版，第119页。

信仰是个人的选择，公权力无权干涉；与此同时，属于公共领域的政府应该免受宗教的影响，政府不能用公共权力资助宗教活动，而是应该信守"俗世性"的原则。1958年的法国宪法正式确定了法国是一个不可分割的、世俗的（Laïque）、民主的和社会的共和国。今天，"政教分离的俗世主义原则"或者简称"俗世性"成为法国的核心价值观之一，与著名的"自由、平等、博爱"合称为法兰西共和国四大信条。新入籍法国的移民都被要求接受这四个法国的核心价值观。

时至今日，知识阶层曾经担心的对手天主教在法国已经颓势尽显，法国公共舆论机构2012年进行的一项研究发现，尽管64%的法国人口认为自己是天主教徒，但只有4.5%的人经常参加教会礼拜。按照宗教市场理论的理解，人们的宗教需求基本是恒定的，变化的只是供给。当天主教衰落之后，新兴宗教和伊斯兰教开始在法国兴盛起来。时至今日，法国的穆斯林超过600万人，伊斯兰教已经成为第二大宗教。衰颓的天主教已经无法再威胁法国的"俗世性"原则，然而一旦"俗世性"成为不证自明的信条时，其捍卫自身存在的强硬逻辑便会展开，新的争议也由此产生。

争议之一与膜拜团体有关。从20世纪70年代开始，新兴宗教热席卷了整个西方世界，法国也不例外。这些新兴宗教包括国际奎师那意识学会、统一教会、科学神教等。膜拜团体拨动了法国政府的忧惧之弦。按照伯格的理解，"法国人对于虔诚宗教信仰存在近乎非理性的恐惧，尤其担心宗教信仰以始料未及的伪装形式出现在他们面前"。他们在法国被当成膜拜团体（Cults），面临严格的管控。1998年，时任总理若斯潘设立了"反膜拜团体跨部委委员会"，涵盖司法、内政、教育、国防、就业、外交等部委，成员包括高级公务员、律师、医生和学者。与此委员会相配套，法国政府资助了一些反膜拜团体的民间协会，比如全国保卫家庭和个人协会（UNADFI）与反精神控制中心（CCMM）。他们具有半官方的地位，为政府部委和委员会、地方政府和资政部门提供反膜拜团体的相关信息。在该委员会看来，膜拜团体不是宗教，只是打着宗教幌子祸害社会的害群之马；与膜拜团体之间的斗争事关"俗世性"信条，也即法国核心价值观；兹事体大，所以宁枉勿纵。

上述做法也招致争议，即使在法国政府内部也有不同的声音。作为法国宗教的主管机构，法国内政部宗教局拒绝参与上述的反膜拜团体跨部委委员会。该机构认为政教分离原则首先强调中立，确定所谓的"破坏性膜拜团体"名单没有任何法律依据；即使一个团体上了这个名单，宗教局还是会为它登记，并且给予和所有其他宗教团体一样的地位和利益。美国政府也曾批评法国的做法违背了人权和政教分离的原则；政教分离要求放弃做价值判断，不应该在宗教和膜拜团体之间进行人为的区分，而法国政府恰恰是这样做的。

更大的争议围绕"头巾法案"展开。这个法案由法国国民大会于2004年2月通过，它严禁在公共场所佩戴具有强烈象征意义的宗教标志，包括基督教的大十字架，犹太教的小帽和伊斯兰教的头巾等。学生违反此法的，可能被学校开除。看得出来，这个法案并非专门针对穆斯林群体，然而伊斯兰世界对这一法案最为关切。2004年9月，在一片争议声中法国政府正式实施"头巾法案"，一年之内50多名女学生被学校开除。法国国内针对"头巾法案"的抗议和示威行动此起彼伏，认为它包含了对穆斯林及女性的歧视；国际上伊斯兰国家强烈反对该法案，法国与埃及等国家的关系更一度陷入僵局。一些恐怖组织也找到由头发动袭击。到2004年8月，一个伊拉克恐怖组织绑架了两名法国记者，要求法国政府在48小时内取消头巾法令，以此作为释放人质的条件。

无论是反膜拜团体还是制定头巾法案，法国政府都是为了维护法兰西核心价值观：俗世性，在此基础上促进人们更加认同法国。然而强行推行这些政策并未达到强化认同、增进社会和谐的目标，反而制造出新的争端和对手。这一困境与法国的教育体系有关：由于宗教课程的缺乏，那些由世俗学校培养出来的法国政治精英缺乏对宗教的了解，导致他们在制定宗教政策时出现偏差。伯格对此评论道："法国培养出来的学生对于现代社会生活严重准备不足，因为现代生活必然包含对宗教的接触。准备的不足，在把握现代世界里的政治－宗教冲突事件，熟悉目前生活在法国且规模相当可观的穆斯林群体以及他们的愿望和诉求等一系列广泛的层面，已经得到证实。"[1]

---

[1] 伯格、戴维、霍卡斯：《宗教美国，世俗欧洲？主题与变奏》，曹义昆译，商务印书馆2015年版，第120页。

三、美国模式：让宗教免受国家干涉

与法国试图让国家避免受宗教影响相反，美国的政教分离是为了让宗教免受国家的干涉，这与殖民地时期的美国宗教乱局有关。在最初的13个殖民地中有9个设有官方宗教，它们彼此假借世俗政权之手相互迫害。比如浸信会在马萨诸塞州被明令禁止，不少人被冠以异端、渎神或偶像崇拜的罪名而审判并判刑。贵格会在马萨诸塞地区不许存在，一经发现，就对他们施以鞭刑并驱逐。那些被驱逐后重新返回马萨诸塞州的男贵格会信徒会被割一只耳朵，如第二次返回，再被割另一只耳朵。重返的女信徒将受严厉鞭笞，对第三次返回的男女信徒将以热烙铁在舌头上烫孔。新教内部宗派林立，冲突不断；不过这些新教宗派在反对天主教时却能一致起来。天主教徒在11个殖民地没有合法居留权，反天主教事件此起彼伏。如果说天主教徒与新教徒还有什么交集的话，那就是共同排犹。当时就是十足的一切宗教反对一切宗教的混乱局面。清教徒为了信仰自由来到新大陆，他们希望借用世俗权力来达成保护信仰的目的，却未料到播下的是龙种，收获的却是跳蚤；新大陆的宗教纷争甚至比欧洲有过之而无不及。

这种局面在美国独立后得到改善。当时很多教派都希望自己成为这个新国家唯一的国教，但是却有心无力；或许清教在马萨诸塞州具有优势地位，但放眼13个州，它却无疑是十足的少数派。不只是清教，几乎每个教派都绝望地发现自己无法在全美占支配地位。在此形势下，各教派最明智的选择便是彼此妥协、接受现状，以避免某教派坐大成为国教后自己遭受逼迫。于是美国宪法第一修正案明确规定："国会不得制定关于下列事项的法律：确立国教或禁止宗教活动自由。"政教分离的原则最终在美国确立。今天我们提到美国的政教分离，很多人强调领导人的高瞻远瞩，或者认为美国人深受启蒙思想的影响；我们当然不能否认这些因素，不过最根本的原因是宗教团体之间的现实利益考量。或者说，这是斗争和妥协的结果。

由于不设国教，人们可以自由地加入任何宗教，或成立新的宗教组织，所以宗教多元性在美国得到了充分的发展。宪法第一修正案从法律层面限制了政府的权力，保护和加强了宗教。与此同时，宗教多元性和彼此掣肘也能意外促进宗教自由。宪法第一修正案缓解了教派之间的冲突，但这不意味着美国的宗教文化就是一派和谐。从20世纪70年代开始，美国社会内部出现了严重的文化冲突，社会学家亨特称之为"文化战争"。[1] 这一次，冲突的边界不是围绕教派身份展开，而是针对若干具有争议性的社会议题展开，诸如堕胎、同性恋、进化论、枪支管理、移民政策等。整个社会分为两大阵营，即"文化保守主义"和"自由主义"，保守主义的新教徒、天主教徒和犹太教徒联合起来反对堕胎和同性恋，他们是共和党的支持者；而自由主义的新教徒、天主教徒和犹太教徒则支持堕胎和同性恋，他们是民主党的群众基础。

由于选举政治的因素，美国内部的文化冲突愈发激烈，彼此之间水火不容。"选举导向"之下的两党政治从不同角度放大甚至炒作种族矛盾来掩盖、缓解或转移社会不平等带来的社会压力，偏向保守派的共和党和偏向自由派的民主党之间的冲突在美国国民中形成了一道鸿沟，三观完全对立。YouGov的一项调查发现，60%的民主党人认为共和党是"对美国的严重威胁"。对于共和党人，这一数字接近70%[2]。皮尤调查发现，超过一半的共和党人和近一半的民主党人认为他们的政治对手是"不道德的"。在2020年大选前进行的皮尤调查发现，十个正在寻找恋爱关系的民主党人中，有七个不会跟特朗普的选民约会，十个共和党人中有五个不会与支持拜登的人约会[3]。TiVo数据发现，最受共和党人欢迎的20个电视节目与民主党人喜欢的节目完全不同。共和党和民主党人士在党派、种族、信仰、文化品位等方面都存在系统差异。[4]

2020年以来，新冠疫情成为美国国内文化冲突的新"导火索"和"战

---

[1] See James Davison Hunter, *Culture Wars: The Struggle to Define America*, Basic Books, 1991.

[2] "Statistically, Democrats and Republicans hate each other more than ever." CNN, https://edition.cnn.com/2021/11/20/politics/democrat-republican-hate-november20,2021,ripalism/index.html.（访问日期2023年6月12日）

[3] "Most Democrats who are looking for a relationship would not consider dating a Trump voter," Pew Research Center, April 24. 2020, https://www.pewresearch.org/short-reads/2020/04/24/most-democrats-who-are-looking-for-a-relationship-would not-consider-dating-a-trump-voter/.（访问日期2023年6月12日）

[4] "What TiVo Can Tell You about Your Politics." Campaigns&Elections, October 8, 2009, https://campaignsandelections.com/industry-news/what-tivo-can-tell-you-about-your-politics/.（访问日期2023年6月12日）

场"。从疫情一开始，民主党、共和党两党及其支持者就在戴口罩、隔离措施、病毒危害性等问题上存在严重分歧。美国民意调查显示，民主党人比共和党人更愿意接种新冠疫苗；推广疫苗的阻力完全来自共和党及相关保守派人士。美国《政治报》网站援引哈佛大学的一项分析说，在目前居民接种比例至少达到 60% 的 39 个国会选区中，38 个选区的代表是民主党人。相比之下，在居民接种比例不到三分之一的 30 个选区中，28 个选区的代表是共和党人，这些数据凸显出，接种疫苗已成为美国最新的"政治断层线"。[1]CNN 2021 年 5 月对国会议员疫苗接种情况做的调查显示，所有民主党议员都完成了疫苗注射[2]。212 个共和党众议员中，只有 95 人明确承认接种了疫苗。ABC 和《华盛顿邮报》共同做的一项民调也显示，民主党人中 93% 已经接种或准备接种疫苗。而共和党人中只有 49%。[3]

  保守派虽然在人数上并不占太多优势，但他们更为激进，更愿意发出自己的声音。2021 年 7 月 10 日，美国右翼在达拉斯举行年度保守派政治行动会议，这场活动由美国保守派联盟主办，部分美国保守派人士在保守派年度大会上庆祝他们"抵制疫苗"成功了。尽管如此，他们的抗议行动仍在继续。2022 年 1 月 23 日，数万美国人在华盛顿游行示威，高呼"让美国回归"的口号，反对强制接种疫苗，且这些示威者大多都没有佩戴口罩。抗议者认为，不自由毋宁死，或认为疫苗无用甚至有害，是一场骗局。在这次反疫苗示威集会中，小罗伯特·肯尼迪发表讲话，将强制接种疫苗与"德国纳粹大屠杀"类比。甚至一些美国医生也参与了抗议，批评拜登抗疫失败，呼吁抵制拜登"暴政"。2022 年 2 月 13 日，在加州英格尔伍德举行的第 56 届美国职业橄榄球大联盟"超级碗"比赛之前，数十名抗议者聚集在外，反对疫苗强制令和口罩强制令。由于政治和文化分歧，和其他国家相比，美国的新冠疫苗接种率尤其落后。由于种种分歧，美国无

---

[1] "The partisan divide in vaccinations is starker than you realize," Politico, June 5, 2021, https://www.politico.com/news/2021/06/05/partisan-divide-vaccinations-491947/.（访问日期 2023 年 6 月 12 日）

[2] "LIST:HOUSE members who said they were vaccinated against Covid-19," CNN. May 19, 2021, https://edition.cnn.com/2021/05/18/politics/list-house-vaccinations-lowmakers/index.html.（访问日期 2023 年 6 月 12 日）

[3] "The GOP's very stubborn vaccine skepticism," The Washington Post, July 7,2021, https://www.washingtonposot/politics/2021/07/07/gops-very-stubborn-vaccine-skepticism/.（访问日期 2023 年 6 月 12 日）

法在全国实行统一的疫苗或口罩令，美国内部正形成红蓝州间的免疫落差。

尽管美国社会内部仍然存在着宗派差异和"保守－自由"的文化之争，但宗教在美国扮演了极其重要的角色，这一点与法国有所不同。贝拉借用"公民宗教"一词来概括美国世俗政治与宗教信仰相结合的现象。[1] 同具体的宗教一样，美国的公民宗教也包含了一些基本要素：一、共同的信念，也即美国信念，包括自由、平等、正义等；二、共同尊崇的圣哲，如华盛顿、杰斐逊、林肯等；三、共同的圣地，如阵亡将士纪念碑、阿灵顿国家公墓；四、共同的节日和仪式，包括阵亡将士纪念日、感恩节等；五、神圣文本，包括《独立宣言》、美国宪法、《权利法案》、林肯的《葛底斯堡演说》和《第二次就职演说》等。从形式上看，美国的公民宗教超越具体的宗教，并不公开表现为基督教，但是它的灵魂是基督教的。基督新教就是美国的隐性国教，也是美国政体建立的基石。美国人普遍相信上帝的存在，美元上有两行字，一行是"美利坚合众国"，另一行则是"我们信仰上帝"。美国人相信他们的国度乃是受上帝祝福之地，他们是上帝的选民，肩负上帝授予的特别使命。美国重大的公共仪式和典礼总是从祷告开始，最后以"上帝祝福美国"结束。尽管没有挑明，这个上帝实际就是犹太教和基督宗教的上帝。亨廷顿直言，"美国信念"是不提上帝的新教，美国公民宗教则是不提基督的基督教。[2]

如亨廷顿所言，美国是一个有着"教会灵魂"的国家，它也一直享受着宗教带来的红利。美国新教历史上的四次大觉醒与美国的现代民族国家建构和发展有着直接的联系。发生在18世纪30年代到40年代的第一次大觉醒运动使美国人第一次联合起来，开始形成美利坚民族意识，而不再是狭隘的地域意识。那些在第一次大觉醒运动中成长起来的千禧年教派后来成为美国革命最坚定的支持者，福音运动也成为催生美利坚民族的工具。发生于19世纪20年代到30年代的第二次大觉醒导致了循道宗和浸礼会的迅猛发展，也见证了许多新教派的产生，包括摩门教、基督复临派等。他们结成社团反对吸烟和饮酒、制止卖淫，建立主日学校振兴教育，但最主要的贡献是

---

[1] Robert N. Bellah, "Civil Religion in America," *Daedalus*, Vol.96, No.1, Winter 1967, pp.1-21.
[2] 参见亨廷顿：《谁是美国人？美国国民特性面临的挑战》，程克雄译，新华出版社2010年版，第89页。

推动了废奴运动。第三次大觉醒发生在19世纪90年代，其参加者致力于追求社会的公平、正义、和平等，包括争取妇女选举权、公民立法提案权、公民复决投票权，反对垄断等。第四次大觉醒起于20世纪50年代，这一时期基督教福音派蓬勃发展，之后美国对黑人的种族歧视和隔离结束。撇开这些具体的觉醒运动不谈，基督教从美国建立之初就是同化移民、锻造美国认同的利器。美国的"爱国誓词"有这样的表述："我宣誓效忠美利坚合众国的旗帜以及它所代表的合众国——上帝之下，统一而不可分割的国家。"

四、简要结论：理解往往能决定事实

社会心理学中有一个"托马斯原理"：如果人们把情境界定为真实的，那么它们在结果上也就是真实的。"伯虑愁眠"的传说可以成为该原理的例证：话说海外有个伯虑国，那里的人们认为睡觉意味着死亡；于是他们视睡眠为畏途，想尽各种办法保持清醒。长期缺少睡眠的人自然是免疫力下降，极度虚弱。一旦有人实在熬不住昏睡过去便真的长眠不醒；这些死亡案例又反过来坐实了他们先前的担忧，整个伯虑国的人更加恐惧睡觉。

上述故事本身并不足信，但现实生活中不乏类似的案例。比如，20世纪30年代大萧条时期的美国，有谣言传说某银行即将破产，于是人们前往挤兑，结果原本没有问题的银行就此倒闭，预言成真。社会学家默顿曾据此提出"自证预言效应"。凡此种种，都说明了一个道理：人们对事物的主观看法往往能决定其客观走向，或者说理解决定事实。

宗教也不例外。伯格等人观察到，"在美国，宗教被视为一种资源（人们借以解决世俗及宗教方面的困境之手段）；在欧洲，宗教属于社会问题的一部分，无论公平与否，对照伊斯兰教，事情似乎更是如此。在上述任何一种情景中，宗教对于政府决策所具有的意蕴是深刻而巨大的"[1]。不同的宗教观导致迥异的制度安排，而这些制度安排反过来又影响到宗教的发展。

---

[1] 伯格、戴维、霍卡斯：《宗教美国，世俗欧洲？主题与变奏》，曹义昆译，商务印书馆2015年版，第175—176页。

主要参考文献

说明：鉴于本书写作特点，上篇为"全球宗教格局观察"，故将这部分主要参考文献汇总排列；中、下篇内容为专题研究，故分篇来分类排列主要参考文献。

上 篇
第一章至第五章

一、中文著作或译著

安德森：《想象的共同体——民族主义的起源与散布》，吴叡人译，上海人民出版社 2005 年版。

艾克敏：《布什总统的信仰历程》，姚敏、王青山译，社会科学文献出版社 2006 年版。

艾蒙德、艾波比、西坊：《强势宗教：宗教基要主义已展现全球格局》，徐美琪译，立绪文化事业有限公司 2007 年版。

艾兹摩尔：《美国宪法的基督教背景：开国先父的信仰与选择》，李婉玲等译，中央编译出版社 2011 年版。

彼得·伯格等：《世界的非世俗化：复兴的宗教及全球政治》，李骏康译，上海古籍出版社 2005 年版。

伯格、戴维、霍卡斯：《宗教美国，世俗欧洲？主题与变奏》，曹义昆译，商务印书馆 2015 年版。

伯克：《文明的冲突——战争与欧洲国家体制的形成》，王晋新译，上海三联书店 2006 年版。

伯尔曼：《法律与革命》，贺卫方等译，中国大百科出版社 1993 年版。

何兆武、陈启能主编：《当代西方史理论》，中国社会科学出版社 1996 年版。

曹兴：《全球化时代的民族宗教问题》，中国政法大学出版社 2011 年版。

德格雷戈里奥：《美国总统全书》，周凯等译，社会科学文献出版社 2007 年版。

德肖维茨：《法律创世记：从圣经故事寻找法律的起源》，林为正译，法律出版社 2011 年版。

董小川：《20 世纪美国宗教与政治》，人民出版社 2002 年版。

段琦：《美国宗教嬗变论》，今日中国出版社 1994 年版。

国家宗教事务局宗教研究中心编写：《当代世界宗教问题》，宗教文化出版社 2007 年版。

哈切森：《白宫中的上帝》，段琦、晓镛译，中国社会科学出版社 1992 年版。

汉斯·昆：《世界宗教寻踪》，杨熙生、李雪涛等译，生活·读书·新知三联书店 2007 年版。

亨廷顿：《我们是谁？美国国家特性面临的挑战》，程克雄译，新华出版社 2005 年版。

洪德里奇：《恐怖之后》（增订版），王洪章、吴猛译，上海人民出版社 2005 年版。

霍尔斯蒂：《和平与战争——1648—1989 年的武装冲突与国际秩序》，王浦劬等译，北京大学出版社 2005 年版。

霍普费、伍德沃德：《世界宗教》（第 11 版），辛岩译，北京联合出版公司 2018 年版。

郝茨克：《在华盛顿代表上帝》，徐以骅等译，上海人民出版社 2003 年版。

吉尔伯特：《新恐怖与新战争》，王易、傅强、刘鑫铭译，中国人民大学出版社 2010 年版。

金宜久：《伊斯兰与国际政治》，中国社会科学出版社 2013 年版。

金宜久、吴云贵：《伊斯兰与国际热点》，东方出版社 2001 年版。

科勒：《20世纪的世界——1900年以来的国际关系与世界格局》（牛津第5版），王宝泉译，群言出版社2010年版。

雷雨田：《上帝与美国人》，上海人民出版社1994年版。

李勃：《民族宗教问题与国家安全》，时事出版社2013年版。

刘澎：《当代美国宗教》，社会科学文献出版社2001年版。

刘义：《全球化背景下的宗教与政治》，上海大学出版社2013年版。

楼宇烈：《中国的品格——楼宇烈讲中国文化》，当代中国出版社2007年版。

罗伯斯主编：《欧盟的国家与教会》，危文高等译，法律出版社2015年版。

吕大吉、牟钟鉴：《概说中国宗教与传统文化》，中国社会科学出版社2005年版。

马克思、恩格斯：《马克思恩格斯全集》第2卷，人民出版社1957年版。

牟钟鉴：《探索宗教》，宗教文化出版社2008年版。

牟钟鉴：《当代中国特色宗教理论探讨》，甘肃民族出版社2013年版。

尼特：《宗教对话模式》，王志成译，中国人民大学出版社2004年版。

潘志平主编：《中南亚的民族宗教冲突》，新疆人民出版社2002年版。

佩蒂多、哈兹波罗编：《国际关系中的宗教》，张新樟等译，浙江大学出版社2009年版。

彭小瑜：《教会法研究——历史与理论》，商务印书馆2003年版。

荣格：《宗教与美国现代社会》，江怡、伊杰译，今日中国出版社1992年版。

史蒂文森主编：《欧洲史——从古代文明到第三千年黎明》，李幼萍等译，南方日报出版社2018年版。

施罗德：《抉择：我的政治生涯》，徐静华、李越译，译林出版社2007年版。

舒佩尔、特里：《世界历史上的宗教》，李腾译，商务印书馆2015年版。

斯马特：《世界宗教》（第二版），高师宁、金泽、朱明忠等译，北京大学出版社2004年版。

泰勒：《世俗时代》，张荣南等译，上海三联书店2016年版。

威尔逊：《当代美国的宗教》，徐以骅等译，上海人民出版社2013年版。

席勒：《三十年战争史》，沈国琴、丁建弘译，商务印书馆2009年版。

徐以骅等著：《宗教与当代国际关系》，上海人民出版社2012年版。

徐以骅等著：《宗教与中国国家安全研究》，时事出版社 2016 年版。

杨庆堃：《中国社会中的宗教——宗教的现代社会功能与其历史因素之研究》，范丽珠等译，上海人民出版社 2007 年版。

于歌：《美国的本质》，当代中国出版社 2006 年版。

袁行霈、严文明、张传玺、楼宇烈主编：《中华文明史》（四卷本），北京大学出版社 2006 年版。

张慧玲：《新基督教右翼与当代美国政治》，上海人民出版社 2017 年版。

张战、李海君：《国际政治关系中的宗教问题研究》，中国社会科学出版社 2009 年版。

张志刚：《宗教文化学导论》，人民出版社 1993 年版。

张志刚：《宗教哲学研究——当代观念、关键环节及其方法论批判》，中国人民大学出版社 2009 年增订版。

张志刚：《宗教学是什么》，北京大学出版社 2016 年第 2 版。

张志刚等著：《当代宗教冲突与对话研究》，经济出版社 2011 年版。

张志刚主编：《宗教研究指要》（修订版），北京大学出版社 2013 年版。

赵朴初：《赵朴初文集》（上卷），华文出版社 2007 年版。

中国现代国际关系研究所民族与宗教研究中心著：《世界宗教问题大聚焦》，时事出版社 2003 年版。

中国现代国际关系研究所民族与宗教研究中心著：《周边地区民族宗教问题透视》，时事出版社 2002 年版。

周展等编著：《文明冲突、恐怖主义与宗教关系》，东方出版社 2009 年版。

二、外文著作

Ernst Cassirer, *An Essay on Man*, Yale University Press, 1944.

Ernst Cassirer, *The Philosophy of Symbolic Forms*, Vol.1, Yale University Press, 1944.

Ernst Cassirer, *The Myth of the State*, Yale University Press, 1946.

Christopher Dawson, *Essays in Order*, Image Books, 1939.

Christopher Dawson, *Religion and the Rise of Western Culture*, Image Books, 1958.

Christopher Dawson, *Progress and Religion*, Image Books, 1960.

Emile Durkheim, *The Elementary Forms of the Religious Life*, The Free Press, 1965.

John H. Hick, *Philosophy of Religion*, Prentice-Hall, Inc., 4th Edition, 1990.

Lewis M. Hopfe, Mark R. Woodward, Brett Hendrickson, *Religions of the World*, Thirteenth edition, Pearson Education, Inc., 2016.

Samuel P. Huntington, *The Clash of Civilizations and the Remaking of World Order*, New York, NY: Simon & Schuster Inc., 1996.

Bronislaw Kasper Malinowski, *Culture*, Typewritten Manuscript，北京大学图书馆藏。

J. Milton Yinger，*The Scientific Study of Religion*, The Macmillan Company, 1970.

Arnold Joseph Toynbee, *A Study of History*, Abridgement of Volumes Ⅰ-Ⅵ, Oxford University Press, 1946.

三、论文、资料等

方立天：《和谐社会的构建与宗教的作用》，载《中国宗教》2005 年第 7 期。

冯小茫：《从人性到正义——莱茵霍尔德·尼布尔社会伦理思想研究》，北京大学博士学位论文（2013）。

费孝通：《中华民族的多元一体格局》，载《北京大学学报》1989 年第 4 期。

韩松：《孔汉思教授访谈录》，载《基督教文化学刊》第 4 辑，人民日报出版社 2000 年版。

汉斯·昆：《全球伦理与中国传统文化》，载《基督教文化学刊》第 4 辑，人民日报出版社 2000 年版。

捷克政治伊斯兰研究中心：《伊斯兰饱和临界点》，朱剑虹译，载《宗教与世界》2018 年第 5 期。

金宜久：《国际政治中的"宗教因素"》，载《世界经济与政治》2002 年第 9 期。

楼宇烈：《探求合乎东亚文化传统的宗教学研究理论》，载《世界宗教评论》第一辑，张志刚、金勋主编，宗教文化出版社 2014 年版。

庞朴：《中国文化传统的继承和发扬问题》，载中国文化书院讲演录编委会编：《论中国传统文化》，生活·读书·新知三联书店 1988 年版。

皮尤研究中心：《不断变化的全球宗教格局》，黄伟婕译，载《宗教与世界》

2018年第2期。

钱其琛：《当前国际关系研究中的若干重点问题》，载《世界经济与政治》2000年第9期。

徐以骅：《全球化时代的宗教与国际关系》，载《世界经济与政治》2011年第9期。

徐以骅：《特朗普当选与美国政教关系的走向》，载《中国民族报·宗教周刊》2017年2月14日。

张志刚：《"外来宗教概念暨宗教观"反思》，载《世界宗教评论》第二辑，张志刚、金勋主编，宗教文化出版社2017年版。

周少青：《美国公众如何看待穆斯林和伊斯兰教》，载《中国民族报·宗教周刊》2017年9月5日。

《世界各国宗教"偏好"的五大特点》，黄伟婕译，《宗教与世界》2017年第6期。

中　篇
第六章

一、中文著作

崔连仲：《从佛陀到阿育王》，辽宁大学出版社1991年版。

黄心川主编：《南亚大辞典》，四川人民出版社1998年版。

季羡林、刘安武选编：《印度古代诗选》，巫白慧译，漓江出版社1987年版。

季羡林主编：《印度古代文学史》，北京大学出版1991年版。

林承节：《印度近现代史》，北京大学出版社1995年版。

释法显撰，章巽校注：《法显传校注》，中华书局2008年版。

叶公贤、王迪民编著：《印度美术史》，云南人民出版社1991年版。

《摩奴法论》，蒋忠新译，中国社会科学出版社1986年版。

二、外文著作

Jawaharlal Nehru, *The Discovery of India,* Penguin Books India Pvt. Ltd, 2004.

三、论文、资料等

黄心川：《当前南亚宗教发展的趋势与特点》，载《南亚研究》1997年第1期。

姜景奎：《简论印度教派问题》，载《印度文学集刊》第五辑（2002）。

姜景奎：《印度的教派问题》，载《南亚研究》1998年第2期。

姜景奎：《宗教民族主义与印巴核对抗》，载《东方研究·2000》。

姜景奎：《印度教民族主义及其影响》，载《东方研究·2002》。

林承节等：《教派主义：印度的悲哀》，载《世界知识》2002年第8期。

第七章

一、中文著作或译著

洛伊：《微物之神》，吴美真译，人民文学出版社2020年版。

阿伦特编：《启迪：本雅明文选》，张旭东、王斑译，生活·读书·新知三联书店2008年版。

巴赫金：《巴赫金全集》，第3卷《小说理论》，白春仁、晓河译，河北教育出版社1998年版。

甘地：《我体验真理的故事·甘地自传》，叶李、简敏译，长江文艺出版社2012年版。

纳吉：《荷马诸问题》，巴莫曲布嫫译，广西师范大学出版社2008年版。

黑格尔：《历史哲学》，王造时译，商务印书馆1963年版。

黄宝生编译：《梵语诗学论著汇编（增订本）上》，中国社会科学出版社2019年版。

季羡林、刘安武编：《印度两大史诗评论汇编》，中国社会科学出版社1984年版。

季羡林:《季羡林文集》第八卷《比较文学与民间文学》,江西教育出版社 1996年版。

毗耶娑:《摩诃婆罗多》,黄宝生等译,中国社会科学出版社 2005 年版。

鲁西迪:《午夜之子》,刘凯芳译,北京燕山出版社 2015 年版。

亚里士多德:《诗学》,罗念生译,人民文学出版社 1962 年版。

蚁垤:《罗摩衍那》,季羡林译,人民文学出版社 1982 年版。

《奥义书》,黄宝生译,商务印书馆 2010 年版。

《摩奴法论》,蒋忠新译,中国社会科学出版社 2007 年版。

二、外文著作

Amarasiṃha, *Amarakośa with Commentary and Index,* Government Central Book Depot, 1896.

J. A. B. van Buitenen, tr. *The Mahābhārata 1 The Book of the Beginning,* The University of Chicago Press, 1973.

Mircea Eliade, *Cosmos and History: The Myth of the Eternal Return,* Harper & Brothers, 1959.

Luis González-Reimann, *The Mahābhārata and the Yugas: India's Great Epic Poem and the Hindu System of World Ages,* Peter Lang, 2002.

Alf Hiltebeitel, *Reading the Fifth Veda: Studies on the Mahābhārata-Essaysby Alf Hiltebeitel.* edited by Vishwa Adluri and Joydeep Bagchee, Brill, 2011.

M. R. Kale, *Hitopadeśa of Nārāyaṇa,* Motilal, 1967.

Oldenberg Herman, *Das Mahābhārata: seine Entstehung, sein Inhalt, seine Form.* Vandenhoeck & Ruprecht, 1922.

P. L. Vaidya, *Lalitavistara,* The Mithila Institute, 1958.

三、论文、资料等

陈明:《佛教譬喻"二鼠侵藤"在古代欧亚的文本源流》(上、下),载《世界宗教研究》2018 年第 6 期、2019 年第 1 期。

段晴:《于阗语〈罗摩衍那〉的故事》,载张玉安、陈岗龙主编:《东方民间文学比较研究》，北京大学出版社 2003 年版。

范晶晶：《印度两大史诗——"活着"的传统》，载《中国典籍与文化》2017 年第 11 辑。

姜景奎：《印度神话之历史性解读：湿婆篇》，载《南亚东南亚研究》2020 年第 3 期。

第八章

一、中文著作或译著

《奥义书》，黄宝生译，商务出版社 2010 年版。

二、外文著作

Bodewitz, *The Daily Evening and Morning Offering (Agnihotra) According to the Brāhmaṇas,* Brill, 1976.

Johannes Bronkhorst, *Greater Magadha: Studies in the Culture of Early India,* Brill, 2007.

Georg Buddruss ed., *Paul Thieme, Kleine Schriften, Vol.I,* Wiesbaden, 1971.

Gudrun Bünemann, *Pūjā: A Study in Smārta Ritual,* Sammlung de Nobili, 1988.

Roberto Calasso, *Ardor,* tr. Richard Dixon, Farrar Straus and Giroux, 2014.

Norman Cutler, *Songs of Experience: The Poetics of Tamil Devotion,* Indiana University Press, 1987.

Robert DeCaroli, *Image Problems: The Origin and Development of the Buddha's Image in Early South Asia,* University of Washington Press, 2015.

J. Duncan M. Derrett, *Religion, Law and the State in India,* Faber and Faber, 1968.

Eggeling Julius, tr., *The Satapatha-Brāhmana According to the Text of the Mādhyandina School,* Sacred Books of the East v. 43-44, Oxford: Clarendon Press, 1900.

Gavin Flood, *An Introduction to Hinduism,* Cambridge University Press, 1998.

Marko Geslani, *Rites of the God-King: Santi and Ritual Change in Early Hinduism,*

Oxford University Press, 2018.

John Stratton Hawley, *A Storm of Songs: India and the Idea of the Bhakti Movement*, Harvard University Press, 2015.

Jamison & Brereton, *The Rgveda, Vol. III*, Oxford University Press, 2014.

Jamison & Brereton, *The Rgveda, Vol. I*, Oxford University Press, 2014.

Axel Michaels, *Homo Ritualis:Hindu Ritual and Its Significance to Ritual Theory*, Oxford University Press, 2016.

Nammāḻvār, *Hymns for the Drowning: Poems for Viṣṇu by Nammāḻvār*, translated by A. K. Ramanujan, Penguin Books, 1993.

Patrick Olivelle, *Dharmasūtras: The Law Codes of Āpastamba, Gautama, Baudhāyana, and Vasiṣṭha*, Oxford University Press, 1999.

Payne, Richard K. and Michael Witzel, ed., *Homa Variations: The Study of Ritual Change across the Longue Durée*, Oxford University Press, 2016.

Indira Peterson, *Poems to Śiva*, Motilal Banarsidass, 1991.

A.K. Ramanujan, *Speaking of Śiva*, Penguin, 1973.

Rick Jarow, *Tales for the Dying: The Death Narrative of the Bhāgavata-Purāṇa*, State University of New York Press, 2003.

Ludo Rocher, *The Purāṇas, A History of Indian Literature* Vol.II Fasc.3, ed. Jan Gonda, Otto Harrassowitz, 1986.

David Shulman, *More than Real: A History of the Imagination in South India*, Harvard University Press, 2012.

Frits Staal, *Agni: The Vedic Ritual of the Fire Altar*, Asian Humanities Press, 1983.

Michael D. Willis, *The Archaeology of Hindu Ritual: Temples and the Establishment of the Gods*, Cambridge University Press, 2014.

三、论文、资料等

姜景奎:《印度宗教的分期问题》,载《南亚研究》2005 年第 1 期。

Joel Brereton, "The Upaniṣad," *Approaches to Asian Civilizations*, Columbia University Press, 1964.

Edward Conze, "Dharma and Dharmas," *Buddhist Thought in India: Three Phases of Buddhist Philosophy*, The University of Michigan Press, 1983.

Wendy Doniger, "On Being Hindu," *On Hinduism*, Oxford University Press, 2014.

George L. Hart, "*2. The King and His Kingdom*," in *The Poems of Ancient Tamil, Their Milieu and Their Sanskrit Counterparts*, Berkeley: University of California Press.

James S. Helfer, "The Initiatory Structure of the 'Kaṭhopaniṣad'," *History of Religions*, Vol.7, No.4, 1968.

Henk Balewitz, "Redeath and Its Relation to Rebirth and Release," *Vedic Cosmology and Ethics*, Brill, 2019.

Vasudha Narayanan, "Disglossic Hinduism: Liberation and Lentils," *Journal of American Academy of Religion,* vol.68 (4), 2000.

Patrick Olivelle, "Ascetic Withdrawal or Social Engagement," *Religions of India in Practice*, Princeton University Press, 1995.

Sheldon Pollock, "The Cosmopolitan Vernacular," *The Journal of Asian Studies*, No.57, 1998.

Michael Witzel, "The Development of the Vedic Canon and Its Schools: The Social and Political Milieu," *Opera Minora*, vol. 2, Harvard University, 1997.

第九章

一、中文著作或译著

福山：《政治秩序的起源：从前人类时代到法国大革命》，毛俊杰译，广西师范大学出版社 2014 年版。

金宜久：《伊斯兰教史》，江苏人民出版社 2006 年版。

吴冰冰：《什叶派现代伊斯兰主义的兴起》，中国社会科学出版社 2004 年版。

希提：《阿拉伯通史》，马坚译，新世界出版社 2008 年版。

二、外文著作

Clifford Edmund Bosworth, *The Encyclopaedia of Islam, H-Iram*, Vol. 3, E.J.Brill, 1986.

Patricia Crone, *God's Rule: Government and Islam*, Columbia University Press, 2004.

Amr Ennami, *Studies in Ibadhism,* Ministry of Endowment and Religious Affairs, Sultanate of Oman, 2008.

Adam R. Gaiser, *Muslims, Scholars, Soldiers: The Origin and Elaboration of the Ibāḍī Imāmate Traditions,* Oxford University Press, 2010.

Hussein Ghubash, *Oman: The Islamic Democratic Tradition*, Routledge, 2006.

Ministry of Endowment and Religious Affairs, *Dictionary of Ibadi Terminology*, Vol.1, Sultanate of Oman, 2008.

John C Wilkinson, *Ibāḍism: Origins and Early Development in Oman,* Oxford University Press, 2010.

Edited by Ehsan Yar-Shater, Tabari, translated and annotated by G. R.Hawting, *The History of al-Ṭabarī, Volume XVII: The First Civil War*, State University of New York Press, 1996.

三、论文、资料等

Martin Hinds, "Kufan Political Alignments and Their Background in the Mid-Seventh Century A.D.," *International Journal of Middle East Studies*, Vol. 2, No. 49, Cambridge University Press, 1971.

Valerie J. Hoffman, "Historical Memories and Imagined Communities: Modern Ibadi Writings on Kharijism," *On Ibadism*, Georg Olms Verlag, 2014.

Keith Lewinstein, "Making and Unmaking a Sect: The Heresiographers and the Ṣufriyya," *Studia Islamica*, No. 76, Maisonneuve & Larose, 1992.

第十章

一、中文著作

拱玉书:《西亚考古史》,文物出版社 2002 年版。

韩志斌:《伊拉克复兴党民族主义理论与实践研究》,中国社会科学出版社 2011 年版。

刘文鹏:《埃及考古学》,生活·读书·新知三联书店 2008 年版。

二、外文著作

Phebe Marr with Ibrahim al-Marashi, *The Modern History of Iraq*, Fourth Edition, Westview Press, 2017.

Amatzia Baram, *Culture, History and Ideology in the Formation of Ba'thist Iraq, 1968-89*.St. Martin's Press, 1991.

Amatzia Baram, *Saddam Husayn and Islam, 1968-2003: Ba'thi Iraq from Secularism to Faith*, Woodrow Wilson Center Press, 2014.

Ofra Bengiob, *Saddam's Word: Political Discourse in Iraq*, Oxford University Press, 1998.

Nibras Kazimi, *Syria Through the Jihadist Eyes: A Prefect Enemy*, Hoover Institute Press, 2010.

Mordechai Kedar, *Asad in Search of Legitimacy: Message and Rhetoric in the Syrian Press under Ḥāfiẓ and Bashār*, Sussex Academic Press, 2005.

Line Khatib, *Islamic Revivalism in Syria: The Rise and Fall of Ba'thist Secularism*, Routledge, 2011.

Charles R. Lister, *The Syrian Jihad: al-Qaeda, the Islamic State and the Evolution of an Insurgency*, Oxford University Press, 2015.

Kanan Makiya, *The Monument: Art and Vulgarity in Saddam Hussein's Iraq*, I.B.Tauris, 2004.

Stéphane Valter, *La construction nationale syrienne: Légitimation de la nature communautaire du pouvoir par le discours historique*, CNRS Éditions, 2002.

Michael Weiss and Hassan Hassan, *ISIS: Inside the Army of Terror*, Regan Arts, 2015.

Eyal Zisser, *Commanding Syria: Bashar al-Asad and the First Years in Power*, I.B.Tauris, 2007.

三、论文、资料等

李海鹏：《世俗主义与叙利亚复兴党的宗教治理》，载《当代世界与社会主义》2021 年第 5 期。

全国干部培训教材编审指导委员会组织编写：《推动社会主义文化繁荣兴盛》，党建读物出版社、人民出版社 2019 年第 1 版。

石中英：《论国家文化安全》，载《北京师范大学学报（社会科学版）》2004 年第 3 期。

Rahaf Aldoughli, "Departing 'Secularism': Boundary Appropriation and Extension of the Syrian State in the Religious Domain since 2011," *British Journal of Middle Eastern Studies*, Vol.49, No.2.

Amatzia Baram, "Mesopotamian Identity in Ba'thi Iraq," *Middle Eastern Studies*, Vol.19, No.4.

Amatzia Baram, "A Case of Imported Identity: The Modernizing Secular Ruling Elites of Iraq and the Concept of Mesopotamian-Inspired Territorial Nationalism, 1922-1992," *Poetics Today*, Vol.15, No.2.

Monika Bolliger, "Writing Syrian History While Propagating Arab Nationalism: Textbooks about Modern Arab History under Hafiz and Bashar al-Asad," *Journal of Educational Media, Memory&Society*, Vol.3, No.2.

Chiara De Cesari, "Post-Colonial Ruins: Archaeologies of Political Violence and IS," *Anthropology Today*, Vol.31, No.6.

Samuel Helfont, "Saddam and the Islamists: The Ba'thist Regime's Instrumentalization of Religion in Foreign Affairs," *Middle East Journal*, Vol.68, No.3.

Benjamin Isakhan & José Antonio González Zarandona, "Layers of Religious and Political Iconoclasm under the Islamic State: Symbolic Sectarianism and Pre-Monotheistic Iconoclasm," *International Journal of Heritage Studies*, 24:1.

Akram Fouad Khater, "Syrian Michel Aflaq Addresses the Relationship Between Arabism and Islam, 1943," *Sources in the History of the Modern Middle East*, Wadsworth/Cengage Learning, 2011.

Joshua Landis, "Syria: Secularism, Arabism, and Sunni Orthodoxy," *Teaching Islam: Textbooks and Religion in the Middle East*, Lynne Rienner Publishers, 2007.

Paulo G. Pinto, "God and Nation: The Politics of Islam under Bashar al-Asad," *Syria from Reform to Revolt, Vol. 1: Political Economy and International Relations*, Syracuse University Press, 2015.

Annika Rabo, "Conviviality and Conflict in Contemporary Aleppo," *Religious Minorities in the Middle East: Domination, Self-Empowerment, Accommodation*, Brill, 2012.

Sofya Shahab & Benjamin Isakhan, "The Ritualization of Heritage Destruction under the Islamic State," *Journal of Social Archaeology*, Vol. 18 (2).

Ofir Winter and Assaf Shiloah, "Egypt's Identity during the el-Sisi Era: Profile of the 'New Egyptian'," *Strategic Assessment*, Vol.21, No.4, 2019.

Eyal Zisser, "Syria, the Ba'th Regime and the Islamic Movement: Stepping on a New Path?", *The Muslim World*, Vol. 95, No. 1.

下 篇
第十一章

一、中文著作或译著

阿克辛：《土耳其的崛起》，吴奇俊等译，社会科学文献出版社2017年版。

哈尼奥卢：《凯末尔传》，时娜娜译，商务印书馆2017年版。

哈全安：《土耳其通史》，上海社会科学院出版社2014年版。

刘小枫：《现代性社会理论绪论》，上海三联书店1998年版。

卡尔帕特编：《当代中东的政治和社会思想》，陈和丰等译，中国社会科学出版社1992年版。

沃勒斯坦：《沃勒斯坦精粹》，黄光耀、洪霞译，南京大学出版社2003年版。

吴云贵:《穆斯林民族的觉醒：近代伊斯兰运动》，中国社会科学出版社 1994 年版。

昝涛:《现代国家与民族建构：20 世纪前期土耳其民族主义研究》，生活·读书·新知三联书店 2011 年版。

二、外文著作

イルテル・エルトゥールル:《現代トルコの政治と経済——共和国の 85 年史（1923～2008）》，佐原彻哉译，东京：株式会社世界书院，2011。

中田考:《カリフ制再興——未完のプロジェクト、その歴史·理念·未来》，书肆心水，2015。

大河原知树、堀井聡江:《イスラーム法の「変容」：近代との邂逅》，东京：山川出版社，2014。

内田树、中田考:《一神教と国家——イスラーム、キリスト教、ユダヤ教》，东京：集英社，2014。

Yasin Aktay, ed., *Modern Türkiye'de Siyasi Düşünce, Cilt 6, Islamcılık*, İletişim, 2004.

Umut Azak, *Islam and Secularism in Turkey: Kemalism, Religion and the Nation State*, London: I. B. Tauris, 2010.

Niyazi Berkes, *The Development of Secularism in Turkey*. McGill University Press, 1964.

İrfan Bozan, *Devlet ile Toplum Arasında: Bir Okul: İmam Hatip Liseleri, Bir Kurum: Diyanet İşleri Başkanlığı*, TESEV Publishing, 2007.

Soner Cagaptay, *The Rise of Turkey: The Twenty-First Century's First Muslim Power*, University of Nebraska Press, 2014.

Ümit Cizre, ed., *Secular and Islamic Politics in Turkey: the Making of the Justice and Development Party*, Routledge, 2008.

David Shankland, *The Alevis in Turkey*, Routledge Curzon, 2003.

Andrew Davison, *Secularism and Revivalism in Turkey: A Hermeneutic Reconsideration*, Yale University Press, 1998.

Ahmet Davutoğlu, Küresel Bunalım. Istanbul: Kürel Yayınları, 2006.

Fatma Müge Göçek, *Rise of the Bourgeoisie, Demise of Empire: Ottoman Westernization and Social Change*, Oxford University Press, 1996.

İştar Gözaydın, *Diyanet*, İletişim, 2009.

William Hale and Ergun Özbudun, *Islamism, Democracy and Liberalism in Turkey: the Case of the AKP*, Routledge, 2010.

İsmail Kara, C*umhuriyet Türkiyesi'nde Bir Mesele Olarak İslam*, Dergah, 2008.

Bernard Lewis, *The Emergence of Modern Turkey*, Oxford University Press, 1969.

Şerif Mardin, *Religion and Social Change in Modern Turkey: The Case of Bediüzzaman Said Nursi*, State University of New York Press, 1989.

Mahmood Monshipouri, *Islamism, Secularism, and Human Rights in the Middle East*, Lynne Rienner Publishers, 1998.

Graeme Smith, *A Short History of Secularism*. I. B. Tauris, 2007.

İlhan Uzgel and Bülent, Duru eds., *AKP Kitabı: Bir Dönüşümün Bilançosu*, Phoenix Yayınevi, 2009.

Hakan Yavuz and Esposito eds., *Turkish Islam and the Secular State: the Gülen Movement*. Syracuse Uni. Press, 2003.

M.Hakan Yavuz, *Secularism and Muslim Democracy in Turkey*, Cambridge University Press, 2009.

三、论文、资料等

董正华：《伊斯兰复兴运动中的"原教旨主义"：现实与历史的成因》，载《战略与管理》2001 年第 6 期。

郭长刚：《土耳其"民族观念运动"与伊斯兰政党的发展》，载《阿拉伯世界研究》2015 年第 5 期。

郎友兴：《世俗化及其倾向性》，载《世界宗教研究》1995 年第 2 期。

金宜久：《伊斯兰文化与西方》，载《二十一世纪》（香港）2002 年 2 月号。

吴冰冰：《阿拉伯世界的世俗主义与世俗化》，载《阿拉伯世界研究》2006 年第 5 期。

吴云贵：《当代伊斯兰复兴之浅见》，载《世界宗教文化》1987 年第 2 期。

严翔:《土耳其:丈夫只需称妻子为母亲或姐妹即可视为与之离婚》,载人民网: http://m.people.cn/n4/2017/1227/c57-10318784.html(2018-01-12)。

昝涛:《变动不居的道路?》,载《读书》2007年11月。

昝涛:《从世界历史看后IS时代的中东》,载《环球时报》2017年12月6日。

昝涛:《反思"世俗化"的概念与命题》,载许章润、翟志勇主编:《世俗秩序:从心灵世界到法权政治》,法律出版社2013年版。

昝涛:《历史学与意识形态——土耳其现代史研究的几种范式》,载《北大史学》2007年。

《大美百科全书》,第24卷,(台湾)光复书局1991年版。

《世界宗教资料》1986年第1期。

Hadi Adanalı, "The Presidency of Religious Affairs and Principle of Secularism in Turkey," in *The Muslim World*, 98: 2-3, 2008.

Meryem Ilayda Atlas, "Erdogan and the demonization industry of the West," in *Daily Sabah*, March 25, 2017.

Yalçın Akdoğan, "Adalet ve Kalkınma Partisi," in Yasin Aktay, ed., *Modern Türkiye'de Siyasi Düşünce, Cilt 6, Islamcılık*. İletişim, 2004.

Burak Bekdil, "Turkey's Intra-Islamist Struggle for Power," http://www.meforum.org/6155/turkey-islamist-vs-islamist [2018-02-17].

Burak Bekdil, "Turkey's Parliament Speaker Calls for a 'Religious Constitution'," in *Middle East Forum*, May 6, 2016.

Ümit Cizre, "Ideology, context and interest: the Turkish military," in Reşat Kasaba, ed., *The Cambridge History of Turkey*, vol.4, Cambridge University Press, 2008.

Soumaya Ghannoushi, "Why Is Erdogan Being Demonized In The West?" https://www.huffingtonpost.com/soumaya-ghannoushi/why-is-erdogan-being-demo_b_11112764.html [2018-02-09].

Haldun Günalp, "Modernization Policies and Islamist Politics in Turkey," in Sibel Bozdoğan and Reşat Kasaba eds., *Rethinking Modernity and National Identity in Turkey*, University of Washington Press, 1997.

Ceren Lord, "The Story Behind the Rise of Turkey's Ulema," http://merip.org/2018/02/

the-story-behind-the-rise-of-turkeys-ulema [2018/2/12].

Merve Şebnem Oruç, "Erdoğan vs the unjust world order," in *Daily Sabah*, March 26, 2016.

Daniel Pipes, "Democracy Is about More than Elections: A Debate," in *Middle East Quarterly*, Summer, 2006.

Semiha Topal, "Everybody Wants Secularism—But Which One? Contesting Definitions of Secularism in Contemporary Turkey," *International Journal of Politics, Culture, and Society*, Vol. 25, No. 1/3 (September 2012).

Jenny B. White, "Islam and Politics in Contemporary Turkey," in Reşat Kasaba, ed., *The Cambridge History of Turkey*, vol. 4, Cambridge University Press, 2008.

Hakan Yavuz, "Milli Görüş Hareketi: Muhalif ve Modernist Gelenek," in Yasin Aktay, ed., *Modern Türkiye'de Siyasi Düşünce, Cilt 6, Islamcılık*, İletişim, 2004.

Nuh Yılmaz, "İslamcılık, AKP, Siyaset," in Yasin Aktay, ed., *Modern Türkiye'de Siyasi Düşünce, Cilt 6, Islamcılık*. İletişim, 2004.

Ak Parti 2023 Siyasi Vizyonu: Siyaset, Toplum, Dünya, Eylül 30, 2012, https://m.akparti.org.tr/site/akparti/2023-siyasi-vizyon[2018-02-12].

EIU, *Country Report: Turkey*, October 18th 2017.

"FETÖ abuse of religion exposed in 8 languages," in *Daily Sabah*, December 12, 2017.

Milliyet, November 19, 1994.

Milliyet, Nisan 13, 2007.

"Rice Shows Turkey as Model," https://www.turks.us/article.php?story=20050417072001358 [2018-02-12].

第十二章

一、中文著作或译著

巴尔:《瓜分沙洲》,徐臻译,社会科学文献出版社 2018 年版。

费吉斯：《克里米亚战争：被遗忘的帝国博弈》，吕品、朱珠译，南京大学出版社 2018 年版。

芬克尔：《奥斯曼帝国：1299—1923》，邓伯宸、徐大成、于丽译，民主与建设出版社 2019 年版。

李海鹏：《中东多元社会中的政治与族群认同》，世界知识出版社 2020 年版。

二、外文著作

William Harris Harris, *Lebanon: A History, 600-2011*, Oxford University Press, 2012.

Philip G. Roeder and Donald Rothchild, eds., *Sustainable Peace: Power and Democracy after Civil Wars*, Cornell University Press, Ithaca, First Edition, 2005.

Na'im Qasim, *Hezbollah*, Daralmahaja, Beirut, Eighth Edition, 2011.

三、论文、资料等

Carla E. Humud, *Lebanon's 2018 Elections*, CRS Insight, May 11, 2018, in https://sgp.fas.org/crs/mideast/IN10900.pdf.

Lebanese Forces, Bi al-Arqam: Adad al-Lubananiyin bi hasab al-Tawa'if, in https://www.lebanese-forces.com/2019/07/27/politics-lebanon/.

The Taif Agreement, in https://www.un.int/lebanon/sites/www.un.int/files/Lebanon/the_taif_agreement_english_version_.pdf.

第十三章

一、中文著作或译著

贝克尔：《论〈独立宣言〉：政治思想史研究》，彭刚译，江苏教育出版社 2005 年版。

洛克：《政府论》（下），叶启芳等译，商务印书馆 1964 年版。

洛克：《论宗教宽容》，吴云贵译，商务印书馆 1996 年版。

邱小平：《表达自由：美国宪法第一修正案研究》，北京大学出版社 2005 年版。

二、外文著作

George Anastaplo, *The Amendments to the Constitution: A Commentary*, Baltimore: John Hopkins University Press, 1995.

Paul Boyer, Stephen Nissenbaum, *Salem Possessed: The Social Origins of Witchcraft*, Harvard University Press, 1974.

Ronald Flowers, *That Godless Court?* Westminster John Knox Press, 2005.

John Horsch, *Mennonites in Europe*, Scottdale, Pa.: Mennonite Publishing House, 1950.

三、论文、资料等

杰斐逊:《建立宗教自由法案》,载《杰斐逊选集》,朱曾汶译,商务印书馆 1988 年版。

A letter from a gentleman in the city, to a gentleman in the country. About the odiousness of persecution wherein the rise and end of the penal laws for religion in this Kingdom, are consider'd, Edinburgh, printed by John Reid, 1688.

Daniel L. Dreisbach, "George Mason's Pursuit of Religious Liberty in Revolutionary Virginia," in *The Virginia Magazine of History and Biography*, vol. 108, no.1 (2000).

Sherryl Wright, *Does Majority Religion Rule the Bench? A Study of United States Supreme Court Treatment of Minority Religions*, Ph. D Dissertation, The Iliff School of Theology and The University of Denver (Colorado Seminary), 2002.

第十四章

一、中文著作或译著

埃斯波西托:《伊斯兰威胁——神话还是现实?》,东方晓、曲红、王建军、杜红译,社会科学文献出版社 1999 年版。

贝格尔:《神圣的帷幕:宗教社会学理论之要素》,高师宁译,上海人民出版社 1991 年版。

陈中和：《多元族群社会的族群政治：马来民族主义和马来西亚的建国》，中国社会科学出版 2021 年版。

约翰斯通：《社会中的宗教——一种宗教社会学》，袁亚愚、钟玉英译，四川人民出版社 2012 年版。

二、外文著作

Peter Beyer, *Religion and Globalization*, SAGE Publications Ltd, 1994.

N. J. Demerath III, *Crossing the Gods: World Religions and Worldly Politics*, Rutgers University Press, 2003.

Ran Hirschl, *Constitutional Theocracy*, Harvard University Press, 2010.

Samuel P. Huntington, *The Clash of Civilizations and the Remaking of World Order*, Simon & Schuster Inc. 1996.

Joseph A. Kechichian, *Succession in Saudi Arabia*. Palgrave Macmillan, 2001.

Maznah Mohamad, *The Divine Bureaucracy and Disenchantment of Social Life: A Study of Bureaucratic Islam in Malaysia*, Springer Singapore, 2020.

Afshon Ostovar, *Vanguard of the Imam: Religion, Politics, and Iran's Revolutionary Guards,* Oxford University Press, 2016.

Norshahril Saat, *The State, Ulama and Islam in Indonesia and Malaysia*, Amsterdam University Press, 2018.

Rachel M. Scott, *Recasting Islamic Law: Religion and the Nation State in Egyptian Constitution Making*, Cornell University Press, 2021.

Arno Tausch, *The Future of the Gulf Region: Value Change and Global Cycles*, Springer Nature Switzerland, 2021.

Victor J. Willi, *The Fourth Ordeal: A History of the Muslim Brotherhood in Egypt, 1968-2018*, Cambridge University Press, 2021.

Ihsan Yilmaz, *Creating the Desired Citizen: Ideology, State and Islam in Turkey*, Cambridge University Press, 2021.

Muhammad Qasim Zaman, *The Ulama in Contemporary Islam: Custodians of Change*, Princeton University Press, 2002.

三、论文、资料等

李维建:《宗教与政治之间——埃及穆斯林穆兄会的组织特点与本质特征》,载金泽、李华伟主编:《宗教社会学》(第五辑),社会科学文献出版社2018年版。

姜英梅:《伊朗伊斯兰共和国的政教关系》,载《西亚非洲》2005年第5期。

王林聪:《中东国家政教关系的变化对民主实践的影响》(上),载《西亚非洲》2007年第6期。

王林聪:《中东国家政教关系变化对民主实践的影响》(下),载《西亚非洲》2007年第7期。

吴珍妮、陆世敏:《自由开放态度对待各族差异 领略国家原则和谐共处》,载《星洲日报》2020年7月5日第27版。

昝涛:《延续与变迁:当代土耳其的政教关系》,载《西亚非洲》2018年第2期。

《要求重审解禁阿拉字眼 马天主教会再遭法庭驳回》,载《联合早报》2015年1月23日第24版。

Feroz Ahmad, "Politics and Islam in Modern Turkey," *Middle Eastern Studies*, Vol.27, No.1, 1991.

Giuli Alasania, and Nani Gelovani, "Islam and Religious Education in Turkey," *Scientific Journal of International Black Sea University*, Vol.5, No.2, 2011.

Muhammad Al-Atawneh, "Is Saudi Arabia a Theocracy? Religion and Governance in Contemporary Saudi Arabia," *Middle Eastern Studies*, Vol.45, No.5, 2009.

Larry Catá Backer, "Theocratic Constitutionalism: An Introduction to a New Global Legal Ordering," *Indiana Journal of Global Legal Studies*, Vol.16, No.1, 2009.

Steven Barraclough, "Al-Azhar: Between the Government and the Islamists," *Middle East Journal*, Vol.52, No.2, 1998.

Robert J. Barro and Rachel M. McCleary, "Which Countries Have State Religions?", *The Quarterly Journal of Economics*, Vol.120, No.4, 2005.

Paul Cliteur and Afshin Ellian, "The Five Models for State and Religion: Atheism, Theocracy, State Church, Multiculturalism, and Secularism," *ICL Journal*, Vol.14, No.1, 2020.

Mustafa Kemal Coskun and Burcu. Senturk, "The Growth of Islamic Education in Turkey: The AKP's Policies toward Imam-Hatip Schools," edited by Kemal Inal, Guliz Akkaymak. *Neoliberal Transformation of Education in Turkey*, Palgrave Macmillan US, 2012.

Michael D. Driessen, "Religion, State, and Democracy Analyzing Two Dimensions of Church-State Arrangements," *Politics and Religion*, Vol.3, No.1, 2010.

Ali Farazmand, "Religion and Politics in Contemporary Iran: Shia Radicalism, Revolution, and National Character," *International Journal on Group Rights*, Vol.3, No.3,1995.

Stewart Fenwick, "Eat, Pray, Regulate: The Indonesian Ulama Council and the Management of Islamic Affairs," *Journal of Law and Religion*, Vol.33, No.2, 2018.

Nilüfer Göle, "Authoritarian Secularism and Islamist Politics: The case of Turkey," edited by Augustus Richard Norton, *Civil Society in Middle East*, Vol. 2, Brill, 1996.

Saeid Golkar and Kasra Aarabi, "The IRGC in the Age of Ebrahim Raisi: Decision-Making and Factionalism in lran's Revolutionary Guard," *The Tony Blair Institute for Global Change*, August 2, 2021, https://institute.global/policy/irgc-age-ebrahim-raisi, accessed 25 November 2021.

Ioannis N. Grigoriadis, "Islam and Democratization in Turkey: Secularism and Trust in a Divided Society," *Democratization*, Vol.16, No.6, 2009.

M. Kamal Hassan, "The Influence of Mawdudi's Thought on Muslims in Southeast Asia: A Brief Survey," *The Muslim World*, Vol.93, No.3/4, 2003.

Noorhaidi Hasan, "Religious Diversity and Blasphemy Law: Understanding Growing Religious Conflict and Intolerance in Post-Suharto Indonesia," *Journal of Islamic Studies*, Vol.55, No.1, 2017.

Metin Heper, "Does Secularism Face a Serious Threat in Turkey?", *Comparative Studies of South Asia, Africa and the Middle East*, Vol.29, No.3, 2009.

Johanes Herlijanto, "The May 1998 Riots and the Emergence of Chinese Indonesians: Social Movements in the Post-Soeharto Era," *Asia-Pacific Forum*, No.27, 2005.

Ayhan Kaya, "Democracy, Secularism and Islam in Turkey," edited by Johann P. Arnason, Ireneusz Pawel Karolewski, *Religion and Politics: European and Global Perspectives*,

Edinburgh University Press, 2014.

Joseph A. Kechichian, "Saudi Arabia's Will to Power," *Middle East Policy*, Vol.7, No.2, 2000.

Joseph A. Kechichian, "Succession Challenges in the Arab Gulf Monarchies," *Asian Report,* Asian Institute for Policy Studies, December 2015.

Timo Kortteinen, "Islamic Resurgence and the Ethnicization of the Malaysian State: The Case of Lina Joy," *Sojourn: Journal of Social Issues in Southeast Asia*, Vol.23, No.2, 2008.

Talip Kucukcan, "State, Islam, and Religious Liberty in Modern Turkey: Reconfiguration of Religion in the Public Sphere," *Brigham Young University Law Review*, Vol.2003, No.2, 2003.

Bernard Lewis, "Islamic Revival in Turkey," *International Affairs (London)*, Vol.28, No.1, 1952.

Zulkifly Abdul Malek, *From Cairo to Kuala Lumpur: The Influence of the Egyptian Muslim Brotherhood on the Muslim Youth Movement of Malaysia (ABIM)*, ProQuest Dissertations Publishing, 2011.

David Martin, "The Secularization Issue: Prospect and Retrospect," *The British Journal of Sociology*, Vol.42, No.3, 1991.

Fiona McCallum, "Religious Institutions and Authoritarian States: Church-State Relations in the Middle East," *Third World Quarterly*, Vol.33, No.1, 2012.

Tamir Moustafa, "Judging in God's Name: State Power, Secularism, and the Politics of Islamic law in Malaysia," *Oxford Journal of Law and Religion*, Vol.3, No.1, 2014.

Wan Kamal Mujani, Idris Abdullah and Ibrahim Abu Bakar, "The Role of the al-Azhar University in the Dissemination of Islamic Religious Knowledge in Malaysia," *Advances in Natural and Applied Sciences*, Vol.6, No.8, 2012.

Victor Imanuel W. Nalle, "Blasphemy Law and Public Neutrality in Indonesia," *Mediterranean Journal of Social Sciences*, Vol.8, No.2, 2017.

Jaclyn L. Neo, "What's in A Name? Malaysia's 'Allah' Controversy and the Judicial Intertwining of Islam with Ethnic Identity," *International Journal of Constitutional Law*,

Vol.12, No.3, 2014.

Enzo Pace, "The Helmet and the Turban: Secularization in Islam," edited by Rudi Laermans, Byran Wilson, Jaak Billiet, *Secularization and Social Integration*. Leuven University Press, 1998.

Daniel Peterson, "The Majelis Ulama Indonesia and its Role in the Ahok Conviction," *Australian Journal of Asian Law*, Vol.21, No.1, 2020.

Rachel M. Scott, "What Might the Muslim Brotherhood Do with al-Azhar? Religious Authority in Egypt," *Die Welt Des Islams*, Vol.52, No.2, 2012.

Dian Shah, "The 'Allah' Case: Implications for Religious Practice and Expression in Malaysia," *Oxford Journal of Law and Religion*, Vol.4, No.1, 2015.

Ninian Smart, "Three Forms of Religious Convergence," edited by Richard T. Antoun, Mary Elaine Hegland, *Religious Resurgence: Contemporary Cases in Islam, Christianity, and Judaism*, Syracuse University Press, 1987.

Yuki Shiozaki and Hiroko Kushimoto, "Reconfigurations of Islamic Authority in Malaysia," *Asian Journal of Social Science*, Vol.42, No.5, 2014.

Hakki Uygur, "Iran Under Raisi's Presidency," *Insight Turkey*, Vol.23, No.3, 2021.

Holger Warnk, "Alternative Education or Teaching Radicalism? New Literature on Islamic Education in Southeast Asia," *Journal of Current Southeast Asian Affairs*, Vol.28, No.4, 2009.

M.Hakan Yavuz, "Islam and Europeanization in Turkish-Muslim Socio-political Movements," edited by Timothy A. Byrnes, Peter J. Katzenstein, *Religion in an Expanding Europe*, Cambridge University Press, 2006.

Ihsan Yilmaz and James Barry, "Instrumentalizing Islam in a 'Secular' State: Turkey's Diyanet and Interfaith Dialogue," *Journal of Balkan and Near Eastern Studies*, Vol.22, No.1, 2020.

Malika Zeghal, "Religion and Politics in Egypt: The Ulema of Al-Azhar, Radical Islam, and the State (1952–94)," *International Journal of Middle East Studies*, Vol.31, No.3, 1999.

"A Closer Look at How Religious Restrictions Have Risen Around the World," *Pew*

Research Center, July 15, 2019, https://www.pewforum.org/2019/07/15/a-closer-look-at-how-religious-restrictions-have-risen-around-the-world/, accessed 25 November 2021.

"Many countries favor specific religions, officially or unofficially," *Pew Research Center*, October 3, 2017, https://www.pewforum.org/2017/10/03/many-countries-favor-specific-religions-officially-or-unofficially/, accessed 25 November 2021.

Department of Statistics Malaysia, *Key Finding Population and Housing Census of Malaysia 2020*, Department of Statistics Malaysia, 2022.

第十五章

一、中文译著

伯格、戴维、霍卡斯：《宗教美国，世俗欧洲？主题与变奏》，曹义昆译，商务印书馆2015年版。

亨廷顿：《谁是美国人？美国国民特性面临的挑战》，程克维译，新华出版社2010年版。

二、外文著作

Peter L. Berger, *The Sacred Canopy: Elements of a Sociological Theory of Religion*, Doubleday, 1969.

Steve Bruce ed., *Religion and Modernization: Sociologists and Historians Debate the Secularization Thesis*, Oxford University Press, 1992.

Roger Finke and Rodney Stark, *The Churching of America, 1776-1990*, Rutgers University Press, 1992.

James Davison Hunter, *Culture Wars: The Struggle to Define America*, Basic Books, 1991.

Anthony F. C. Wallace, *Religion: An Anthropological View*, Random House, 1966.

三、论文、资料等

Bryan Wilson, "Secularization: The Inherited Model," edited by Phillip E. Hammond, *The Sacred in a Secular Age*, University of California Press, 1985.

Peter L. Berger, "A Bleak Outlook Is Seen for Religion," *New York Times*, February 25, 1968.

Peter L. Berger, "Epistemological Modesty: An Interview with Peter Berger," *Christian Century*, Vol.114, No.30, October 29, 1997.

Robert N. Bellah, "Civil Religion in America," *Daedalus*, Vol.96, No.1, Winter 1967.

Roger Finke and Rodney Stark, "Religious Economies and Sacred Canopies: Religious Mobilization in American Cities, 1906," *American Sociological Review*, Vol.53, No.1, 1988.

著者简介

张志刚，北京大学博雅特聘教授，哲学系宗教学系博士生导师，山东大学兼职讲席教授。曾任哈佛大学世界宗教研究中心资深研究员，法兰克福大学 DAAD 客座教授等。主要研究领域：宗教学、宗教哲学、历史哲学、宗教文化、中西哲学与宗教比较研究、中国宗教与政策研究、宗教中国化等。主要著作：《宗教学是什么》《宗教哲学研究》《宗教文化学导论》《宗教研究指要》《当代宗教冲突与对话研究》《宗教学前沿问题研究》《"宗教中国化"义理研究》等。

姜景奎，清华大学外文系和国际与地区研究院教授、博士生导师，西南联合研究生院博士生导师；曾任北京大学南亚学系教授、博士生导师。主要教研领域为印度文学文化、印度宗教、南亚区域国别问题。已发表专著六部、译著四部、辞书一部、教材一套（6 册）、论文 100 余篇及编著数十部。被授予国际印地语奖、乔治·格里森奖和卡米耶·布尔克奖等。为中国南亚学会副会长、南亚语种学会会长，中国译协跨文化交流研究会副会长，《区域国别学》主编、《南亚学》主编、《南亚东南亚研究》"姜景奎专栏"主持人等。

范晶晶，北京大学外国语学院、东方文学研究中心副教授，主要从事梵语、巴利语与于阗语文献、佛经翻译、古代中印文学关系等方面的教学和研究。著译包括《缘起——佛教譬喻文学的流变》《印度诸神的世界——印度教图像学手册》《汉译巴利三藏·经藏·中部》（与段晴教授等合译）。

赵悠，北京大学哲学系（宗教学系）助理教授，主要研究领域包括早期汉译佛典、印度宗教哲学等。目前主持有国家社科基金青年项目《梵本〈时论〉中的古印度时间哲学研究》（19CZX036）。近期发表包括："Oneself as Another: Yantraputraka Metaphors in Buddhist Literature"（*Religions*, 2023）、《印度宗教传统的三个面向：祭祀、解脱和虔信主义》（《北京大学学报（哲学社会科学版）》, 2022）、"The Wheel Unturned: A Study of the Zhuan falun jing (T109)"（*JIABS*, 2020）、《早期印度哲学中时间概念的演变——从波颠阇利到伐致诃利》（《外国哲学》，2018）等。

袁琳，北京大学外国语学院阿拉伯语系讲师。主要研究领域：阿拉伯伊斯兰历史与文化、伊巴德派研究、阿曼国别研究等。主要研究成果：论文《伊巴德派的形成与早期发展》（《北大中东研究》，2018）、国别和区域研究课题《阿曼苏丹国社会政治文化》等。

李海鹏，北京大学外国语学院助理教授。2005年进入北京大学外国语学院阿拉伯语系学习，2016年获得北京大学文学博士学位，曾任美国乔治城大学当代阿拉伯研究中心访问学者。主要研究领域：中东近现代历史与政治、阿拉伯伊斯兰文化，尤其关注大叙利亚地区。出版专著《中东多元社会中的政治与族群认同》，在国内核心刊物上发表学术论文多篇，译著有《征服与革命中的阿拉伯人：1516年至今》（合译）。

昝涛，北京大学历史学系教授，中东近现代史方向博士生导师，北京大学区域与国别研究院副院长、土耳其研究中心主任。土耳其中东技术大学、博斯普鲁斯海峡大学、美国印第安纳大学、日本东京大学访问学者。主要研究领域：土耳其近现代史、中东研究等。主要著作有《现代国家与民族建构——20世纪前期土耳其民族主义研究》《从巴格达到伊斯坦布尔——历史视野下的中东大变局》《奥斯曼—土耳其的发现：历史与叙事》等。

吴冰冰，北京大学中东研究中心主任，北京大学卡塔尔国中东研究讲席教授，北京大学外国语学院阿拉伯语言文化系主任，并任中国中东学会常务理事、中国阿拉伯友好协会理事、中国伊朗友好协会理事。2023年由伊朗伊斯兰共和国总统莱希特颁伊朗研究"杰出学者"奖。主要从事中东政治、伊朗政治与外交和伊斯兰历史文化等问题的研究。2004年出版专著《什叶派现代伊斯兰主义的兴起》,2021年出版译著《去德黑兰：为什么美国必须与伊朗伊斯兰共和国和解》。

吴飞,哈佛大学博士,北京大学哲学系宗教学系教授、礼学研究中心主任,研究领域包括基督教哲学、宗教人类学、中西文化比较等领域。出版专著有《麦芒上的圣言——一个乡村天主教群体的信仰和生活》《浮生取义——对华北某县自杀现象的文化解读》《心灵秩序与世界历史——奥古斯丁对西方古典文明的终结》《人伦的"解体"——形质论传统中的家国焦虑》等书,翻译奥古斯丁《上帝之城》、柏拉图《苏格拉底的申辩》等,古籍点校张锡恭《丧服郑氏学》。

蓝姵绫,北京大学社会学系博士研究生。

卢云峰,北京大学社会学系教授,贵州民族大学副校长(挂职),教育部青年长江学者,中国社会学会社会心理学专业委员会主任委员,中国社会学会宗教社会学专业委员会副主任委员,主要研究领域为宗教社会学和社会心理学。